建筑工程计算机制图

主　编　任　薇　袁　军　乔　克　王玥鉴
副主编　王朝勇　卢俊华　杨晓飞　陶　冶
　　　　殷家伟　徐章琼　朱高健

科学出版社
北　京

内 容 简 介

本书以 AutoCAD 最新简体中文版本（AutoCAD2014）作为设计软件平台，以实际建筑结构工程为案例，紧密结合建筑结构专业的特点与要求，详细介绍 AutoCAD 在建筑结构图纸绘制中的基本使用功能、高级操作以及各种图形的绘制与编辑修改方法。通过学习本书，可以快速掌握 AutoCAD 进行建筑基础结构图、建筑楼板和梁结构图、剪力墙和框架柱配筋图、钢结构等建筑结构施工图相关图纸的绘制。

本书是普通高等院校建筑结构工程、土木工程、桥梁工程、建筑施工管理等土建专业相关教材，可作为设计师、专业技术人员及施工人员应用 AutoCAD 进行工程图纸绘制的入门指导用书，也可以作为职业学校、高职高专等相关专业的职业培训教材。

图书在版编目(CIP)数据

建筑工程计算机制图/任薇等主编. —北京：科学出版社，2015.8

ISBN 978-7-03-044953-5

Ⅰ. ①建… Ⅱ. ①任… Ⅲ. ①建筑制图-计算机辅助设计-AutoCAD 软件 Ⅳ. ①TU204

中国版本图书馆 CIP 数据核字（2015）第 128520 号

责任编辑：邓 静 / 责任校对：桂伟利
责任印制：赵 博 / 封面设计：迷底书装

科 学 出 版 社出版
北京东黄城根北街 16 号
邮政编码：100717
http://www.sciencep.com
北京九州迅驰传媒文化有限公司 印刷
科学出版社发行 各地新华书店经销
*
2015 年 8 月第 一 版 开本：787×1092 1/16
2023 年12月第三次印刷 印张：16 1/4
字数：416 000

定价：59.00 元

（如有印装质量问题，我社负责调换）

前　言

建筑结构（Architectural Structure）是指建筑物（包括构筑物），由建筑材料做成用于承受各种荷载或作用，以起骨架作用的空间受力体系。建筑结构在房屋建设中占重要地位，也是与建筑设计密不可分的组成部分。建筑结构专业是建筑的骨架，为建筑设计方案实施、保证建筑空间安全等提供重要技术支持，其作用举足轻重。

计算机硬件技术的飞速发展，使更多更好、功能强大全面的工程设计软件得到更为广泛的应用，其中 AutoCAD 无疑是比较成功的典范。AutoCAD 是美国 Autodesk（欧特克）公司的通用计算机辅助设计（Computer Aided Design，CAD）软件。AutoCAD 至今已进行了十多次的更新换代，在功能、操作性和稳定性等多方面都有了质的变化。凭借其方便快捷的操作方式、功能强大的编辑功能以及能适应各领域工程设计的多方面需求等特点，AutoCAD 已经成为当今工程领域进行二维平面图形绘制、三维立体图形建模的主流工具之一。

本书以 AutoCAD 最新简体中文版本（AutoCAD 2014）作为设计软件平台，以实际建筑结构工程为案例，紧密结合建筑结构专业的特点与要求，详细介绍 AutoCAD 在建筑结构图纸绘制中的基本使用功能与高级操作技巧以及各种图形的绘制与编辑修改方法。通过学习本书，可以快速掌握 AutoCAD 进行建筑基础结构图、建筑楼板和梁结构图、剪力墙和框架柱配筋图、钢结构等建筑结构施工图等相关图纸的绘制。由于 AutoCAD 大部分绘图功能命令是基本一致或完全一样的，因此本书也适合 AutoCAD 各种版本学习参考。

全书不仅精要而详细地介绍了 AutoCAD 的各种功能和使用方法与技巧，而且全面又简明地阐述了建筑结构专业各种图纸的绘制过程和方法，真正达到轻松入门、快速使用、全面提高的目的。读者通过本书的学习，既能理解 AutoCAD 使用的基本概念，掌握 AutoCAD 进行建筑结构专业图纸绘制的方法与技巧，又能融会贯通，举一反三，在实际建筑结构工程设计中快速应用。

本书共 9 章，参与编写的人员有：任薇、袁军、乔克、王玥鉴、王朝勇、卢俊华、杨晓飞、陶冶、殷家伟、徐章琼、朱高健。其中，任薇、袁军、乔克、王玥鉴担任主编，其余人员为副主编。在本书的编写过程中，参阅了大量实际的 CAD 案例，在此对各位编著者表示衷心的感谢！

由于水平、经验有限，虽然经过再三勘误，仍难免有纰漏之处，欢迎广大读者予以指正。

编　者

2015 年 5 月

目　　录

第 1 章　建筑工程计算机制图概述

1.1　建筑工程设计基本理论

1.1.1　房屋建筑基本组成与构造

1. 房屋建筑分类与组成

自人类历史开始，便诞生了如树枝棚、石屋、石环、石台等古老的现代建筑雏形，如图 1-1 所示。从广义上讲，为人类生产生活等活动提供使用空间的兼具使用价值和观赏价值的物质实体都可以称为建筑，如商场、办公楼、体育馆、住宅等。建筑作为人类物质文化的重要标尺，反映了一定社会的政治、经济、文化和技术水平，常被人们称为凝固的史书。

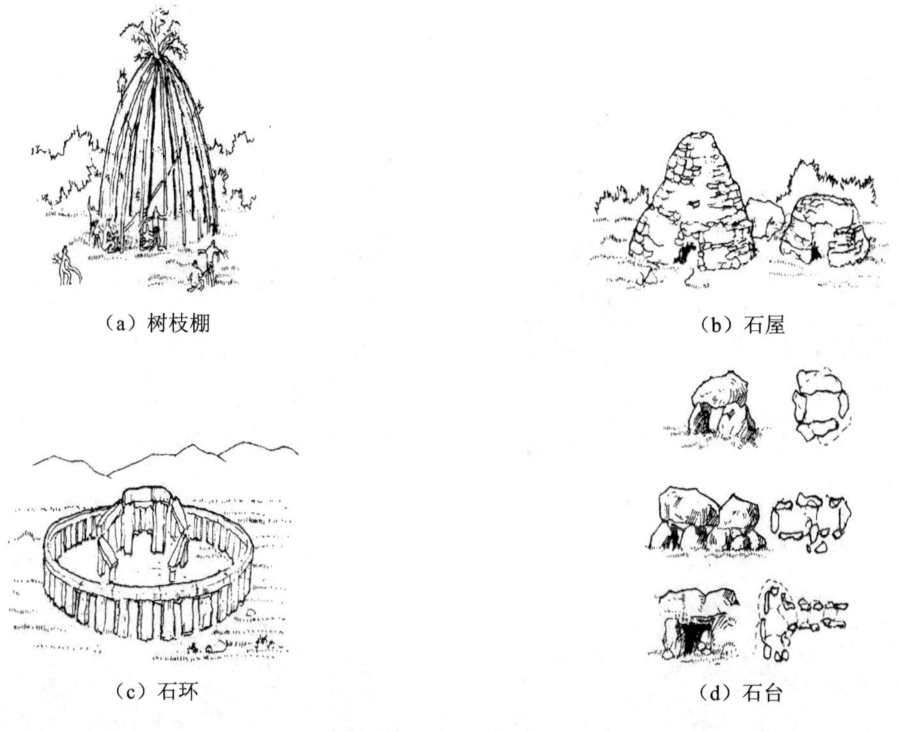

（a）树枝棚　（b）石屋　（c）石环　（d）石台

图 1-1　原始建筑物

根据建筑材料的不同，建筑可分为生土建筑、木结构建筑、砖石建筑、钢筋混凝土建筑、钢结构建筑以及铝合金结构、玻璃结构、索膜结构等新型轻质材料建筑。根据使用性质的不同，可以分为工业建筑、农业建筑等生产性建筑和居住建筑、公共建筑等非生产性建筑。根据建筑的不同风格，可分为古希腊建筑、古罗马建筑、欧洲中世纪建筑、文艺复兴建筑等古典主义建筑和新古典主义建筑、现代评论建筑以及后现代主义等建筑。

房屋建筑一般由地坪、楼盖、屋盖、墙体、柱子、楼电梯、基础和门窗等部分组成。

楼盖和地坪提供使用者在建筑物中活动所需要的各种平面，同时将家具、设备、人体自重等荷载传递到支承它们的墙柱等垂直构件上去。其中底层室内地坪可以直接铺设在天然地基土上或架设在建筑物的其他承重构件上。楼盖则由楼板（或由梁和楼板）构成，除提供活动平面并传递水平荷载外，还沿建筑物的高度分隔空间。在现代高层或超高层建筑中，楼盖是有效抵御地震和风荷载等侧向水平力的重要支撑。

屋盖位于建筑的顶部，主要用来承受由于雨雪或屋面上人走动所引起的荷载并主要起围护作用。屋盖的防水性能及热工性能对整栋建筑的质量产生重要影响。同时，屋盖的形式通常有坡屋顶、平屋顶和曲面屋顶几种基本形态，对建筑物的立面形象起着非常重要的作用。

墙体或柱子一般用来承担屋楼盖等水平构造传来的活荷载及其自重，再传给地基。在非墙体承重建筑中，墙体不承重，主要用来分隔建筑水平空间或对建筑物起到围合、保护作用。

楼电梯是建筑物上下楼层之间联系的重要交通枢纽，在使用过程中要求上下通行方便，有足够的通行宽度和疏散能力，并应满足坚固、耐久、安全、防火和一定的审美要求。

基础是建筑物与地表岩土直接接触的部分，同时也是建筑物的组成部分。承受建筑物的上部传递下来的各类荷载，并将这些荷载传给地基土。

门窗用来满足建筑房间的内外交通及通风采光。建筑物外墙上的门窗还兼有分隔和维护作用。门窗要求具有良好的密闭性能、热工性能、安全性能以及视觉效果。

除上述建筑主要组成部分外，一般还有阳台、雨篷、散水、台阶、坡道等建筑附属构件和配件。常见民用建筑类型如图 1-2 所示。

（a）居住建筑

（b）体育建筑

（c）文教建筑

（d）商业建筑

图 1-2　常见民用建筑类型

2. 房屋建筑构成要素

构成建筑的三个基本要素分别是建筑功能、建筑技术和建筑形象，图 1-3 所示为一般常见房屋的建筑组成。

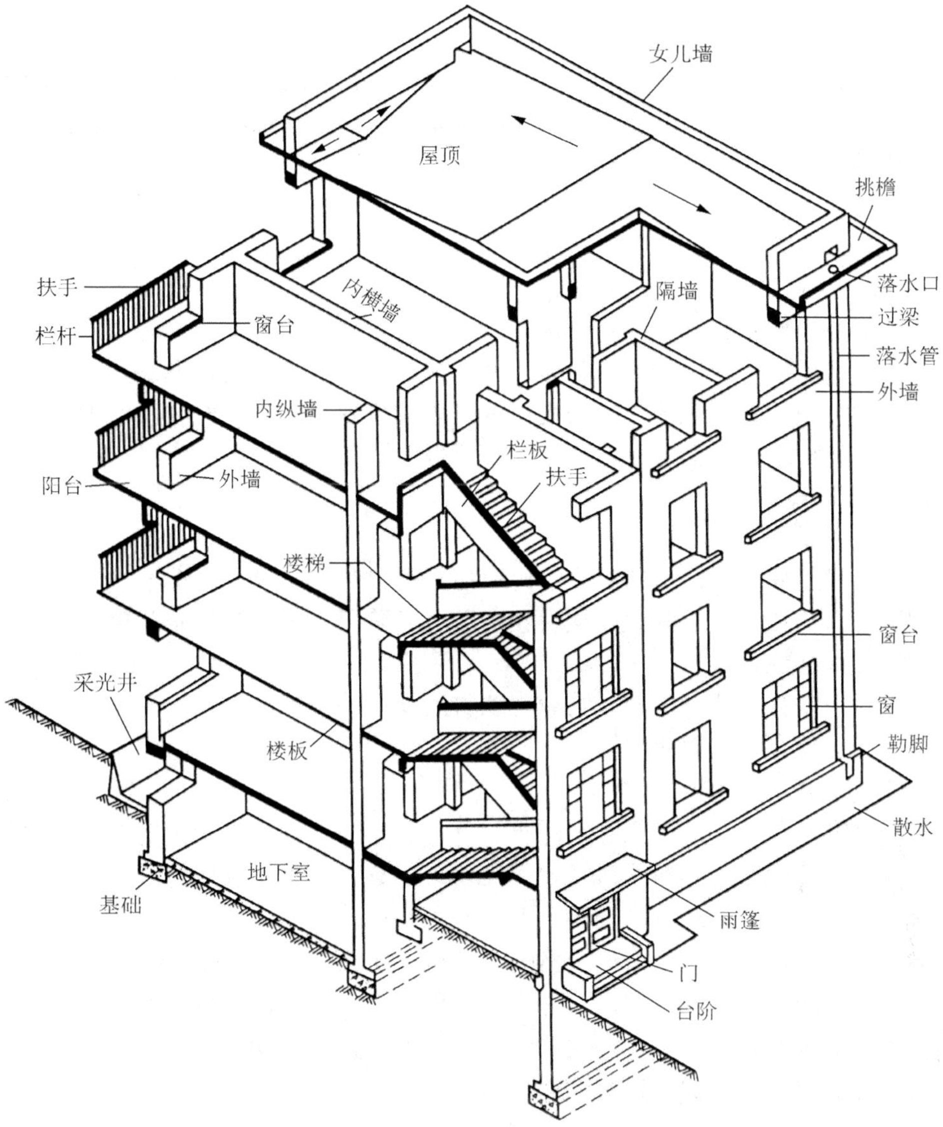

图 1-3　房屋建筑组成

（1）建筑功能。建筑是供人们生活、学习、工作、娱乐的场所，不同的建筑具有不同的使用要求。例如，京剧院要求有良好的视听环境，火车站要求人流线路顺畅，工业建筑则要求符合产品的生产工艺流程等，建筑不但要满足各自的使用功能要求，而且要为人们创造一个舒适的卫生环境，具有满足人们生理要求的功能。因此建筑应具有良好的朝向，以及保温、隔热、隔声、采光、通风的性能。

（2）建筑技术。建筑技术是建造房屋的手段，包括建筑材料与制品技术、结构技术、施工技术和设备技术（水、电、通风、空调、通信、消防、输送等设备）。

建筑不可能脱离建筑技术而存在，例如，在 19 世纪中叶以前的几千年间，建筑材料一直以砖瓦木石为主，所以古代建筑的跨度和高度都受到限制，19 世纪中叶到 20 世纪初，钢铁、水泥相继出现，为大力发展高层和大跨度建筑创造了物质技术条件，可以说高度发展的建筑技术是现代建筑的一个重要标志。

（3）建筑形象。建筑形象是建筑体型、立面形式、建筑色彩、材料质感、细部装修等的综合反映。建筑形象处理得当，就能产生一定的艺术效果，给人以感染力和美的享受。例如，我们看到的一些建筑，常常给人以庄严雄伟、朴素大方、生动活泼等不同的感觉，这就是建筑艺术形象的魅力。

不同时代的建筑有不同的建筑形象，例如，古代建筑与现代建筑的形象就不一样。不同民族、不同地域的建筑也会产生不同的建筑形象，例如，汉族和少数民族、南方和北方，都会形成本民族、本地区各自的建筑形象。

构成建筑的三个要素彼此之间是辩证统一的关系，不能分割，但又有主次之分。第一是功能，是起主导作用的因素；第二是物质技术，是达到目的的手段，但是技术对功能又有约束和促进的作用；第三是建筑形象，是功能和技术的反映，但如果充分发挥设计者的主观作用，在一定功能和技术条件下，可以把建筑设计得更加美观。

1.1.2 建筑工程设计内容

任何一项建设工程从拟订计划到建成使用都要经过编制工程设计任务书、选择建设用地、场地勘测、设计、施工、工程验收及交付使用等几个阶段。设计工作是其中重要环节，具有较强的政策性和综合性。

建筑工程设计是指设计一个建筑物或建筑群所要做的全部工作，一般包括建筑设计、结构设计、设备设计等几个方面的内容。

1. 建筑设计

建筑设计是在总体规划的前提下，根据设计任务书的要求，综合考虑基地环境、使用功能、结构施工、材料设备、建筑经济及建筑艺术等问题，着重解决建筑物内部各种使用功能和使用空间的合理安排，建筑物与周围环境、与各种外部条件的协调配合，内部和外表的艺术效果，各个细部的构造方式等，创造出既符合科学性又具有艺术性的生产和生活环境。

建筑设计在整个工程设计中起着主导和先行的作用，除考虑上述各种要求以外，还应考虑建筑与结构、建筑与各种设备等相关技术的综合协调，以及如何以更少的材料、劳动力、投资时间来实现各种要求，使建筑物做到适用、安全、经济、美观。

建筑设计包括总体设计和单体设计两个方面，一般由建筑师来完成。

2. 结构设计

结构设计主要是根据建筑设计选择切实可行的结构方案，确定结构布置形式，进行结构计算及构件设计，完成全部的结构施工图设计。结构设计一般由结构工程师完成。

3. 设备设计

设备设计是根据建筑设计完成包括给水排水、采暖通风、电器照明、通信、燃气、动力等专业的方案布置、设备选型，以及施工图设计工作。设备设计通常由各相关专业的工程师配合建筑设计师完成。

以上几个方面的工作既有分工，又密切联系，形成一个整体。各专业设计的图纸、计算书、说明书及预算书汇总，就形成一个建筑工程的完整文件，它是建筑工程施工的重要依据。

1.1.3　建筑工程设计流程和阶段

在具体着手建筑平、立、剖面的设计前，需要有一个准备过程，以做好熟悉任务书、调查研究等一系列必要的准备工作。

建筑设计一般分为初步设计和施工图设计两个阶段，对于大型复杂的工程，也有采用三个设计阶段，即在两个设计阶段之间，还有一个技术设计阶段，用来深入解决各工种之间的协调等技术问题。

由于建造房屋是一个较为复杂的物质生产过程，影响房屋设计和建造的因素又很多，因此必须在施工前有一个完整的设计方案，综合考虑多种因素，编制出一整套设计施工图纸和文件。实践证明，遵循必要的设计程序，充分做好设计前的准备工作，划分必要的设计阶段，对提高建筑物的质量，多快好省地设计和建造房屋是极为重要的。

整个设计过程也就是学习和贯彻方针政策，不断进行调查研究，合理地解决建筑物的功能、技术、经济和美观问题的过程。

设计过程和各个设计阶段具体分述如下。

1. 设计前的准备工作

1）熟悉设计任务书

具体着手设计前，首先需要熟悉设计任务书，以明确建设项目的设计要求。设计任务书的内容如下。

（1）建设项目总的要求和建造目的的说明。

（2）建筑物的具体使用要求、建筑面积以及各类用途房间之间的面积分配。

（3）建设项目的总投资和单方造价，并说明土建费用、房屋设备费用以及道路等室外设施费用情况。

（4）建设基地范围、大小，周围原有建筑、道路、地段环境的描述，并附有地形测量图。

（5）供电、供水和采暖、空调等设备方面的要求，并附有水源、电源接用许可文件。

（6）设计期限和项目的建设进程要求。

设计人员应对照有关定额指标，校核任务书中单方造价、房间使用面积等内容，在设计过程中必须严格掌握建筑标准、用地范围、面积指标等有关限额。同时，设计人员在深入调查和分析设计任务以后，从合理解决使用功能、满足技术要求、节约投资等考虑，或从建设基地的具体条件出发，也可对任务书中一些内容提出补充或修改，但必须征得建设单位的同意；涉及用地、造价、使用面积的，还必须经城建部门或主管部门批准。

2）收集必要的设计原始数据

通常建设单位提出的设计任务，主要是从使用要求、建设规模、造价和建设进度方面考虑的，房屋的设计和建造，还需要收集下列有关原始数据和设计资料。

（1）气象资料：所在地区的温度、湿度、日照、雨雪、风向和风速，以及冻土深度等。

（2）基地地形及地质水文资料：基地地形标高，土壤种类及承载力，地下水位以及地震烈度等。

（3）水电等设备管线资料：基地地下的给水、排水、电缆等管线布置，以及基地上的架空线等供电线路情况。

（4）设计项目的有关定额指标：国家或所在省市地区有关设计项目的定额指标，例如，住宅的每户面积或每人面积定额，学校教室的面积定额，以及建筑用地、用材等指标。

3）设计前的调查研究

设计前调查研究的主要内容如下。

（1）建筑物的使用要求：深入访问使用单位中有实践经验的人员，认真调查同类已建房屋的实际使用情况，通过分析和总结，对所设计房屋的使用要求，做到“胸中有数”。

（2）建筑材料供应和结构施工等技术条件：了解设计房屋所在地区建筑材料供应的品种、规格、价格等情况，预制混凝土制品以及门窗的种类和规格，新型建筑材料的性能、价格以及采用的可能性。结合房屋使用要求和建筑空间组合的特点，了解并分析不同结构方案的选型，当地施工技术和起重、运输等设备条件。

（3）基地踏勘：根据城建部门所划定的设计房屋基地的图纸，进行现场踏勘，深入了解基地和周围环境的现状及历史沿革，核对已有资料与基地现状是否符合，若有出入，则给予补充或修正。从基地的地形、方位、面积和形状等条件，以及基地周围原有建筑、道路、绿化等多方面的因素，考虑拟建建筑物的位置和总平面布局的可能性。

（4）当地传统建筑经验和生活习惯：传统建筑中有许多结合当地地理、气候条件的设计布局和创作经验。根据拟建建筑物的具体情况，可以“取其精华”，以资借鉴。同时在建筑设计中，也要考虑当地的生活习惯以及人们喜闻乐见的建筑形象。

4）学习有关方针政策以及同类型设计的文字、图纸资料

在设计的准备过程以及各个阶段中，设计人员都需要认真学习并贯彻有关建设方针和政策，同时也需要学习并分析有关设计项目的国内外图纸文字资料等设计经验。

2. 初步设计阶段

初步设计是建筑设计的第一阶段，它的主要任务是提出设计方案，即在已定的基地范围内，按照设计任务书所拟的房屋使用要求，综合考虑技术经济条件和建筑艺术方面的要求，提出设计方案。

初步设计的内容包括确定建筑物的组合方式，选定所用建筑材料和结构方案，确定建筑物在基地的位置，说明设计意图，分析设计方案在技术上、经济上的合理性，并提出概算书。

初步设计的图纸和设计文件如下。

（1）建筑总平面：比例尺 1∶00～1∶2000（建筑物在基地上的位置、标高、道路、绿化以及基地上设施的布置和说明）。

（2）各层平面及主要剖面、立面：比例尺 1∶100～1∶200（标出房屋的主要尺寸，房间的面积、高度以及门窗位置，部分家具相关设备的布置）。

（3）说明书（设计方案的主要意图，主要结构方案及构造特点，以及主要技术经济指标等）。

（4）建筑概算书。

（5）根据设计任务的需要，可能辅以建筑透视图或建筑模型。

建筑初步设计有时可有几个方案进行比较，送审经有关部门协议并确定的方案批准下达后，这一方案便是二阶段设计时的施工准备、材料设备订货、施工图编制以及基建拨款等的依据文件。

3. 技术设计阶段

技术设计是三阶段建筑设计时的中间阶段。它的主要任务是在初步设计的基础上，进一步确定房屋各工种和工种之间的技术问题。

技术设计的内容为各工种相互提供资料、提出要求，并共同研究和协调编制拟建工程各

工种的图纸和说明书，为各工种编制施工图打下基础。在三阶段设计中，经过送审并批准的技术设计图纸和说明书等，是施工图编制、主要材料设备定货以及基建拨款的依据文件。

技术设计的图纸和设计文件，要求建筑工种的图纸标明与技术工种有关的详细尺寸，并编制建筑部分的技术说明书，结构工种应有房屋结构布置方案图，并附初步计算说明，设备工种也提供相应的设备图纸及说明书。

对于不太复杂的工程，技术设计阶段可以省略，把这个阶段的一部分工作纳入初步设计阶段，称为扩大初步设计；另一部分工作则留待施工图设计阶段进行。

4. 施工图设计阶段

施工图设计是建筑设计的最后阶段。它的主要任务是满足施工要求，即在初步设计或技术设计的基础上，综合建筑、结构、设备各工种，相互交底、核实核对，深入了解材料供应、施工技术、设备等条件，把满足工程施工的各项具体要求反映在图纸中，做到整套图纸齐全统一，明确无误。

施工图设计的内容包括：确定全部工程尺寸和用料，绘制建筑、结构、设备等全部施工图纸，编制工程说明书、结构计算书和预算书。

施工图设计的图纸及设计文件如下。

（1）建筑总平面：比例尺 1∶500（建筑基地范围较大时，也可用 1∶1000、1∶2000，应详细标明基地上建筑物、道路、设施等所在位置的尺寸、标高，并附说明）。

（2）各层建筑平面、各个立面及必要的剖面：比例尺 1∶100～1∶200。

（3）建筑构造节点详图：根据需要可采用 1∶1、1∶5、1∶10、1∶20 等比例尺（主要为檐口、墙身和各构件的连接点，楼梯、门窗以及各部分的装饰大样等）。

（4）各工种相应配套的施工图：如基础平面图和基础详图、楼板及屋顶平面图和详图，结构构造节点详图等结构施工图。给排水、电器照明以及暖气或空气调节等设备施工图。

（5）建筑、结构及设备等的说明书。

（6）结构及设备的计算书。

（7）工程预算书。

1.1.4　建筑工程设计要求和依据

1. 建筑工程设计要求

1）满足建筑功能要求

满足建筑物的功能要求，为人们的生产和生活活动创造良好的环境，是建筑设计的首要任务。例如，设计学校，首先要考虑满足教学活动的需要，教室设置应分班合理，采光通风良好，同时还要合理安排教师备课、办公、储藏和厕所等行政管理相辅助用房，并配置良好的体育场和室外活动场地等。

2）采用合理的技术措施

正确选用建筑材料，根据建筑空间组合的特点，选择合理的结构、施工方案，使房屋坚固耐久、建造方便。例如，近年来，我国设计建造的一些覆盖面积较大的体育馆，由于屋顶采用钢网架空间结构和整体提升的施工方法，既节省了建筑物的用钢量，也缩短了施工期限。

3）具有良好的经济效果

建造房屋是一个复杂的物质生产过程，需要大量人力、物力和资金，在房屋的设计和建造中，要因地制宜、就地取材，尽量做到节省劳动力，节约建筑材料和资金。设计和建造房屋要有周密的计划和核算，重视经济领域的客观规律，讲究经济效果。房屋设计的使用要求和技术措施，要和相应的造价、建筑标准统一起来。

4）考虑建筑美观要求

建筑物是社会的物质和文化财富，它在满足使用要求的同时，还需要考虑人们对建筑物在美观方面的要求，考虑建筑物所赋予人们在精神上的感受。建筑设计要努力创造具有我国时代精神的建筑空间组合与建筑形象。历史上创造的具有时代印记和特色的各种建筑形象，往往是一个国家、一个民族文化传统宝库中的重要组成部分。

5）符合总体规划要求

单体建筑是总体规划中的组成部分，单体建筑应符合总体规划提出的要求。建筑物的设计，还要充分考虑和周围环境的关系，例如，原有建筑的状况、道路的走向、基地面积大小以及绿化等方面和拟建建筑物的关系。新设计的单体建筑，应使所在基地形成协调的室外空间组合、良好的室外环境。

2. 建筑工程设计依据

1）人体尺度和人体活动所需的空间尺度

建筑物中家具、设备的尺寸，踏步、窗台、栏杆的高度，门洞、走廊、楼梯的宽度和高度，以及各类房间的高度和面积大小，都和人体尺度以及人体活动所需的空间尺度直接或间接有关，因此人体尺度和人体活动所需的空间尺度，是确定建筑空间的基本依据之一。

近年来，在建筑设计中日益重视人体工程学的运用，人体工程学是运用人体计测、生理心理计测和生物力学等研究方法，综合地进行人体结构、功能、心理等问题的研究，用于解决人与物、人与外界环境之间的协调关系并提高效能。建筑设计中人体工程学的运用，将使确定空间范围，始终以人的生理、心理需求为研究中心，使空间范围的确定，具有定量计测的科学依据。

2）家具、设备的尺寸和使用它们的必要空间

家具、设备的尺寸，以及人们在使用家具和设备时，在它们近旁必要的活动空间，是考虑房间内部使用面积的重要依据。

3）温度、湿度、日照、雨雪、风向、风速等气候条件

气候条件对建筑物的设计有较大影响。例如，湿热地区，房屋设计要很好考虑隔热、通风和遮阳等问题；干冷地区，通常又希望把房屋的体型尽可能设计得紧凑一些，以减少外围护面的散热，有利于室内采暖、保温。

日照和主导风向，通常是确定房屋朝向和间距的主要因素，风速是高层建筑、电视塔等设计中考虑结构布置和建筑体型的重要因素，雨雪量的多少对屋顶形式和构造也有一定影响。在设计前，必须要收集当地上述有关的气象资料，作为设计的依据。

4）地形、地质条件和地震烈度

基地地形的平缓或起伏，基地的地质构成、土壤特性和地耐力的大小，对建筑物的平面组合、结构布置和建筑体型都有明显的影响。坡度较陡的地形，常使房屋结合地形错层建造，复杂的地质条件，要求房屋的构成和基础的设置采取相应的结构构造措施。

地震烈度表示地面及房屋建筑遭受地震破坏的程度。在烈度 6 度及 6 度以下地区，地震对建筑物的损坏影响较小。9 度以上的地区，由于地层过于强烈，从经济因素及耗用材料考

虑，除特殊情况外，一般应尽可能避免在这些地区建设。房屋抗震设防的重点，是对 7～9 度地震烈度的地区。

5）建筑模数和模数制

为了建筑设计、构件生产以及施工等方面的尺寸协调，从而提高建筑工业化的水平，降低造价并提高房屋设计和建造的质量和速度，建筑设计应采用国家规定的建筑统一模数制。

建筑模数是选定的标准尺度单位，作为建筑物、建筑构配件、建筑制品以及有关设备尺寸相互间协调的基础。根据国家制订的《建筑统一模数制》，我国采用的基本模数 1M＝100mm，同时由于建筑设计中建筑部位、构件尺寸、构造节点以及断面、缝隙等尺寸的不同要求，分别采用分模数和扩大模数。

1.2　建筑工程设计基本方法

1. 手工绘制建筑工程施工图

在计算机尚未在建筑工程制图领域推广应用之前，广大工程技术人员主要采用手工的方式绘制各类图纸。采用各类绘图仪器画出的工程图，常称为仪器图，而不用仪器，徒手绘制的图纸称为草图。即使在计算机技术大行其道的今天，我们依然认为徒手绘图是每一位工程技术人员必须掌握的一项基本技能，尤其是在工程实践过程中，是工程技术人员相互交流和进行创作思维的最便捷最有力的工具。手工绘图常用的工具有铅笔、图板、丁字尺、比例尺、三角板、分规、圆规、曲线板、擦图板等，如图 1-4 所示。手工绘制的建筑透视图，如图 1-5 所示。

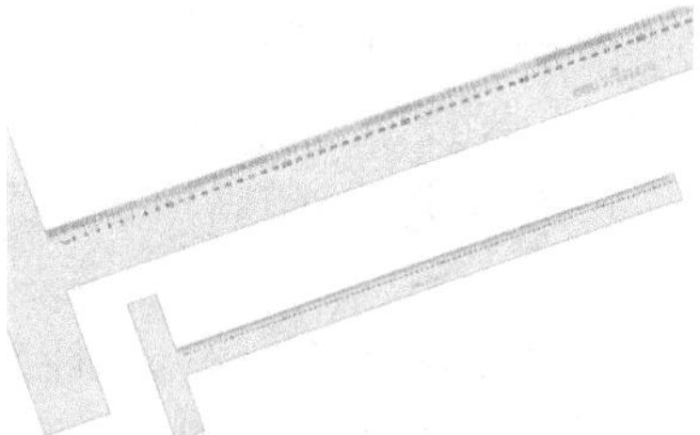

（a）丁字尺

（b）圆规

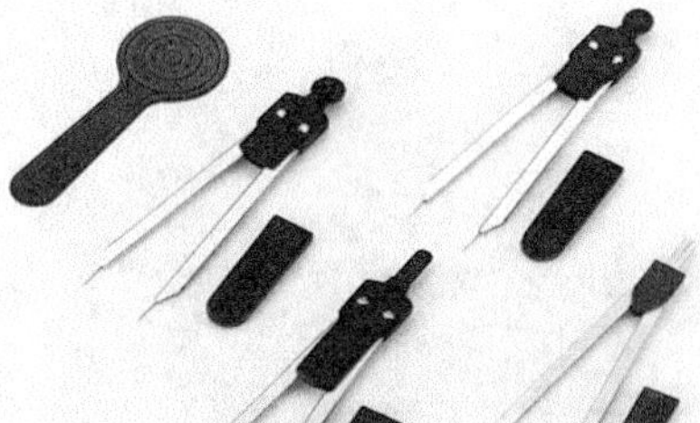

（c）分规

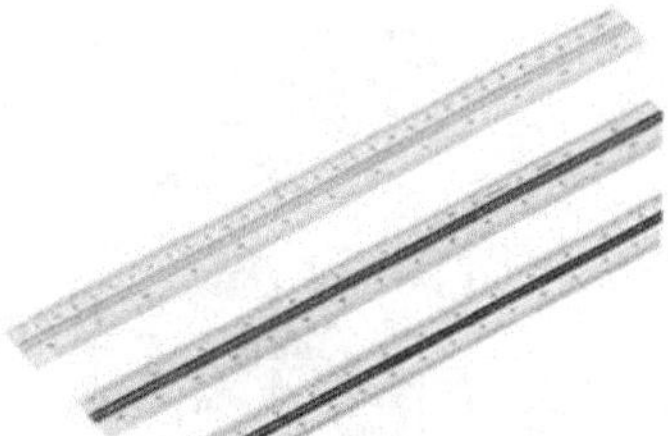

（d）比例尺

图 1-4　常用手工绘图工具

（e）曲线板

（f）擦图板

图 1-4　常用手工绘图工具（续）

图 1-5　手工绘制的建筑透视图

2. 计算机辅助绘制建筑工程施工图

随着计算机软硬件技术的飞速发展，建筑工程设计已经逐渐摆脱了传统的图板、三角板、丁字尺等手工制图工具，步入计算机辅助绘制制图（CAD）的新时代。使用计算机技术辅助设计人员进行工程图绘制，不仅使传统的出图方式发生了根本性的改变，更是世界工厂制图领域的一次革命。作为土木工程专业的一名工科学生或者是工程技术人员，必须掌握计算机绘图的基本工作原理和操作方法及技巧，提高快速准确的绘图本领，才能适应整个行业对从业人员的要求。

计算机辅助绘图的基本过程是：应用鼠标、键盘等输入设备进行图形输入；计算机主机对输入的指令进行图形处理；显示器、绘图仪等输出设备进行图形的显示和绘图输出。图 1-6 为计算机绘制的施工平面图及效果图。

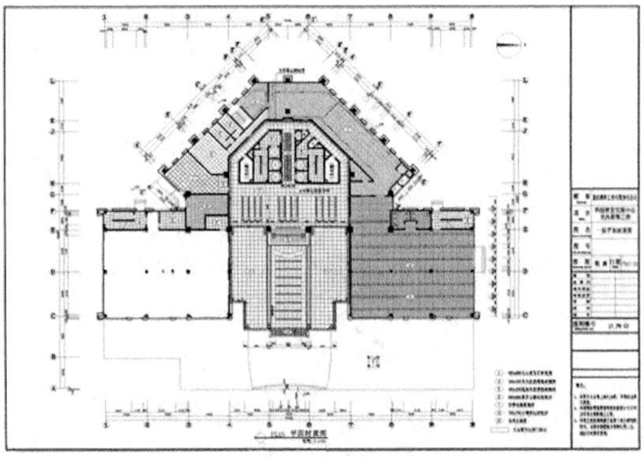

（a）施工平面图

（b）建筑效果图

图 1-6　计算机绘制的施工平面图及效果图

1.3　建筑工程施工图设计的主要内容

1.3.1　建筑施工图的组成

建筑施工图主要由建筑设计总说明、建筑总平面图、建筑平面图、建筑立面图、建筑剖面图及建筑详图组成。

1. 建筑设计总说明

建筑设计总说明主要用来对图上未能详细标注的地方注写具体的作业文字说明。内容有设计依据、一般说明、工程做法等。

2. 建筑总平面图

建筑总平面图主要表示新建建筑物的实体位置，它和周围其他构筑物之间的关系。图中要标出朝向、标高、原有建筑物、绿化地带、原有道路、风玫瑰等。

3. 建筑平面图

用一个水平切面沿房屋窗台以上位置通过门面洞口处假想地将房屋切开，移开剖切平面以上的部分，绘出剩留部分的水平剖面图，称为建筑平面图。房屋如果是多层建筑则可绘出各层的平面图。中间各层平面图相同时，可绘一张标准层平面图。

建筑平面图中应标明承重墙、柱的尺寸及定位轴线，房间的布局及其名称，室内外不同地面的标高，门窗图例及编号，图的名称和比例等。最后还应详尽地标出该建筑物各部分长和宽的尺寸。

4. 建筑立面图

把房屋的立面用水平投影方法画出的图形称为建筑立面图。有定位轴线的建筑物，其立面图应根据定位轴线编排立面图名称。

建筑立面图是用来表示房屋外形外貌的。图样应标明它的形状大小、门窗类型、外墙表面的建筑材料与装饰做法等。

5. 建筑剖面图

用剖切平面在建筑平面图的横向或纵向沿房屋的主要入口、窗洞口、楼梯等位置上将房屋假想垂直地剖开，然后移去不需要的部分，将剩余的部分按某一水平方向进行投影绘制成的图样称为建筑剖面图。平行于开间方向剖切称纵剖；垂直于开间方向剖切称横剖。必要时可用阶梯剖的方法，但一般只转折一次。

建筑底层平面图中，需要剖切的位置上应标注出剖切符号及其编号；绘出的剖面图下写上相应的剖面编号名称及比例。

建筑剖面图主要用来表达房屋内部空间的高度关系。详细构造关系的具体做法则应以人的比例绘制成建筑详图，如建筑规模不大、构造不复杂，建筑剖面图也可用较大的比例绘出较详细的构造关系图样。这样的图样称为构造剖面图。

凡是剖面图上不同高度的部位（如各层楼面、顶棚、层面、楼梯休息平台、地下室地面等）都应标注相对标高。在构造剖面图中，一些主要构件还必须标注其结构标高。

剖面图上主要标注高度尺寸，分内部尺寸与外部尺寸。外部高度尺寸一般注三道：第一道尺寸，接近图形的一道尺寸，以层高为基准标注窗台、窗洞顶（或门）以及门窗洞口高度尺寸；第二道尺寸，标注两层楼间的高度尺寸（即层高）；第三道尺寸，标注总高度尺寸。内部尺寸主要注内墙的门窗洞口尺寸及其定位尺寸，其他细部尺寸等。

6. 建筑详图

建筑详图是将房屋构造的局部用较大的比例画出大样图。详图常用的比例有1∶1、1∶2、1∶5、1∶10、1∶20、1∶50。详图的内容有构造做法、尺寸、构配件的相互位置及建筑材料等。它是补充建筑平、立、剖面图的辅助图样，是建筑施工中的重要依据之一。为了表明详图绘制的部分所在平立面的图号和位置，常用索引用符号、详图符号把它们联系起来。建筑详图各个部位都有，有的可用标准图集代替，有的必须用图纸画出。

1.3.2　结构施工图的组成

结构施工图通常由以下几个部分组成。

1. 结构设计说明书

一般用文字辅助以图表来说明结构，内容有设计的主要依据（如功能要求、荷载情况、水文地质资料、地震烈度等）、结构的类型、建筑材料的规格形式、局部做法、标准图和地区通用图的选用情况、对施工的要求等。

2. 结构构件平面布置图

通常包含以下内容。

（1）基础平面布置图：含基础截面详图，主要表示基础位置、轴线的距离、基础类型。

（2）楼层结构构件平面布置图：主要是楼板的布置、楼板的厚度、梁的位置、梁的跨度等。

（3）屋面结构构件平面布置图：主要表示屋面楼板的布置、屋面楼板的厚度等。

3. 结构构件详图

（1）基础详图：即基础的表示方法。条形基础一般取一个垂直剖面来说明，独立基础则给出一个基础大样图。

（2）梁类、板类、柱类等构件详图：包括预制构件、现浇结构构件等。

（3）楼梯结构详图。

（4）屋架结构详图：包括钢屋架、木屋架、钢筋混凝土屋架。

（5）其他结构构件详图：如支撑等。

1.3.3　设备施工图的组成

建筑设备施工图是指安装在建筑物内的给排水管道、电气线路、燃气管道、采暖通风管道，以及相应的设施装置。建筑设备施工图是根据已有的建筑施工图来绘制，一般由平面图、系统图、详图以及统计表、文字说明组成。

1. 给排水施工图的组成

1）给排水总说明

总说明主要用文字说明一些设备及管道的表达方法，如洗脸盆选用的类型，安装使用的参考图集。

2）给排水平面图

给水和排水管道与设备的布置，可以分开画，也可以合在一起画。主要包括以下三种。

（1）底层平面图：主要画出底层室内外管道与设备的布置，如进水部分内容有水表井、进水总管、进水主管、进入横器、用水设备等。排水部分有检查井、化粪池、排水横器、排水主管、排水支管等。

（2）楼面平面图：楼面平面图主要有给水系统和排水系统，给水系统内容有进水主管、进水横管、进水设备等，排水系统内容有排水主管和排水横管等。

（3）给排水透视图：给水与排水透视图是分开画的。

2. 建筑电气施工图的组成

建筑电气工程的主要内容是供电、用电工程。建筑电气施工图主要由以下几部分组成。

（1）设计说明：主要叙述电气设计的依据、要求、安装标准、安装方法、工程等级等。

（2）设备材料表：列出本套图上工程所使用的设备和材料的名称、型号、规格及数量。

（3）电气系统图：用来表示本工程供电、分配控制和设备运行的总体情况的。电气系统图又分为变配电系统图、动力系统图、照明系统图、弱电系统图。

（4）电气平面图：标有电气设备、装置与线路的布置，这些都是用图例画在建筑平面上的，不表示电气设备的具体形状，只反映它们的安装位置、方式及导线的走向等。

（5）设备布置图：标有电气设备、装置的平面与空间的具体位置，并写有安装方式。设备布置图由平面图、立面图、剖面图及详图组成。

（6）安装接线图：用来表示电气设备、元件之间的配线与接线关系的；在实际施工中可以指导安装、接线和查线。

（7）电气原理图：用来表示电气设备或系统的工作原理，它是根据各个部分的动作原理来绘制的。电气原理图上可以弄清各个部分的动作顺序，但不反映各个部分的安装位置和具体接线。

（8）详图：表示设备的具体安装和表达方法的大样图。图中画有设备安装尺寸。详图一般选用统一的安装设备标准图册。

3. 建筑暖通施工图的组成

建筑暖通施工图依次包括图纸目录、选用图集（纸）目录、设计施工说明、图例、设备及主要材料表、总图、工艺（原理）图、系统图、平面图、剖面图、详图等。

1）设计说明

主要阐述建筑物概况和设计标准，如建筑物的面积、高度及使用功能，夏季和冬季的温度、湿度、风速，各空调房间夏季和冬季的设计温度、湿度、新风量要求和噪声标准等，以及空调系统设备安装要求和一般技术要求，质量验收标准和规范等内容。

2）通风与空调平面图、剖面图

要表示出各层、各空调房间的通风与空调系统的风道及设备布置，给出进风管、排风管、冷冻水管、冷却水管和风机盘管的平面位置。

对于在平面图上难以表达清楚的风道和设备，应加绘剖面图。剖面图的选择要能反映该风道和设备的全貌，并给出设备、管道中心（或管底）标高和注出距该层地面的尺寸。

3）通风与空调系统图

系统图与平面图相配合可以说明通风与空调系统的全貌，表示出风管的上、下楼层间的关系，风管中干管、支管、进（出）风口及阀门的位置关系，风管的管径、标高也能得到反映。

4）送、排风原理图

对通风与空调工程中的送风、排风、消防正压送风、排烟等流程作出表示。

5）空调冷冻水及冷却水系统工艺流程图（原理图）

在空调工程中，风与水两个体系是紧密联系，缺一不可，但又相互独立的。所以，在施工图中要将冷冻水及冷却水的流程详尽绘出，使施工人员对整个水系统有全面的了解。需要注意的是，冷冻水和冷却水流程图和送、排风示意图均是无比例要求的，也不按投影规则绘制。

6）冷冻机房布置

冷水机组、水泵、水池、电气控制柜等的平面与空间安装位置。

7）设备材料表

列出本通风与空调工程主要设备以及材料的型号、规格、性能和数量。

8）局部详图

通常可采用国家或地区的标准图。无标准图或本工程有特殊要求的，必须由设计人员提供详图。

1.4 CAD 技术在建筑工程设计中的应用简介

1. CAD 技术的概念

计算机辅助设计（Computer Aided Design，CAD）是一种利用计算机硬、软件系统辅助人们对产品或工程进行设计的方法和技术，是一门多学科综合应用的新科学。早在 1973 年，国际信息处理联合会（IFIP）就给 CAD 如此定义：“CAD 是将人和计算机混编在解题专业组中的一种技术，从而将人和计算机的最佳特性结合起来。”人具有图形识别的能力，具有学习、联想、思维、决策和创造能力，而计算机具有巨大的信息存储和记忆能力、丰富灵活的图形和文字处理功能和高速精确的运算能力，CAD 技术将上述人和计算机的智能优势进行了有效整合。狭义的 CAD 是指工程 CAD，是在产品及工程设计领域应用计算机系统，协助工程技术人员完成产品及工程设计的整个过程。

目前，计算机应用已经渗透到机械、电子、土木建筑等领域中，利用计算机，人们可以进行产品的计算机辅助制造（Computer Aided Make，CAM）、计算机辅助工程分析（Computer Aided Engineering，CAE）、计算机辅助工艺规划（Computer Aided Processing Planning，CAPP）、产品数据管理（Product Data Management，PDM）、企业资源计划（Enterprise Resource Planning，ERP）等。准确地讲 CAD 系统是指计算机辅助设计系统，其内容涵盖产品设计的各个方面。把计算机辅助设计和计算机辅助制造集成在一起，称为 CAD/CAM 系统。工程界习惯把 CAD/CAM 系统甚至 CAD/CAM/CAE 系统仍然称为 CAD 系统，这样 CAD 系统的内涵就在无形中被扩大了。

一个完整 CAD 系统的硬件部分应包括主机、图形输入设备、图形输出设备（如图形显示器及自动绘图机），主要特点在于 CAD 系统具有较强的图形处理能力。在计算机辅助设计工作中，计算机的主要工作就是进行大量的信息加工、管理和交换。在设计人员初步构思、判断、决策的基础上，由计算机对数据库中大量设计资料进行检查，根据设计要求进行计算、分析及优化，将初步设计结果显示在图形显示器上，以人机交互方式反复加以修改，经设计人员确认后，在自动绘图机及打印机上输出设计结果。

基础性的 CAD 技术主要包括：①图形处理技术，如自动绘图、几何建模、图形仿真及其图形输入、输出技术；②工程分析技术，如有限元分析、优化设计及面向各种专业的工程分析等；③数据管理与数据交换技术，如数据库管理、产品数据管理、产品数据交换规范及接口技术等；④文档处理技术，如文档制作、编辑及文字处理等；⑤软件设计技术，如窗口界面设计、软件工具、软件工程规范等。

近年来，快速发展的先进制造技术，有效带动了先进设计技术的发展，使传统 CAD 技术有了很大的扩展，通常将这些扩展的 CAD 技术总称为现代 CAD 技术。

2. CAD 技术的发展历史

20 世纪 60 年代，美国麻省理工学院提出了交互式图形学的研究计划，CAD 技术也就此诞生。由于当时硬件设施十分昂贵，所以只有美国通用汽车公司和美国波音航空公司两家企业使用自行开发的交互式绘图系统。CAD 技术发展历程大致经历了下面几个阶段。

20 世纪 50 年代后期出现了光笔技术，工业界交互式绘图的历史帷幕从此拉开。60 年代初期的 CAD 系统使用以晶体管电路为主的大型通用机和刷新式图形显示器。但这个时期的 CAD 系统价格昂贵，性能相对简单，全世界只有少数大企业研制或拥有大约 200 套 CAD 系统，主要应用于航空和汽车制造业领域。60 年代末，美国 DEC 公司开始生产出价格相当低廉的小型机，价格更加低廉的存储管式显示器也得到应用，图形输入板等各种图形输入设备也投入使用。随着计算机绘图技术更加趋于实用化，图形数据库得到开发，商品化 CAD 系统在中小企业中开始应用和推广。80 年代初期～90 年代初期出现了廉价的固体电路随机存储器，产生逼真图形的光栅扫描显示器、鼠标器、静电式绘图仪，伴随着超大规模集成电路技术的进步，微型机、超级微型机和图形工作站得到普及应用。商品化图形系统也获得迅速发展，使 CAD 技术从用于产品设计发展到用于工程设计，CAD 技术进入了实用期。从 90 年代中期至今，日新月异的计算机软硬件技术为 CAD 技术的发展提供了更加强大的实现手段。CAD 技术目前正向着集成化、协同化、人性化、智能化的方向发展，在新世纪中对各个行业必将产生巨大的影响。

3. 常用的 CAD 软件

1）AutoCAD

美国 Autodesk 公司是全球最大的二维和三维设计、工程与娱乐软件公司，为制造业、工程建设行业、基础设施业以及传媒娱乐业提供卓越的数字化设计、工程与娱乐软件服务和解决方案。AutoCAD（图 1-7）是出品的一款非常优秀的工程设计和绘图软件。作为 CAD 行业的拳头产品，AutoCAD 自诞生以来，以非凡的发展速度迅速成为行业翘楚，已经成为当今全球最为流行的 CAD 软件。

AutoCAD 的第一个版本 AutoCAD1.0，自 1982 年推出以来，AutoCAD 凭借着容易学习、应用方便以及价格合理的优势，迅速获得全球众多工程设计人员的认可和推崇。Autodesk 公司在开发 AutoCAD 产品时，采用开放式结构体系，可以采用多种方式进行二次开发或用户定制，支持全球的软件开发商在其 AutoCAD 产品的基础上进行二次增值开发，我国大量国产设计软件都基于其提供的图形平台，这样使 AutoCAD 在全球 CAD 软件市场所占市场份额日益扩大。

AutoCAD 主要特点是绘图操作简捷，富有人性化，数据输入的可视化程度高；具有完善的图形绘制功能和强大的图形编辑功能；可以进行多种图形格式的转换，具有较强的数据交换能力；具有通用性、易用性，支持多种硬件设备和操作平台，未来 AutoCAD 将向智能化、多元化方向发展。

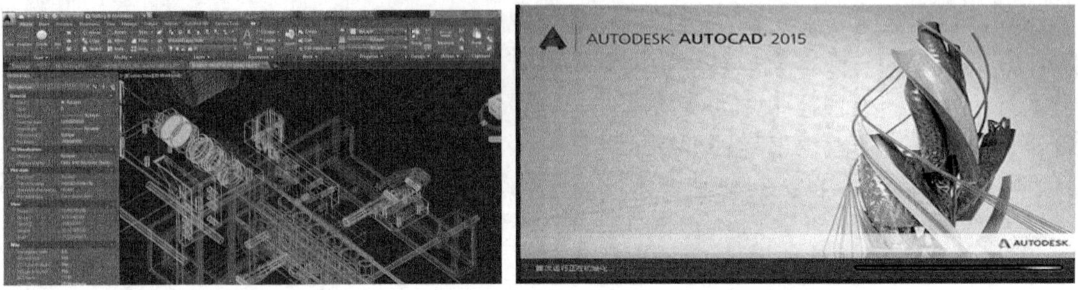

图 1-7　AutoCAD

2）天正 CAD

天正建筑 CAD 系列软件（图 1-8）是天正公司出品的土建专业 CAD 软件。天正公司是 1994 年成立的高新技术企业，该公司研发了以天正建筑 TArch 为龙头的包括结构 TAsd、暖通 THvac、给排水 TWT、电气 TElec、日照 TSun、节能 TBEC、市政道路 TDL、市政管线 TGX、规划 TPLS、交通 TJT 等专业的土木建筑领域 CAD 系列软件。

新一代天正建筑 CAD 软件基于工具集思想，以天正自定义对象技术为基础，提供以天正建筑为核心的可协同作业的工程设计解决方案。天正软件用户遍及全国，已成为建筑设计实际的绘图标准，为促进我国建筑设计行业计算机应用水平以及提高设计生产率作出了卓越贡献。

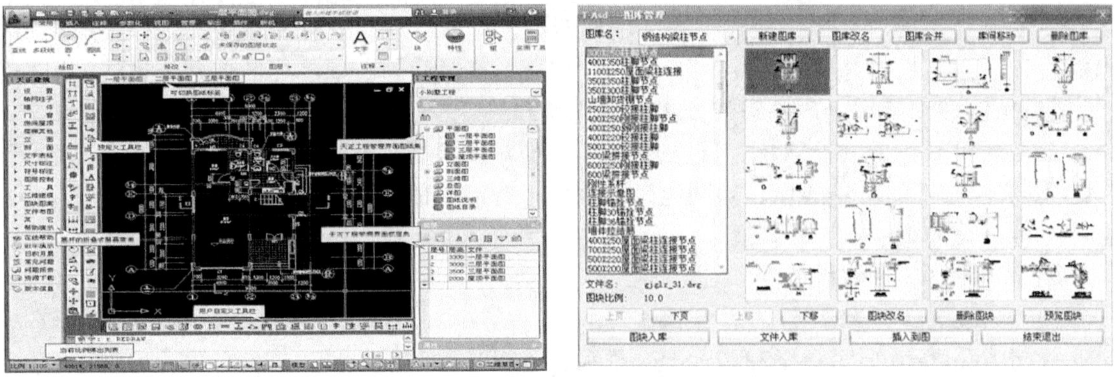

图 1-8　天正建筑 CAD

3）清华斯维尔 CAD

深圳斯维尔科技有限公司成立于 2000 年，是中国领先的建设行业软件及解决方案服务商。斯维尔公司专业致力于提供工程设计、工程造价、工程管理、电子政务等建设行业信息化解决方案，在业内率先通过了 ISO9001 国际质量系统认证和 CMMI3 国际软件成熟度模式认证，为设计院、房地产企业、施工企业、造价咨询企业以及电子政务提供系统解决方案。旗下提供了建筑设计软件 THS-Arch、工业建筑设计软件 THS-ArchP、节能设计 THS-Becs、日照分析 THS-Sun、设备设计 THS-Mech、暖通负荷 THS-Bech 等软件产品。图 1-9 为斯维尔系列 CAD 界面。

4）PKPM 系列

PKPM（又称 PKPMCAD）系列软件（图 1-10）是中国建筑科学研究院建筑工程软件研究所开发的一套面向建筑工程全生命周期的集建筑设计、结构设计、设备（给排水、采暖、通风空调、电气）设计及概预算、施工技术、施工管理、企业信息化于一体的大型建筑工程集成化 CAD 系统，在国内设计行业占有绝对优势，拥有用户上万家，市场占有率达 95%以上，现已成为国内应用最为普遍的建筑设计 CAD 系统。PKPM 采用独特的人机交互输入方式，使用者只需要用鼠标或键盘在显示器上建立整个建筑物模型。软件配有翔实的中文菜单和命令提示引导设计人员进行操作，并提供了丰富的图形输入功能，提高了出图效率。

图 1-9　斯维尔系列 CAD

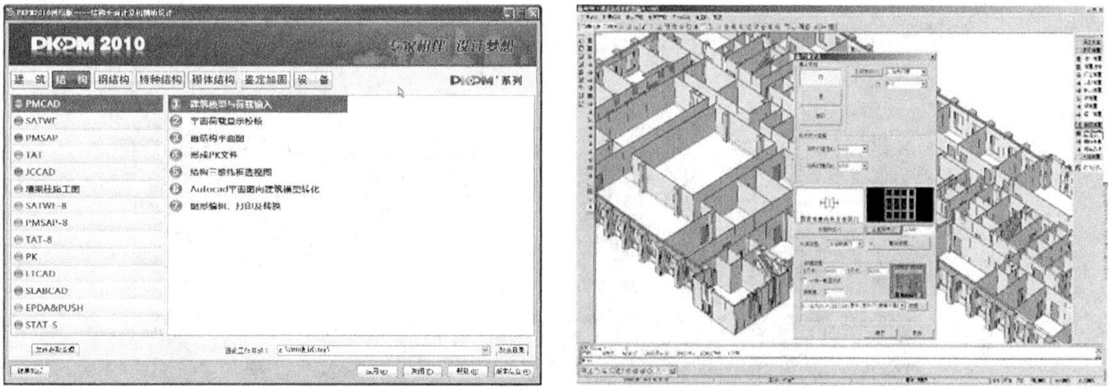

图 1-10　PKPM 系列

PKPM 几十年来一直占据我国结构设计行业应用和技术的主导地位，及时满足了我国建筑行业快速发展的需要，显著提高了设计效率和质量，为实现当初住建部提出的“甩图板”目标作出了重要贡献。软件自身随着我国行业规范的更新和行业需求而不断升级，PKPM 对我国建筑设计行业的技术进步作出了重要贡献。

5）中望 CAD

广州中望龙腾软件股份有限公司是国家高新技术企业，是国际 CAD 联盟 ITC 在中国大陆地区的首位核心成员，致力于为企业提供优秀的 2D&3D 工程设计 CAD 专业解决方案。早在 2001 年，中望龙腾公司就推出了具有完全自主知识产权的主打产品——中望 CAD+平台软件。中望 CAD+ 是领先的新一代二维 CAD 平台软件，搭载建筑、机械、模具、水暖电等专业模块，已形成涵盖建筑、工程、装饰、机械、电子、电信、模具等行业的专业 CAD 解决方案，包括中望 CAD 建筑版（图 1-11）、中望 CAD+（兼容）、中望 CAD 结构版、中望给排水、中望电气、中望暖通等产品。

软件采用自定义对象技术，以建筑构件作为基本设计单元，具有人性化、智能化、参数化、可视化特征，集二维工程图、三维表现和建筑信息于一体，为建筑师轻松完成全程设计任务提供完整的解决方案。全新一代自主研发二维 CAD 平台技术高效运算逻辑技术，保证软件在长时间的设计工作中快速稳定运行独创内存管理机制，内存占用降低，释放更彻底，全面支持 VBA/LISP/ZRX/ZDS/.NET 二次开发。与主流 CAD 图形文件格式完全兼容，能准确读取和保存数据。

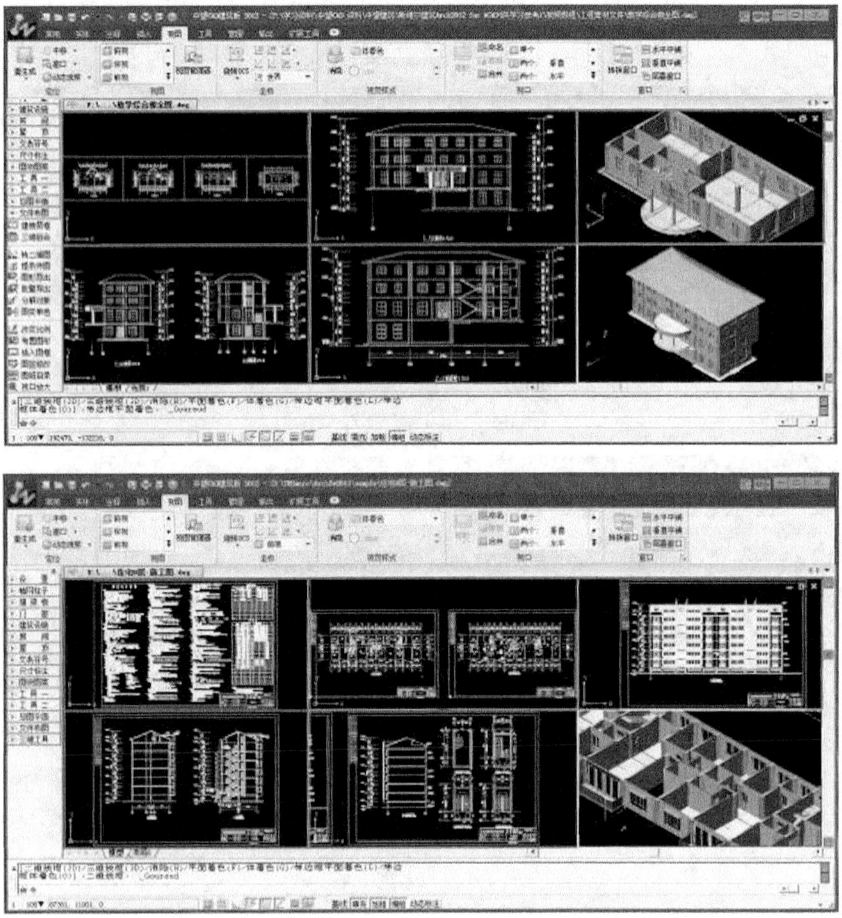

图 1-11　中望建筑 CAD

第 2 章　建筑工程制图基本规定

2.1　图纸幅面规格及编排顺序

1. 图纸幅面尺寸

图纸幅面是指图纸宽度与长度组成的图面，分为横式和立式两种。绘制图样时，应采用国家标准（GB/T 14689—2008）中规定的图纸基本幅面尺寸（表 2-1），尺寸单位为 mm。基本幅面代号有 A0、A1、A2、A3、A4 五种。各种图号图纸的长边与短边的比例一致，均为 1.414213562，也就是 2 的开平方，换句话说图纸差一号，面积就差一倍。

表 2-1　图纸幅面尺寸及边框尺寸

幅面代号	幅面尺寸 $B\times L$	边框尺寸		
		a	c	e
A0	841×1189	25	10	20
A1	594×841			
A2	420×594			10
A3	297×420		5	
A4	210×297			

必要时，也可以加长图纸的幅面，但必须按表 2-2 的格式加，并且长边加长，短边一般不加长。

表 2-2　图纸长边加长尺寸　　（单位：mm）

图幅	长边尺寸	长边加长后尺寸
A0	1189	1468　1635　1783　1932　2080　2230　2378
A1	841	1051　1261　1471　1682　1892　2102
A2	594	743　891　1041　1189　1338　1486　1635　1783　1932　2080
A3	420	630　841　1051　1261　1471　1682　1892

注：有特殊需要的图纸，可采用 $B\times L$ 为 841×891 与 1189×1261 的幅面

图纸以短边作为垂直边称为横式，以短边作为水平边称为立式。一般 A0～A3 图纸宜使用横式。

2. 图框格式

在图纸上必须用粗实线画出图框和标题栏。图框的格式分为保留装订边（图 2-1）和不留装订边（图 2-2）两种，但同一产品的图样只能采用一种格式。标题栏包括设计单位名称区、工程名称区、签字区、图名区等。

3. 图纸的编排顺序

在 AutoCAD 中，设计图纸的图号按专业顺序编排，依次为图纸目录、总图、建筑图、结构图、给水排水图、暖通空调图、电气图等。在建筑专业，一般顺序为目录、施工设计说明、附表（门窗表等）、平面图、立面图、剖面图、详图等。

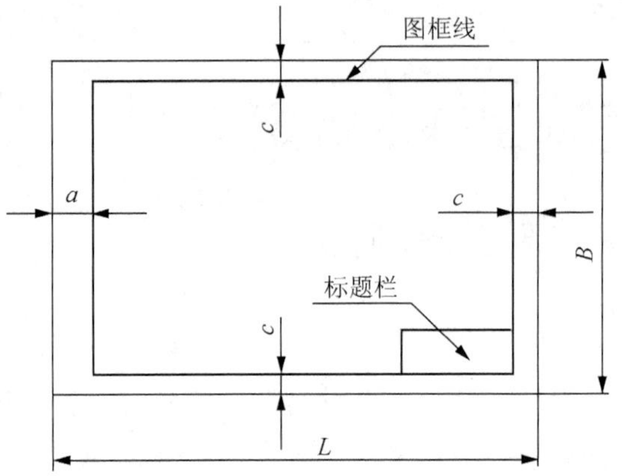

图 2-1　保留装订边

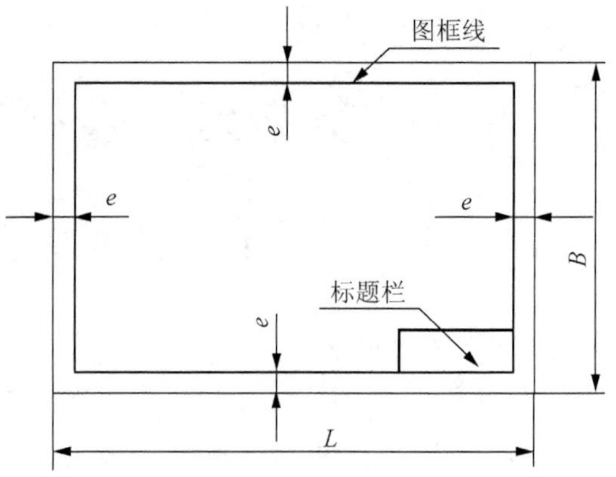

图 2-2　不保留装订边

图集中项目名称缩写取该项目所属地区的拼音字母缩写，所属专业缩写取图纸所属专业的拼音字母缩写，图号序列按图纸内容的主次关系、逻辑关系，有序排列。

2.2 比　　例

比例是图中图形与其实物相应要素的线性尺寸之比。在 CAD 中，我们需要知道三个概念，即画图比例、图纸比例、出图比例。

画图比例：所画的实际物体尺寸与画图尺寸的比例。

图纸比例：标在图名旁的尺寸，表示图上 1mm 代表实际尺寸的大小的比例。

出图比例：将图框里面的图按照一定比例打印出来。

表 2-3 列出常用的绘图比例，用户根据实际情况选用。

表 2-3　绘图常用比例

图样	比例
总图	1∶500,　1∶1000,　1∶2000
平面图	1∶50，1∶100,　1∶150，1∶200,　1∶300
立面图	1∶50，1∶100,　1∶150 ，1∶200,　1∶300
剖面图	1∶50，1∶100,　1∶150，1∶200,　1∶300
局部放大图	1∶10，1∶20,　1∶25，1∶30,　1∶50
配件及构造详图	1∶1，1∶2, 1∶5，1∶10,　1∶15，1∶20，1∶25, 1∶30，1∶50

注：① 一般情况下，一个图样应选用一种比例。根据专业制图需要，同一图样可选用两种比例

② 特殊情况下也可自选比例，这时除应注出绘图比例外，还必须在适当位置绘制图相应的比例尺

2.3 字　　体

在一幅完整的图纸中用图线方式表现得不充分和无法用图线表示的地方，就需要进行文字说明，如设计说明、材料名称、统计表、构造做法、图名等。文字说明是图纸内容的重要组成部分，制图规范对文字标注中的字体、字的大小、字体字号搭配等作出一系列规定。

（1）图样中字体必须做到：字体端正、笔画清楚、排列整齐、间隔均匀。

（2）图样中的汉字应写成长仿宋体，采用国家正式公布执行的简化字。汉字字宽为其字高的$1/\sqrt{2}$。汉字的高度不应小于 3.5M，字母和数字分为 A 型（斜体）和 B 型（直体）两种。A 型字体的笔画宽度为字高的 1/14；B 型字体的笔画宽度为字高的 1/10。斜体字字头向右倾斜，与水平线约成 75°，在同一张图纸上只允许用一种号数的字体。

字体有八种号数，其公称尺寸系列为 1.8、2.5、3.5、5、7、10、12、14。

长仿宋体的要领是：横平竖直，结构均匀，注意起落，填满方格。也可书写成其他的字体，但应易于辨认。

（3）标注的文字高度要适当，常用的文字设置应符合表 2-4。

表 2-4　常用的文字设置要求

字体	字高/mm	宽高比	字体名称	一般用途	图幅
长仿宋	7	0.7	仿宋-GB2312	图名	
单线长仿宋	5	0.7	HZTXT	房间，区域名称	
单线长仿宋	3.5	0.7	HZTXT	做法说明，材料引注，图纸说明	A4，A3，A2
黑体	5	1	黑体	图纸比例	
黑体	2.5	1	黑体	标注数字，英文	
长仿宋	14	0.7	仿宋-GB2312	图名	
单线长仿宋	10	0.7	HZTXT	房间，区域名称	
单线长仿宋	7	0.7	HZTXT	做法说明，材料引注，图纸说明	A1，A0
黑体	10	1	黑体	图纸比例	
黑体	5	1	黑体	标注数字，英文	

注：一般情况下，图集内不应使用其他特殊字体，以避免图纸交流中文字显示不正常

2.4　图　　线

1. 图线形式

建筑设计图集主要由各种线条构成，不同的线型代表不同的对象、部位和不同的含义。建筑制图中给出了一些常用的几种线型示例及其一般应用，如表 2-5 所示。

表 2-5　制图中常用的线型及其用途

名称	线型	线宽	适用范围
粗实线		b	建筑平面图、剖面图等被剖切主要构件截面的轮廓线等
中实线		$0.5b$	建筑图样中次要构件的轮廓线，如图中的一般轮廓线
细实线		$0.25b$	尺寸线，尺寸界线，剖面线，辅助线重合断面的轮廓线，引出线等
波浪线		$0.25b$	断裂处的边界线，视图和剖视的分界线
虚线		$0.5b$	不可见的轮廓线，不可见的过渡线
双折线		$0.25b$	省略画出图样时的断开界线
点画线		$0.25b$	轴线，构配件的中心线，对称线

2. 图线宽度

国家标准规定了九种图线的宽度。绘制工程图样时所有线型宽度 b 应在下面系列中选择 0.13，0.18，0.25，0.35，0.5，0.7，1，1.4，2，单位为 mm。不同的 b 值产生不同的线宽组。对于需要微缩的图纸，线宽不宜小于 0.18mm。

2.5 尺 寸 标 注

1. 尺寸的组成

图纸上的图样除表达物体形状外还应说明物体的大小，物体的大小应通过尺寸来确定。无论图样的比例如何，尺寸应标注物体的实际尺寸，建筑图纸中的尺寸单位的国家标准是 mm，以 mm 为单位时，不需要标明单位的符号。

尺寸的要素：尺寸界线、尺寸线、起止符号、尺寸数字。

（1）尺寸界线表示所注尺寸的起止范围，用细实线绘制应由图形的轮廓线、轴线或对称中心线引出。也可以之间利用轮廓线、轴线或对称中心线作尺寸界线。尺寸界线应超出尺寸线 2～5mm。一般情况下尺寸界线与尺寸线垂直。

（2） 尺寸线用细实线绘制，相同方向的各尺寸线之间的距离要均匀，间隔应大于 5 mm。尺寸线不能由图上的其他图线代替，也不能与其他图线重合而且应避免尺寸线之间交叉，尺寸线与其他尺寸界线交叉。

（3）起止符号可以有两种形式。①箭头：形式如图 2-3 所示，d 为粗实线宽度，箭头尖端与尺寸界线接触不得超出或离开。机械样中常采用箭头的形式；②斜线：当尺寸线与尺寸界线垂直时起止符号可用斜线，形式如图 2-4 所示。斜线用 45° 细实线绘制，建筑图纸中常采用斜线作为起止符号。同一张图样中只能采用一种起止符号形式。

（4）尺寸数字。图纸上水平方向尺寸其数字写在尺寸线的上方，图纸上竖直方向尺寸，其数字写在尺寸线的左方，字头朝左。其他方向的线形尺寸数字注写尽可能避免在图示 30° 范围内注写尺寸，无法避免时，可以用引出注法。

在尺寸数字前有如下符号，表示不同类型的尺寸：ϕ 表示直径；R 表示半径；S 表示球面；T 表示板状零件厚度；C 表示 45° 倒角。

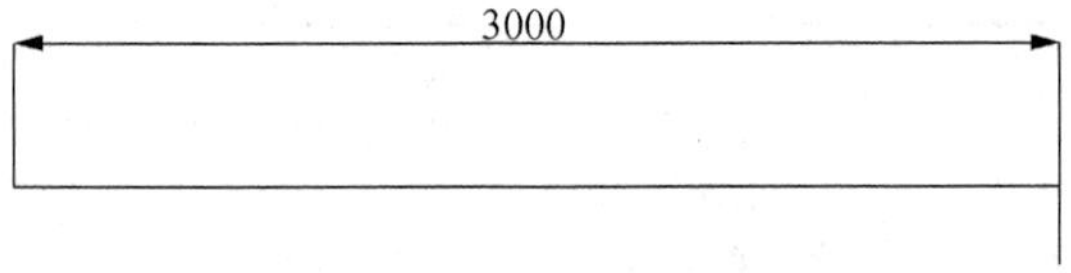

图 2-3

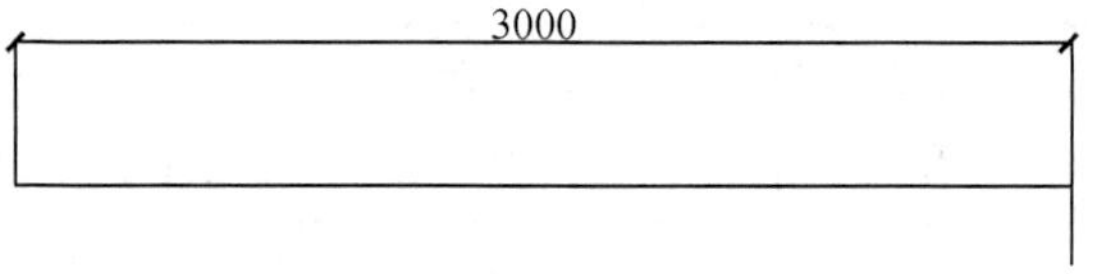

图 2-4

2. 尺寸标注原则

尺寸标注时，应注意以下几点。

（1）尺寸标注应该准确、清晰、美观大方。同一图纸中，标注风格应保持一致。

（2）尺寸应该尽量标注在图样轮廓线外，从内到外依次标注从小到大的尺寸，不能将大尺寸标在内，小尺寸标在外，如图 2-5 所示。

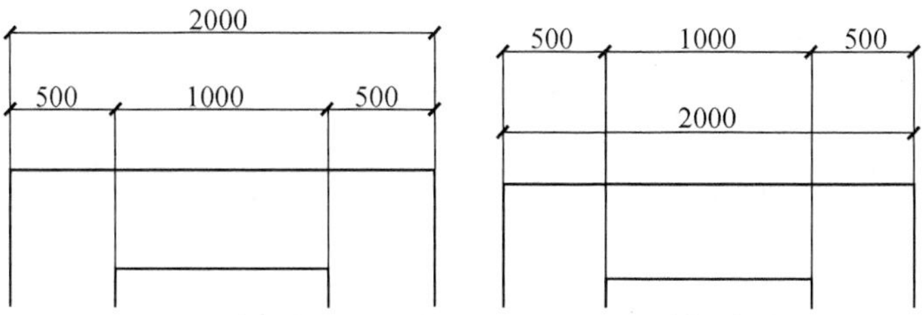

（a）正确标注　　　　　　（b）错误标注

图 2-5

（3）机件的真实大小应以图样上所注的尺寸数值为依据，与图形的大小及绘图的准确度无关。线性尺寸数字水平标注时应标注在尺寸线的上方，垂直标注时应标注在尺寸线的左方。特殊情况时也允许标注在尺寸线的中断处。

（4）最内一道尺寸线与图样轮廓线之间的距离不应小于 10mm，两道尺寸线之间的距离一般为 7～10mm。尺寸界线朝向图样的端头距轮廓的距离为 2～5mm。

（5）在图线拥挤的地方，合理安排尺寸线的位置，不宜与图线、文字相交。可以将轮廓线用作尺寸界线。

（6）标注弦长和弧长时，尺寸界线应平行于弦的垂直平分线；标注弧长尺寸时，尺寸线用圆弧，并应在尺寸数字上方加注符号“⌒”。

2.6　基 本 符 号

1. 详图索引符号及详图符号

1）索引符号

在建筑图中，有时会因比例问题而无法表达清楚某一局部,为方便施工需另画详图。一般用索引符号注明画出详图的位置、详图的编号以及详图所在的图纸编号。索引符号和详图符号内的详图编号与图纸编号两者对应一致。

按“国标”规定，索引符号的圆和引出线均应以细实线绘制，圆直径为 10mm，如图 2-6（a）所示。引出线应对准圆心，圆内过圆心画一水平线，上半圆中用阿拉伯数字注明该详图的编号，下半圆中用阿拉伯数字注明该详图所在图纸的图纸号，如图 2-6 所示。如果详图与被索引的图样在同一张图纸内，则在下半圆中间画一水平细实线如图 2-6（b）所示。索引图不在本张图纸上，采用图 2-6（c）所示。索引出的详图，如采用标准图，应在索引符号水平直径的延长线上加注该标准图册的编号，如图 2-6（d）所示。

当索引符号用于索引剖面详图时，应在被剖切的部位绘制剖切位置线。引出线所在一侧应为投射方向如图 2-6（e）、（f）所示。

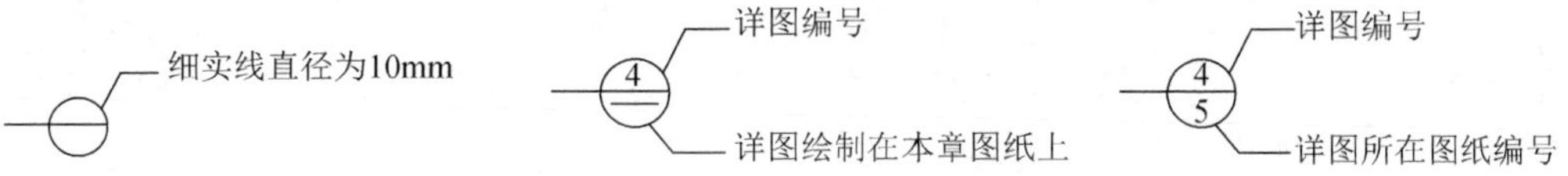

(a)　　　　(b)　　　　(c)

图 2-6

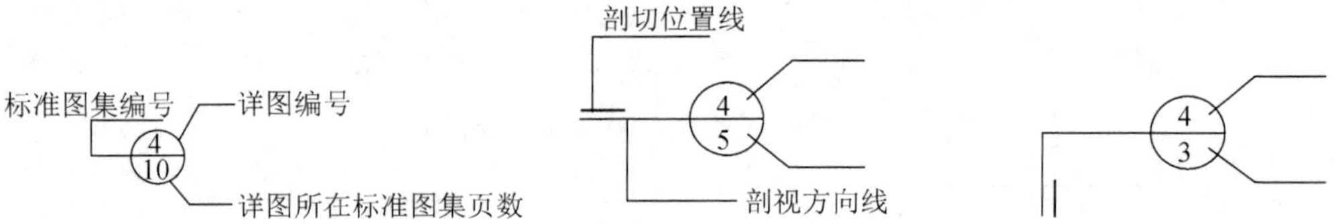

从上向下看　　从右向左看

(d)　　(e)　　(f)

图 2-6（续）

2）详图符号

详图符号及详图的编号，用粗实线绘制，圆圈直径为 14mm，如图 2-7 所示。

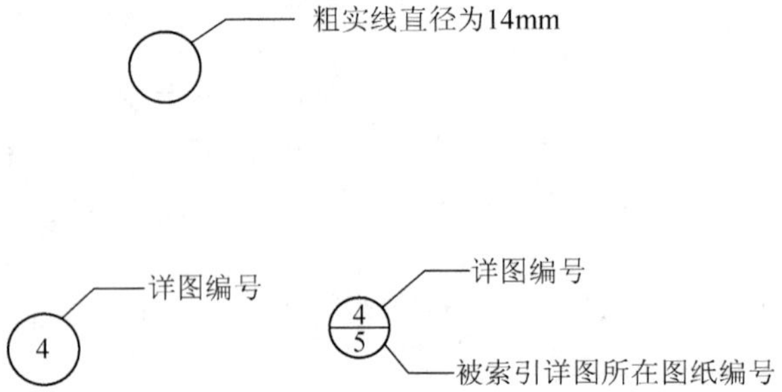

图 2-7

2. 引出线

由图样引出一条或多条线段指向文字说明，该线段就是引出线。引出线与水平方向的夹角一般为 0°、30°、45°、60°、90°。绘制引出线应符合以下原则。

（1）引出线以细实线绘制。

（2）引出线应自所指部分的可见轮廓内引出，并在末端画一圆点；若所指部分（很薄或涂黑的剖面）内不便画圆点，可在引出线的末端画出箭头，并指向该部分的轮廓。

（3）引出线采用水平方向的直线和水平方向成角的直线表示，引出线相互不能相交，当通过有剖面线的区域时，引出线不应与剖面线平行。

（4）文字说明注在横线的上方，索引详图的引出线，对准索引符号的圆心。

常见的引出线如图 2-8 所示。

图 2-8

共用引出线如图 2-9 所示。

图 2-9

多层构造引出线如图 2-10 所示。

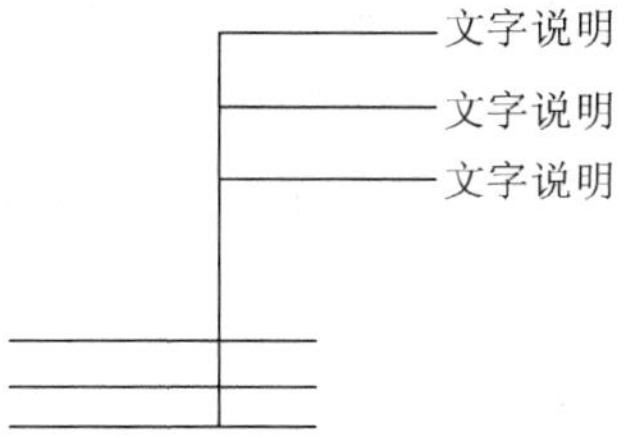

图 2-10

3. 内视符号

内视符号是为了表示室内立面在平面图上的位置，应在平面图上用内视符号注明视点位置、方向及立面编号。内视符号的形式如图 2-11 所示，图 2-11（a）表示单面内视，图 2-11（b）表示双面内视，图 2-11（c）表示四面内视。

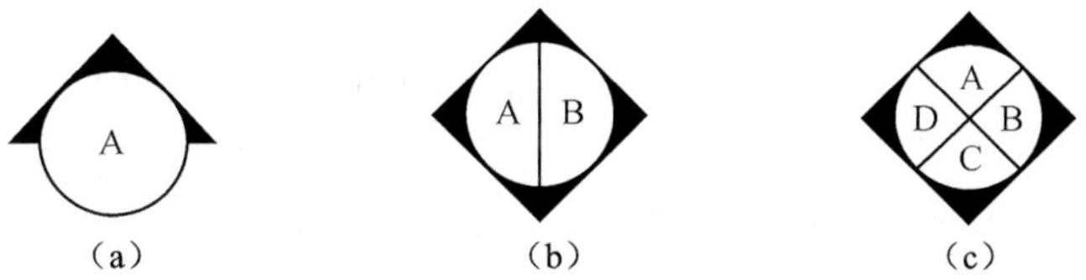

图 2-11

4. 其他图例符号

其他常用图例符号如表 2-6 所示。

表 2-6　其他常用图例符号

符号	说明	符号	说明
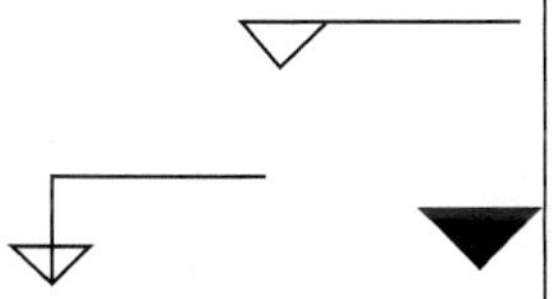	标高符号，在线上标数字表示标高值，单位为 m。最后一个标高符号用于总平面图标高	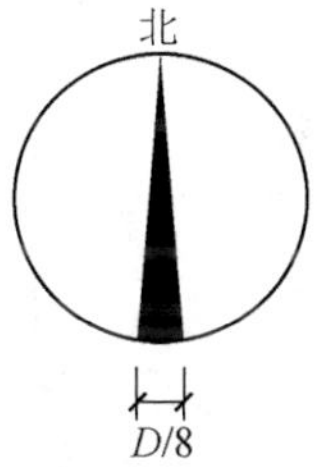	指北针符号
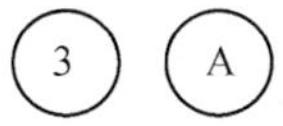	轴线符号	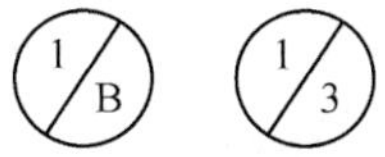	附加轴线符号
	对称符号	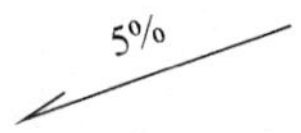	坡度符号
总平面图　1：00	图名及比例	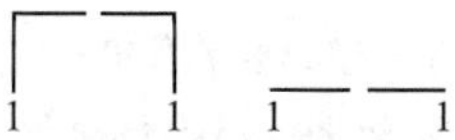	剖面图编号

2.7　轴　　线

所谓轴线，是指由被摄对象的视线方向、运动方向和相互之间的关系形成一条假定的直线。由视线方向和运动方向形成的轴线称为方向轴线，由相互之间位置（两个人物以上）形成的轴线称为关系轴线。

建筑轴线是人为地在建筑图纸中为了标示构件的详细尺寸，按照一般的习惯或标准虚设的一道线（在图纸上），习惯上标注在对称界面或截面构件的中心线上，如基础、梁、柱等结构上。

建筑轴线分为定位轴线和附加定位轴线。

1. 定位轴线

定位轴线的使用原则如下。

（1）定位轴线应用细点画线绘制。

（2）定位轴线一般应编号，编号应注写在轴线端部的圆内。圆应用细实线绘制，直径为8～10mm。定位轴线圆的圆心，应在定位轴线的延长线上或延长线的折线上。

（3）平面图上定位轴线的编号，宜标注在图样的下方与左侧。横向编号应用阿拉伯数字，从左至右顺序编写，竖向编号应用大写拉丁字母，从下至上顺序编写（图 2-12）。若字母数量不够使用，可增用双字母或单字母加数字注脚，如 AA、BA…YA 或 A1、B1…Y1。

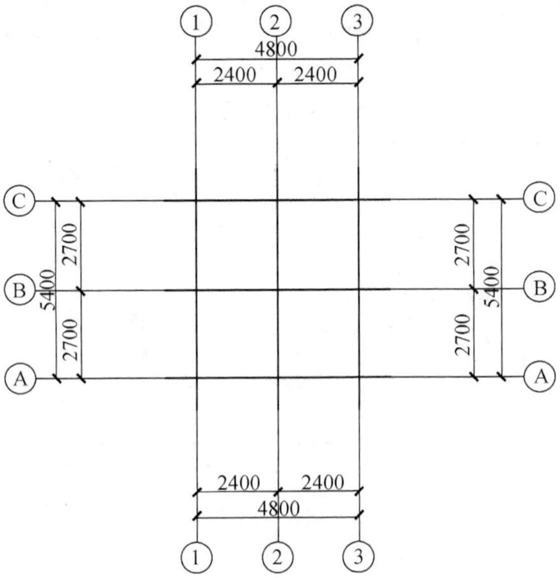

图 2-12

（4）组合较复杂的平面图中定位轴线也可采用分区编号（图 2-13），编号的注写形式应为“分区号—该分区编号”。分区号采用阿拉伯数字或大写拉丁字母表示。

（5）圆形平面图中的定位轴线的编号，其径向轴线宜用阿拉伯数字表示，从左下角开始，按逆时针顺序编写；其圆周轴线宜用大写拉丁字母表示，从外向内顺序编写。

2. 附加定位轴线

附加定位轴线的编号，应以分数形式表示，并应按下列规定编写。

（1）两根轴线间的附加轴线，应以分母表示前一轴线的编号，分子表示附加轴线的编号，编号宜用阿拉伯数字顺序编写，如图 2-14 所示。

（2）1 号轴线或 A 号轴线之前的附加轴线的分母应以 01 或 0A 表示，如图 2-15 所示。

（3）通用详图中的定位轴线，应只画圆，不注写轴线编号。

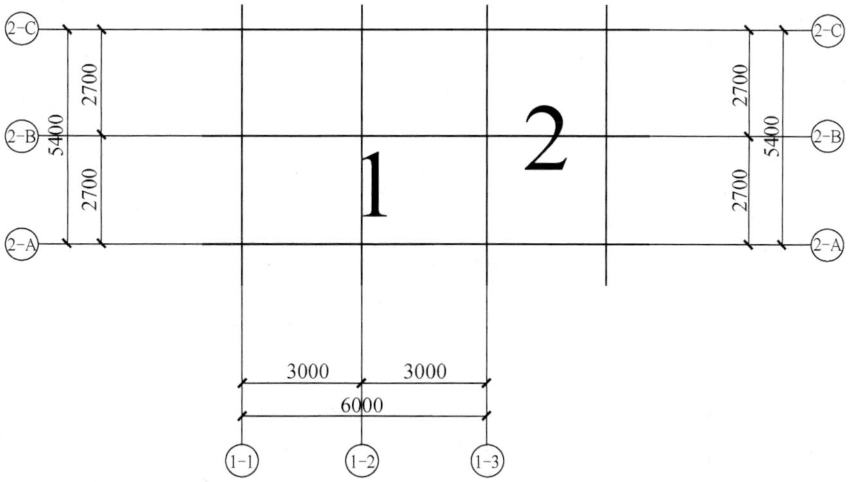

图 2-13

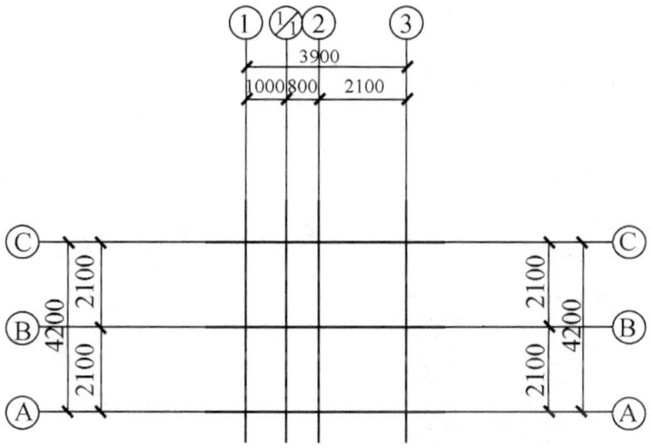

图 2-14

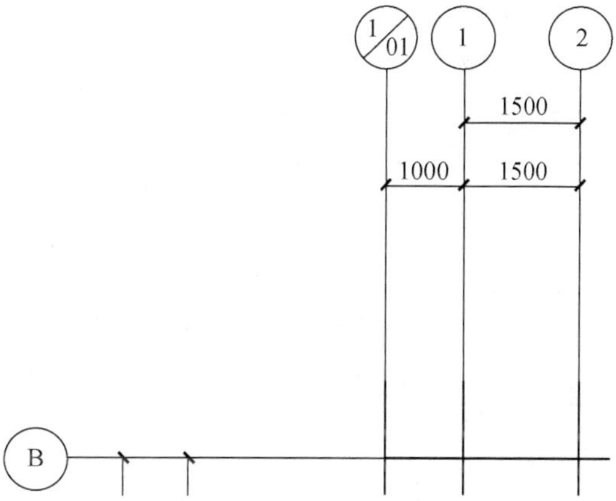

图 2-15

2.8　建筑材料常用图例

建筑图中经常使用材料图例来表示材料，当无法用图例来表示时，也可以用文字说明。表 2-7 中列出一些常用的建筑材料图例。

表 2-7　常用建筑材料图例

材料图例	说明	材料图例	说明
	自然土壤	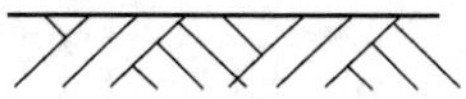	夯实土壤

续表

材料图例	说明	材料图例	说明
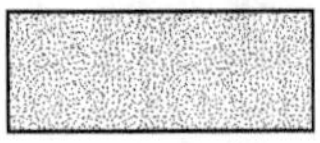	砂、灰土		砂砾石、碎砖三合土
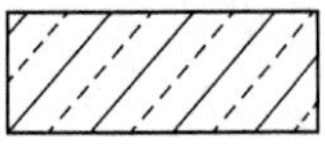	石材	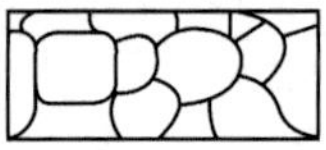	毛石
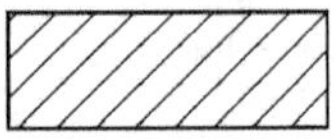	普通砖	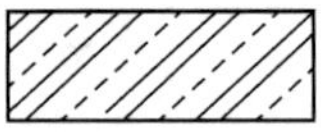	耐火砖
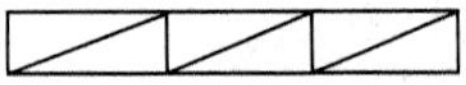	空心砖	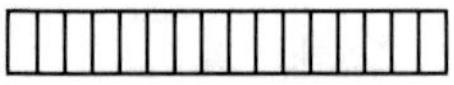	饰面砖
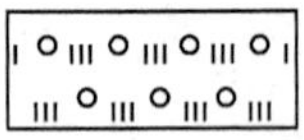	焦渣，矿渣	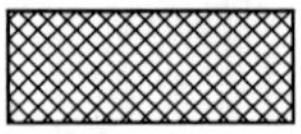	多孔材料
	混凝土	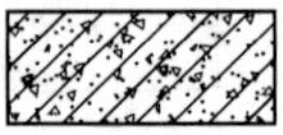	钢筋混凝土
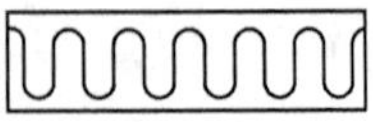	纤维材料	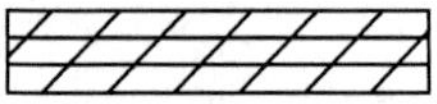	胶合板
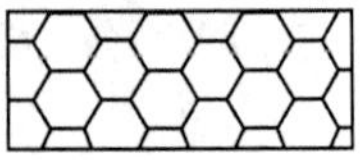	泡沫塑料材料		木材
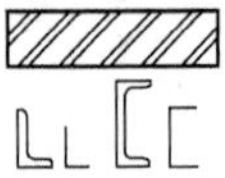	金属	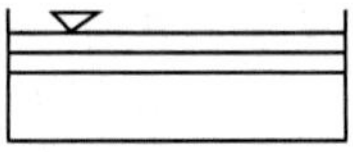	液体
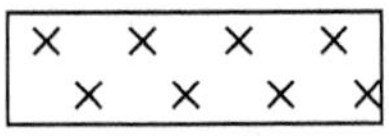	石膏板		网状材料
	玻璃	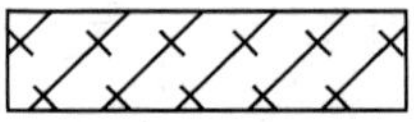	橡胶
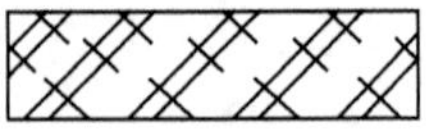	塑料		防水材料
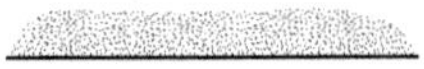	粉刷	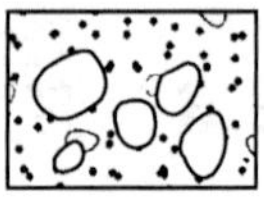	毛石混凝土

第 3 章　AutoCAD 2014 基础知识

3.1　AutoCAD 2014 简介

1. 软件发展

AutoCAD 是由 AutoDesk 公司开发的一款设计软件，是英文 Computer Aided Design 的简称，是指利用计算机及图形设备辅助设计人员进行设计工作。如今已经更新到 CAD2014 版本，它拥有完善的图形绘制处理能力和强大的编辑能力，涉及了相当广泛的设计领域，尤其是在建筑类、机械类等专业。

2. 基本功能

AutoCAD 具有强大的图形绘制和编辑处理能力。AutoCAD 提供了大量的绘图工具，在平面绘图中提供了直线、射线、多段线、圆、椭圆、矩形、多边形等绘图工具。也提供了复制、删除、偏移、移动、镜像、拉伸、裁剪、旋转等二维图形的编辑命令，还提供了正交、极轴追踪、对象捕捉、极轴捕捉等绘图辅助工具，还具有图层管理系统，可以在相关图层设置线宽、线型等相关参数，还有尺寸标注、文字标注等功能，3D 图形的绘制与编辑，联网数据的传输和资源共享。

3. 新增功能

AutoCAD2014 在之前的版本上进一步进行了优化处理，在界面上进行了修改，优化了许多操作，加快了任务操作的执行能力，简化了绘图任务，使设计人员在进行设计时提高了工作效率。更好地满足了个人用户的需求和偏好，新增功能如下。

（1）自动更正：如果输入一个错误的命令，它不会像原来版本显示“未知命令”，而是智能化地更正到最接近且最合理的命令。例如，输入错误的拉伸命令“EXTUDE”，它最后也会执行拉伸命令“EXTRUDE”。

（2）自动适配建议：由于存在个人命令使用的不同习惯，在使用 AutoCAD2014 版本时，随着你的命令使用情况，它会产生一个适应你使用习惯的命令列表，从而在绘图方面更加快捷。

（3）同义词建议：命令行中有一个同义词列表，在其中输入一个命令，就会在其中找到与之对应的命令。例如，输入“STEPPED”，会找到“OFFSET”命令，这样也可以对图形进行偏移。

（4）分类：可以根据个人操作特点，对建议列表进行分类，可以展开分类或是按“Tab”键来查看分类。

（5）建立尺寸关系：尺寸关系设置的是几何体尺寸的限制，在更改尺寸约束值的同时也会迫使几何体的尺寸发生变化。但是在这个版本中，可以使用“DIMCONSTRAINT”命令来转换传统的尺寸标注到对应的尺寸约束。

（6）外部参照增强：在 AutoCAD2014 中，外部参照图层不会在属性选项板中显示，可以通过双击列表轻易地改变外部参照的附着类型。在外部参照选项板中新增了一个新的工具，可以轻易地将外部参照路径改为“绝对”或“相对”路径。

（7）点云支持：在之前的 PCG 和 ISD 格式外，新增了 Autodesk Recap 产生的点云投影（RCP）和扫描（RCS）文件。可以通过“插入”功能区选项卡的点云面板的“附着工具来选点云文件。”

（8）圆弧：为了更快捷地绘制出不同方向的圆弧，可以按住“Ctrl”键来切换所绘制圆弧的方向。

（9）多段线：在这个版本中可以通过自我圆角来创建封闭的多段线。

（10）打印样式：使用“CONVERTPSTYLES”命令来切换当前图纸到命名或颜色相关的打印样式。增加了支持空间命名的样式功能。

（11）注释增强：单行文字得到了强化，它将维持最后一次的对齐的文字样式。在创建连续标注或基线标注时，新增的“DIMCONTINUEMODE”系统变量提供了更多的控制。

（12）图案填充：“Undo”选项也被加入填充命令行中。

3.2　工 作 界 面

在启动 AutoCAD2014 后，一般默认的界面为 AutoCAD 经典（图 3-1），但也可以进行切换，其余空间界面分别为“草图与注释”“三维基础”“三维建模”。这四种空间可以任意进行转化，单击“工具空间工作栏”→“工作空间”即可完成转化，还可以直接单击右下角的完成转化。

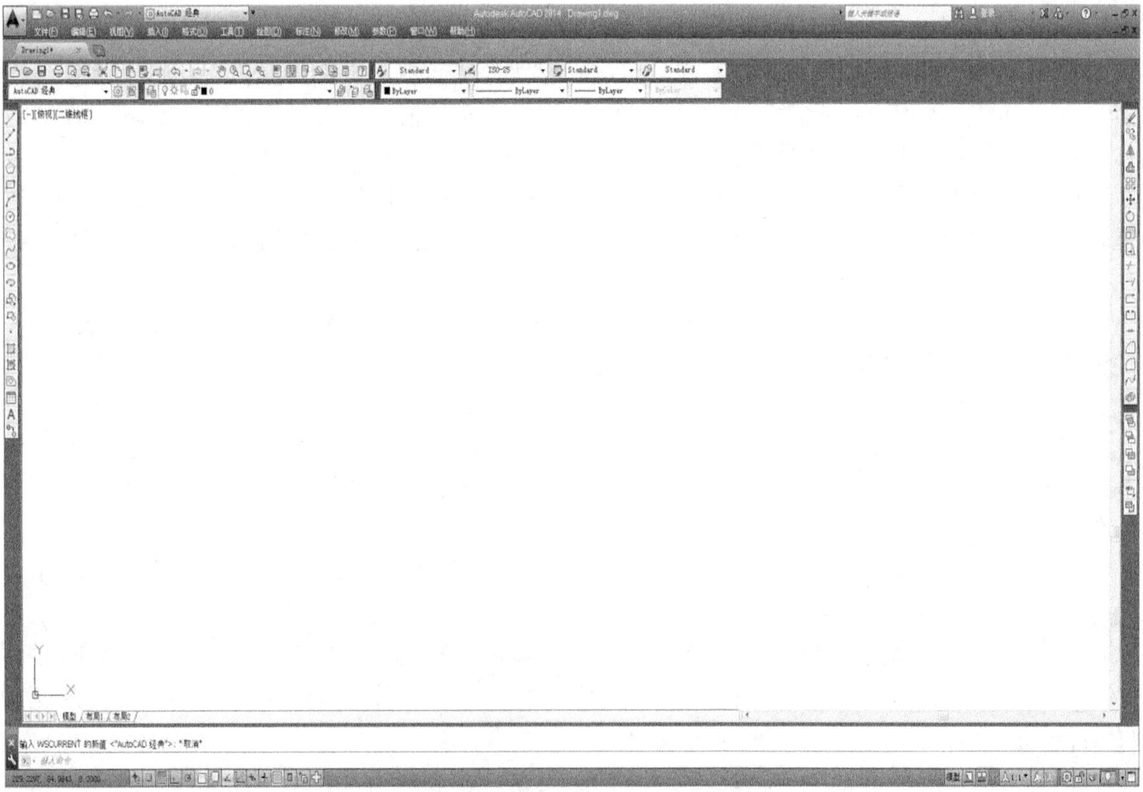

图 3-1　AutoCAD 经典工作界面

1. 标题栏

标题栏位于界面的顶部，显示程序名称、文件名称、路径以及快速访问栏。

2. 菜单栏

菜单栏包括 “文件”“编辑”“视图”“插入”“格式”“工具”“绘图”“标注”“修改”“参数”“窗口”“帮助”。单击每一个菜单，都会跳出一个下拉菜单。图 3-2 为工具的下拉菜单。

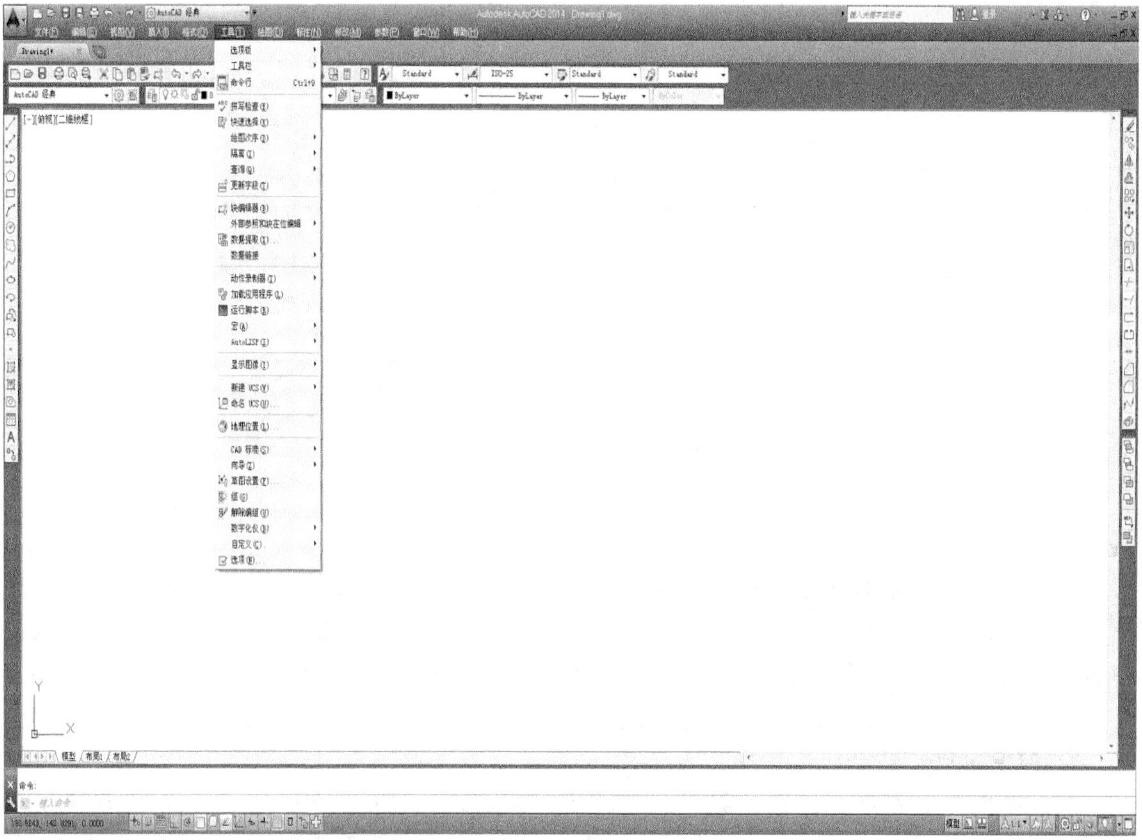

图 3-2　AutoCAD2014 的“工具”下拉菜单栏

3. 面板

在 AutoCAD2014 中，使用命令可以通过单击面板中的选项来执行命令，其中包括“默认”“插入”“注释”“布局”“参数化”“视图”“管理”“输出”“插件”等，如图 3-3 所示。

图 3-3　AutoCAD2014 的面板

4. 常用工具栏

在 AutoCAD2014 中，系统提供了三十多个已命名的工具栏。在初始的默认状态下，标准栏会出现在界面上。各工具栏如图 3-4 所示。工具栏可以浮动放置，可以用鼠标左键按住工具栏前的▮，就可以在工作界面随意地拖动工具栏。也可以右击，在下拉菜单中勾选，来显示和隐藏工具栏。

（a）标准工具栏

（b）工作空间工具栏

（c）样式工具栏

（d）图层工具栏

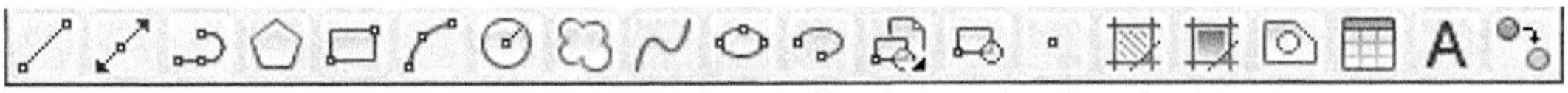

（e）绘图工具栏

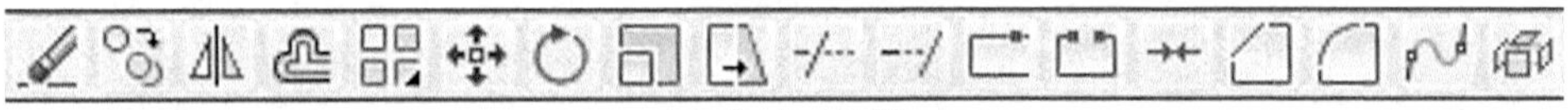

（f）修改工具栏

（g）特性工具栏

图 3-4　常用工具栏

5. 绘图区域

启动 AutoCAD2014 后，在默认的界面上，中间的空白区域就是绘图区，所有的绘图工作都将在这里进行。这个区域默认是无穷大的，可以通过鼠标滚轮来进行缩放。在绘图区的最下角有 3 个标签即 模型 / 布局1 / 布局2。模型代表的是现在的绘图区域处于模型空间状态，布局 1、布局 2 是 AutoCAD 默认提供的 2 张图纸，统称为图纸空间。它们之间可以相互转化。

6. 命令窗口

在绘图区下方存在一个命令窗口，在绘图过程中，执行的命令都会在该窗口显示，如图 3-5 所示。除了在下拉菜单、工具栏中查找需要的命令外，也可以直接在命令窗口中输入命令，从而来执行命令。这种方法极大地减少了绘图时间。因此，学会使用直接输入命令来执行绘图操作将有利于以后的绘图。可以将命名窗口进行上下拉伸，拖动鼠标，增大命令行的间距。如果要查询所有的命令，可以通过“视图”→“显示”→“文本窗口”来查询所有的命令。

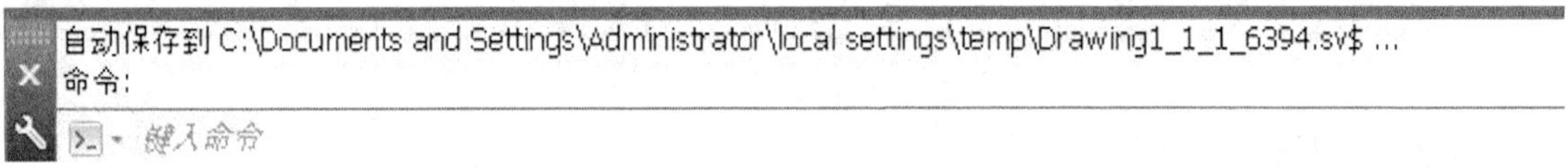

图 3-5　命令窗口

7. 状态栏

状态栏位于界面的最底部，如图 3-6 所示。最左边的三个数据是当前光标的 X、Y、Z 坐标值，之后是“推断约束”“捕捉模式”“栅栏显示”“正交模式”“极轴追踪”“对象捕捉”“三维对象捕捉”“对象捕捉追踪”“允许/禁止动态”“动态输入”“显示/隐藏线宽”“显示/隐藏透明度”“快捷键特性”“选择循环”“注释监视器”。用鼠标单击它们可以打开或关闭相应的辅助绘图功能。最右边则是模型、注释等小工具。

图 3-6　状态栏

8. **工具选项板窗口**

工具选项板是窗口中选项卡形式的区域，提供了组织、共享和放置块与填充图案等的有效方法被添加到工具选项栏的项目。可以定制工具选项栏，也可以为工具选项栏增加工具。

菜单栏：选择“工具”→“选项板”→“工具选项板”，即可调出菜单命令。

命令行：可直接输入命令“TOOLPALETTES”或快捷键“Ctrl+3”，再按回车键。

工具栏：常用工具栏中单击。打开后如图 3-7 所示。

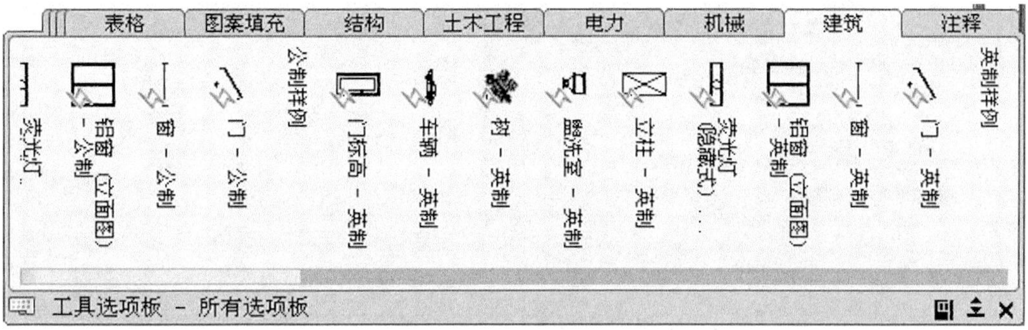

图 3-7　工具选项板

9. **功能区**

菜单栏：选择“工具”→“选项板”→“功能区”，即可调出菜单命令。

弹出功能区的面板如图 3-8 所示。

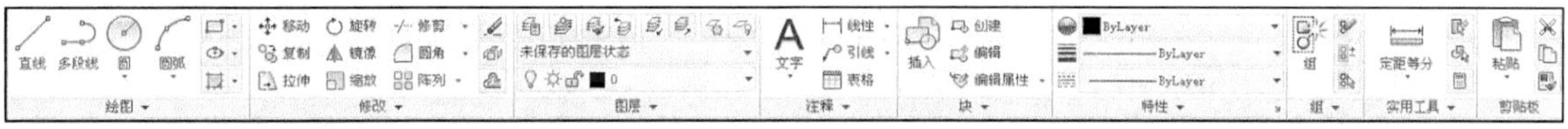

图 3-8　AutoCAD2014 的面板

3.3　系 统 配 置

3.3.1　选项

菜单栏：选择“工具”→“选项”，即可调出菜单命令。

命令行：可直接输入命令“OPTIONS/OP”，再按回车键。

弹出如图 3-9 所示的“选项”对话框。里面的主要功能和用途之后再进行详细介绍。

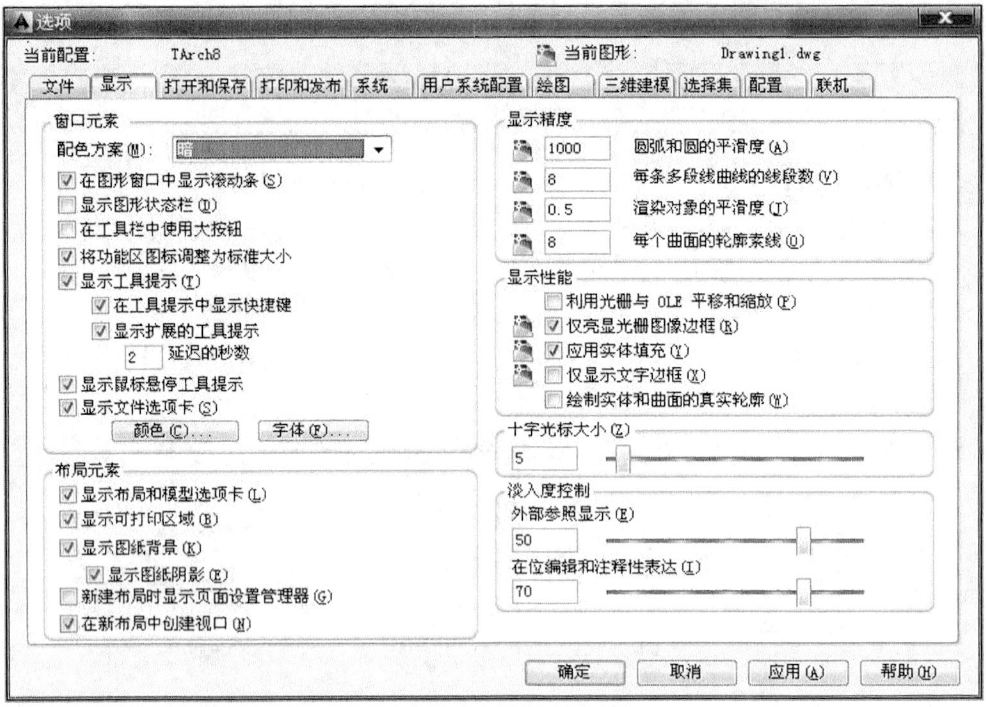

图 3-9

3.3.2　文件

单击“选项”对话框中的“文件”选项，弹出如图 3-10 所示的拉菜单选项。

图 3-10

在这里，可以调整文件的保存路径，对字体文字搜索路径、图形文件搜索路径等设置。例如，当找不到字体文件时，就可以通过下面给出的字体文件路径找到。

下面着重介绍一下“自动保存文件”功能。在下拉菜单中有一个“自动保存文件位置”菜单，如图 3-11 所示。由于错误操作或是外界的影响，没有来得及保存文件，AutoCAD 中提供了一个自动保存功能，每隔一定时间就会自动保存到所给出的文件夹中。我们可以对保存路径进行修改。

图 3-11

3.3.3　显示

单击“选项”对话框中的“显示”选项，弹出如图 3-12 所示的下拉菜单选项。

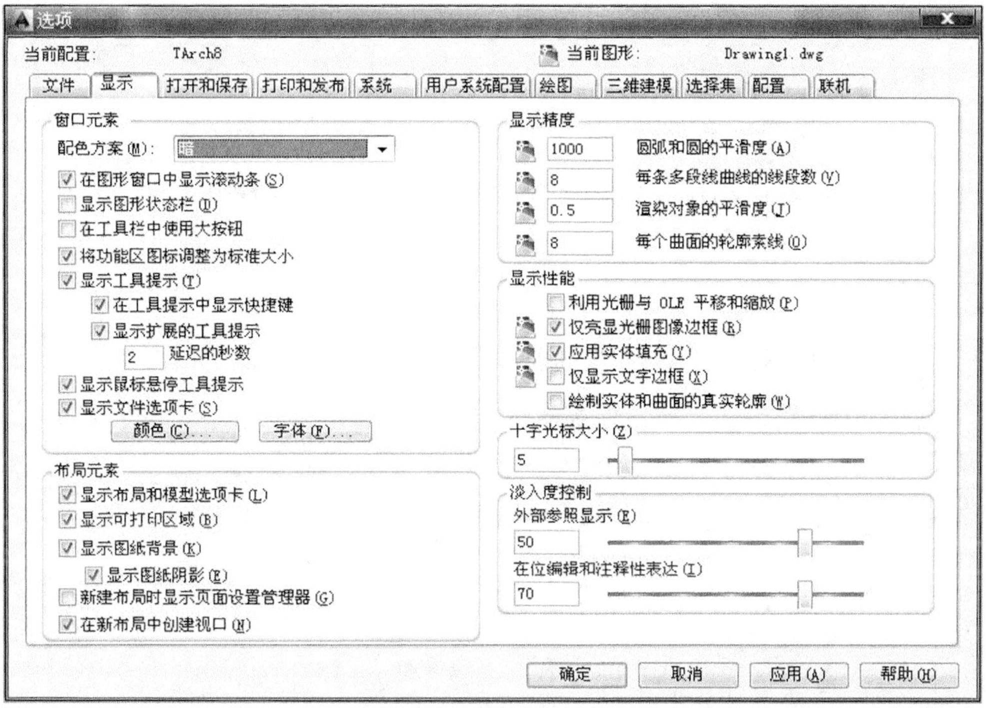

图 3-12

在显示选项中，可以对“窗口元素”“布局元素”“显示精度”“显示性能”“十字光标大小”“淡入度控制”进行设置。

3.3.4　打印和发布

单击“选项”对话框中的“打印和发布”选项，弹出如图 3-13 所示的下拉菜单选项。

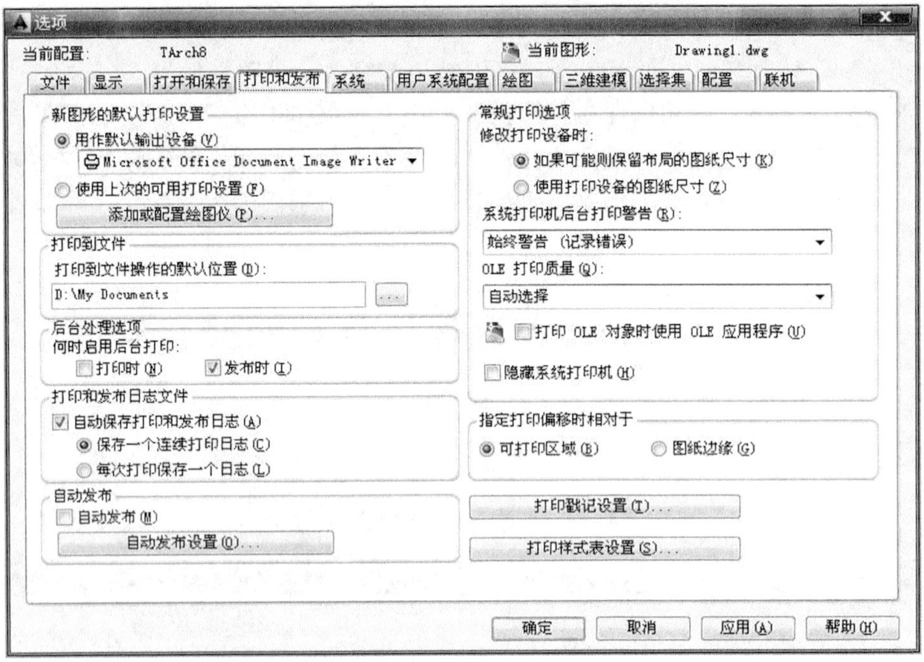

图 3-13

在选项栏中，可以对文件图像的打印输出进行设置，可以对打印机进行更改，对打印的图纸进行修改。

3.3.5 系统

单击“选项”对话框中的“系统”选项，弹出如图 3-14 所示的下拉菜单选项。

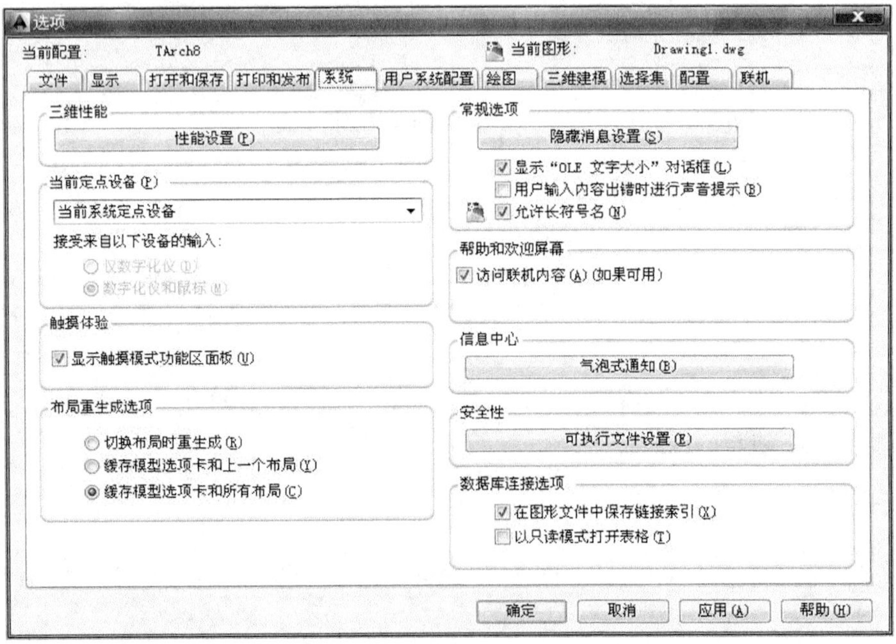

图 3-14

最主要的功能就是对三维性能进行设置。单击“性能设置”，弹出如图 3-15 所示的对话框，系统默认的是自动调节三维性能，也可以对三维性能进行手动调整。

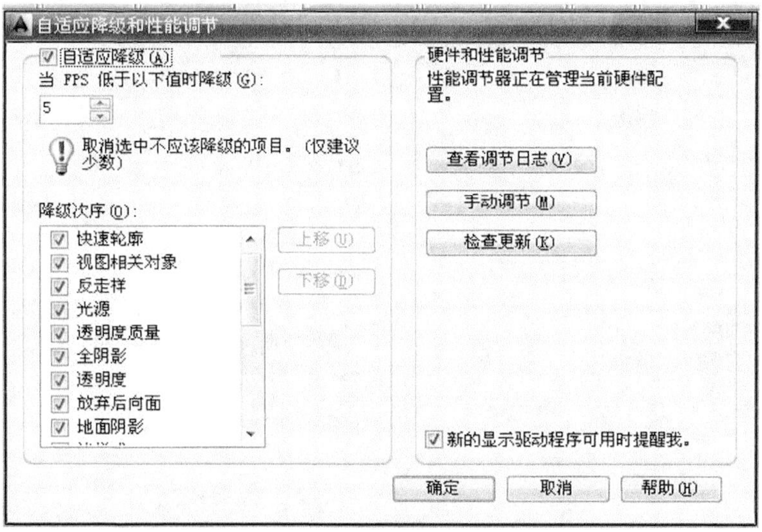

图 3-15

3.3.6　用户系统配置

单击“选项”对话框中的“用户系统配置”选项，弹出如图 3-16 所示的下拉菜单选项，可以根据需要对其进行设置。

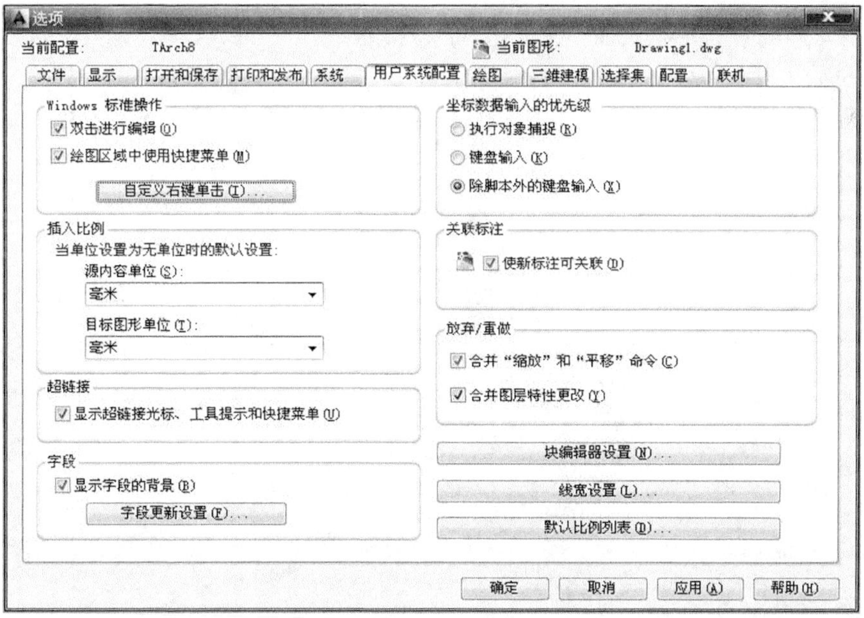

图 3-16

3.3.7　绘图

单击“选项”对话框中的“绘图”选项，弹出如图 3-17 所示的下拉菜单选项。

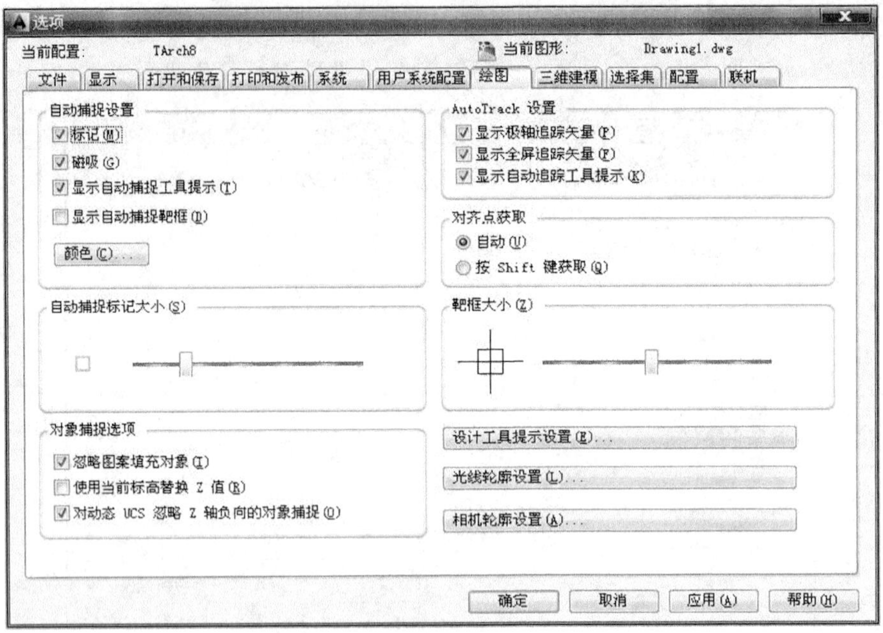

图 3-17

其中可以对自动捕捉标记和靶框标记的大小进行设置。自动捕捉标记的大小和靶框标记的大小对绘图的精确度有影响，如图 3-18 所示。

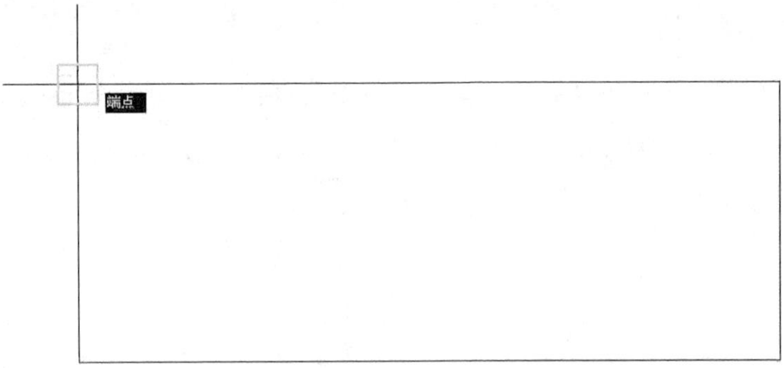

（a）放大自动捕捉标记

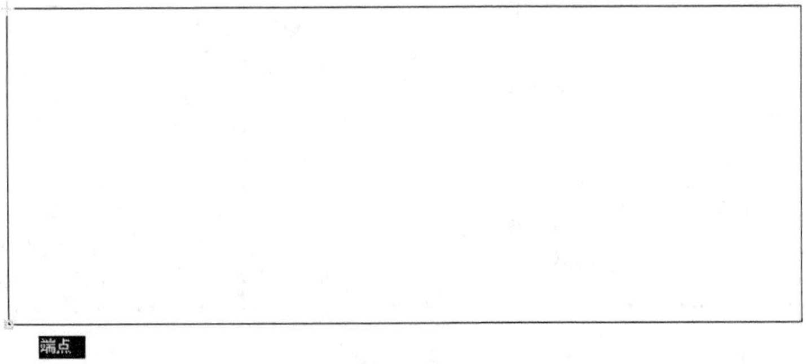

（b）缩小自动捕捉标记

图 3-18

3.3.8　三维建模

单击“选项”对话框中的“三维建模”选项，弹出如图 3-19 所示的下拉菜单选项。

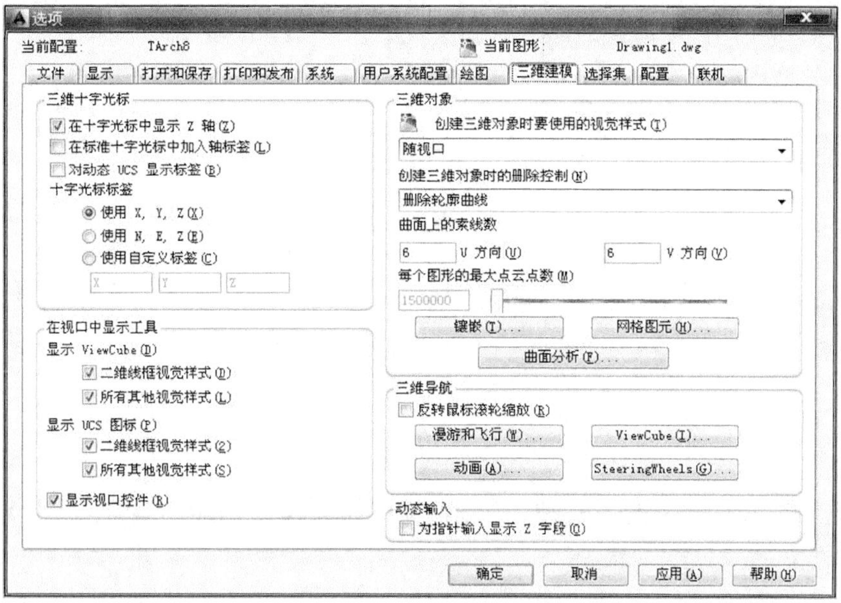

图 3-19

在该选项框中，可以对“三维十字光标”“三维对象”“三维导航”等进行设置。

3.3.9　选择集

单击“选项”对话框中的“选项集”选项，弹出如图 3-20 所示的下拉菜单选项。

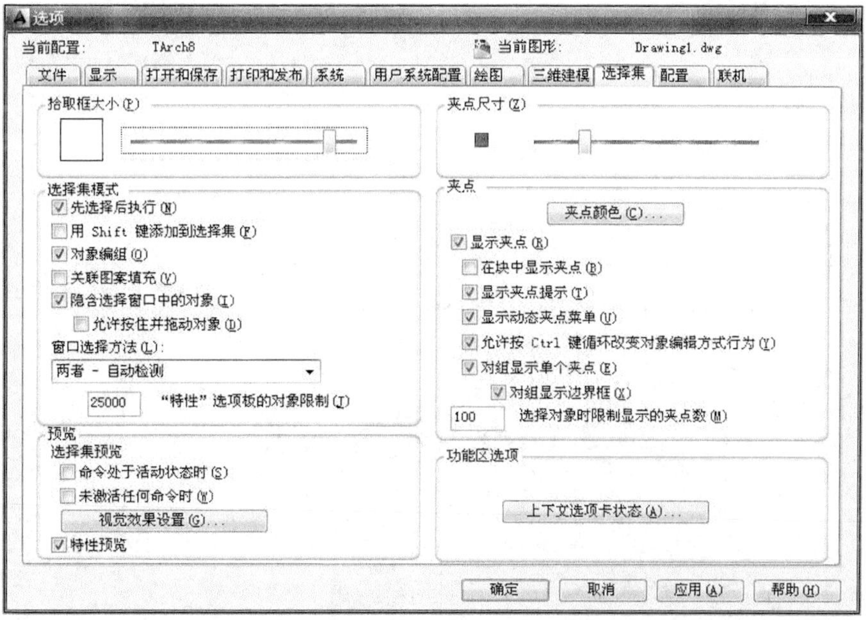

图 3-20

在这个选项栏中，可以对拾取框和夹点大小进行设置。拾取框和夹点的大小同样也影响绘图的精度，如图 3-21 所示。

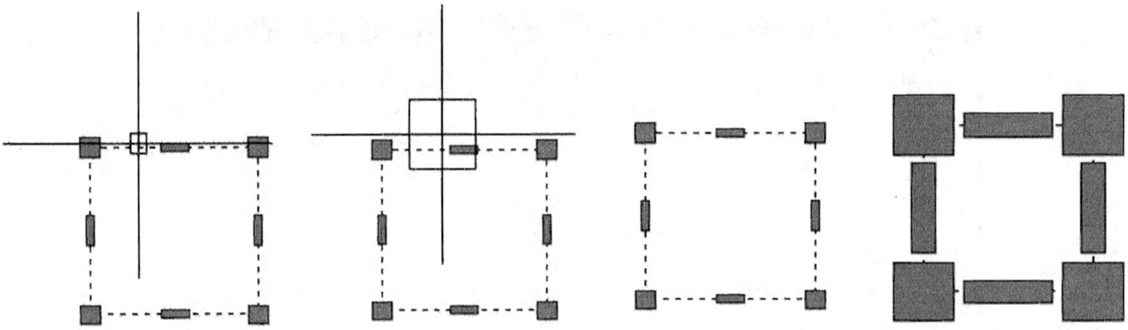

（a）减小拾取框大小　（b）增大拾取框大小　（c）减小夹点大小　（d）增大夹点大小

图 3-21

3.3.10　配置等选项卡

单击“选项”对话框中的“配置”选项，弹出如图 3-22 所示的下拉菜单选项。在此选项栏中，可以给 AutoCAD 配置软件。

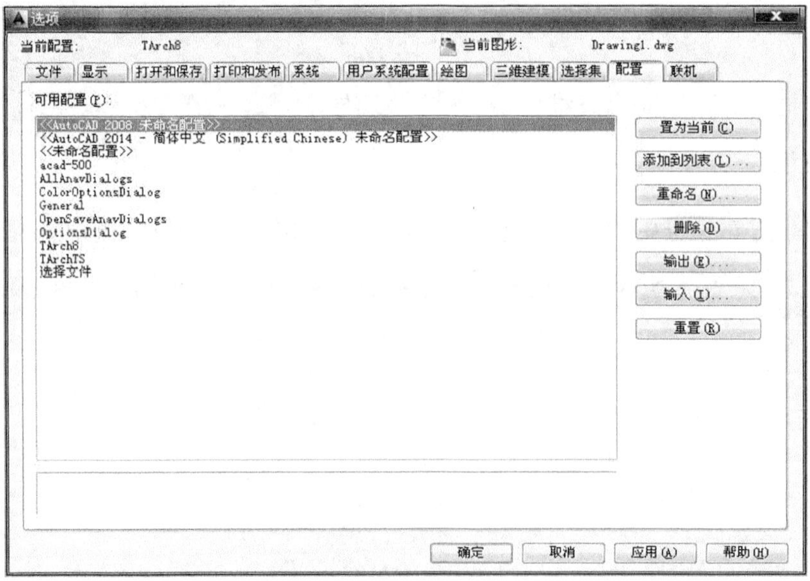

图 3-22

3.4　文 件 管 理

3.4.1　打开

菜单栏：“文件”→“打开”。

命令行：可直接输入命令 OPEN，按回车键。

工具栏：在常用工具栏中单击，就会弹出如图 3-23 所示的对话框，然后再根据目录和文件，打开自己需要的图形文件，在 AutoCAD2014 版本中，可以打开 4 种文件：.dwg、.dws、.dxf 和.dwt。若无法确定文件的位置，则可以通过对话框右上角的“工具”→“查找”，如图 3-24 所示，这时就可以直接输入文件名进行查找。

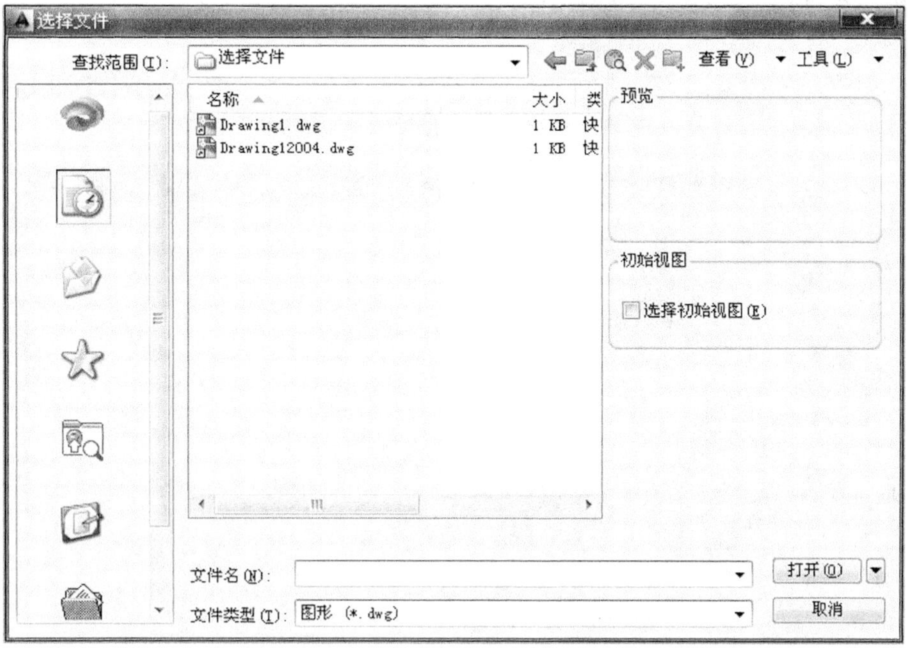

图 3-23　“选择文件”对话框

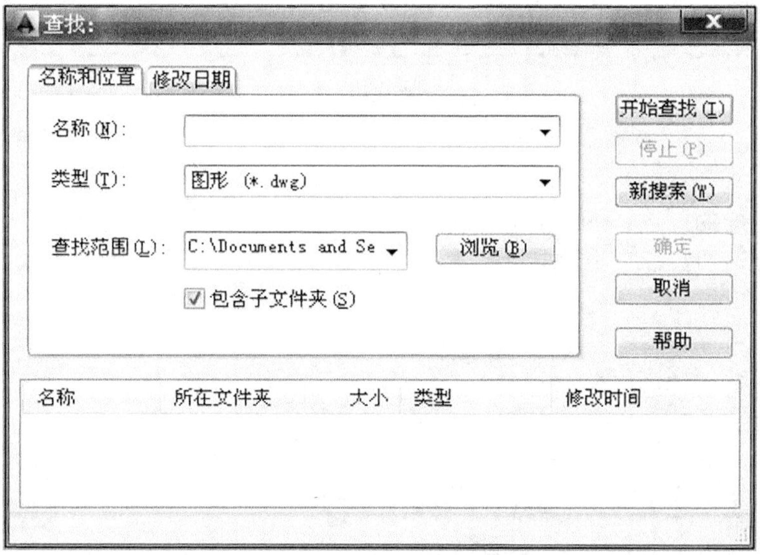

图 3-24　“查找”对话框

3.4.2　创建

1. 功能简介

可以通过新建来创建一个新的图形文件。

2. 命令使用

菜单栏：“文件”→“新建”。

命令行：可直接输入命令 NEW，按回车键。

工具栏：在常用工具栏中单击。

3. 具体说明

执行该命令后界面如图 3-25 所示，在对话框中会有几种模板供使用，只需单击一个模板，再单击打开即可。常用的模板为 ACAD 模板，建议使用该模板。

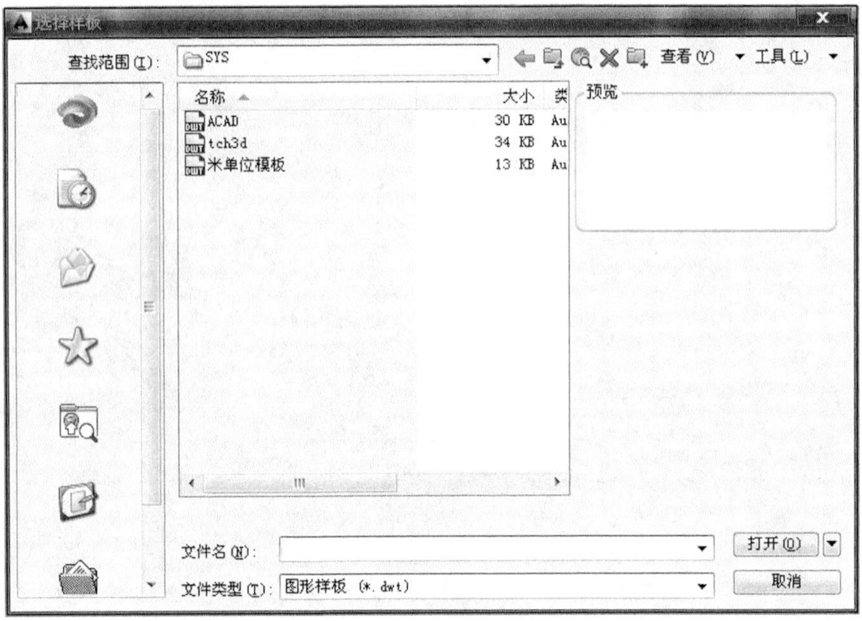

图 3-25　“选择模板”对话框

3.4.3　保存

保存绘制完成的图形，为了防止突然的意外导致断电，图形的意外丢失，我们应该养成一个良好的保存习惯。保存方式有 3 种，下面分别介绍 3 种不同的保存形式。

1. 保存文件

1）功能简介

对当前的图形直接进行保存。

2）命令使用

菜单栏：“文件”→“保存”。

命令行：可直接输入命令 QSAVE，按回车键。

工具栏：在常用工具栏中单击。

3）具体说明

执行该命令后，如果该图形文件已命名，则将直接保存，如果该图形文件没有命名，则界面会弹出“图形另存为”对话框，如图 3-26 所示，可以为当前的文件进行命名，并可以将文件保存成不同版本的不同类型的文件。

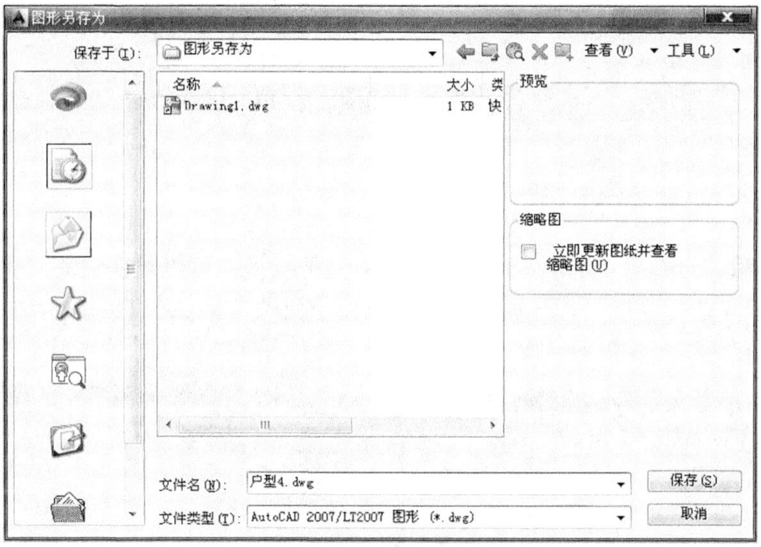

图 3-26　“图形另存为”对话框

2. 另存为

1）功能简介

将 CAD 图形另存为其他文件。

2）命令使用

菜单栏：“文件”→“另保存”。

命令行：可直接输入命令 SAVEAS，按回车键。

工具栏：在常用工具栏中单击。

3）具体说明

可以将 CAD 图形更改命名，并且可以更改文件类型，保存成不同版本的 CAD 图形。还可以进行安全设置，单击对话框右上角的“工具”，再单击“安全选项”，弹出如图 3-27 所示的对话框，即可进行图形的安全设置，确保文件的安全性。

图 3-27　“安全选项”对话框

3. 自动保存

1）功能简介

为了防护操作失误或其他因素没有保存好图纸，AutoCAD2014 带有自动保存功能。

2）命令使用

菜单栏：“工具”→“选项”。

3）具体说明

执行该命令后，会弹出“选项”对话框，在文件下拉栏中可以改变自动保存文件的位置，如图 3-28（a）所示，也可以在“打开和保存”下拉栏中更改自动保存的间隔分钟，如图 3-28（b）所示。

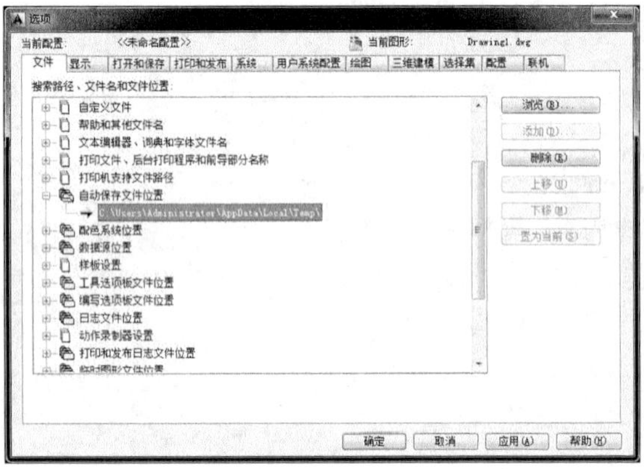

（a）

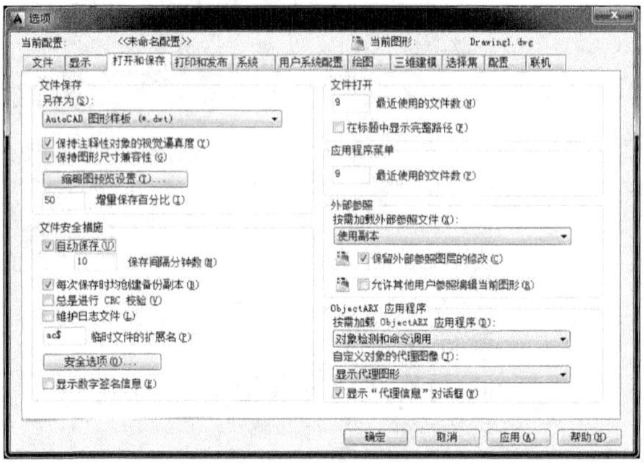

（b）

图 3-28

3.5　坐　标　系

3.5.1　世界坐标系与用户坐标系

AutoCAD2014 中存在两种坐标系，分别是世界坐标系（WCS）和用户坐标系（UCS）。通过这两种坐标系精确地拾取点的位置，从而确定点的位置，绘制出高精度的图形。

1. 世界坐标系

世界坐标系（WCS）是系统默认的坐标系统，在二维图形中由 *X*、*Y* 轴组成，在三维中则加上 *Z* 轴。坐标原点为（0,0,0），位于绘图窗口的左下角。二维的世界坐标系 ，三维的世界坐标系 。

2. 用户坐标系

用户坐标系是可以在世界坐标系中任意定义的坐标系，它的坐标原点可以在绘图区的任意地点，它与世界坐标系不同的是坐标原点那个“口”字。可以在坐标系上右击来进行坐标系的切换。

3.5.2　绝对坐标

绝对坐标是以作图的整个界面的原点作为坐标原点的，绝对坐标的输入可以采用两种方式：绝对直角坐标和绝对极坐标。

1. 绝对直角坐标

绝对直角坐标是相对于坐标原点（0,0）或（0,0,0），表示该点的 *X*、*Y*、*Z* 坐标值。在输入坐标值时，*X*、*Y*、*Z* 坐标要用英文状态下的逗号“,”且不能加括号，坐标值可以为正也可以为负。在二维状态下无须输入 *Z* 轴坐标，默认 *Z* 轴坐标为 0。

例：绘制一个三角形如图 3-29（a）所示，使其 3 个角点的坐标分别为（1,1），（0,1）（1,0），只需执行直线命令，第一点输入“1,1”坐标，按下回车键，第二点输入“0,1”坐标，按下回车键，第三点输入“1,0”坐标，按下回车键即可画出一个三角形。

2. 绝对极坐标

绝对极坐标也是相对于坐标原点（0,0）或（0,0,0），但是它给出的是一个角度和一个距离，规定角度以顺时针方向为正，逆时针方向为负。其中在输入距离和角度时，要用“<”将距离和角度分隔开，角度不用输入度数符号。

例：绘制一条直线如图 3-29（b）所示，使其与 *X* 轴正方向的夹角为 30°，距离为 10。这时就只需执行直线命令，在第一点输入“0,0”回车键即可，提示指示下一点，在输入第二点坐标“10<30”，两次回车键即可完成目标直线的绘制。

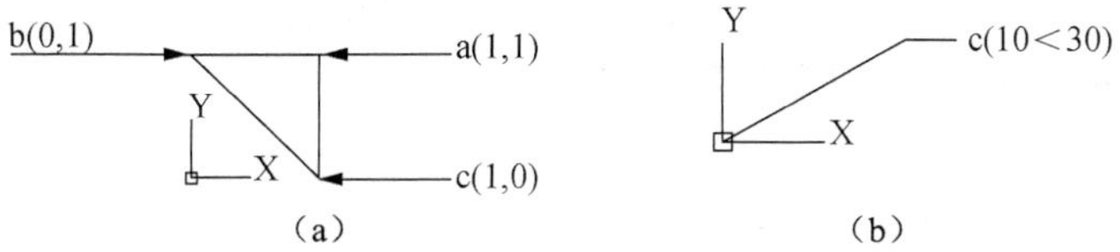

图 3-29　绝对坐标

3.5.3　相对坐标

相对坐标分为相对直角坐标和相对极坐标，是指相对于某一点的 *X*、*Y* 轴的位移，或是角度和距离，其中角度是新点相对于前面一点和 *X* 轴夹角的角度。表示方法是在绝对坐标前面加上“@”。

例：（1）如图 3-30（a）所示，绘制一条直线 *ab*，已知 *a*（20,20），*b* 点相对于 *a* 点的坐标为（10,30）。执行直线命令，输入 *a* 点的坐标“20,20”，再指定下一点，输入“@10,30”，再按回车键，即可作出 *ab* 直线。

（2）如图 3-30（b）所示，绘制一条直线 *cd*，已知 *c*（30,30），*d* 点相对于 *c* 点的极坐标为（10<30）。执行直线命令，输入 *a* 点的坐标“30,30”，再指定下一点，输入“@10<30”，再按回车键，即可作出 *ab* 直线。

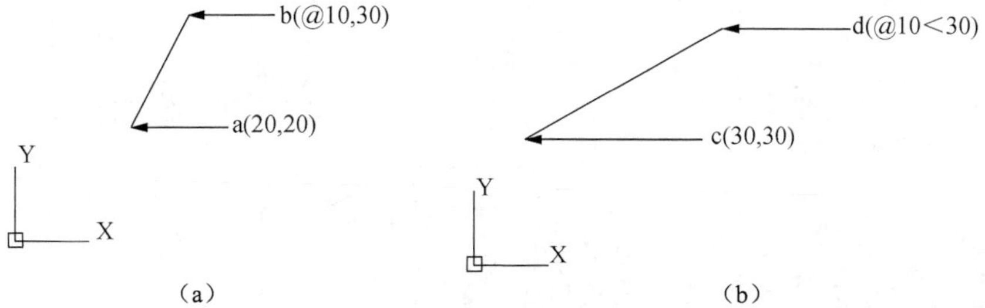

图 3-30　相对坐标

3.5.4　实训练习

（1）绘制一个圆心位于绝对坐标（10,10），半径为 15 的圆 *a*，再绘制一个圆心相对于圆 *a*，圆心坐标（20,20），半径为 10 的圆 *b*。

（2）绘制一个三角形 *a*，使其 3 个角点处于 *A*（20,40）、*B*（50,50）、*C*（30,20）三个坐标上，再在这三个坐标的基础上，分别相对于原坐标（@10<30），绘制出另一个三角形 *b*。

3.6　绘 图 环 境

3.6.1　显示设置

1. 功能简介

AutoCAD2014 的绘图区是一个无限大的区域，但是我们所绘的图形的大小有限，为了更好地绘图，可以限定一块有效的区域。这时可以通过图形界限来创建一个指定的区域进行绘图，从而使所绘的图形更加精准。

2. 命令使用

菜单栏：选择“格式”→“图形界限”即可调出菜单命令。

命令行：可直接输入命令 LIMITS，按回车键。

3. 具体说明

执行命令后，系统会出现如下操作提示：

命令: '_limits

重新设置模型空间界限:

指定左下角点或[开（ON）/关（OFF）]<A,B>:

指定右上角点<C,D>:

按照提示设置自己所需的图像限界即可。

3.6.2　单位设置

1. 功能简介

在绘制图形前，需要对图形单位进行设置，所有的绘图对象都可以按照实际尺寸进行绘制，通常常用的单位是毫米、厘米、分米、米。其中毫米是最为常用的绘图单位。单位的精度则是影响图形尺寸准确点的关键，在绘制图形前，也可以进行精度的设置。

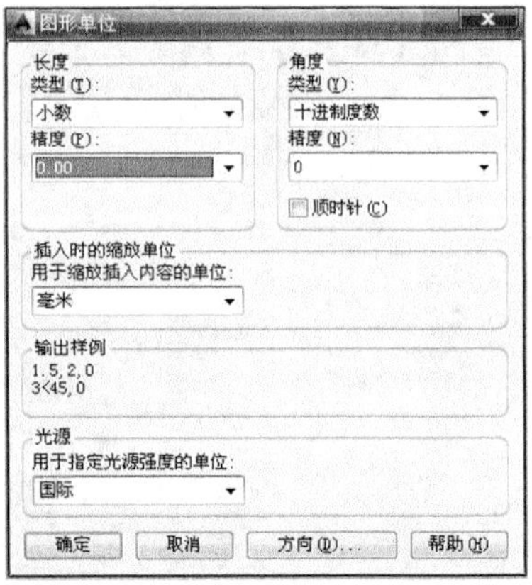

图 3-31 “图形单位”对话框

2. 命令使用

菜单栏：选择“格式”→“单位”即可调出菜单命令。

3. 具体说明

（1）在执行命令后，会弹出“图形单位”对话框，如图 3-31 所示。

（2）一般选取的长度单位是“毫米”，类型为“小数”，精度为“0.00”。

（3）一般选取的角度单位为“十进制度数”，精度为“0”。

（4）插入时的缩放单位为“毫米”。

3.6.3 实训练习

(1)在绘图区设置一张 A0(1189mm×841mm)大小的区域，使用毫米单位，精确到“0.00”，在图纸的中间作出一个 200mm×200mm 的正方形。

(2) 在绘图区设置一块 1000mm×1000mm 大小的区域，使用厘米单位，精确到“0”，角度单位设置为“十进制度数”，精确到“0”，画出一个等腰直角三角形。

3.7 图层管理

图层就像含图形的透明的纸，一张张按顺序叠放在一起，组合起来形成页面的最终效果。在 AutoCAD 中图层的应用相当广泛，每个图层都有各自的属性和状态，可以根据需要对不同图层上的对象进行编辑分类，从而加快绘图的效率。

3.7.1 图层管理器

1. 功能简介

对每个图层的属性和状态进行管理，其中包括图层的名称、状态、颜色、线型、线宽、透明度、样式等。

2. 命令使用

菜单栏：选择“格式”→“图层”即可调出菜单命令。

命令行：可直接输入命令 LAYER，按回车键。

工具栏：在常用工具栏中单击。

3. 具体说明

执行命令，弹出“图层特性管理器”对话框，如图 3-32 所示。可以在这个对话框内进行图层的相关参数的设置。

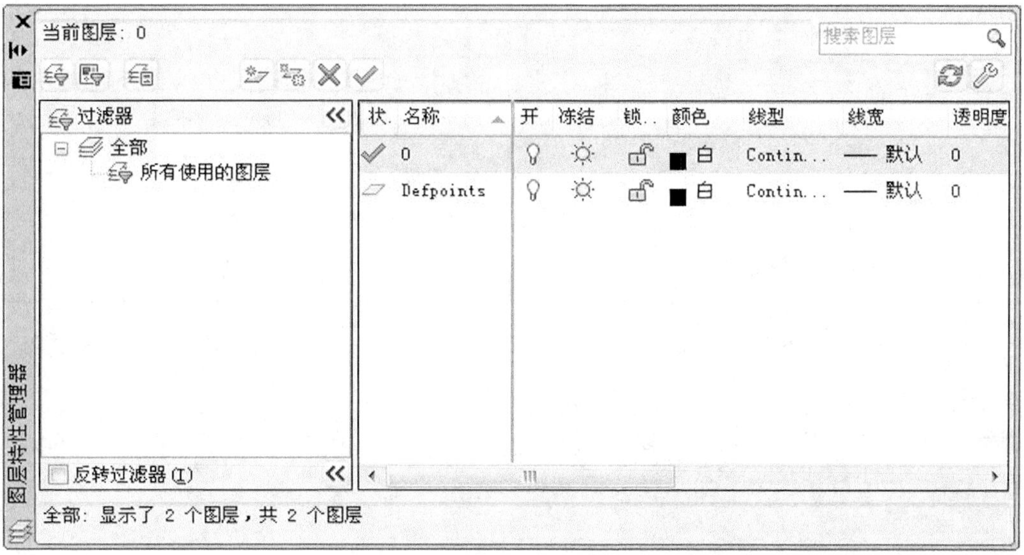

图 3-32 “图层特性管理器”对话框

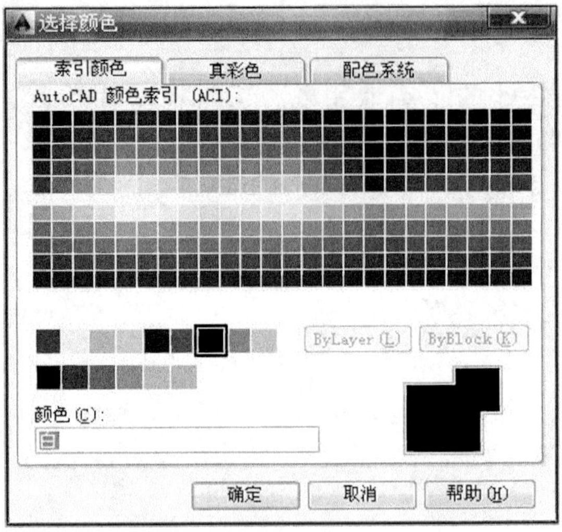

图 3-33 “选择颜色”对话框

1）颜色设置

每个图层都可以设置一种颜色，为了区别不同功能，不同结构的对象，可以根据图形设置不同的颜色。这样就能让我们更加直观地了解这些不同颜色的图形所代表的含义。当需要改变图层颜色时，可以单击“颜色”图标，打开“选择颜色”对话框，如图 3-33 所示，可以根据“索引颜色”“真彩色”“配色系统”来调试自己想要的颜色。

2）线型设置

图层上的线型是指绘图时在该图层上的线型，不同的线型代表不同的含义，例如，一般用点画线来代表轴线。

单击“线型”图标，会弹出“选择线型”对话框，如图 3-34 所示。AutoCAD 提供了很多种线型供使用，可以根据绘图的需要来选择线型。单击“加载”图标，会弹出很多种线型如图 3-35 所示，用鼠标单击这些线型，再单击“确定”，即可在“选择线型”对话框中加载这种线型，在最后再单击这种线型，再单击“确定”，即可使用这种线型。

3）线宽设置

线宽设置就是对线的粗细进行设置，在建筑工程中，对线的粗细有严格的要求，表示不同功能结构的线条线宽一般是不相同的。单击“线宽”图标，弹出“线宽”对话框，如图 3-36 所示，根据需要进行设置。

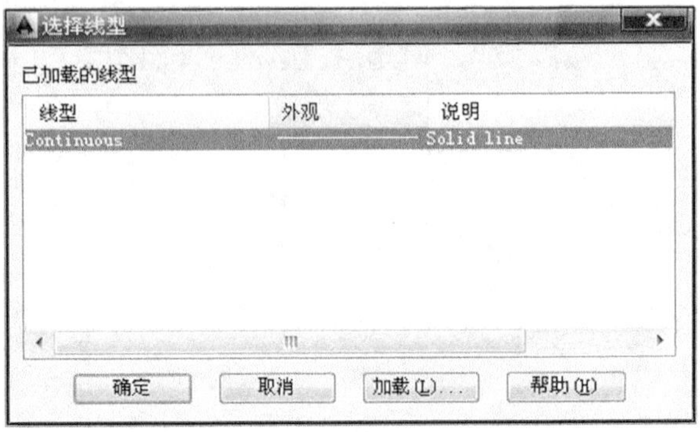

图 3-34 “选择线型”对话框

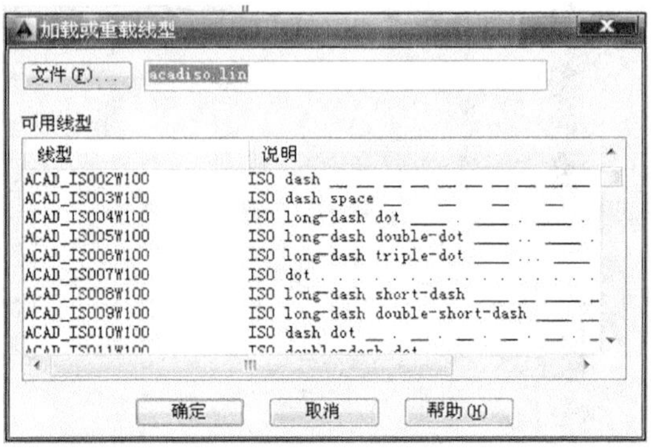

图 3-35 “加载或重载线型”对话框

4）透明度设置

单击“透明度”图标，弹出“图层透明度”对话框，如图 3-37 所示，在里面可以进行透明度的设置，透明度值为 0～90，在此区间可以任意设定。

图 3-36　“线宽”对话框

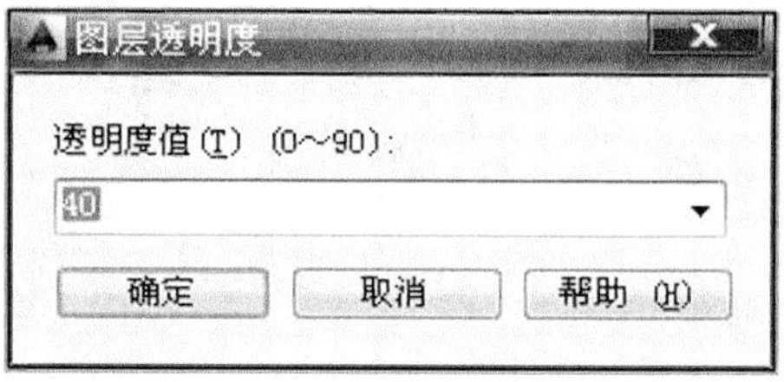

图 3-37　“图层透明度”对话框

3.7.2　图层创建

1. 命令使用

菜单栏：选择“格式”→“图层”，即可调出菜单命令。

命令行：可直接输入命令 LAYER/LA，按回车键。

2. 具体说明

执行命令，弹出“图层特性管理器”对话框，如图 3-32 所示。可以在这个对话框内进行图层的创建和其他基本操作。

（1）单击，就可以得到一个新的图层，可以对其进行命名，若不进行命名，则系统默认命名为“图层一”“图层二”“图层三”，以此类推。

（2）单击，就可以进行图层色删除，但是最开始的图层——0 图层无法被删除。

（3）单击，把勾选的图层置为当前图层。

3.7.3　图层控制

1. 功能简介

图层的控制是指图层的开关、图层的冻结、图层的锁定三个方面。

2. 具体说明

（1）单击“图层特性管理器”中的开关，当开关按钮处于状态时，表示该图层处于打开状态，而当开关按钮处于状态时，表示该图层处于关闭状态，处于关闭状态的图层无法进行任何关于图层的操作，该图层上的图像也不会显示在屏幕上，无法被打印输出。

（2）单击“图层特性管理器”中的冻结，当开关按钮处于状态时，表示该图层处于未冻结状态，当开关按钮处于状态时，表示该图层处于冻结状态，当前图层不能置为冻结图层，该图层上的图像无法显示在屏幕上，无法进行操作和打印输出。

（3）单击“图层特性管理器”中的锁定，当开关按钮处于状态时，表示该图层处于未锁定状态，当开关按钮处于状态时，表示该图层处于锁定状态，处于锁定状态下的图层可以显示在屏幕上，但是不能执行图像的编辑操作。

3.7.4　图层转换

在利用不同的图层时需要进行转化，以便于我们作图。可以在“图层特性管理器”的状态栏下单击任意图层，则在该图层前面会出现一个勾，表示该图层处于当前图层状态，如图 3-38 所示。或只是直接在图层工具栏中下拉选择任意一个图层，如图 3-39 所示。

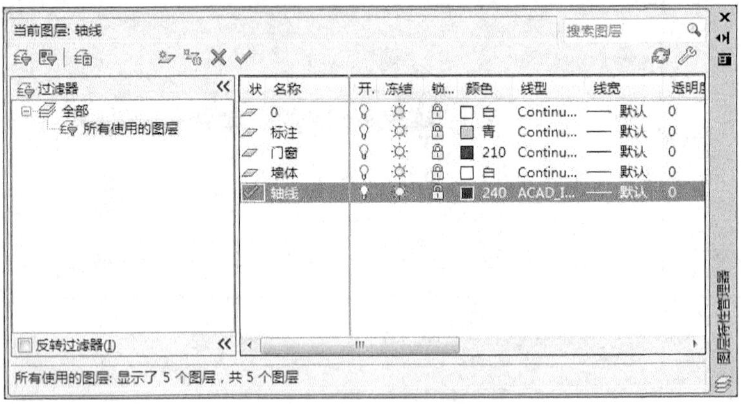

图 3-38

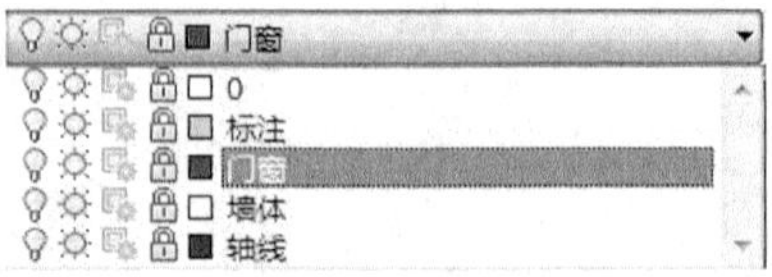

图 3-39

3.7.5　改变对象所在图层

（1）改变对象所在图层前的界面如图 3-40 所示。

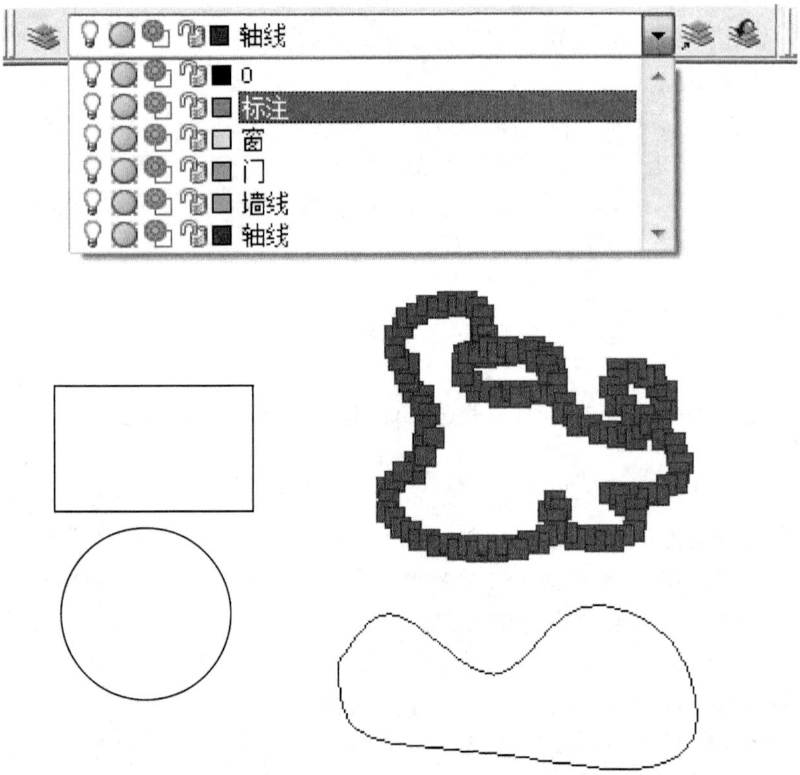

图 3-40

（2）选定要改变图层的图像，然后再打开“图层特性管理器”，再单击目标图层，如图 3-41 所示。

图 3-41

（3）最后图形的各种特性将会发生改变，如图 3-42 所示。

图 3-42

3.7.6　图层过滤

1. 功能简介

在一些复杂的 CAD 图纸中存在比较多的图层，并且这些图层比较杂乱。为了找到需要的图层，提高效率，可以利用图层过滤器来简化查找。

2. 具体说明

AutoCAD2014 在“图层特征管理器”中提供了两种过滤功能：特性过滤器和组过滤器。

1）特性过滤器

新建一个图层特性过滤器，在“过滤器名称”中输入“A”，再在“过滤器定义”中输入“A*”，以“A”字开头的图层将会被过滤出来。具体操作如图 3-43 和图 3-44 所示。

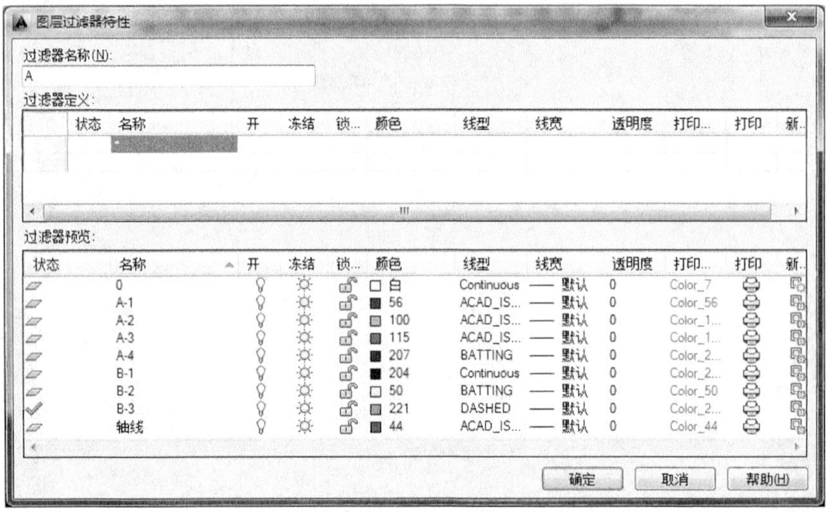

图 3-43

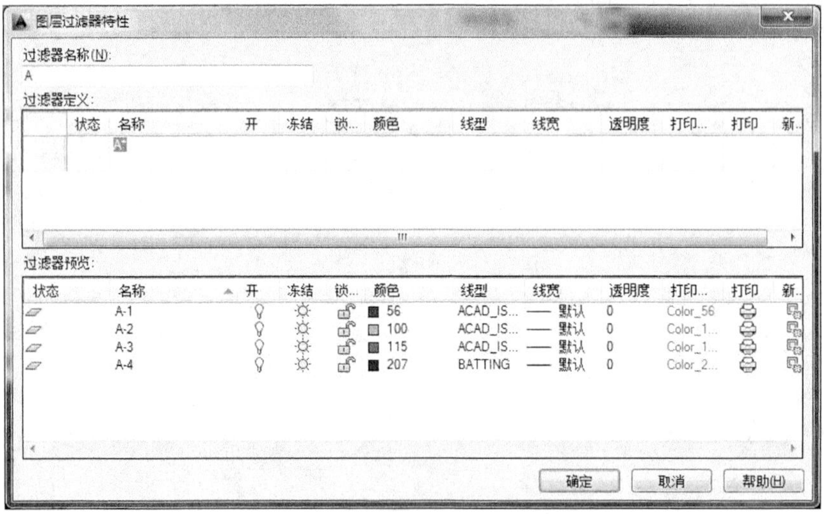

图 3-44

2）组过滤器

在“图层特性管理器”中单击“组过滤器”按钮，就可以创建一个组过滤器，此时可以给过滤器起一个名字。如果要改名随时可以右击此过滤器，选择“重命名”来改名字。右击组过滤器，在菜单中选择“选择图层>添加”，然后可以在图形窗口中拾取图形，将这些图形所在的图层添加到组过滤器中。还可以再在过滤器列表中切换到“全部”或其他过滤器，然后将右侧列表中的过滤器名称拖动到“组过滤器”名字上，如图 3-45 所示。

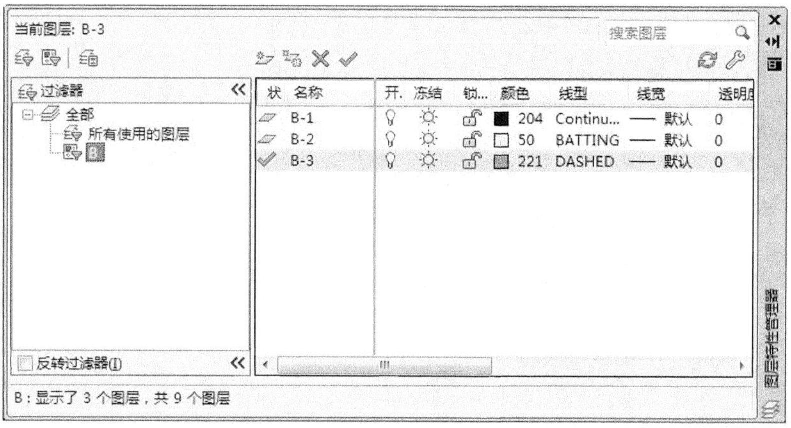

图 3-45

3.7.7　实训练习

请新建轴网、柱子、墙体、门窗、家具、管道、屋顶七个图层，并对其进行设置，要求各种线型和颜色各不相同，再对其进行分组，要求轴网、柱子、墙体为 A 组，其余为 B 组。

3.8　对 象 选 择

3.8.1　对象选择模式

对象的选择模式需要在选择集中设置。

菜单栏：选择“工具”→“选项”→“选择集”，即可调出菜单命令。

命令行：可直接输入命令 OPTIONS/OP，按回车键。

对拾取框的大小和夹点的尺寸进行设置，参照 3.3.9 节，本节不再赘述。

3.8.2　选择方法

选择方法有两种：点选和框选。

（1）点选：单击图形，即可选择。默认状态下是累加选择，如果想减选，则按住“shift”键，再左击即可减选。

（2）框选：在绘图区单击，然后移动鼠标到下目标点，左击，就会出现一个框。从左向右框选称为“窗口式框选”，图形必须完全包围在内，才被选中。从右向左框选称为“交叉式框选”，只要接触或包围在内的图形，都被选中。

3.8.3　快速选择

1. 功能简介

可以在整个图形或现有选择集的范围内来创建一个选择集，通过包括或排除符合指定对象类型和对象特性条件的所有对象。同时，用户还可以指定该选择集用于替换当前选择集还是将其附加到当前选择集之中。

2. 命令使用

选择“工具”→“快速选择”，即可调出菜单命令。

命令行：可直接输入命令 qselect，按回车键。

3. 具体说明

执行该命令后，会弹出“快速选择”对话框，如图 3-46 所示。

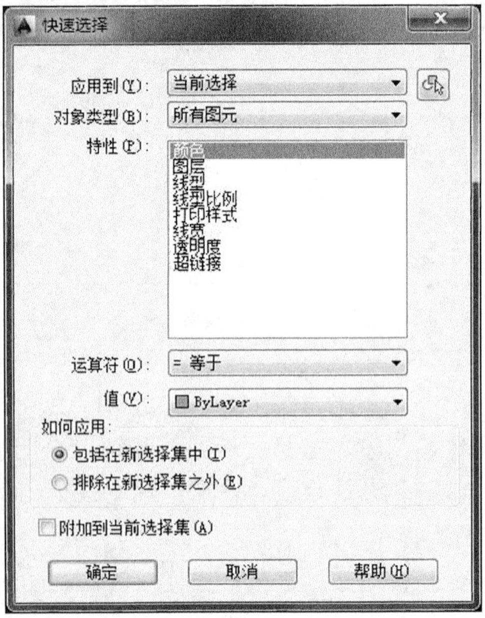

图 3-46 “快速选择”对话框

（1）“应用到”：指定过滤条件应用的范围，包括“整个图形”和“当前选择集”。

（2）“对象类型”：指定过滤条件应用的范围，包括“所有图元”“图层”“线型”“线型比例”“打印样式”“线宽”“透明度”和“超链接”。

（3）“运算符”：“等于”“不等于”“大于”“小于”和“全部选择”。

勾选好要求条件，然后再单击“确定”，符合要求的元素数量就会全部自动跳出来。

3.8.4　过滤选择

1. 功能简介

根据设置的限定条件，如线型、图层、颜色等不同条件来进行过滤筛选，这样就可以批量地选出，提高工作效率。

2. 命令使用

命令行：可直接输入命令 FILTER/FI，按回车键。

3. 具体说明

执行命令，会弹出“对象选择过滤器”对话框，如图 3-47 所示。

首先打开需要统计的图纸，再打开“对象选择过滤器”，如果之前使用过过滤选择，则需要单击“清空列表”。然后再单击“添加选定对象”，之后页面会跳转到绘图区，再单击需要统计的对象，之后又会弹回“对象选择过滤器”对话框，再单击“删除”按钮来删除不需要统计的对象。之后单击“应用”，再次弹回绘图区中，框选需要统计的区域。最后在文本信息栏中就能找到对象的数量。

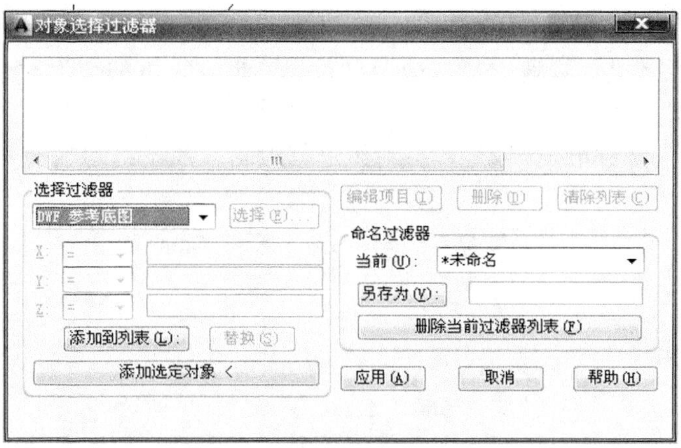

图 3-47 “对象选择过滤器”对话框

3.8.5 编组

1. 功能简介

编组是已命名的对象选择集，随图形一起保存。一个对象可以作为多个编组的成员。

2. 命令使用

选择“工具”→“组”，即可调出菜单命令。

命令行：可直接输入命令 GROUP，按回车键。

3. 具体说明

执行命令，命令行提示选择对象或[名称（N）说明（D）]，选择需要编组的对象，用鼠标单击对象，再按回车键，即可创立一个组。在打开编组的情况下，编辑同一个编组的图形，选择组内任意一个图形，这个编组的所有图形都会被选中。编辑操作就会针对该组所有的图形。若需要解除组，则可以右击，再单击“组”→“解除编组”，如图 3-48 所示。

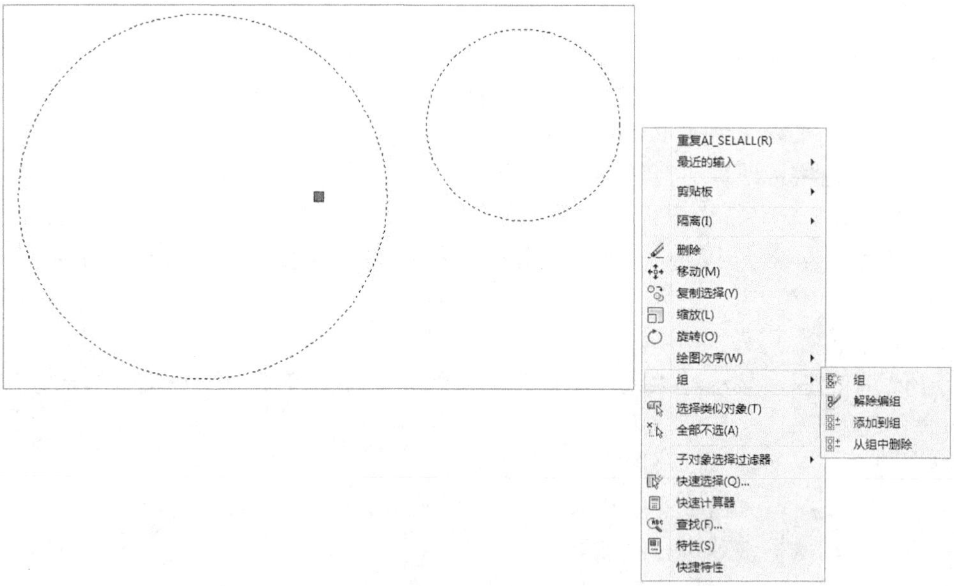

图 3-48

3.8.6 实训练习

（1）在一张图纸上进行快速选择，应用到整个图形，以直线作为对象类型，以颜色作为特性，来进行快速选择。

（2）对图纸进行分组并进行编号，再对组进行编辑，找出组编辑和个体编辑的不同。

3.9 图形控制

3.9.1 图形重新生成

1. 功能简介

通过重新计算屏幕坐标，更新新图形的屏幕显示来重新生成图形。

2. 命令使用

选择“视图”→“重生成”，即可调出菜单命令。

命令行：可直接输入命令 REGEN，按回车键。

3. 具体说明

重生成与重画有本质上的不同，“重生成”可重生成屏幕，保存当前的图形，重画则是更新绘图区，消除所绘图形。

如果编辑图形，无法使编辑后的图形区别于之前的图形，就可以使用“重生成”命令来更新屏幕显示。

3.9.2 平移与缩放

1. 平移

1）功能简介

在编辑对象的过程中，当前的窗口无法显示图形时，可以进行窗口的平移，来显示隐藏的窗口。

2）命令使用

选择“视图”→“平移”，即可调出菜单命令。

命令行：可直接输入命令 PAN/P，按回车键。

快捷键：按住鼠标滚球进行移动。

3）具体说明

执行命令后，屏幕会出现一只小手，按住鼠标左键，即可进行屏幕的移动。

2. 缩放

1）功能简介

由于所绘制的图形显示过大或过小，为了显示方便，则需要对图形进行缩放处理。

2）命令使用

选择“视图”→“缩放”，即可调出菜单命令。

命令行：可直接输入命令 ZOOM/Z，按回车键。

快捷键：转动鼠标滚球进行缩放。

3）具体说明

在菜单栏中，视图中的缩放有很多种类，如图 3-49 所示。

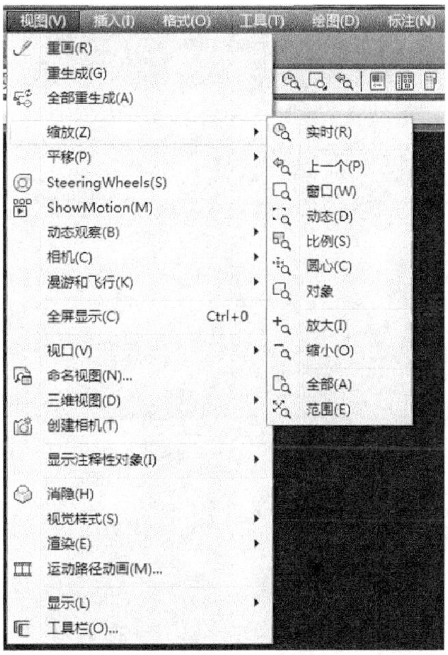

图 3-49

直接使用鼠标滚轮方便了操作，减少了输入命令的时间，这是最好用也是最常用的方法。

3.9.3 命名视图

1. 功能简介

当图纸比较复杂时，可以创建多个子视图。当需要查找或编辑某个部位的图纸时，可以直接在“视图”→“命名视图”中快速地找到。

2. 命令使用

选择“视图”→“命名视图”，即可调出菜单命令。

命令行：可直接输入命令 VIEW，按回车键。

工具栏：在常用工具栏中单击。

3. 具体说明

执行该命令后，弹出“视图管理器”对话框，如图 3-50 所示。

在“视图管理器”对话框中，可以进行“置为当前”“新建”“更新图层”“编辑边界”“删除”等操作。

（1）“置为当前”：左击，将选中的命名视图置为当前视图。

（2）“新建”：可以创建一个视图，并对视图进行命名。

（3）“更新图层”：更新与选定的视图一起保存的图层信息，使其与当前模型空间和布局视口中的图层可见性匹配。

（4）“编辑边界”：显示选定的视图，绘图区域的其他部分以较浅的颜色显示，从而显示命名视图的边界。

（5）“删除”：删除选定的视图。

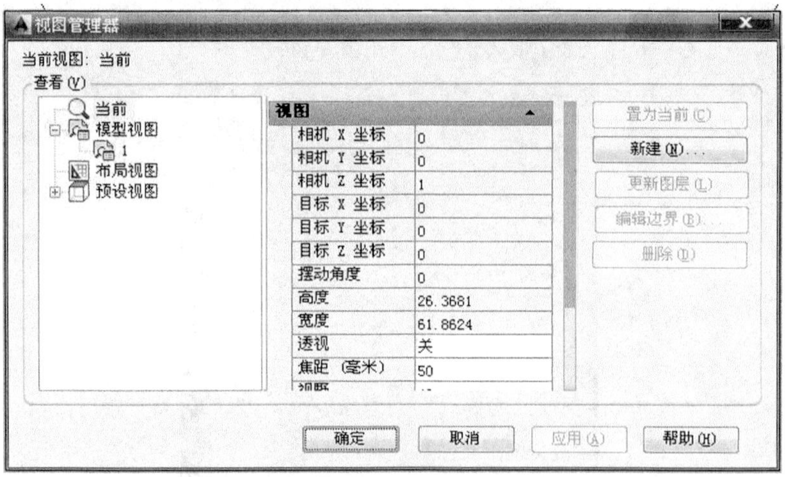

图 3-50 “视图管理器”对话框

3.9.4 图形视口

1. 功能简介

视口是指在模型空间中，将绘图区分割成许多单独查看的区域，可同时查看图形的不同部分。视口的合理应用可以提高绘图效率，减小出错率。

2. 命令使用

选择“视图”→“视口”→“命名视口”，即可调出菜单命令。

命令行：可直接输入命令 VPORTS，按回车键。

工具栏：在常用工具栏中单击。

3. 具体说明

执行该命令后，弹出“视口”对话框，如图 3-51 所示。

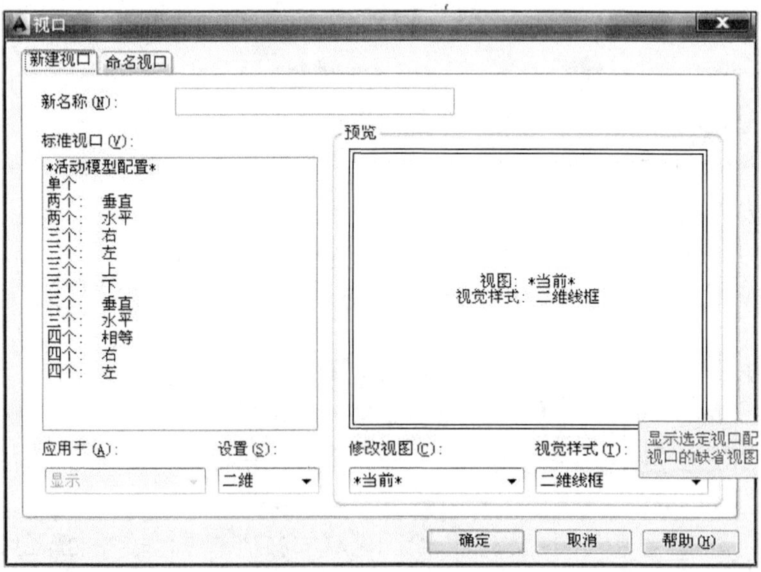

图 3-51 “视口”对话框

（1）新建视口：在新建视口时可以进行视口的命名，若不进行命名，则新建的视口只能应用不能保存，视口不保存，则不能在布局中应用。在列表中预设了几种视口模式，可以单击“预览”来查看视口图像，单击“应用于”，就会显示是应用于整个显示窗口还是当前的视口。最后设置完成，单击“确定”即可。

（2）管理视口：可以对指定的视口进行保存，能够删除无用的视口，也可以恢复之前保存的视口，还能对视口进行合并。

（3）切换视口：在绘制图形的过程中不可能始终在一个视口中工作，当鼠标箭头变为“十字”时，当前的视口为前视口，若要把其他视口转变为前视口，只需将鼠标移动到该视口，然后单击，即可切换。

3.9.5 平铺视口

在绘图时，为了方便编辑，常需要将图形的局部进行放大，以显示细节。当需要观察图形的整体效果时，仅使用单一的绘图视口已无法满足需要。此时，可使用 AutoCAD 的平铺视口功能，将绘图窗口划分为若干视口。

3.9.6 操作实训

（1）绘制一个长宽高分别为 100mm、50mm、25mm 的长方体，并用平铺视口将长方体的三个面分别表示出来。

（2）熟练掌握屏幕的缩放和平移。

第 4 章　二维对象绘制

4.1　点

4.1.1　设置点样式

1. 功能简介

点是构成图形的最基本结构，在 AutoCAD2014 中，系统提供多种样式的点供使用者选择。

2. 命令使用

命令行：可直接输入命令 DDPT/DDPTYPE。

3. 实例演示

下面是运用“点样式”命令设置点样式。运行 AutoCAD2014 后，直接输入命令 DDPT，弹出点样式对话框，如图 4-1 所示。

进行相应设置后，所得点样式如图 4-2 所示。

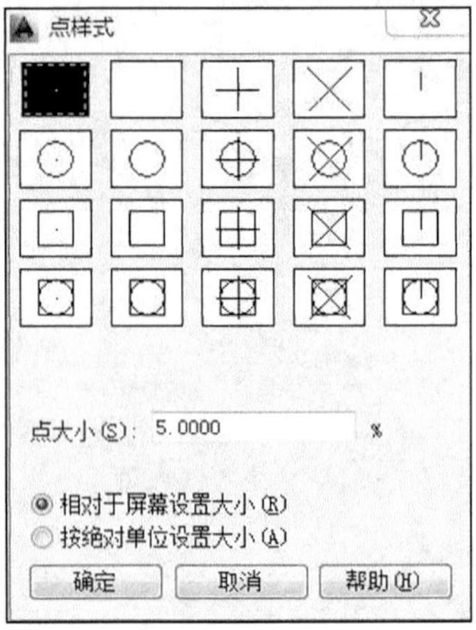

图 4-1　点样式对话框

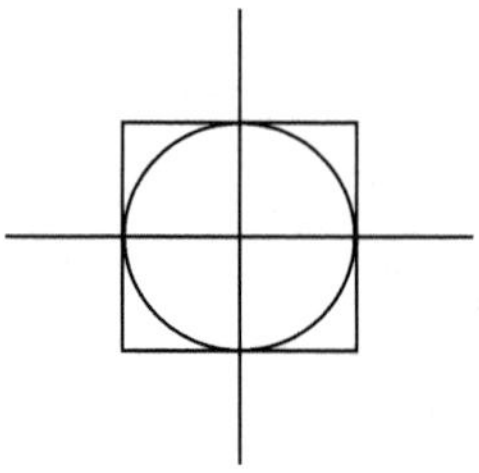

图 4-2　点样式设置

4.1.2　绘制单点和多点

1. 功能简介

点是构成图形的最基本结构，在利用 AutoCAD2014 绘制工程图的过程中，常需要标注中点、交点等。

2. 命令使用

命令行：可直接输入命令 PO/POINT。

面板：绘图面板中单击 。

3. 实例演示

下面是运用点命令绘制点。运行 AutoCAD2014 后，直接输入命令 PO，在命令提示行显示如下。

1）单点绘制

```
命令： POINT
当前点模式： PDMODE=98  PDSIZE=-20.0000
```

绘制结束，绘制结果如图 4-3 所示。

2）多点绘制

```
命令： _point
当前点模式： PDMODE=97  PDSIZE=-20.0000
指定点:任意指定一点

命令： _point
当前点模式： PDMODE=97  PDSIZE=-20.0000
指定点:任意指定一点

命令： _point
当前点模式： PDMODE=97  PDSIZE=-20.0000
指定点:任意指定一点

命令： _point
当前点模式： PDMODE=97  PDSIZE=-20.0000
指定点:任意指定一点
```

绘制结束，绘制结果如图 4-4 所示。

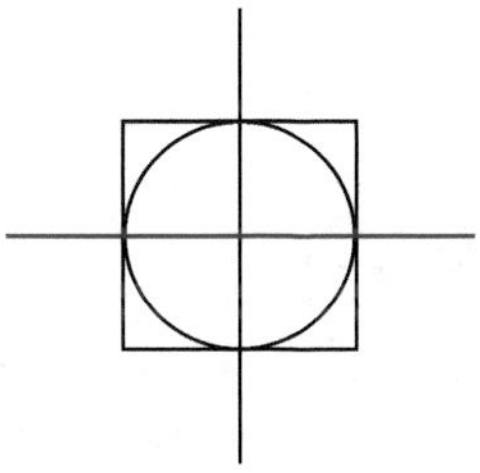

图 4-3　单点绘制

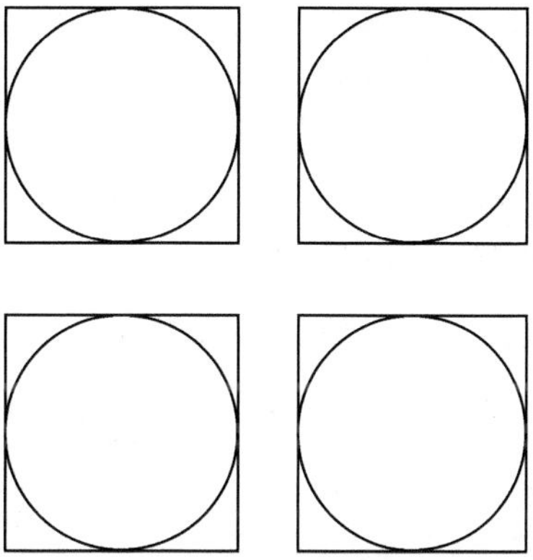

图 4-4　多点绘制

4.1.3　定数等分点

1. 功能简介

在 AutoCAD2014 中，定数等分点是一种特殊的画点方式。它可以沿对象的长度创建等间隔排列的点。

2. 命令使用

命令行：可直接输入命令 DIV/DIVIDE。

面板：绘图面板中单击 。

3. 实例演示

下面是运用定数等分点命令绘制点。运行 AutoCAD2014 后，直接输入命令 DIV，在命令提示行显示如下：

```
命令:DIV
DIVIDE
选择要定数等分的对象:
输入线段数目或[块(B)]:5
```

绘制结束，绘制结果如图 4-5 所示。

图 4-5　绘制定数等分点

4.1.4　定距等分点

1. 功能简介

在 AutoCAD2014 中，定距等分点也是一种特殊的画点方式。它可以沿对象的长度按指定间隔创建点。

2. 命令使用

命令行：可直接输入命令 ME/MEASURE。

面板：绘图面板中单击。

3. 实例演示

下面是运用定距等分点命令绘制点。运行 AutoCAD2014 后，直接输入命令 ME，在命令提示行显示如下：

```
命令:ME
MEASURE
指定线段长度或[块(B)]:40
```

绘制结束，绘制结果如图 4-6 所示。

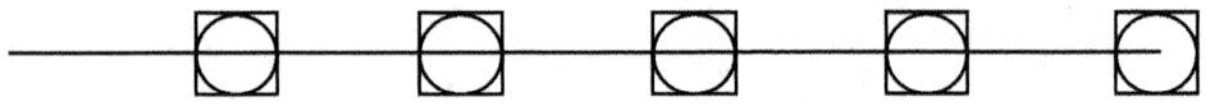

图 4-6　绘制定距等分点

4.1.5　实训练习

根据所学知识绘制如图 4-7 和图 4-8 所示的图形。

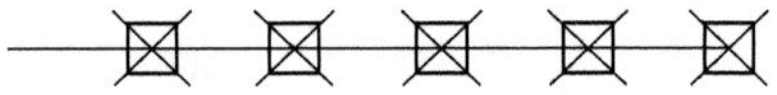

图 4-7　定距等分点的绘制

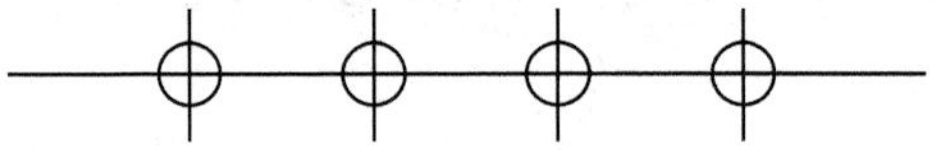

图 4-8　定数等分点的绘制

4.2　线

4.2.1　直线绘制

1. 功能简介

使用直线命令可绘制各种直线段。在利用 AutoCAD 绘制图形过程中属于最基本、最简单、最常用的命令。

2. 命令使用

菜单栏：选择“绘图”→“直线”，即可调出菜单命令。

命令行：可直接输入命令 L/LINE。

工具栏：在常用工具栏中单击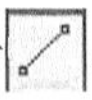。

3. 实例演示

下面是运用直线命令绘制一个三角形。运行 AutoCAD2014 后，直接输入命令 L，在命令提示行显示如下：

指定第一个点:<说明：在绘图区域单击或输入任意一点>

指定下一点或[放弃(U)]:<说明：在绘图区域单击或输入任意一点，(U)表示放弃刚输入线段的绘制，退回至上一步骤，并可以重新确定新点的位置>

指定下一点或[放弃(U)]:

指定下一点或[闭合(C)/放弃(U)]:<说明：当提示出现该步骤时，如果需继续绘制可以继续指定下一点；若完成图形绘制，可根据提示(C)，直接选择字母 C，单击“Enter”键或“空格”键完成图形绘制>

根据以上提示完成三角形的绘制工作，如图 4-9 所示。

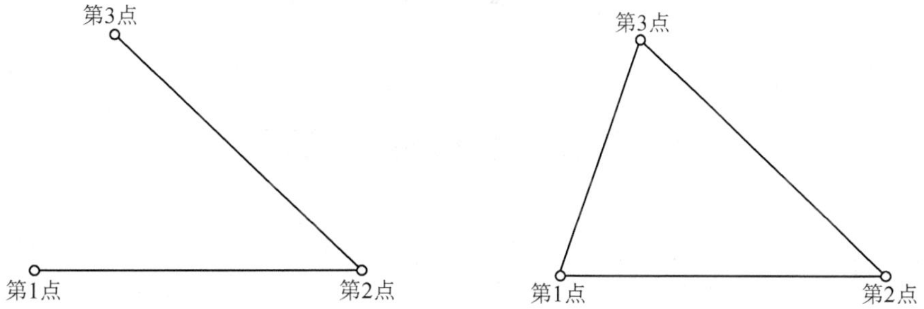

图 4-9　直线绘制三角形

4.2.2　多段线绘制

1. 功能简介

多段线由多个首尾相接的直线段或弧线段组合而成。在 AutoCAD 中，多段线可以作为单个整体对象进行处理。多段线的常用功能：勾勒边界的轮廓线；流程图、布管图、布线图等的绘制；三维模型的建立等。

2. 命令使用

菜单栏：选择“绘图”→“多段线”，即可调出菜单命令。

命令行：可直接输入命令 PL/PLINE。

工具栏：在常用工具栏中单击。

3. **实例演示**

利用多段线绘制一个弯形的箭头线。运行 AutoCAD2014 后，直接输入命令 PL，在命令提示行显示如下：

命令：PL PLINE
指定起点：<说明：在绘图区域单击或输入任意一点，作为起点>
指定下一个点或[圆弧(A)/半宽(H)/长度(L)/放弃(U)/宽度(W)]：w
<说明：(A)表示可将直线段变成圆弧线绘制；(H)表示所要输入多段线总宽度的一半，例如，若要画出 10 的宽度，只需输入 5 即可；(L)表示下一段多段线的长度；(W)输入多段线的宽度，即所画线的实际宽度>
指定起点宽度<0.0000>:10
指定端点宽度<10.0000>:“Enter”或“空格”键
指定下一点或[圆弧(A)/闭合(C)/半宽(H)/长度(L)/放弃(U)/宽度(W)]：a
指定圆弧的端点或[角度(A)/圆心(CE)/闭合(CL)/方向(D)/半宽(H)/直线(L)/半径(R)/第二个点(S)/放弃(U)/宽度(W)]:(指定圆弧端点)
指定圆弧的端点或[角度(A)/圆心(CE)/闭合(CL)/方向(D)/半宽(H)/直线(L)/半径(R)/第二个点(S)/放弃(U)/宽度(W)]：L
指定下一点或[圆弧(A)/闭合(C)/半宽(H)/长度(L)/放弃(U)/宽度(W)]：w
指定起点宽度<10.0000>:20
指定端点宽度<20.0000>:0
指定下一点或[圆弧(A)/闭合(C)/半宽(H)/长度(L)/放弃(U)/宽度(W)]:“Enter”或“空格”键

绘制结束，绘制结果如图 4-10 所示。

图 4-10　多段线绘制箭头线

4.2.3　射线绘制

1. **功能简介**

射线是一种一端固定，另一端无限延伸的直线。在 AutoCAD 中常用作创建其他对象的参考，以确定一些特殊的对象。

2. **命令使用**

菜单栏：选择“绘图”→“射线”，即可调出菜单命令。

命令行：可直接输入命令 RAY。

3. **实例演示**

执行“射线”命令，根据提示如下：

命令：RAY 指定起点<指定点 1>
指定通过点:<确定点 2>

指定通过点:<确定点 3>
指定通过点:<确定点 4>
指定通过点:<“Enter”或“空格”键，射线绘制完成>

绘制结果如图 4-11 所示。

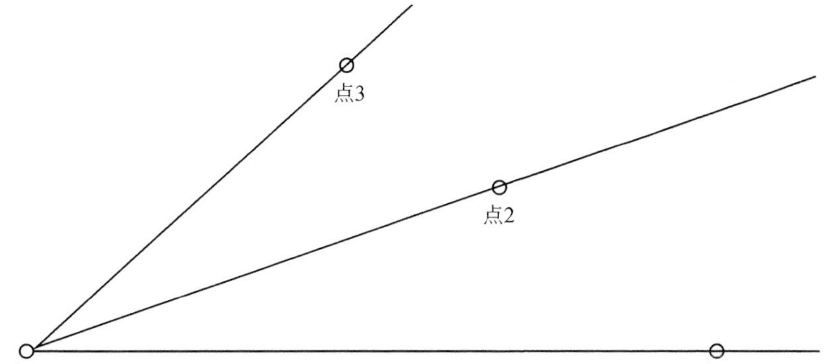

图 4-11　射线绘制

4.2.4　构造线绘制

1. 功能简介

构造线是一种既没有起点，也没有终点，双向无限延伸的直线。在 AutoCAD 绘图过程中，构造线常被用作辅助线，可以放置在空间的任意位置，为其他的图形创建提供参照对象，并且可以用来修剪边界。

2. 命令使用

菜单栏：选择“绘图”→“构造线”，即可调出菜单命令。

命令行：可直接输入命令 XL/XLINE。

工具栏：在常用工具栏中单击。

3. 实例演示

用构造线绘制等边三角形，并作出任意角的角分线。绘制过程如下：

命令：<正交 开>
命令：L LINE
指定第一个点：
指定下一点或[放弃(U)]：
指定下一点或[放弃(U)]：
命令：XL XLINE
指定点或[水平(H)/垂直(V)/角度(A)/二等分(B)/偏移(O)]：a
<说明：(H)水平构造线的绘制；(V)垂直构造线的绘制；(A)可绘制指定角度的构造线；(B)可用来绘制任意角的角平分线；(O)绘制平行于指定基线的平行线>
输入构造线的角度(0)或[参照(R)]：　60
指定通过点：
指定通过点：
命令：　XLINE
指定点或[水平(H)/垂直(V)/角度(A)/二等分(B)/偏移(O)]：a
输入构造线的角度(0)或[参照(R)]：　120

```
指定通过点:
指定通过点:
命令: L LINE
指定第一个点:
指定下一点或[放弃(U)]: <正交 关>
指定下一点或[放弃(U)]:
指定下一点或[闭合(C)/放弃(U)]:
命令:
命令:
命令: _.erase 找到 2 个
```

下面绘制任意角的角平分线。

```
命令: XL XLINE
指定点或[水平(H)/垂直(V)/角度(A)/二等分(B)/偏移(O)]: b
指定角的顶点:
指定角的起点:
指定角的端点:单击“空格”键
```

结束绘制，如图 4-12 所示。

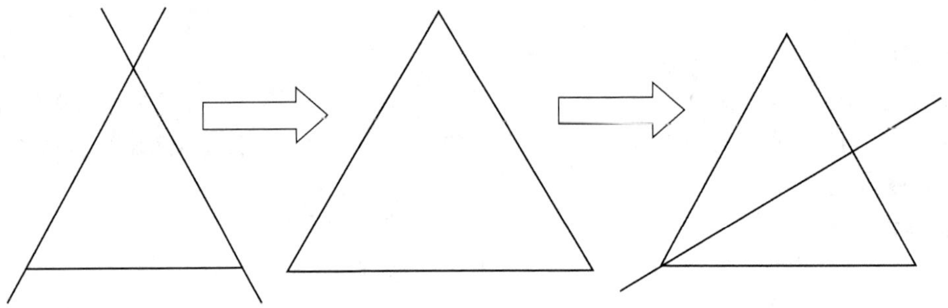

图 4-12　构造线绘制三角形及任意角平分线

4.2.5　样条曲线绘制与编辑

样条曲线是由一组控制点定义的一条光滑曲线。线条形状主要由这些控制点（包括起点、控制点、终点）决定。在 AutoCAD 中，可以用样条曲线表示地形地貌、绘制轮廓曲线、作为局部剖面的分界线及处理断裂处的裂痕等。鉴于样条曲线变化的多样性及任意性，本节分为曲线的绘制与编辑两个部分对样条曲线进行详细介绍。

1. 样条曲线的绘制

1）命令使用

菜单栏：选择“绘图”→“样条曲线”，即可调出菜单命令。

命令行：可直接输入命令 SPL/SPLINE。

工具栏：在常用工具栏中单击~。

2）实例演示

执行“样条曲线”命令，沿着 1 点至 5 点绘制样条曲线，以下是绘制样条曲线的操作提示：

```
命令: SPL SPLINE
当前设置: 方式=拟合　　节点=弦
```

指定第一个点或[方式(M)/节点(K)/对象(O)]:1 点
输入下一个点或[起点切向(T)/公差(L)]:2 点
<说明：(T)指定样条曲线起始点的切线方向；(L)对样条曲线的拟合公差值进行设置>
输入下一个点或[端点相切(T)/公差(L)/放弃(U)]:3 点
<说明：(T)指定样条曲线端点的切线方向 >
输入下一个点或[端点相切(T)/公差(L)/放弃(U)/闭合(C)]:4 点
输入下一个点或[端点相切(T)/公差(L)/放弃(U)/闭合(C)]:5 点
输入下一个点或[端点相切(T)/公差(L)/放弃(U)/闭合(C)]:“Enter”或“空格”键

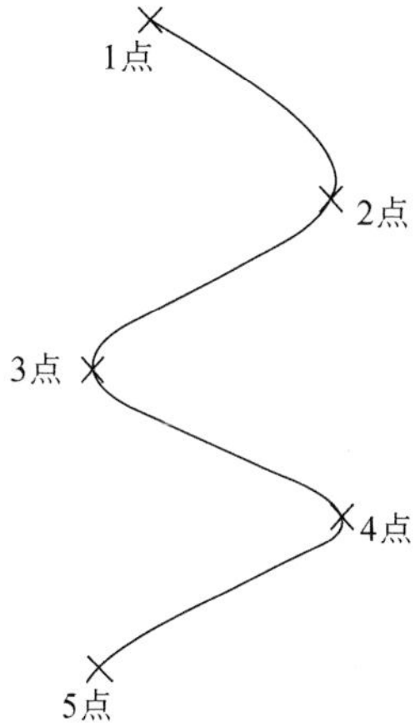

图 4-13　样条曲线绘制

绘制结束，如图 4-13 所示。

2. 样条曲线的编辑

菜单栏：选择“修改”→“对象”→“样条曲线”，即可调出菜单命令。

命令行：可直接输入命令 SPE/SPLINEDIT。

选择样条曲线编辑命令，提示栏会出现如下编辑选项。

输入选项[闭合(C)/合并(J)/拟合数据(F)/编辑顶点(E)/转换为多段线(P)/反转(R)/放弃(U)/退出(X)]<退出>:
<说明：(J)将直线、圆弧或多段线连接到非闭合的样条曲线上，该连接需是首位相接。(F)对样条曲线的某些控制点进行相关编辑。(E)对样条曲线的顶点进行编辑。(P)将样条曲线转变为多段线。(R)反转样条曲线的方向>

4.2.6　多线

多线是由两条以上（包括两条）的平行线组成，常被用于绘制实体对象，如墙体线、窗线等。多线中平行线称为元素。在 AutoCAD 中可通过多线样式创建、多线编辑等命令对这些元素进行修改。

1. 创建多线样式

1）功能简介

多线样式包括多线中元素的线型、颜色、数目及元素的偏移量。在 AutoCAD 中，系统默认多线样式为 STANDARD 样式。

2）命令使用

菜单栏：选择“格式”→“多线样式”，即可调出菜单命令。

命令行：可直接输入命令 MLSTYLE。

3）实例演示

下面用多线创建“墙体”和“窗户”。

调出“多线样式”命令，会出现如图 4-14 所示的对话框。

单击“新建”按钮，输入新建多线的名称，单击“继续”，如图 4-15 所示。

在接下来的对话框中设置多线的样式，如图 4-16 和图 4-17 所示。

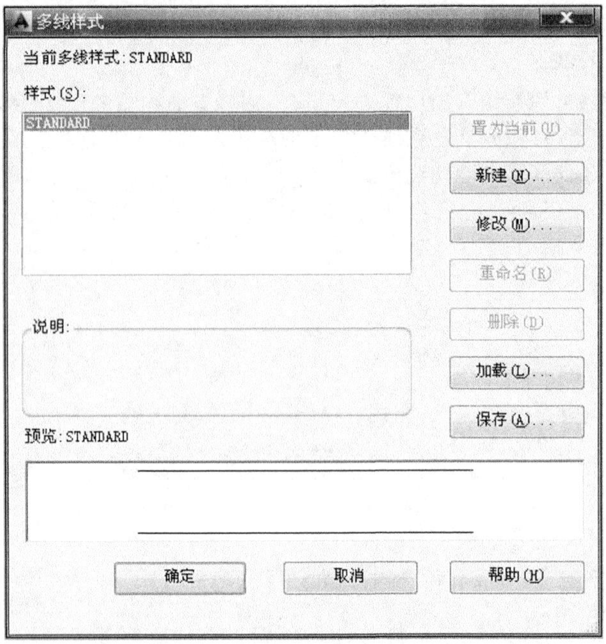

图 4-14　“多线样式”对话框

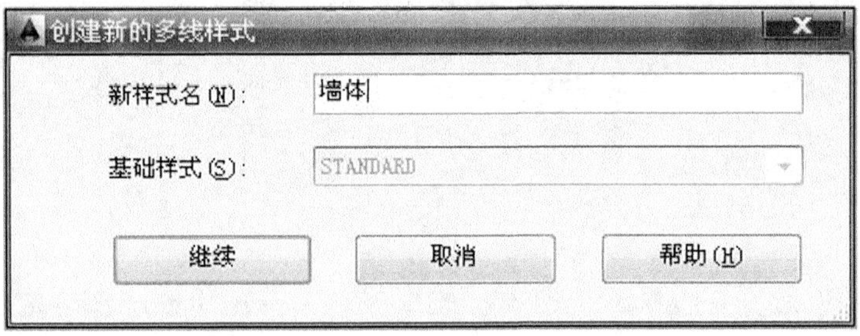

图 4-15　创建新的多线样式对话框

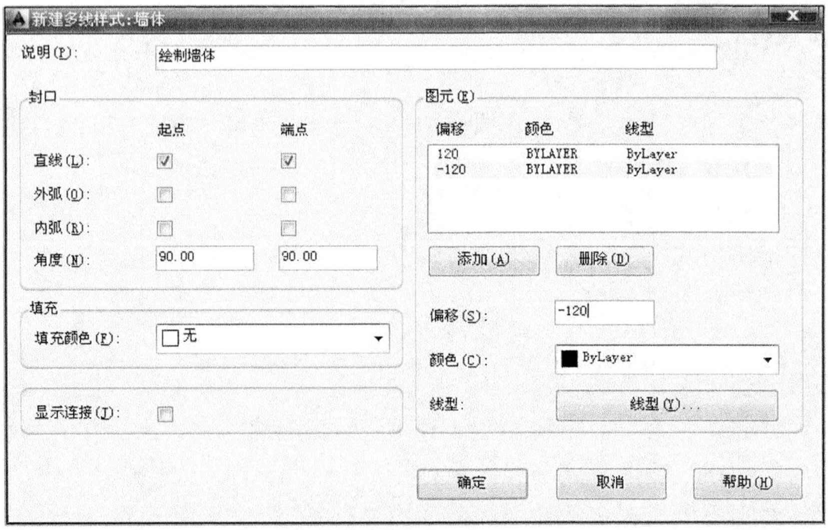

图 4-16　“墙体”新建多线样式对话框

图 4-17　“窗户”新建多线样式对话框

“封口”表示在多线的起点或端点是否封闭。

“图元”该框中包含多线中元素间距离、元素颜色及元素线型的调整参数。

“填充”多线元素间填充的颜色。

2. 多线绘制

1）功能简介

在实际工程设计中，多线常用来绘制房屋平面图中的墙体、窗户，规划设计中的道路等。用户可根据需求，定义多种样式的多线来满足功能要求。

2）命令使用

菜单栏：选择“绘图”→“多线”，即可调出菜单命令。

命令行：可直接输入命令 MLINE。

3）实例演示

下面用多线来绘建筑平面图中常见的“墙体”和“窗户”，由于上面已经建立了“墙体”和“窗户”的多线，于是将建好的“墙体”多线样式置前进行绘制（图 4-18），绘制步骤如下：

命令：_mline
当前设置：对正=无，比例=1.00，样式=墙体
指定起点或[对正(J)/比例(S)/样式(ST)]:j
<说明:(J)选择多线的对正方式;(S)调整多线绘制时的比例，可输入不同的比例因子;(ST)选择多线的线型样式。这里由于之前已经将多线样式调整为新建的“墙体”，因此再输入命令后显示样式为墙体>
输入对正类型[上(T)/无(Z)/下(B)]<无>:z
<说明:(T)表示当从左向右绘制多线时，多线位于最上面的线会随着光标移动。(Z)多线的中心线会随着光标移动。(B)表示当从左向右绘制多线时，多线位于最上面的线会随着光标移动>
当前设置：对正=无，比例=1.00，样式=墙体
指定起点或[对正(J)/比例(S)/样式(ST)]:
指定下一点:
指定下一点或[放弃(U)]:
指定下一点或[闭合(C)/放弃(U)]:“空格”或“Enter”键绘制完毕。

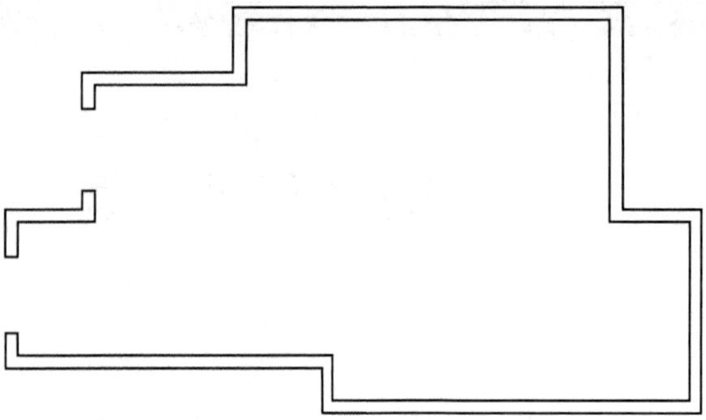

图 4-18　多线绘制外墙体

绘制“窗户”（这是只绘制了部分窗户），在“多线样式”中选择之前新建“窗户”置为当前样式，沿轴网绘制“窗户”，绘制完成隐藏网格，绘制结果如图 4-19 所示。

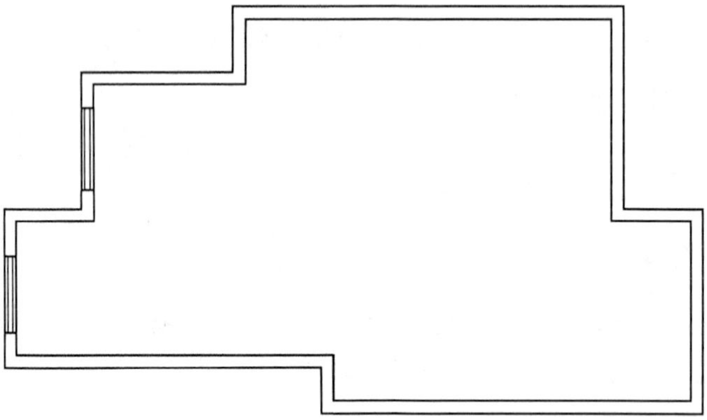

图 4-19　多线绘制窗户

4.2.7　修订云线

1. 功能简介

修订云线，顾名思义可以绘制云状的线，实际上它与多段线构成类似。其主要是由连续的圆弧线构成的一种多段线。修订云线在图纸设计中能起到很大的作用，例如，在规划设计中常用其来表示总平图中的灌木丛、花丛等成片的绿化植被。另外，在图纸修改中也常用其作为修改标记。

2. 命令使用

菜单栏：选择“绘图”→“修订云线”，即可调出菜单命令。

命令行：可直接输入命令 REVCLOUD。

3. 实例演示

在菜单栏调出“修订云线”命令，根据提示栏操作如下：

命令：_revcloud
最小弧长：0.5　　最大弧长：0.5　　样式：手绘
指定起点或[弧长(A)/对象(O)/样式(S)]<对象>:
<说明：(A)指定云线中的弧线长度(最大弧长小于等于最小弧长的 3 倍)；(O)选择需转为云线的对象，变后可选择是否将其反转，见图 4-20；(S)选择云线的绘制模式，包括手绘和普通两种模式>
沿云线路径引导十字光标…

修订云线完成，如图 4-20 和图 4-21 所示。

图 4-20　修订云线绘制

图 4-21　多段线变换修订云线

4.2.8　实训练习

根据所学知识绘制如图 4-22～图 4-26 所示的图形。

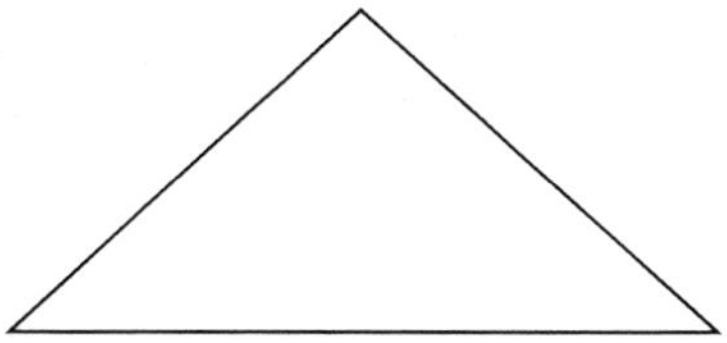

图 4-22　等腰直角三角形

图 4-23　双向箭头

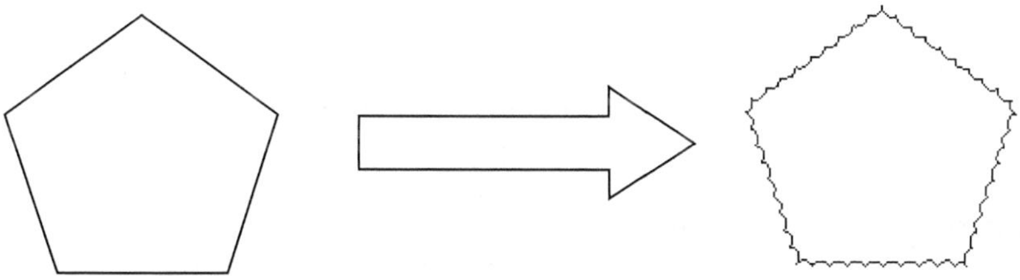

图 4-24　正五边形修订云线

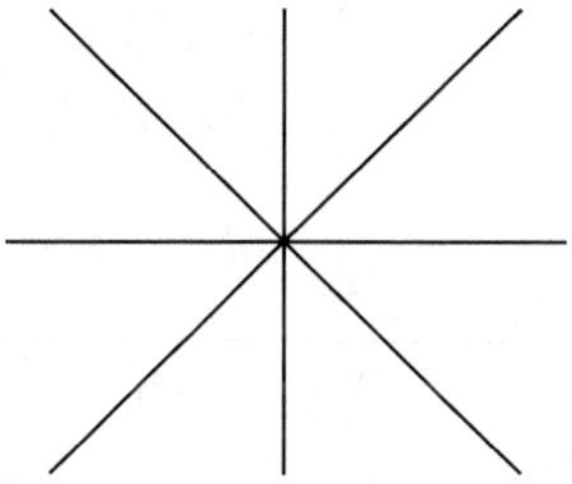

图 4-25　绘制米字形射线

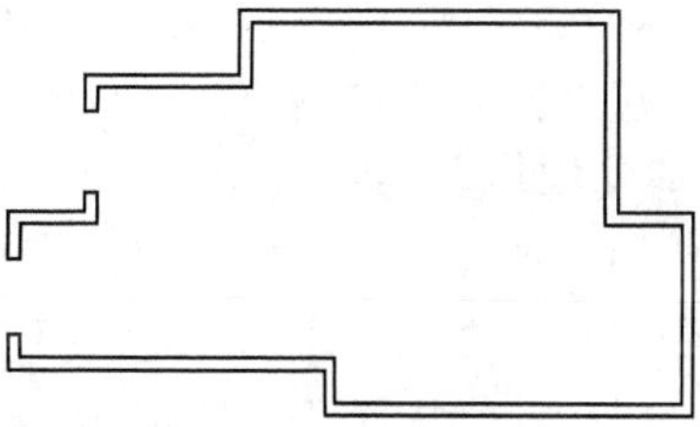

图 4-26　绘制墙体

4.3　多边形对象

4.3.1　矩形

1. 功能简介

矩形是生活中最常见的图形之一。在利用 AutoCAD 绘制图形过程中属于最基本、最常用的命令之一，并且矩形在绘制图框等方面起着巨大的作用。

2. 命令使用

菜单栏：选择“绘图”→“矩形”，即可调出菜单命令。

命令行：可直接输入命令 REC/RECTANG。

工具栏：在常用工具栏中单击 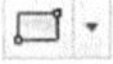。

3. 实例演示

下面是运用矩形命令绘制一个矩形。运行 AutoCAD2014 后，直接输入命令 REC，在命令提示行显示如下：

```
命令: REC
RECTANG
指定第一个角点或[倒角(C)/标高(E)/圆角(F)/厚度(T)/宽度(W)]:在绘图区域单击或输入任意一点
<说明:(C)设定矩形的四个角为倒角并且设定倒角的大小;(E)设定矩形在三维空间的基面高度;(F)设定矩形的四个角为圆角并且设定圆角半径的大小;(T)设定矩形的高度;(W)设定矩形线条的宽度>
指定另一个角点或[面积(A)/尺寸(D)/旋转(R)]:在绘图区域单击或输入任意一点
```

绘制结束，绘制结果如图 4-27 所示。

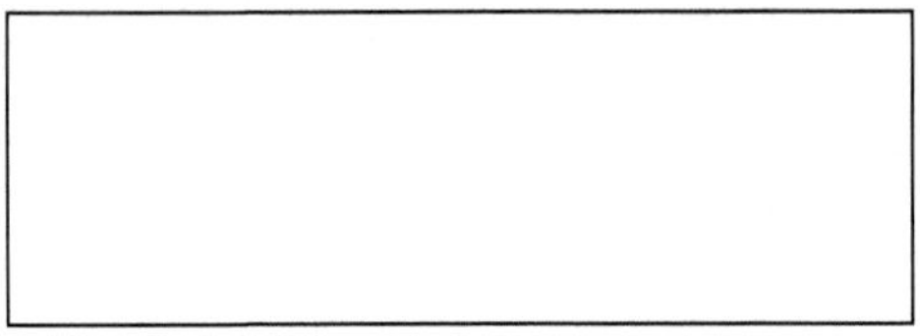

图 4-27　矩形的绘制

4.3.2　正多边形

1. 功能简介

正多边形是由 3 条及以上的相同长度的线段所围成的封闭图形，在生活中十分常见。在利用 AutoCAD 绘制图形过程中属于最基本、最常用的命令之一。正多边形在地砖设计、轴测图等方面起着巨大的作用。

2. 命令使用

菜单栏：选择“绘图”→“正多边形”，即可调出菜单命令。

命令行：可直接输入命令 POL/POLYGON。

工具栏：在常用工具栏中单击 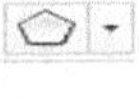。

3. 实例演示

下面是运用正多边形命令绘制一个正五边形。运行 AutoCAD2014 后，直接输入命令 POL，在命令提示行显示如下：

```
命令： POL
POLYGON 输入侧面数<5>:5
指定正多边形的中心点或[边(E)]:在绘图区域单击或输入任意一点
<说明:(E)利用正多边形边长来绘制正多边形>
输入选项[内接于圆(I)/外切于圆(C)]<I>:内接于圆
<说明:(I)内接法确定正多边形; (C)外切法确定正多边形>
指定圆的半径:120
```

绘制结束，绘制结果如图 4-28 所示。

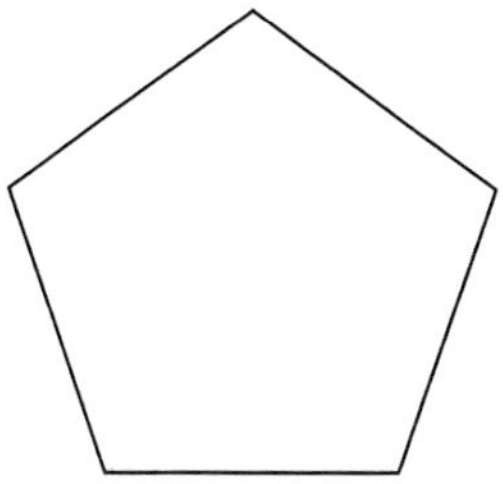

图 4-28　正五边形的绘制

4.3.3　实训练习

根据所学知识绘制如图 4-29～图 4-32 所示的图形。

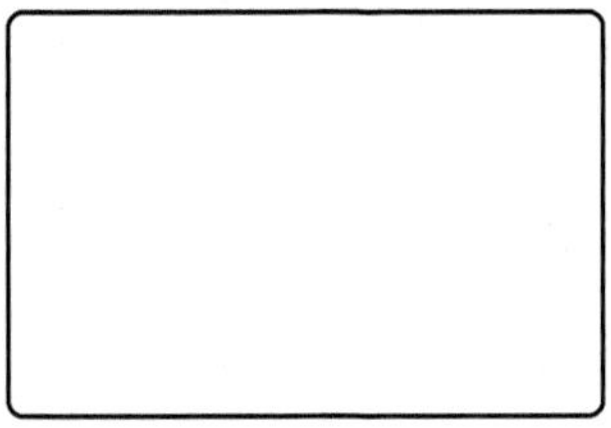

图 4-29　绘制倒角为 10 的矩形

图 4-30　绘制圆角半径为 50 的矩形

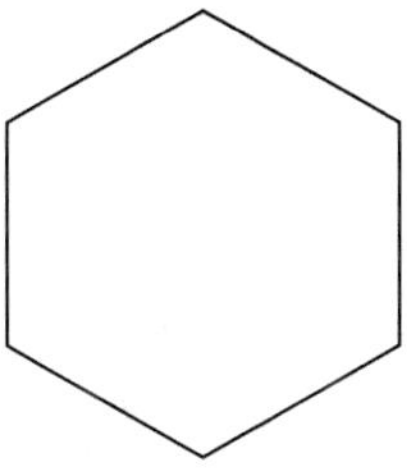

图 4-31　绘制内接于圆的正六边形

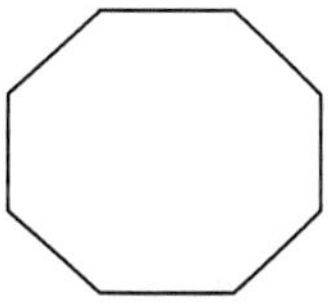

图 4-32　用正多边形边长来绘制正八边形

4.4　曲 线 对 象

4.4.1　圆及圆弧绘制

圆和圆弧都是建筑工程图中的重要实体，在现实生活的建筑、桥梁等设施中都十分常见。在利用 AutoCAD 绘制图形过程中属于最基本、最常用的命令之一。在轴圈编号、详图符号等方面都起着巨大的作用。下面对圆和圆弧分别进行介绍。

1. 圆

1）命令使用

命令行：可直接输入命令 C/CIRCLE。

面板：在绘图面板中单击

。

2）实例演示

在 AutoCAD 中绘制圆的方法有 6 种，分别如下。

① 圆心半径法：确定圆的圆心和半径绘制圆。

② 圆心直径法：确定圆的圆心和直径绘制圆。

③ 两点法：确定直径的两个端点来绘制圆。

④ 三点法：确定圆上任意三点来绘制圆。

⑤ 相切相切半径法：确定与圆相切的两个对象并指定圆的半径来绘制圆。

⑥ 相切相切相切法：确定与圆相切的三个对象来绘制圆。

下面以第一种方法为例来绘制圆弧。运行 AutoCAD2014 后，直接输入命令 CIR，在命令提示行显示如下：

```
命令：CIRCLE
指定圆的圆心或[三点(3P)/两点(2P)/切点、切点、半径(T)]:在绘图区域单击或输入任意一点
<说明：(3P)利用三点法来绘制圆；(2P)利用两点法来绘制圆；(T)利用相切相切半径法来绘制圆>
指定圆的半径或[直径(D)]<500.0000>: 200<说明：(D)通过确定直径大小来绘制圆>
```

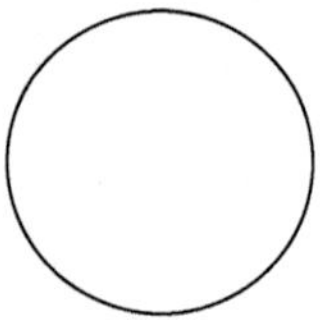

图 4-33　圆心半径法绘制圆

绘制结束，绘制结果如图 4-33 所示。

2. 圆弧

1）命令使用

命令行：可直接输入命令 A/ARC。

面板：在绘图面板中单击

。

2）实例演示

在 AutoCAD 中绘制圆弧的方法有 11 种，分别如下。

① 三点法：确定三个点来绘制圆弧。

② 起点圆心终点法：确定起点、圆心、终点来绘制圆弧。

③ 起点圆心角度法：确定起点、圆心、对应角度来绘制圆弧。

④ 起点圆心长度法：确定起点、圆心、弦长来绘制圆弧。

⑤ 起点端点角度法：确定起点、端点、角度来绘制圆弧。

⑥ 起点端点方向法：确定起点、端点、方向来绘制圆弧。

⑦ 起点端点半径法：确定起点、端点、半径来绘制圆弧。

⑧ 圆心起点端点法：确定圆心、起点、端点来绘制圆弧。

⑨ 圆心起点角度法：确定圆心、起点、圆弧对应角度来绘制圆弧。

⑩ 圆心起点长度法：确定圆心、起点、圆弧对应弦长来绘制圆弧。

⑪ 连续法：接着前一段圆弧接着画圆弧。

下面以第一种方法为例来绘制圆弧。运行 AutoCAD2014 后，直接输入命令 A，在命令提示行显示如下：

```
命令：A
ARC
```

```
圆弧创建方向：逆时针(按住 Ctrl 键可切换方向)
指定圆弧的起点或[圆心(C)]:<说明:(C)确定圆弧的圆心来绘制圆弧>
指定圆弧的第二个点或[圆心(C)/端点(E)]:<说明:(E)确定端点来绘制圆弧>
指定圆弧的端点:在绘图区域单击或输入任意一点
```

绘制结束，绘制结果如图 4-34 所示。

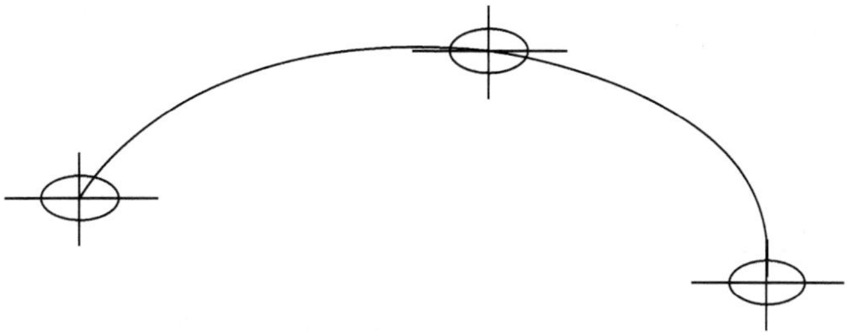

图 4-34　三点法绘制圆

4.4.2　圆环绘制

1. 功能简介

圆环由两条闭合的圆弧所围成。圆环的大小由内外直径决定，圆环的位置由圆心决定。即确定了这三者，圆环也就确定了。在利用 AutoCAD 绘制图形过程中，圆环也比较常见。

2. 命令使用

命令行：可直接输入命令 DO/DONUT。

面板：在绘图面板中单击。

3. 实例演示

下面是运用圆环命令绘制一个圆环。运行 AutoCAD2014 后，直接输入命令 DO，在命令提示行显示如下：

```
命令: DONUT
指定圆环的内径<50.0000>: 100
指定圆环的外径<100.0000>: 200
指定圆环的中心点或<退出>:在绘图区域单击或输入任意一点
```

绘制结束，绘制结果如图 4-35 所示。

说明：运用 FILL 命令可选择圆环是否填充。

下面是绘制一个填充的圆环。运行 AutoCAD2014 后，直接输入命令 FILL，在命令提示行显示如下：

```
命令: FILL
输入模式[开(ON)/关(OFF)]<关>:关
```

再输入先前绘制圆环的命令即可绘制为填充的圆环。绘制结果如图 4-36 所示。

图 4-35　内径为 100，外径为 200 的圆环的绘制

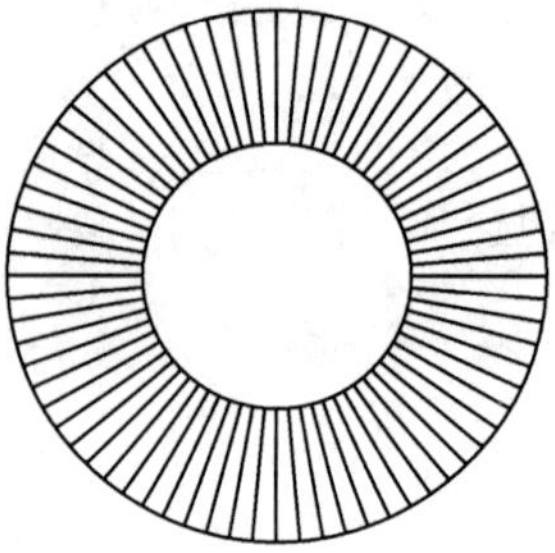

图 4-36　填充圆环的绘制

4.4.3　椭圆及椭圆弧绘制

在利用 AutoCAD 绘制图形过程中，椭圆（椭圆弧）是一种非常重要的实体，也是一种特殊的圆（圆弧）。在绘图中，它们的运用十分广泛。下面对椭圆和椭圆弧分别进行介绍。

1. 椭圆

1）命令使用

命令行：可直接输入命令 EL/ELLIPSE。

面板：在绘图面板中单击  。

2）实例演示

下面是运用椭圆命令绘制一个椭圆。运行 AutoCAD2014 后，直接输入命令 EL，在命令提示行显示如下：

```
命令: EL
ELLIPSE
指定椭圆的轴端点或[圆弧(A)/中心点(C)]:在绘图区域单击或输入任意一点
<说明: (A)绘制椭圆弧; (C)确定中心点位置绘制椭圆>
指定轴的另一个端点:在绘图区域单击或输入任意一点
指定另一条半轴长度或[旋转(R)]:输入长度即可
```

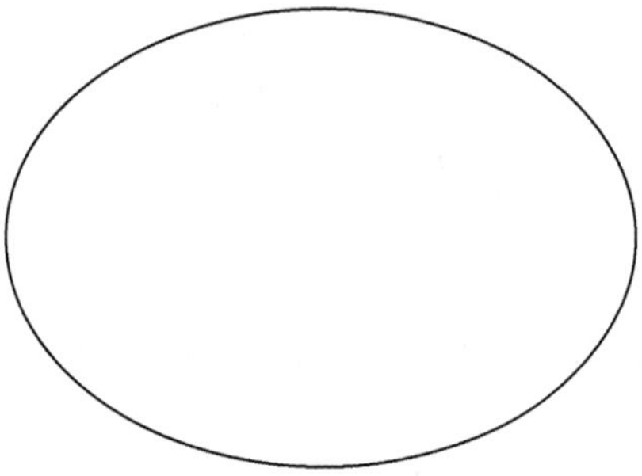

图 4-37　椭圆的绘制

绘制结束，绘制结果如图 4-37 所示。

2. 椭圆弧

1）命令使用

命令行：可直接输入命令 EL/ELLIPSRE，再在命令行输入 A。

面板：在绘图面板中单击 。

2）实例演示

下面是运用椭圆弧命令绘制一个椭圆弧。运行 AutoCAD2014 后，直接输入命令 EL，在命令提示行显示如下：

```
命令: EL
ELLIPSE
指定椭圆的轴端点或[圆弧(A)/中心点(C)]: a
指定椭圆弧的轴端点或[中心点(C)]:在绘图区域单击或输入任意一点
指定轴的另一个端点:在绘图区域单击或输入任意一点
```

指定另一条半轴长度或[旋转(R)]:输入长度即可
指定起点角度或[参数(P)]:输入角度即可<说明:(P)通过矢量参数方程式绘制椭圆弧的一种方式>
指定端点角度或[参数(P)/包含角度(I)]:输入角度即可
<说明:(I)确定从起始角度开始的包含角度>

绘制结束，绘制结果如图 4-38 所示。

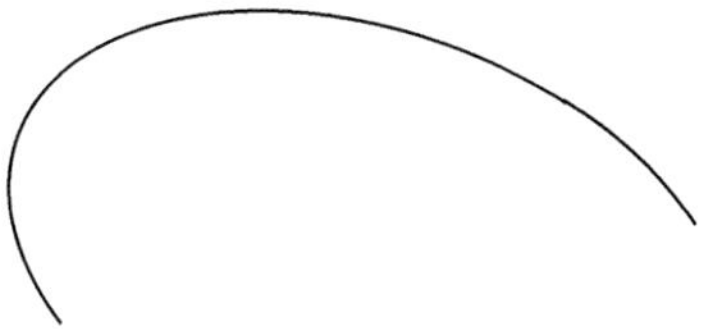

图 4-38　椭圆弧的绘制

4.4.4 实训练习

根据所学知识绘制如图 4-39～图 4-42 所示的图形。

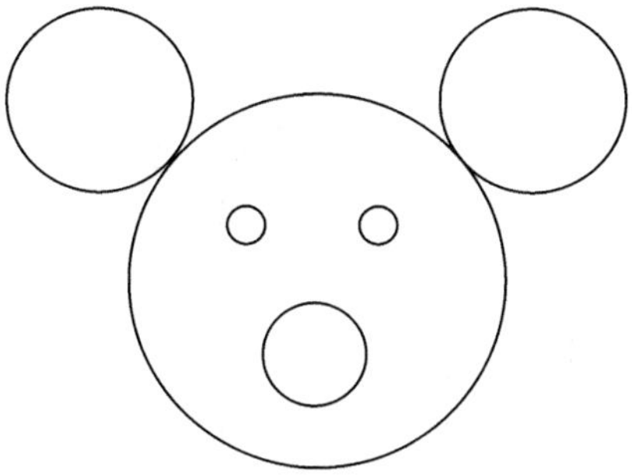

图 4-39　绘制圆形

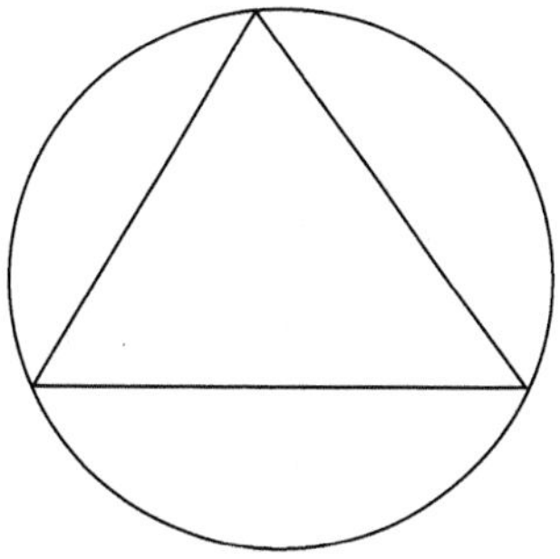

图 4-40　绘制圆与已知三角形外接

图 4-41　绘制圆环

图 4-42　绘制所示的椭圆弧

4.5 思考与练习

根据所学知识绘制如图 4-43～图 4-46 所示的图形。

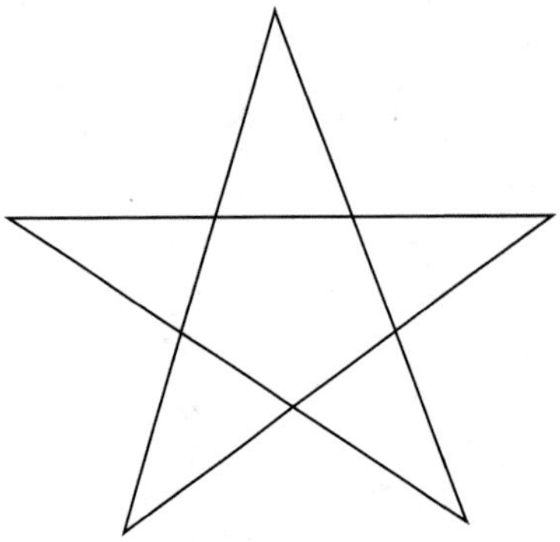

图 4-43　绘制五角星

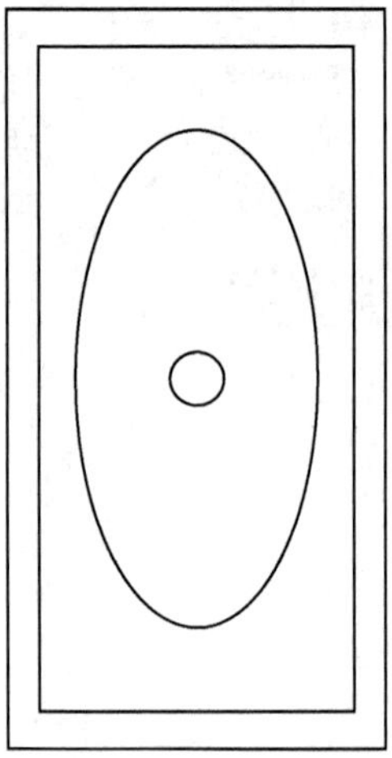

图 4-44　绘制门框

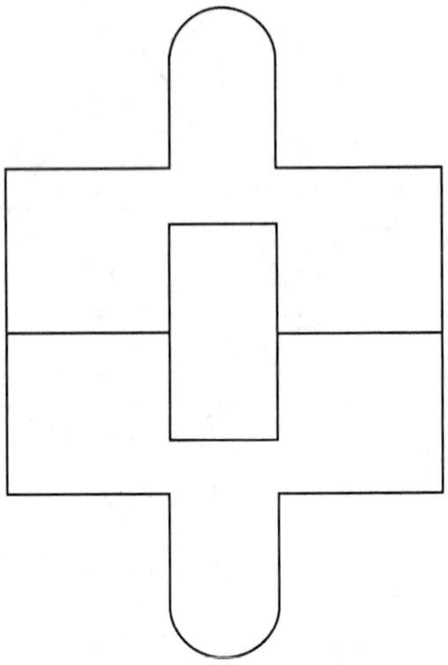

图 4-45　零件示意图①

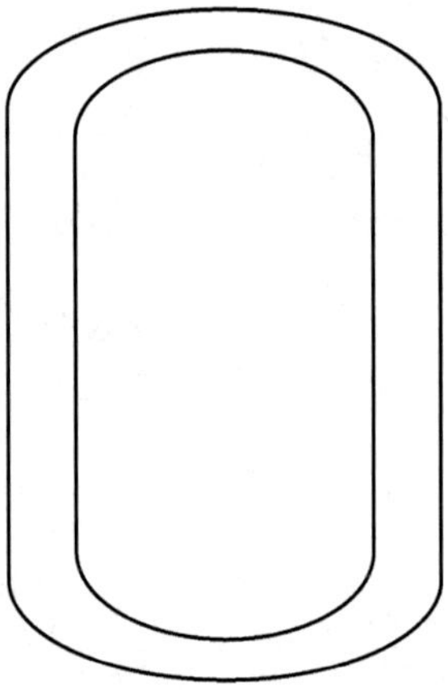

图 4-46　零件示意图②

第 5 章　二维对象编辑

5.1　基本编辑命令

5.1.1　复制

1. 功能简介

使用复制命令可将各种图形中的对象进行复制粘贴，所复制的对象只能在该图形中应用。在利用 AutoCAD 绘制图形过程中属于很基本、简单和极其常用的命令。

2. 命令使用

菜单栏：选择“修改”→“复制”，即可调出菜单命令。

命令行：可直接输入命令 CO/COPY，按回车键。

工具栏：在常用工具栏中单击。

3. 实例演示

下面是运用复制命令对一个图形对象进行复制。运行 AutoCAD2014 后，绘制一个圆形图形，再输入命令 CO，在命令提示行显示如下：

```
命令:C
CIRCLE
指定圆的圆心或[三点(3P)/两点(2P)/切点、切点、半径(T)]:
指定圆的半径或[直径(D)]:
命令:CO
COPY
选择对象:找到 1 个
当前设置:复制模式 =多个
指定基点或[位移(D)/模式(O)]<位移>:
指定第二个点或[阵列(A)]<使用第一个点作为位移>:
<说明：当提示出现该步骤时，如果需继续绘制可以继续指定下一点；若完成图形复制，可根据提示，单击“Enter”或“空格”完成图形绘制>
```

根据以上提示完成圆形的绘制及复制工作，如图 5-1 所示。

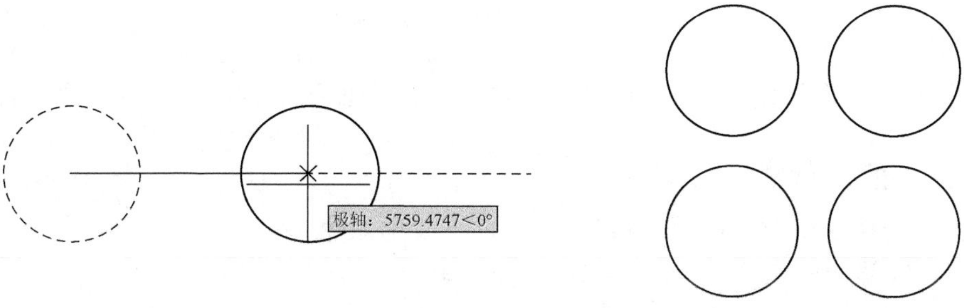

图 5-1

5.1.2　镜像

1. 功能简介

使用镜像命令可将指定的对象按指定的镜像线进行镜像，这项功能常用于 AutoCAD 绘制对称图形。

2. 命令使用

菜单栏：选择“修改”→“镜像”，即可调出菜单命令。

命令行：可直接输入命令 MI/MIRROR，按回车键。

工具栏：在常用工具栏中单击按钮。

3. 实例演示

下面是运用镜像命令对一个图形对象进行镜像绘图。运行 AutoCAD2014 后，绘制一个圆形图形，再输入命令 MI，在命令提示行显示如下：

```
命令: C
CIRCLE
指定圆的圆心或[三点(3P)/两点(2P)/切点、切点、半径(T)]:
指定圆的半径或[直径(D)]:
命令:MI
MIRROR
选择对象:找到 1 个
选择对象:指定镜像线的第一点: 指定镜像线的第二点:
要删除源对象吗? [是(Y)/否(N)]<N>:
<说明: 当提示出现该步骤时，如果不需删除源对象，可根据提示，单击“Enter”键或“空格”键完成图形绘制>
```

根据以上提示完成圆形的绘制及镜像工作，如图 5-2 所示。

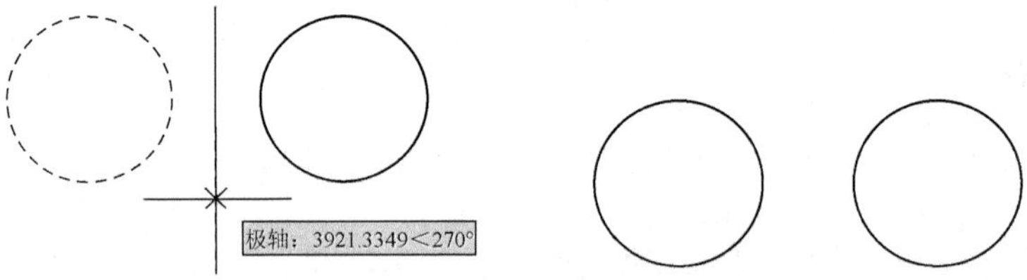

图 5-2

5.1.3　偏移

1. 功能简介

使用偏移命令可将指定的线、圆弧和圆等进行同心偏移复制。对于直线可以使用偏移命令进行平行复制。

2. 命令使用

菜单栏：选择“修改”→“偏移”，即可调出菜单命令。

命令行：可直接输入命令 O/OFFSET，按回车键。

工具栏：在常用工具栏中单击。

3. 实例演示

下面是运用偏移命令对一个图形对象进行偏移绘图。运行 AutoCAD2014 后，绘制一个圆形图形，再输入命令 O，在命令提示行显示如下：

```
命令：C
CIRCLE
指定圆的圆心或[三点(3P)/两点(2P)/切点、切点、半径(T)]:
指定圆的半径或[直径(D)]:
命令：O
OFFSET
当前设置：删除源=否　图层=源　OFFSETGAPTYPE=0
指定偏移距离或[通过(T)/删除(E)/图层(L)]<通过>:500
选择要偏移的对象，或[退出(E)/放弃(U)]<退出>:
指定要偏移的那一侧上的点，或[退出(E)/多个(M)/放弃(U)]<退出>:
<说明：当提示出现该步骤时，如果不需继续绘制其他图形，可根据提示，按“Enter”或“空格”键完成图形绘制。>
```

根据以上提示完成圆形的绘制及偏移工作，如图 5-3 所示。

图 5-3

5.1.4　移动

1. 功能简介

使用移动命令可将所要移动的对象在 AutoCAD 界面内移动。但是，这种移动只能将所选中的对象进行平移。

2. 命令使用

菜单栏：选择“修改”→“移动”，即可调出菜单命令。

命令行：可直接输入命令 M/MOVE，按回车键。

工具栏：在常用工具栏中单击 。

3. 实例演示

下面是运用移动命令对一个图形对象进行移动。运行 AutoCAD2014 后，绘制一个云线图形和一个圆形，再输入命令 M，在命令提示行显示如下：

```
命令：_circle
指定圆的圆心或[三点(3P)/两点(2P)/切点、切点、半径(T)]:
指定圆的半径或[直径(D)]<7.5244>:
命令：_revcloud
最小弧长：0.5　最大弧长：0.5　样式：普通
指定起点或[弧长(A)/对象(O)/样式(S)]<对象>:
修订云线完成。
```

```
命令：M
MOVE
选择对象：找到 1 个
指定基点或[位移(D)]<位移>:
指定第二个点或<使用第一个点作为位移>:
```

根据以上提示完成圆形和云线的绘制及移动工作，如图 5-4 所示。

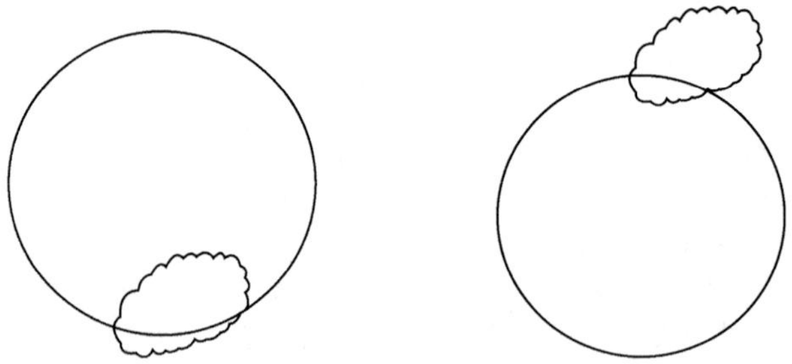

图 5-4

5.1.5 旋转

1. 功能简介

使用移动命令可将所要旋转的对象绕指定的中心旋转图形。

2. 命令使用

菜单栏：选择“修改”→“旋转”，即可调出菜单命令。

命令行：可直接输入命令 RO/ROTATE，按回车键。

工具栏：在常用工具栏中单击 。

3. 实例演示

下面是运用旋转命令对一个图形对象进行旋转。运行 AutoCAD2014 后，绘制一个五边形图形，再输入命令 RO，在命令提示行显示如下：

```
命令：POL
POLYGON 输入侧面数<4>：5
指定正多边形的中心点或[边(E)]:
输入选项[内接于圆(I)/外切于圆(C)]<I>：I
指定圆的半径：10
命令：_text
当前文字样式："Standard"  文字高度：1.0000  注释性：否  对正：左
指定文字的起点或[对正(J)/样式(S)]:
指定高度<1.0000>：1.5
指定文字的旋转角度<0.00>:
命令：RO
ROTATE
UCS 当前的正角方向：ANGDIR=逆时针  ANGBASE=0.00
选择对象：指定对角点：找到 6 个
选择对象：
```

```
指定基点:
指定旋转角度，或[复制(C)/参照(R)]<0.00>: 180
```

根据以上提示完成五边形的绘制及旋转工作，如图 5-5 所示。

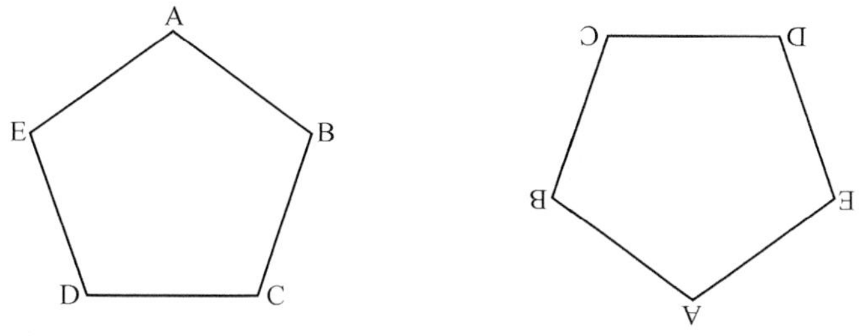

图 5-5

5.1.6　阵列

1. 功能简介

当要画多个具有一定规律且有一定特征的图形时，此时可以使用阵列命令。阵列命令可将所选定的对象进行矩形、路径、环形阵列。

2. 命令使用

菜单栏：选择“修改”→“阵列”，即可调出菜单命令。

命令行：可直接输入命令 AR/ARRAY，按回车键。

工具栏：在常用工具栏中单击。

3. 实例演示

下面是运用阵列命令对一个图形对象进行矩形阵列。运行 AutoCAD2014 后，绘制一个三角形，再输入命令 AR，在命令提示行显示如下：

```
命令: PL
PLINE
指定起点:
当前线宽为 0.0000
指定下一个点或[圆弧(A)/半宽(H)/长度(L)/放弃(U)/宽度(W)]: <正交 开> 4
指定下一点或[圆弧(A)/闭合(C)/半宽(H)/长度(L)/放弃(U)/宽度(W)]: 3
指定下一点或[圆弧(A)/闭合(C)/半宽(H)/长度(L)/放弃(U)/宽度(W)]: <正交 关>
指定下一点或[圆弧(A)/闭合(C)/半宽(H)/长度(L)/放弃(U)/宽度(W)]: *取消*
命令:AR
选择对象: 找到 1 个
选择对象:
类型=矩形  关联=是
选择夹点以编辑阵列或[关联(AS)/基点(B)/计数(COU)/间距(S)/列数(COL)/行数(R)/层数(L)/退出(X)]<退出>: R
输入行数数或[表达式(E)]<3>: 4
```

根据以上提示完成三角形的绘制及阵列工作，如图 5-6 所示。

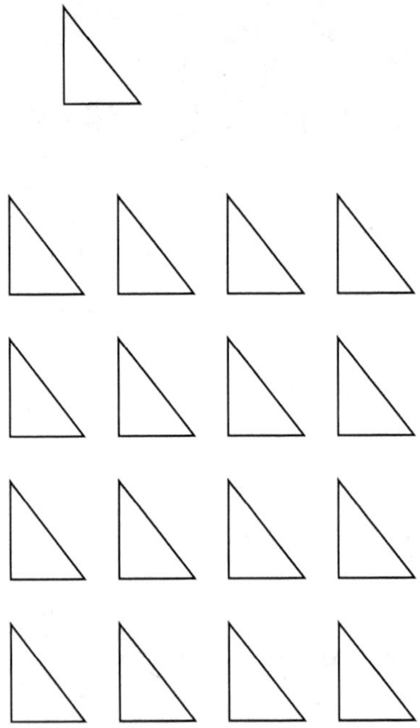

图 5-6

5.1.7　比例缩放

1. 功能简介

使用比例缩放命令可将所选中的对象在当前界面相对于某个基点按照某个比例对图形进行放大和缩小的处理。

2. 命令使用

菜单栏：选择“修改”→“缩放”，即可调出菜单命令。

命令行：可直接输入命令 SC/SCALE，按回车键。

工具栏：在常用工具栏中单击。

3. 实例演示

下面是运用比例缩放命令对一个图形对象进行缩小处理。运行 AutoCAD2014 后，绘制两个圆形，再输入命令 SC，对一个圆形进行缩小处理，在命令提示行显示如下：

```
命令: _circle
指定圆的圆心或[三点(3P)/两点(2P)/切点、切点、半径(T)]:
指定圆的半径或[直径(D)]: 10
命令:
命令:
命令: _circle
指定圆的圆心或[三点(3P)/两点(2P)/切点、切点、半径(T)]:
指定圆的半径或[直径(D)]<10.0000>: 5
命令:
命令: SC
SCALE 找到 1 个
指定基点:
指定比例因子或[复制(C)/参照(R)]: 0.6
```

根据以上提示完成圆形的绘制及缩放工作，如图 5-7 所示。

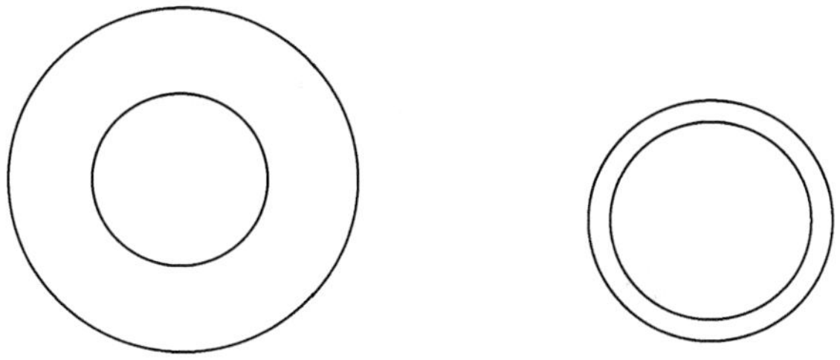

图 5-7

5.1.8　修剪

1. 功能简介

使用修剪命令可以方便快速对图形实体进行修剪。使用该命令时，需要先指定剪切边界，然后利用此边界剪切去不需要的部分。同时，此命令可以单个或连续修剪被切边。

2. 命令使用

菜单栏：选择“修改”→“修剪”，即可调出菜单命令。

命令行：可直接输入命令 TR/TRIM，按回车键。

工具栏：在常用工具栏中单击 。

3. 实例演示

下面是运用修剪命令对一个图形对象进行修剪。运行 AutoCAD2014 后，绘制一个多段线图形，再输入命令 TR，在命令提示行显示如下：

```
命令: PL
PLINE
指定起点:
当前线宽为 0.0000
指定下一个点或[圆弧(A)/半宽(H)/长度(L)/放弃(U)/宽度(W)]: 5
指定下一点或[圆弧(A)/闭合(C)/半宽(H)/长度(L)/放弃(U)/宽度(W)]: 5
指定下一点或[圆弧(A)/闭合(C)/半宽(H)/长度(L)/放弃(U)/宽度(W)]: 10
指定下一点或[圆弧(A)/闭合(C)/半宽(H)/长度(L)/放弃(U)/宽度(W)]: 5
命令: TR
TRIM
当前设置:投影=UCS，边=无
选择剪切边…
选择对象或<全部选择>:
```

根据以上提示完成图形的绘制及修剪工作，如图 5-8 所示。

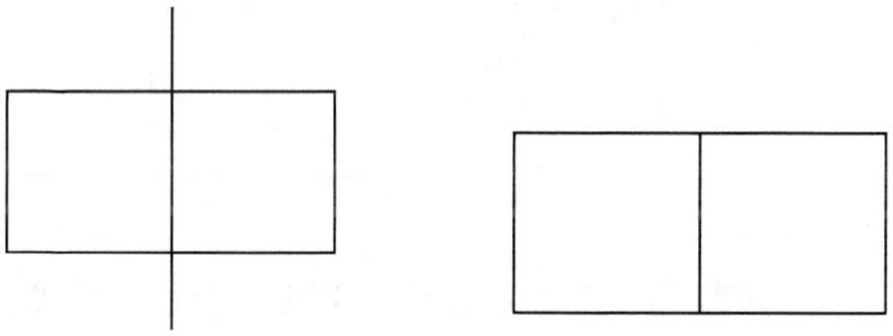

图 5-8

5.1.9 延伸

1. 功能简介

延伸命令主要用于延伸线。在进行延伸操作时，首先指定一个边界,然后选择要延伸的对象。延伸对象可以是单线，也可以是多条线。

2. 命令使用

菜单栏：选择“修改”→“延伸”，即可调出菜单命令。

命令行：可直接输入命令 EX/EXTEND，按回车键。

工具栏：在常用工具栏中单击 --/ 。

3. 实例演示

下面是运用延伸命令对一个图形对象进行延伸。运行 AutoCAD2014 后，绘制一组直线，再输入命令 EX，在命令提示行显示如下：

```
命令: L
LINE
指定第一个点:
指定下一点或[放弃(U)]: 5
命令: PL
PLINE
指定起点:
当前线宽为 0.0000
指定下一个点或[圆弧(A)/半宽(H)/长度(L)/放弃(U)/宽度(W)]: 4
指定下一点或[圆弧(A)/闭合(C)/半宽(H)/长度(L)/放弃(U)/宽度(W)]: 3
命令: EX
EXTEND
当前设置:投影=UCS，边=无
选择边界的边…
选择对象或<全部选择>: 找到 1 个
选择对象:
选择要延伸的对象，或按住 Shift 键选择要修剪的对象，或
[栏选(F)/窗交(C)/投影(P)/边(E)/放弃(U)]:
```

根据以上提示完成图形的绘制及延伸工作，如图 5-9 所示。

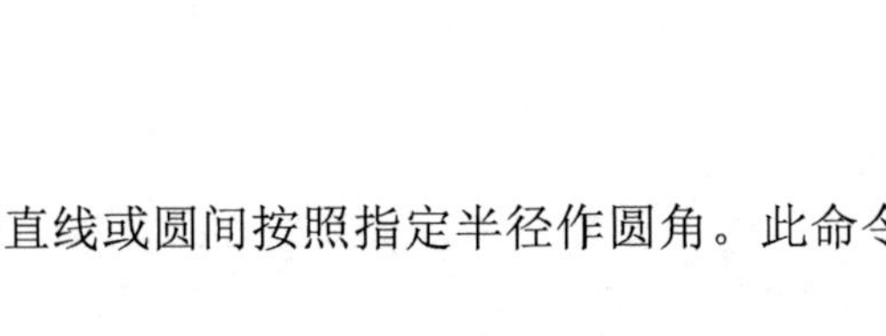

图 5-9

5.1.10 圆角

1. 功能简介

使用圆角命令可以在直线或圆间按照指定半径作圆角。此命令可以实现两实体间用一段圆弧光滑过渡。

2. **命令使用**

菜单栏：选择“修改”→“圆角”，即可调出菜单命令。

命令行：可直接输入命令 F/FILLET，按回车键。

工具栏：在常用工具栏中单击 。

3. **实例演示**

下面是运用圆角命令对一个图形对象进行处理。运行 AutoCAD2014 后，绘制一个矩形，再输入命令 F，在命令提示行显示如下：

```
命令：L
LINE
指定第一个点：
指定下一点或[放弃(U)]：3
指定下一点或[放弃(U)]：2
指定下一点或[闭合(C)/放弃(U)]：3
指定下一点或[闭合(C)/放弃(U)]：
命令：F
FILLET
当前设置：模式=修剪，半径=1.0000
选择第一个对象或[放弃(U)/多段线(P)/半径(R)/修剪(T)/多个(M)]：R
指定圆角半径<1.0000>：1
选择第一个对象或[放弃(U)/多段线(P)/半径(R)/修剪(T)/多个(M)]：
选择第二个对象，或按住 Shift 键选择对象以应用角点或[半径(R)]：
命令：F
FILLET
当前设置：模式=修剪，半径=1.0000
选择第一个对象或[放弃(U)/多段线(P)/半径(R)/修剪(T)/多个(M)]：R
指定圆角半径<1.0000>：1
选择第一个对象或[放弃(U)/多段线(P)/半径(R)/修剪(T)/多个(M)]：
选择第二个对象，或按住 Shift 键选择对象以应用角点或[半径(R)]：
命令：*取消*
```

根据以上提示完成图形的绘制及圆角工作，如图 5-10 所示。

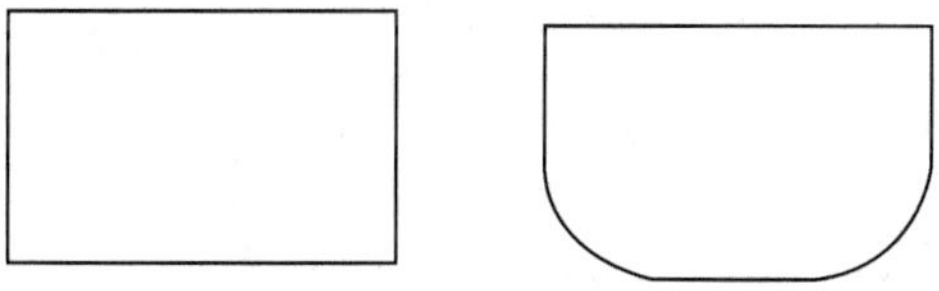

图 5-10

5.1.11　倒角

1. **功能简介**

使用倒角命令可将两条直线进行倒直角操作。倒直角的参数可由距离和角度两种方法确定。

2. **命令使用**

菜单栏：选择“修改”→“倒角”，即可调出菜单命令。

命令行：可直接输入命令 CHA/CHAMFER，按回车键。

工具栏：在常用工具栏中单击。

3. **实例演示**

下面是运用倒角命令对一个图形对象进行操作。运行 AutoCAD2014 后，绘制一个矩形，再输入命令 CHA，在命令提示行显示如下：

```
命令: L
LINE
指定第一个点:
指定下一点或[放弃(U)]: 3
指定下一点或[放弃(U)]: 2
指定下一点或[闭合(C)/放弃(U)]: 3
指定下一点或[闭合(C)/放弃(U)]:
命令: CHA
CHAMFER
("修剪"模式)当前倒角长度=0.5000，角度=30.00
选择第一条直线或[放弃(U)/多段线(P)/距离(D)/角度(A)/修剪(T)/方式(E)/多个(M)]: A
指定第一条直线的倒角长度<0.5000>:1 指定第一条直线的倒角角度<30.00>: 30
选择第一条直线或[放弃(U)/多段线(P)/距离(D)/角度(A)/修剪(T)/方式(E)/多个(M)]:
选择第二条直线，或按住 Shift 键选择直线以应用角点或[距离(D)/角度(A)/方法(M)]:
```

根据以上提示完成图形的绘制及倒角工作，如图 5-11 所示。

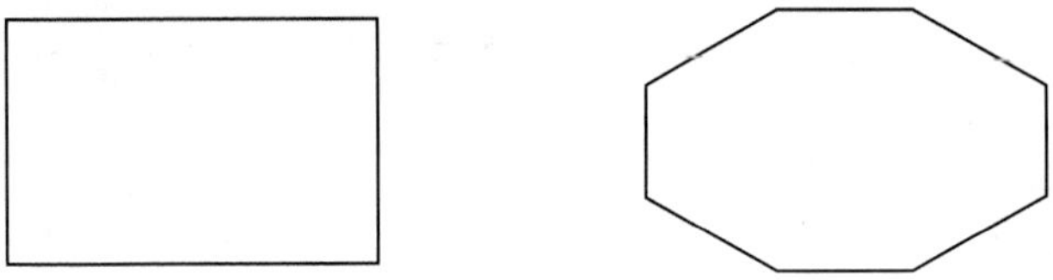

图 5-11

5.1.12　拉伸

1. **功能简介**

使用拉伸命令可将选定的对象进行拉伸和移动操作。但是选定对象时，只能采用窗交方式和圈交方式。选定对象时，完全位于窗内和圈内的对象将发生移动，与边界相交的部分将产生拉伸和压缩的变化。

2. **命令使用**

菜单栏：选择“修改”→“拉伸”，即可调出菜单命令。

命令行：可直接输入命令 S/STRETCH，按回车键。

工具栏：在常用工具栏中单击。

3. **实例演示**

下面是运用延伸命令对一个图形对象进行操作。运行 AutoCAD2014 后，绘制一个五边形图形，再输入命令 S，在命令提示行显示如下：

```
命令: _polygon 输入侧面数<5>:
指定正多边形的中心点或[边(E)]:
输入选项[内接于圆(I)/外切于圆(C)]<C>: C
指定圆的半径: 40
```

```
命令: _explode
选择对象: 找到 1 个
命令: S
STRETCH
以交叉窗口或交叉多边形选择要拉伸的对象…
选择对象: 指定对角点: 找到 3 个
选择对象:
指定基点或[位移(D)]<位移>:
指定第二个点或<使用第一个点作为位移>: 50
```

根据以上提示完成图形的绘制及拉伸工作，如图 5-12 所示。

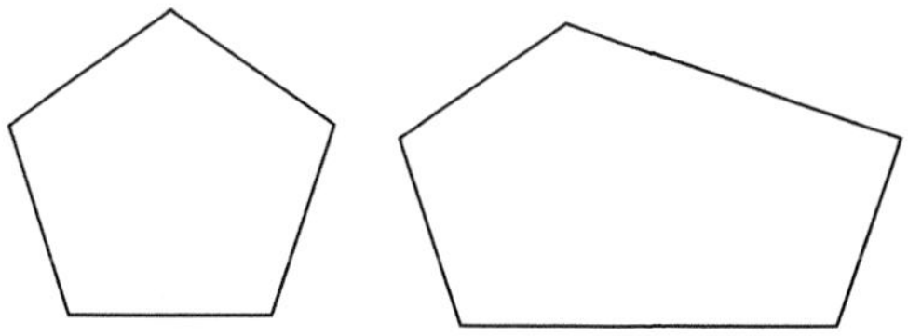

图 5-12

5.1.13　拉长

1. 功能简介

使用拉长命令可将一些非闭合的直线、圆弧、多段线、样条曲线等的长度进行拉长操作，并且也可以改变圆弧的长度。拉长命令在 AutoCAD 中主要用于对直线和圆弧的编辑。

2. 命令使用

菜单栏：选择“修改”→“拉长”，即可调出菜单命令。

命令行：可直接输入命令 LEN/LENGTHEN，按回车键。

工具栏：在常用工具栏中单击。

3. 实例演示

下面是运用拉长命令对一个图形对象进行处理。运行 AutoCAD2014 后，绘制一段圆弧，再输入命令 LEN，在命令提示行显示如下：

```
命令: _arc
圆弧创建方向: 逆时针(按住 Ctrl 键可切换方向)
指定圆弧的起点或[圆心(C)]:
指定圆弧的第二个点或[圆心(C)/端点(E)]: _e
指定圆弧的端点:
指定圆弧的圆心或[角度(A)/方向(D)/半径(R)]: _a 指定包含角: 70
命令: _dimangular
选择圆弧、圆、直线或<指定顶点>:
指定标注弧线位置或[多行文字(M)/文字(T)/角度(A)/象限点(Q)]:
标注文字=70
命令: LEN
LENGTHEN
选择对象或[增量(DE)/百分数(P)/全部(T)/动态(DY)]: T
指定总长度或[角度(A)]<1.0000)>: A
指定总角度<50.00>: 120
```

```
命令：_dimangular
选择圆弧、圆、直线或<指定顶点>：
指定标注弧线位置或[多行文字(M)/文字(T)/角度(A)/象限点(Q)]：
标注文字=120
```

根据以上提示完成图形的绘制及拉长工作，如图 5-13 所示。

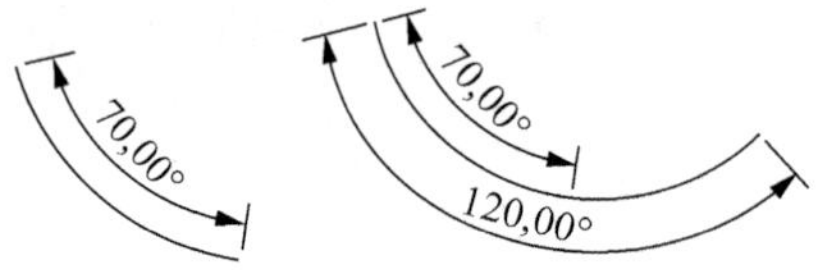

图 5-13

5.1.14　打断

1. 功能简介

打断命令是通过指定点将对象分成两部分并删除对象的一部分或将对象进行分析。该命令主要用于对直线、多段线、构造线、圆弧等的打断。

2. 命令使用

菜单栏：选择“修改”→“打断”，即可调出菜单命令。

命令行：可直接输入命令 BR/BREAK，按回车键。

工具栏：在常用工具栏中单击。

3. 实例演示

下面是运用打断命令对一个图形对象进行操作。运行 AutoCAD2014 后，绘制一个六边形图形，再输入命令 BR，在命令提示行显示如下：

```
命令：POL
POLYGON 输入侧面数<6>：
指定正多边形的中心点或[边(E)]：
输入选项[内接于圆(I)/外切于圆(C)]<C>：C
指定圆的半径：4
命令：BR
BREAK
选择对象：
指定第二个打断点或[第一点(F)]：
```

根据以上提示完成图形的绘制及打断工作，如图 5-14 所示。

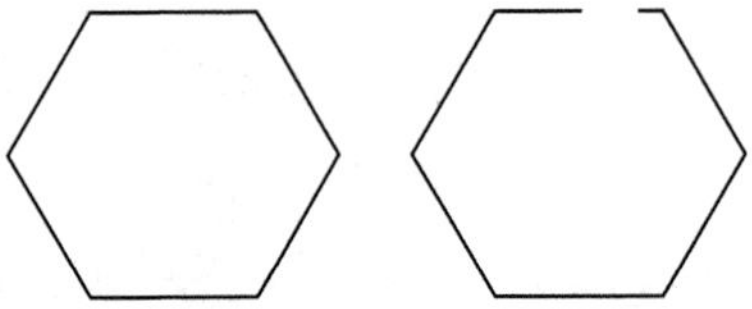

图 5-14

5.1.15　分解

1. 功能简介

使用分解命令可将一个对象分解为多个单一、独立的对象。在 AutoCAD 中分解命令一般用于比较复杂的图形，如图块、多段线。

2. 命令使用

菜单栏：选择“修改”→“分解”，即可调出菜单命令。

命令行：可直接输入命令 X/EXPLODE，按回车键。

工具栏：在常用工具栏中单击。

3. 实例演示

下面是运用分解命令对一个图形对象进行处理。运行 AutoCAD2014 后，绘制一个树状图形，再输入命令 X，在命令提示行显示如下：

```
命令: PL
PLINE
指定起点:
当前线宽为 0.0000
指定下一个点或[圆弧(A)/半宽(H)/长度(L)/放弃(U)/宽度(W)]:
指定下一点或[圆弧(A)/闭合(C)/半宽(H)/长度(L)/放弃(U)/宽度(W)]:<正交 开>
指定下一点或[圆弧(A)/闭合(C)/半宽(H)/长度(L)/放弃(U)/宽度(W)]:<正交 关>
指定下一点或[圆弧(A)/闭合(C)/半宽(H)/长度(L)/放弃(U)/宽度(W)]:<正交 开>
指定下一点或[圆弧(A)/闭合(C)/半宽(H)/长度(L)/放弃(U)/宽度(W)]:
指定下一点或[圆弧(A)/闭合(C)/半宽(H)/长度(L)/放弃(U)/宽度(W)]:
指定下一点或[圆弧(A)/闭合(C)/半宽(H)/长度(L)/放弃(U)/宽度(W)]:
指定下一点或[圆弧(A)/闭合(C)/半宽(H)/长度(L)/放弃(U)/宽度(W)]:
指定下一点或[圆弧(A)/闭合(C)/半宽(H)/长度(L)/放弃(U)/宽度(W)]:<正交 关>
指定下一点或[圆弧(A)/闭合(C)/半宽(H)/长度(L)/放弃(U)/宽度(W)]:<正交 开>
指定下一点或[圆弧(A)/闭合(C)/半宽(H)/长度(L)/放弃(U)/宽度(W)]:<正交 关>
命令:X
EXPLODE 找到 1 个
```

根据以上提示完成图形的绘制及分解工作，如图 5-15 所示。

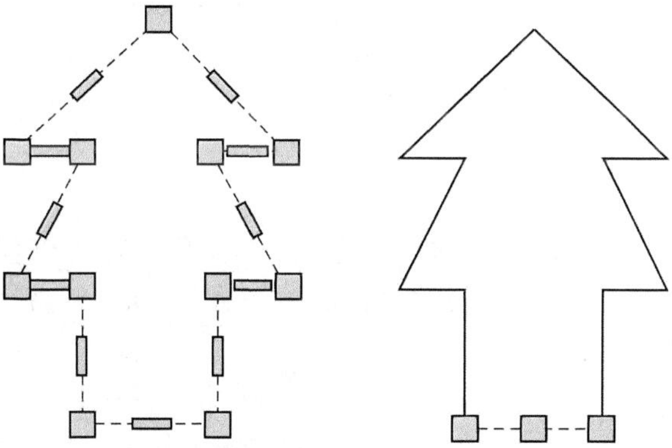

图 5-15

5.1.16　合并

1. 功能简介

使用合并命令可将多个图形对象合并成一个图形对象，如将某一图形上的两部分进行连接，或将某段圆弧整合为整圆。

2. 命令使用

菜单栏：选择“修改”→“合并”，即可调出菜单命令。

命令行：可直接输入命令 J/JOIN，按回车键。

工具栏：在常用工具栏中单击 。

3. 实例演示

下面是运用合并命令对一个图形对象进行合并。运行 AutoCAD2014 后，绘制一个多段线图形，再输入命令 J，在命令提示行显示如下：

```
命令:PL
PLINE
指定起点:
指定下一个点或[圆弧(A)/半宽(H)/长度(L)/放弃(U)/宽度(W)]:3
指定下一点或[圆弧(A)/闭合(C)/半宽(H)/长度(L)/放弃(U)/宽度(W)]:3
指定下一点或[圆弧(A)/闭合(C)/半宽(H)/长度(L)/放弃(U)/宽度(W)]:8
指定下一点或[圆弧(A)/闭合(C)/半宽(H)/长度(L)/放弃(U)/宽度(W)]:3
指定下一点或[圆弧(A)/闭合(C)/半宽(H)/长度(L)/放弃(U)/宽度(W)]:3
命令: _explode
选择对象: 找到 1 个
命令: J
JOIN
选择源对象或要一次合并的多个对象: 找到 1 个
选择要合并的对象: 找到 1 个，总计 2 个
选择要合并的对象:
2 条直线已合并为 1 条直线
```

根据以上提示完成图形的绘制及合并工作，如图 5-16 所示。

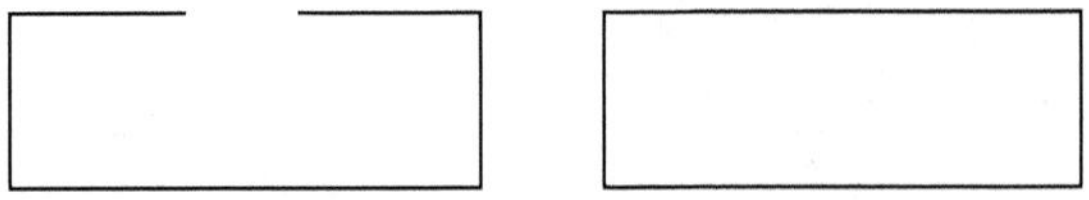

图 5-16

5.1.17　删除

1. 功能简介

使用删除命令可将一些不需要和绘制错误的图形对象删除，以保证图形的正确性。使用删除命令时，可能会误删一些有用的实体，此时可以使用 OOPS 命令来恢复删除的实体。删除命令在绘图过程中使用的频率较高。

2. 命令使用

菜单栏：选择“修改”→“删除”，即可调出菜单命令。

命令行：可直接输入命令 E/ERASE，按回车键。

工具栏：在常用工具栏中单击 。

3. 实例演示

下面是运用删除命令对一个图形对象进行操作。运行 AutoCAD2014 后，绘制一个圆环，再输入命令 E，删除一个圆，在命令提示行显示如下：

```
命令:_circle
指定圆的圆心或[三点(3P)/两点(2P)/切点、切点、半径(T)]:
指定圆的半径或[直径(D)]<0'-3 15/16">:4
命令:C
CIRCLE
指定圆的圆心或[三点(3P)/两点(2P)/切点、切点、半径(T)]:
指定圆的半径或[直径(D)]<0'-4">:3
命令:E
ERASE
选择对象: 找到 1 个
```

根据以上提示完成图形的绘制及删除工作，如图 5-17 所示。

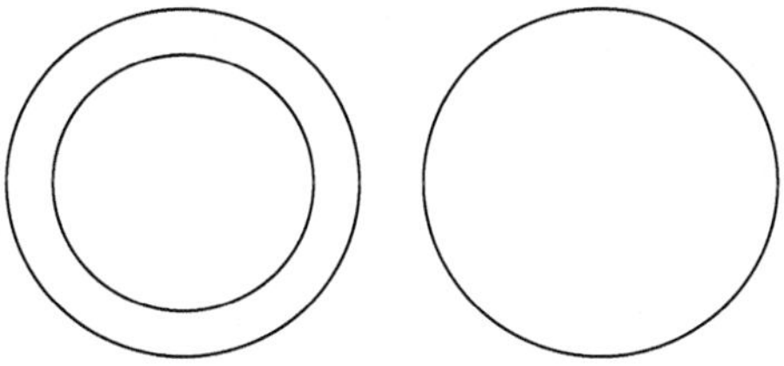

图 5-17

5.1.18　光顺曲线

1. 功能简介

使用光顺曲线命令可在两条开放曲线的端点之间创建相切或平滑的样条曲线。使用光顺曲线一定要确定好选定的连续性。

2. 命令使用

菜单栏：选择“修改”→“光顺曲线”，即可调出菜单命令。

命令行：可直接输入命令 BL/BLEND，按回车键。

工具栏：在常用工具栏中单击。

3. 实例演示

下面是运用光顺曲线命令对一个图形对象进行操作。运行 AutoCAD2014 后，绘制两条曲线，再输入命令 BL，在命令提示行显示如下：

```
命令: _SPLINE
当前设置: 方式=拟合    节点=弦
指定第一个点或[方式(M)/节点(K)/对象(O)]: _M
输入样条曲线创建方式[拟合(F)/控制点(CV)]<拟合>: _FIT
当前设置: 方式=拟合    节点=弦
指定第一个点或[方式(M)/节点(K)/对象(O)]:
输入下一个点或[起点切向(T)/公差(L)]:
输入下一个点或[端点相切(T)/公差(L)/放弃(U)]:
输入下一个点或[端点相切(T)/公差(L)/放弃(U)/闭合(C)]:
输入下一个点或[端点相切(T)/公差(L)/放弃(U)/闭合(C)]:
命令: _SPLINE
当前设置: 方式=拟合    节点=弦
指定第一个点或[方式(M)/节点(K)/对象(O)]: _M
```

输入样条曲线创建方式[拟合(F)/控制点(CV)]<拟合>: _FIT
当前设置：方式=拟合　节点=弦
指定第一个点或[方式(M)/节点(K)/对象(O)]:
输入下一个点或[起点切向(T)/公差(L)]:
输入下一个点或[端点相切(T)/公差(L)/放弃(U)]:
输入下一个点或[端点相切(T)/公差(L)/放弃(U)/闭合(C)]:
输入下一个点或[端点相切(T)/公差(L)/放弃(U)/闭合(C)]:
命令：BLEND
连续性=相切
选择第一个对象或[连续性(CON)]:
选择第二个点：

根据以上提示完成图形的绘制及光顺曲线工作，如图 5-18 所示。

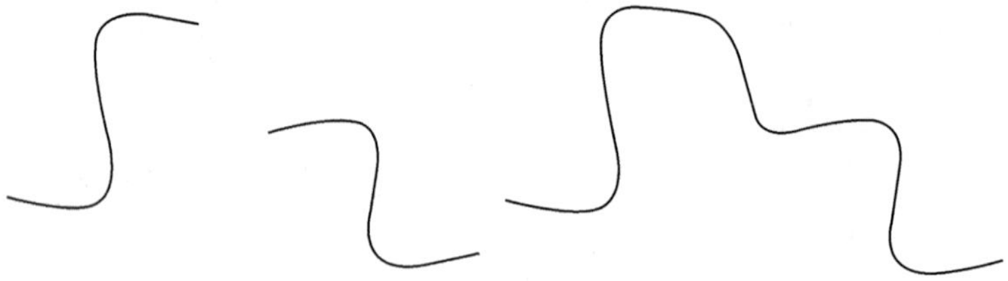

图 5-18

5.1.19　操作实训

根据所学知识按要求绘制如图 5-19 和图 5-20 所示的图形。

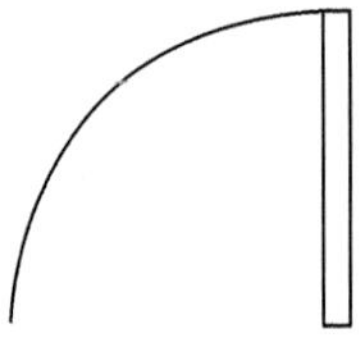

图 5-19　将单扇门绘制成双扇门

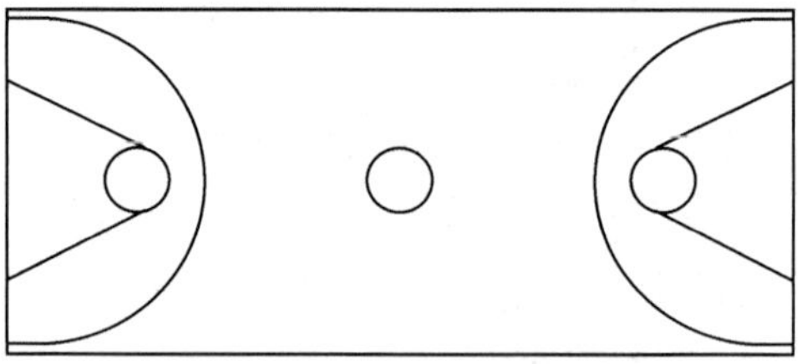

图 5-20　绘制如图所示图形

5.2　夹 点 编 辑

5.2.1　夹点功能设置

1. 夹点概述

在进行先选择后编辑工作时（即在空命令下），单击选中某图形对象，或用鼠标左键向左下、右上拖出一个矩形框框住想要编辑的图形对象，那么被选中的图形对象就会以虚线的形式显示，并且在选中图形的特征点（如圆心、端点、角点等）将显示为蓝色的小正方形方框，这些小方框就称为夹点（图 5-21），夹点的状态，如图 5-22 所示。

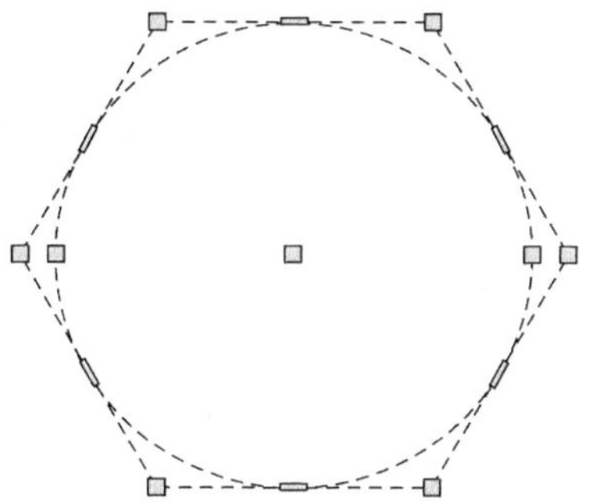

图 5-21　夹点

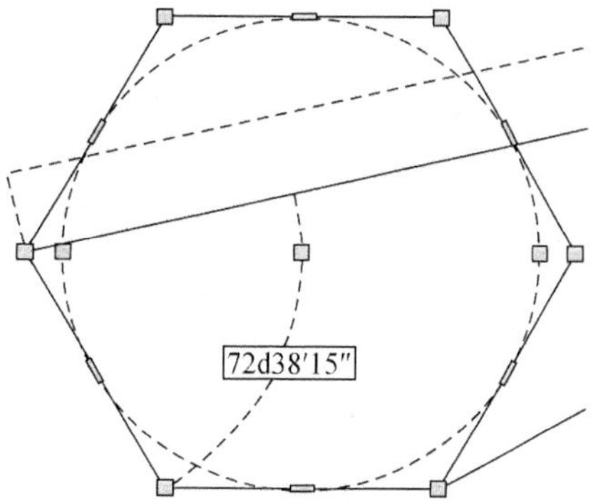

图 5-22　夹点的状态

夹点有未激活状态和被激活状态两种状态。选择某图形对象后，出现的蓝色小方框，就是未激活状态的夹点，同时也称冷夹点。如果要使未激活状态的夹点变为被激活状态的夹点，单击冷夹点即可，此时夹点变红，因此也称为热夹点。以热夹点为基点，可以对图形对象进行拉伸、复制、平移、镜像等基本操作。

2. 夹点的设置

（1）设置方式：单击下拉菜单“工具”→“选项”。

（2）选项说明：执行上述命令后，系统弹出“选项”对话框，打开如图 5-23 所示的“选择集”选项卡，在“夹点尺寸”选项栏中设定夹点的大小；在“夹点”选项组中设置夹点颜色以及夹点的显示提示等操作。

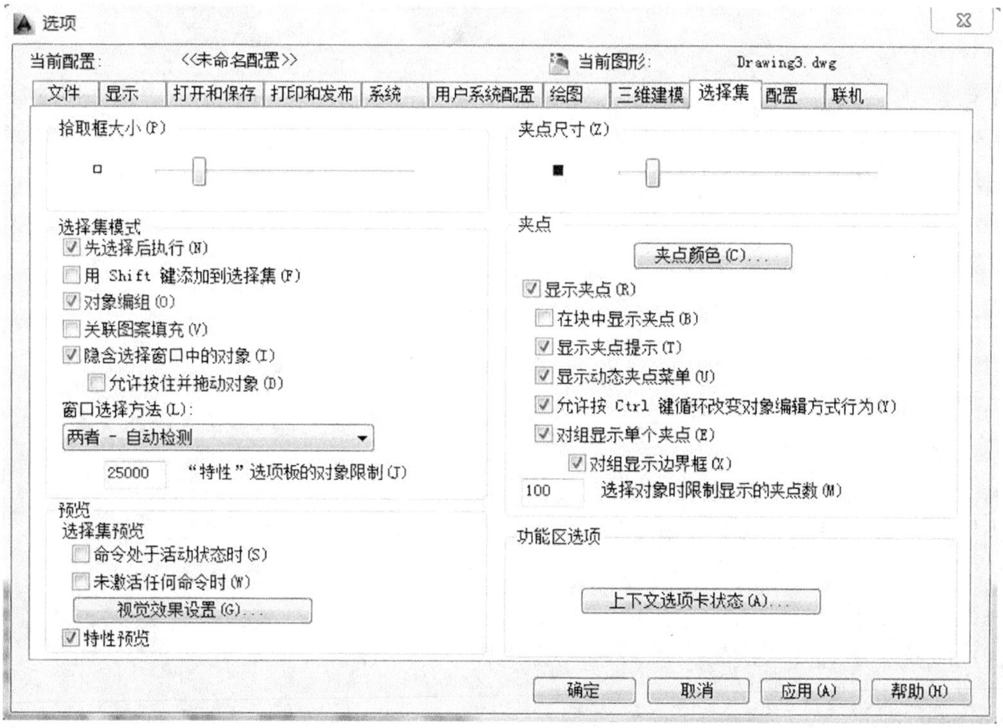

图 5-23　夹点设置面板

5.2.2 使用夹点编辑图形

使用夹点编辑功能时，可以对图形对象进行各种不同类型的修改操作。编辑时，需要选择一个夹点作为基点，方法为：将十字光标中点对准夹点，单击夹点即成为基点，并且蓝色小方框变为红色。

1. 夹点编辑的常用方式

1）拉伸和复制

（1）操作格式。

```
** 拉伸 **
指定拉伸点或[基点(B)/复制(C)/放弃(U)/退出(X)]:
```

（2）选项说明。

指定拉伸点：以所选择的夹点作为基点，拉伸对象到指定位置，可通过移动鼠标或输入拉伸点的坐标来确定夹点的新位置。

基点：重新输入或拾取另外一个点作为拉伸或移动的基点。

复制：拉伸对象的同时复制对象，并可以多次拉伸对象，完成所选对象的多次复制。

2）移动

（1）操作格式。

在关联菜单中选择“移动”项后，系统提示：

```
** 移动 **
指定移动点或[基点(B)/复制(C)/放弃(U)/退出(X)]:
```

（2）选项说明。

在命令提示下输入坐标值或在屏幕上直接拾取点可以指定位移的第二个点。移动鼠标时，将以所选夹点作为起始点，把当前选择集中的对象移动到第二个点。其他选项的操作与拉伸命令相应选项的操作基本相同。

3）镜像

（1）操作格式。

在关联菜单中选择“镜像”项后，系统提示：

```
** 镜像 **
指定第二点或[基点(B)/复制(C)/放弃(U)/退出(X)]:
```

（2）选项说明。

在提示下输入点的坐标值或在屏幕上直接拾取点，系统将把所选对象以该点和基点确定的直线作为镜像线进行镜像操作。关于其他选项，可参考拉伸命令的相关操作。

4）旋转

（1）操作格式。

在关联菜单中选择“旋转”项后，系统提示：

```
** 旋转 **
指定旋转角度或[基点(B)/复制(C)/放弃(U)/参照(R)/退出(X)]:
```

（2）选项说明。

指定旋转角度：让用户指定对象的旋转角度，AutoCAD 将所选对象围绕基点旋转指定的角度。可以输入旋转角度或移动鼠标指针来指定角度。

参照：使用参照角度和相对于参照方向的角度来指定对象的旋转角度。

5）缩放

（1）操作格式。

在关联菜单中选择“缩放”项后，系统提示：

```
** 比例缩放 **
指定比例因子或[基点(B)/复制(C)/放弃(U)/参照(R)/退出(X)]:
```

（2）选项说明。

指定比例因子：让用户指定对象的缩放比例，系统将所选对象围绕基点按指定的缩放比例放大或缩小。

参照：通过输入参考长度和新长度来指定对象的缩放比例，缩放比例等于新长度和参考长度的比值。

2. 夹点编辑应用示例

以图 5-24 为例，进行夹点的复制和镜像的操作，其操作步骤如下。

（1）选择图形，显示夹点如图 5-24（a）所示。

（2）选择图形的中点，右击，如图 5-24（b）所示。选择镜像命令，命令行提示如下：

```
指定拉点或[基点(B)/复制(C)/放弃(U)/退出(X)]: _mirror
```

（3）在命令行输入 C 并按回车键，即形成图 5-24（c）。

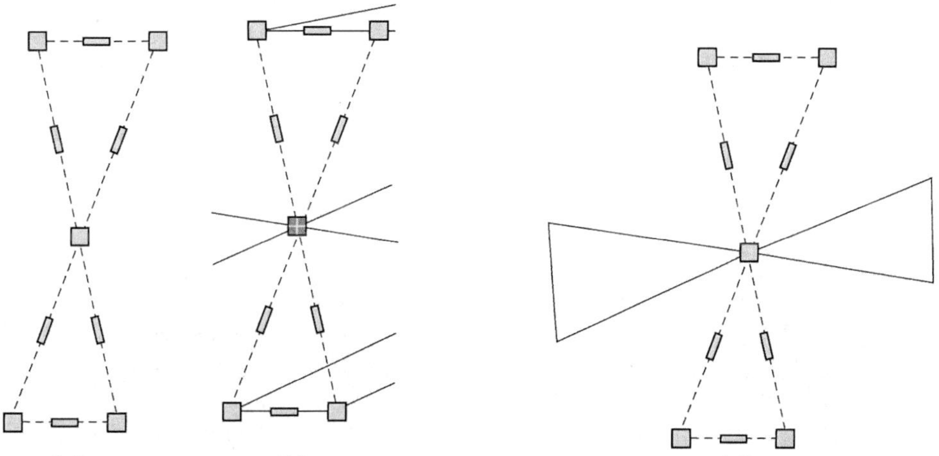

（a）　（b）　（c）

图 5-24

5.2.3　操作实训

根据所学知识绘制如图 5-25 所示的图形。

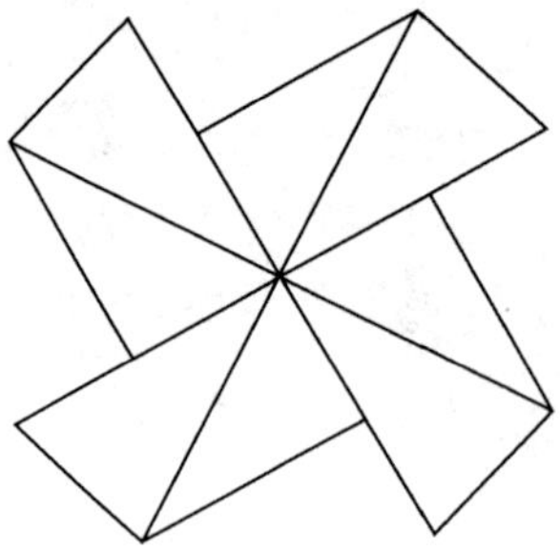

图 5-25

5.3　多段线和多线编辑

5.3.1　多段线编辑

1. 功能介绍

多段线编辑命令是用来编辑多段线本身所独有的内部特征，它与多段线命令有着本质的区别。使用此命令，可以对多段线本身的特性进行修改，也可以把一些单一独立、首尾相连的多条线段合并成多段线。多段线编辑命令是 AutoCAD 专门为编辑多段线提供的一个命令。

2. 命令使用

菜单栏：选择“修改”→“对象”→“多段线”，即可调出菜单命令。

命令行：可直接输入命令 PE/PEDIL，按回车键。

工具栏：在常用工具栏中单击。

3. 实例演示

下面是运用多段线编辑命令对一个图形对象进行操作。运行 AutoCAD2014 后，绘制一个六角星，再输入命令 PE，在命令提示行显示如下：

```
命令: PL
PLINE
指定起点:
当前线宽为 0.0000
指定下一个点或[圆弧(A)/半宽(H)/长度(L)/放弃(U)/宽度(W)]:
指定下一点或[圆弧(A)/闭合(C)/半宽(H)/长度(L)/放弃(U)/宽度(W)]:
指定下一点或[圆弧(A)/闭合(C)/半宽(H)/长度(L)/放弃(U)/宽度(W)]:
指定下一点或[圆弧(A)/闭合(C)/半宽(H)/长度(L)/放弃(U)/宽度(W)]:
指定下一点或[圆弧(A)/闭合(C)/半宽(H)/长度(L)/放弃(U)/宽度(W)]:
指定下一点或[圆弧(A)/闭合(C)/半宽(H)/长度(L)/放弃(U)/宽度(W)]:
指定下一点或[圆弧(A)/闭合(C)/半宽(H)/长度(L)/放弃(U)/宽度(W)]:
指定下一点或[圆弧(A)/闭合(C)/半宽(H)/长度(L)/放弃(U)/宽度(W)]:
指定下一点或[圆弧(A)/闭合(C)/半宽(H)/长度(L)/放弃(U)/宽度(W)]:
指定下一点或[圆弧(A)/闭合(C)/半宽(H)/长度(L)/放弃(U)/宽度(W)]:
指定下一点或[圆弧(A)/闭合(C)/半宽(H)/长度(L)/放弃(U)/宽度(W)]:
指定下一点或[圆弧(A)/闭合(C)/半宽(H)/长度(L)/放弃(U)/宽度(W)]:
命令: PE
```

```
PEDIT
输入选项[闭合(C)/合并(J)/宽度(W)/编辑顶点(E)/拟合(F)/样条曲线(S)/非曲线化
(D)/线型生成(L)/反转(R)/放弃(U)]: S
输入选项[闭合(C)/合并(J)/宽度(W)/编辑顶点(E)/拟合(F)/样条曲线(S)/非曲线化
(D)/线型生成(L)/反转(R)/放弃(U)]: F
```

根据以上提示完成图形的绘制及多段线编辑（样条曲线和拟合操作）工作，如图 5-26 所示。

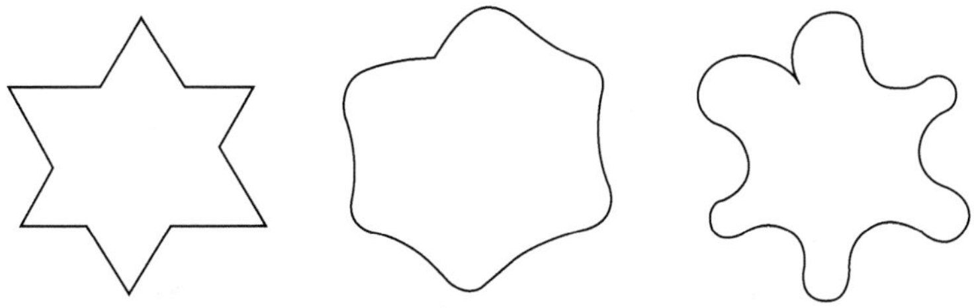

（a）原始图形　　（b）样条曲线后　　（c）拟合后

图 5-26

5.3.2 多线编辑

1. 功能介绍

多线编辑命令是用来控制和编辑多线的交叉点、断开和增加顶点，创建和修改多线的样式等。

2. 命令使用

菜单栏：选择“修改”→“对象”→“多线”，即可调出菜单命令。

命令行：可直接输入命令 MLEDIT，按回车键。

3. 选型说明（图 5-27）

1）十字编辑

① 十字闭合：表示相交的两多线的十字呈封闭状态。使用十字闭合命令后，会剪切掉第一条多线与第二条多线交叉处的所有直线。

② 十字打开：表示相交的两多线的十字呈开放状态。使用十字打开命令后，会剪切掉两条多线相交处的所有直线，且断开第一条多线的轴线。

③ 十字合并：表示相交的两多线的十字呈合并状态。使用十字合并命令后，会剪切掉两条多线相交处的所有直线，但两多线的轴线在相交部分相交。

2）T 形编辑

① T 形闭合：表示相交的两多线的 T 形呈封闭状态。使用 T 形闭合命令后，会剪切掉第一条多线与第二条多线交叉处的所有直线。

② T 形打开：表示相交的两多线的 T 形呈开放状态。使用 T 形打开命令后，会剪切掉两条多线相交处的所有直线，且断开第一条多线的轴线。

③ T 形合并：表示相交的两多线的 T 形呈合并状态。使用 T 形合并命令后，会剪切掉两条多线相交处的所有直线，但两多线的轴线在相交部分相交。

3）角形编辑

① 角点结合：表示修剪或延长两多线，直至它们接触形成一个相交的角。

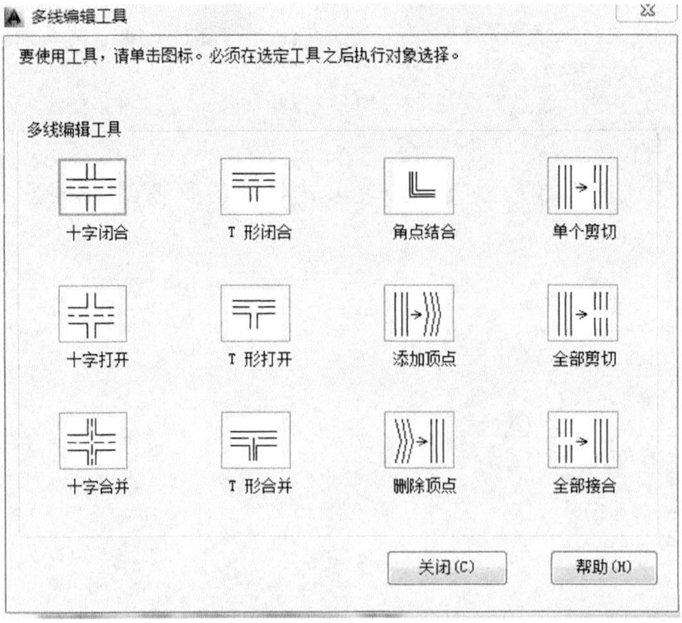

图 5-27

② 添加顶点：表示在多线上产生一个顶点并使多线变成有转折的多线。

③ 删除顶点：表示删除多线转折处的交点，使其变为直线型多线。

4）剪切和结合编辑

① 单个剪切：表示多线中被选中的那条线上两拾取点间的断开。

② 全部剪切：表示拾取点间多线上所有直线的断开。

③ 全部接合：表示多线中所有线上在拾取点间的接合，但不能连接两条单一独立的多线。

4. 实例演示

下面是运用多线编辑命令对一个图形对象进行操作。运行 AutoCAD2014 后，绘制一个井字形多线图形，再输入命令 MLEDIT，在命令提示行显示如下：

```
命令: _mline
当前设置: 对正=上, 比例=20.00, 样式=AAA
指定起点或[对正(J)/比例(S)/样式(ST)]:
命令: ML
MLINE
当前设置: 对正=上, 比例=20.00, 样式=AAA
指定起点或[对正(J)/比例(S)/样式(ST)]:
命令: ML
MLINE
当前设置: 对正=上, 比例=20.00, 样式=AAA
指定起点或[对正(J)/比例(S)/样式(ST)]:
命令: ML
MLINE
当前设置: 对正=上, 比例=20.00, 样式=AAA
指定起点或[对正(J)/比例(S)/样式(ST)]:
命令: ML
MLINE
```

```
当前设置：对正=上，比例=20.00，样式=AAA
指定起点或[对正(J)/比例(S)/样式(ST)]:
命令：MLEDIT
选择第一条多线:
选择第二条多线:
命令：MLEDIT
选择第一条多线:
选择第二条多线:
命令：MLEDIT
选择多线:
选择第二个点:
```

根据以上提示完成图形的绘制及多线编辑（十字打开，T 形闭合，全部剪切操作）工作，如图 5-28 所示。

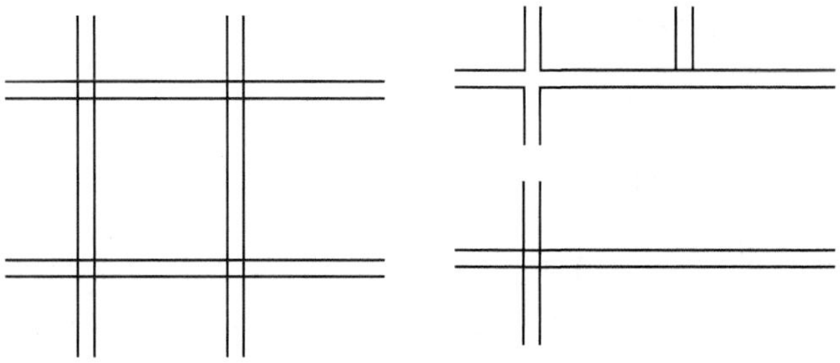

图 5-28

5.3.3　操作实训

利用多线编辑命令绘制如图 5-29 所示的图形。

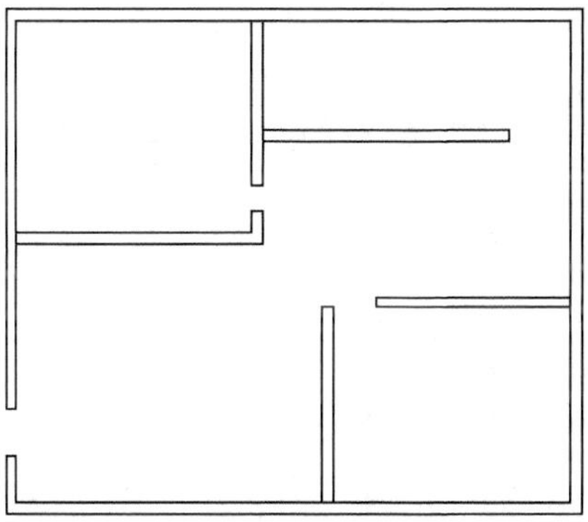

图 5-29

5.4　对象特性编辑、匹配

5.4.1　对象特性编辑

1. 功能介绍

AutoCAD 不仅提供了对象特性，也提供了编辑对象特性的功能。使用对象特性编辑命令，可以对图像的颜色、线型、线宽、图层、打印样式等基本特性进行编辑和修改，也可以对对

图 5-30　特性编辑面板

象的几何特性进行编辑和修改。用户可以直接在特性窗口中设置和修改这些特性，使绘图操作时方便快捷。特性编辑面板如图 5-30 所示。

2. 命令使用

菜单栏：选择“修改”→“特性”，即可调出菜单命令。

命令行：可直接输入命令 PR/PROPERTIES，按回车键。

工具栏：在默认工具栏单击特性。

快捷命令：Ctrl+1。

3. 实例演示

下面是运用对象特性编辑命令对一个图形对象进行操作。运行 AutoCAD2014 后，绘制一个井字形多线图形，再输入命令 PR，在命令提示行显示如下：

```
命令: POL
POLYGON 输入侧面数<5>:
指定正多边形的中心点或[边(E)]:
输入选项[内接于圆(I)/外切于圆(C)]<I>: I
指定圆的半径: 3
命令: PL
PLINE
指定起点:
当前线宽为 0.0000
指定下一个点或[圆弧(A)/半宽(H)/长度(L)/放弃(U)/宽度(W)]:
指定下一点或[圆弧(A)/闭合(C)/半宽(H)/长度(L)/放弃(U)/宽度(W)]:
指定下一点或[圆弧(A)/闭合(C)/半宽(H)/长度(L)/放弃(U)/宽度(W)]:
指定下一点或[圆弧(A)/闭合(C)/半宽(H)/长度(L)/放弃(U)/宽度(W)]:
指定下一点或[圆弧(A)/闭合(C)/半宽(H)/长度(L)/放弃(U)/宽度(W)]:
指定下一点或[圆弧(A)/闭合(C)/半宽(H)/长度(L)/放弃(U)/宽度(W)]:
命令: PR
PROPERTIES
命令:
命令: PR
PROPERTIES
命令:
```

根据以上提示完成图形的绘制及对象特性编辑工作，如图 5-31 所示。

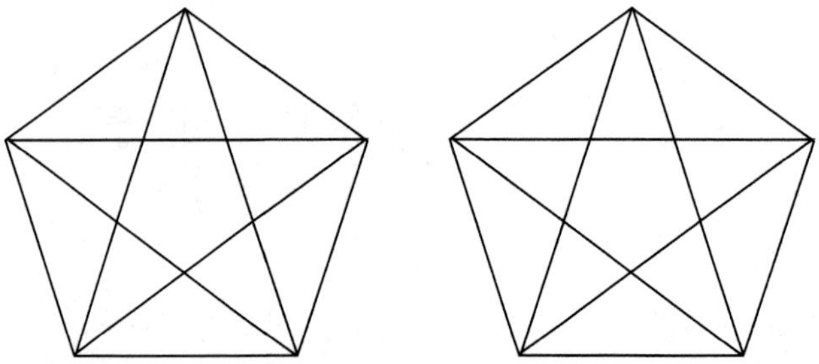

图 5-31

5.4.2　特性匹配

1. 功能介绍

使用特性匹配命令，可以将一个对象的某些属性或所有属性复制到另一个和另几个对象上。可以复制的对象特性包括对象特性的基本特性和几何特性。

2. 命令使用

菜单栏：选择“修改”→“特性匹配”，即可调出菜单命令。

命令行：可直接输入命令 MA/MATCHPROP，按回车键。

3. 实例演示

下面是运用特性匹配命令对一个图形对象进行操作。运行 AutoCAD2014 后，画两个不同的图形，再输入命令 MA，在命令提示行显示如下：

```
命令：C
CIRCLE
指定圆的圆心或[三点(3P)/两点(2P)/切点、切点、半径(T)]:
指定圆的半径或[直径(D)]<8.0000>: 8
命令：POL
POLYGON 输入侧面数<4>:
指定正多边形的中心点或[边(E)]:
输入选项[内接于圆(I)/外切于圆(C)]<I>: I
指定圆的半径：5
命令：MA
MATCHPROP
选择源对象：
当前活动设置： 颜色 图层 线型 线型比例 线宽 透明度 厚度 打印样式 标注 文字 图案填充 多
段线 视口 表格 材质 阴影显示
选择目标对象或[设置(S)]:
```

根据以上提示完成图形的绘制及特性匹配工作，如图 5-32 所示。

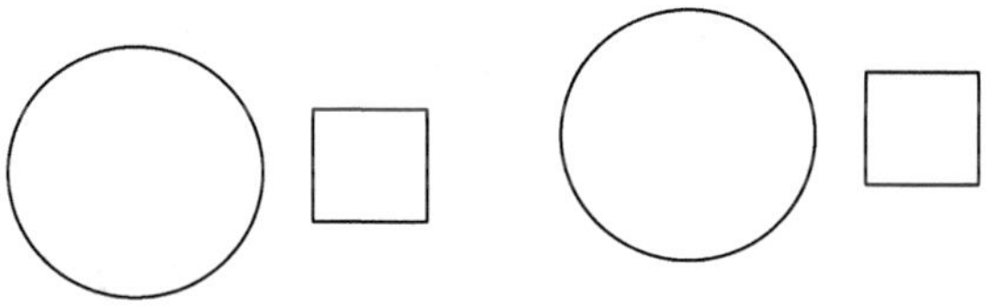

图 5-32

5.5　思考与练习

（1）执行多段线（PL）、偏移（O）、倒角（CHA）等命令完成如图 5-33 所示的图形。

（2）执行多段线（PL）、阵列（AR）等命令完成如图 5-34 所示的图形。

（3）执行多边形（POL）、多段线（PL）、镜像（MI）等命令完成如图 5-35 所示的图形。

（4）执行圆（C）、多边形（POL）、旋转（RO）等命令完成如图 5-36 所示的图形。

（5）执行阵列（AR）、圆角（F）、圆（C）、复制（CO）等命令完成如图 5-37 所示的图形。

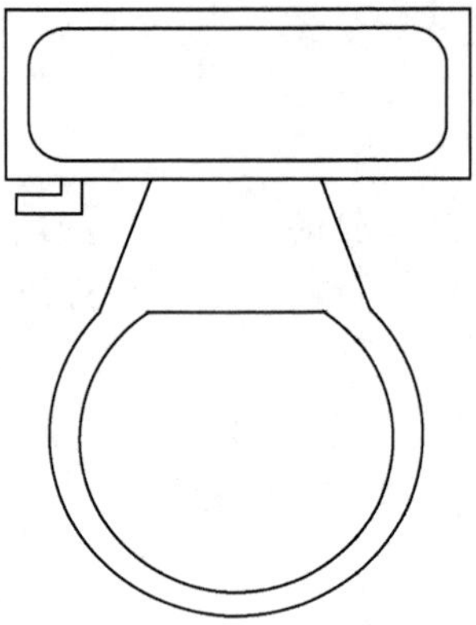

图 5-33

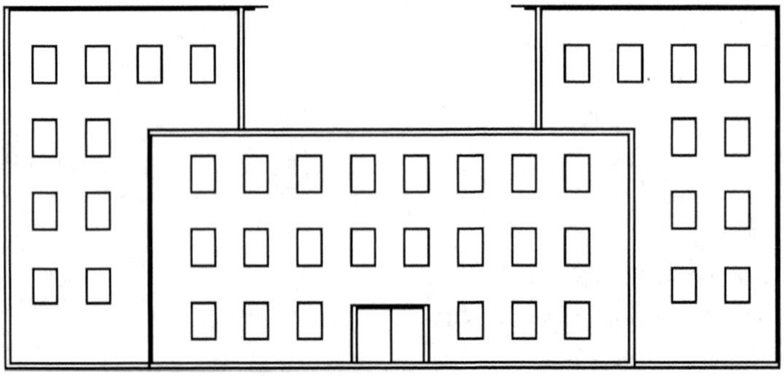

图 5-34

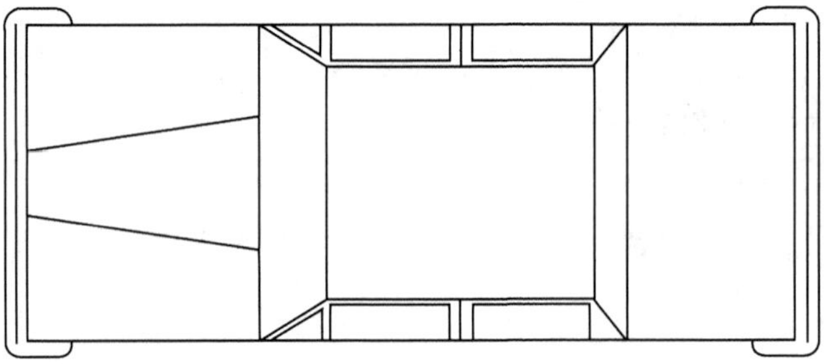

图 5-35

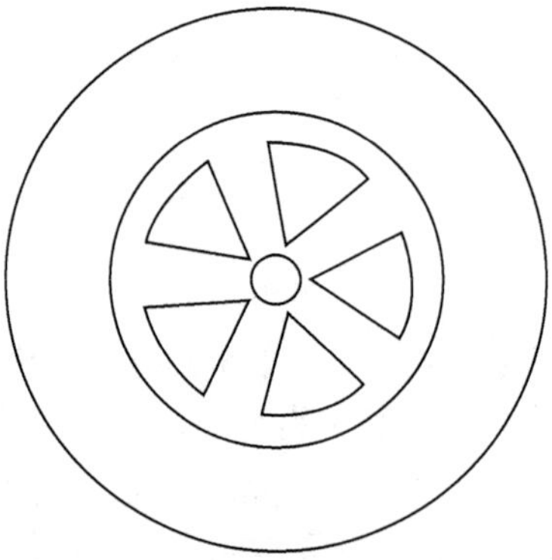

图 5-36

图 5-37

（6）执行夹点编辑命令完成如图 5-38 所示的图形。

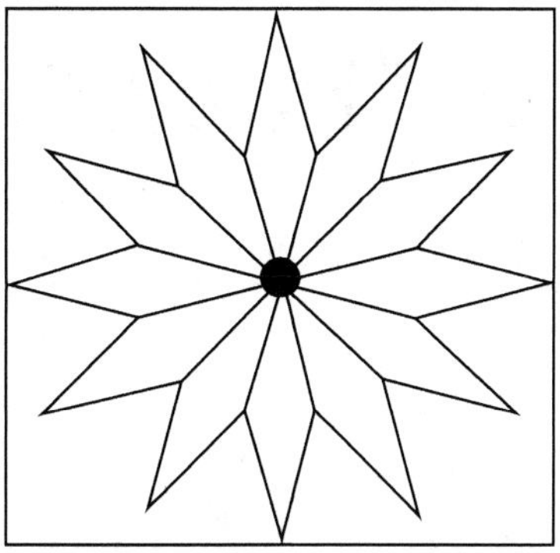

图 5-38

（7）执行镜像（MI）、多段线编辑（PE）命令完成如图 5-39 所示的图形。

图 5-39

第 6 章　文字及尺寸标注

6.1　文字标注及编辑

6.1.1　定义文字样式

1. 功能简介

在利用 AutoCAD 绘制工程图的过程中，往往希望用不同的字体标注含有不同意义的文字。而 AutoCAD 中只默认为一种名为“Standard”的文字样式。所以我们需要根据自己的需求定义文字样式、修改文字样式、文字样式重命名等。

2. 命令使用

命令行：可直接输入命令 ST/STYLE。

面板：在注释面板中单击。

按照上诉正确操作后，将出现如图 6-1 所示对话框。

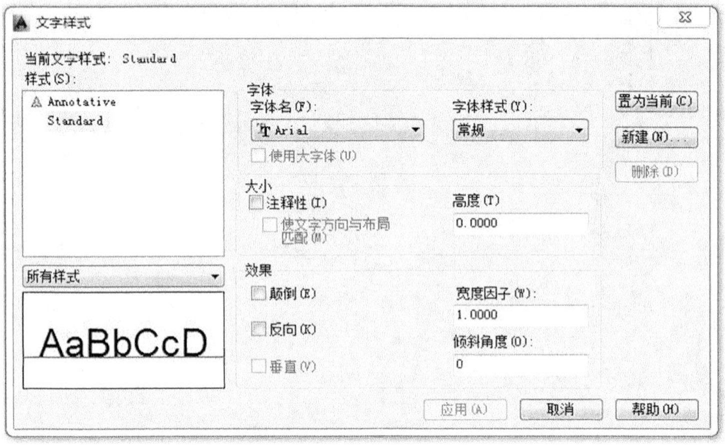

图 6-1　文字对话框

文字对话框的说明如下。

样式列表框：当选择所有样式时，样式列表框会显示当前图形中所有定义的文字样式（若未定义，则默认为 Standard）；当选择正在使用的样式时，样式列表框只会显示当前正在使用的文字样式。

字体选项区：可选择所需要的字体和字体样式。

大小选项区：①注释性复选框。如果选中，则文字即被确定为可注释的对象。②高度复选框。可根据需要设置字体的高度。

效果选项区：①颠倒复选框。如果选中，输入的文字将上下颠倒。②反向复选框。如果选中，则输入的文字将上下颠倒后，再左右颠倒。③垂直复选框。如果选中，则输入的文字将垂直显示。④宽度因子文本框。根据需要设置文字字符的高宽度之比。⑤倾斜角度文本框。

可根据需要设置文字倾斜的角度。输入值大于 0 时向右上倾斜，等于 0 时不倾斜，小于 0 时向左下倾斜。

置为当前按钮：当前使用样式定义为样式列表框中选中的文字样式。

新建按钮：根据需要创建新的文字样式。

删除按钮：删除不需要的文字样式。

预览框：预览相应的文字效果。

3. 实例演示

下面创建一种新的文本样式。运行 AutoCAD2014 后，直接输入命令 ST。如图 6-2 所示。

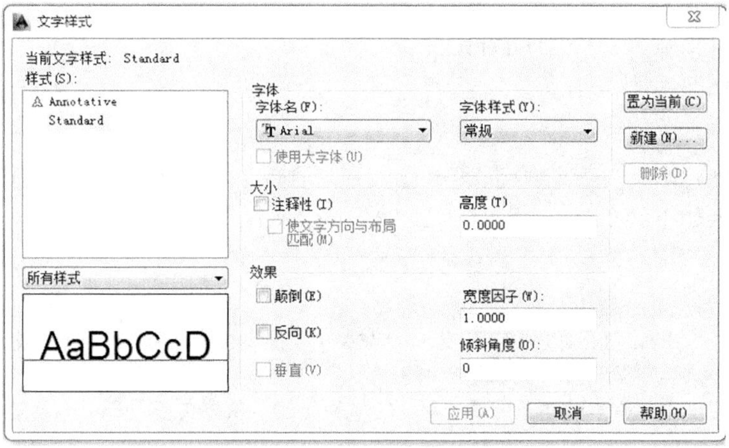

图 6-2　文字对话框

单击“新建”按钮，出现如图 6-3 所示的对话框。

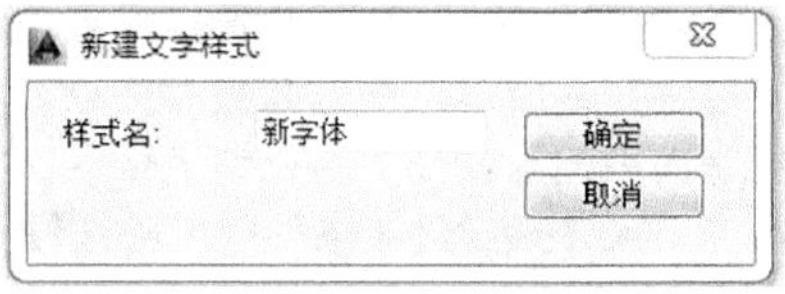

图 6-3　新建文件样式对话框

输入样式名，单击“确定”按钮，出现如图 6-4 所示的对话框。

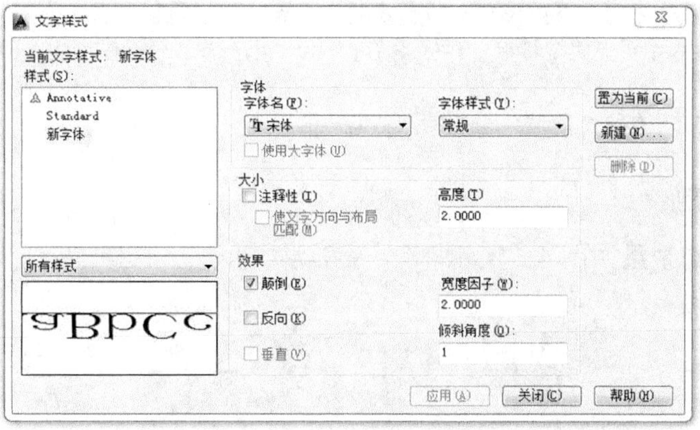

图 6-4　文字样式对话框

属性为宋体，常规样式，高度为 2，宽度因子为 2，倾斜角度为 1，并且颠倒的新字体创建完成。

6.1.2　单行文字标注

1. 功能简介

在利用 AutoCAD 绘制工程图的过程中，文字标注是必不可少的。单行文字在输入时所输入的字符动态显示在屏幕上，书写起来十分方便，而且单行文字所创建的文字可被单独编辑，很适合书写。

2. 命令使用

命令行：可直接输入命令 DT/DTEXT。

面板：在注释面板中单击 A 文字 。

3. 实例演示

下面是运用创建单行文字命令创建单行文字。运行 AutoCAD2014 后，直接输入命令 DT，在命令提示行显示如下：

命令： DT
TEXT
当前文字样式：“Standard”文字高度： 2.5000　注释性： 否　对正： 居中
指定文字的中心点或[对正(J)/样式(S)]: j
<说明：(J)用于选定文本的对正方式，对正方式决定输入文本的哪一部分与所选的起点对正；(S)用于选定文字样式>
输入选项[左(L)/居中(C)/右(R)/对齐(A)/中间(M)/布满(F)/左上(TL)/中上(TC)/右上(TR)/左中(ML)/正中(MC)/右中(MR)/左下(BL)/中下(BC)/右下(BR)]: c
<说明：(L)用户选定一点作为文本基线的左端点，文字将以该左端点对齐；(C)用户选定一点作为文本基线的中心点，文字将以该中心点对齐；(R)用户选定一点作为文本基线的右端点，文字将以该右端点对齐；(A)用户选定 2 点分别作为文本基线的起点和终点，文字将根据这 2 点的距离自动调整字高；(M)用户选定一点作为文字的中间点，文字将以该点作为文字串垂直和水平方向的中间点对齐；(F)用户选定 2 点分别作为文本基线的起点和终点，文字将根据这 2 点的距离自动调整字宽；(TL)用户选定一点作为文本的顶线的左端点，文字将以该左端点对齐；(TC)用户选定一点作为文本的顶线的中点，文字将以该中点对齐；(TR)用户选定一点作为文本的顶线的右端点，文字将以该右端点对齐；(ML)用户选定一点作为文本的中线的左端点，文字将以该左端点对齐；(MC)用户选定一点作为文本的中线的中点，文字将以该中点对齐；(MR)用户选定一点作为文本的中线的右端点，文字将以该右端点对齐；(BL)用户选定一点作为文本的底线的左端点，文字将以该左端点对齐；(BC)用户选定一点作为文本的底线的中点，文字将以该中点对齐；(BR)用户选定一点作为文本的底线的右端点，文字将以该右端点对齐>
指定文字的中心点:在绘图区域单击或输入任意一点
指定高度<2.5000>: 100
指定文字的旋转角度<0>:0

绘制结束，绘制结果如图 6-5 所示。

图 6-5　单行文字的创建

6.1.3　多行文字标注

1. 功能简介

在利用 AutoCAD 绘制工程图的过程中，由于实际需要，单行文字无法满足要求，于是便有了多行文字。多行文字易于管理和操作，在标注中十分方便。

2. 命令使用

命令行：可直接输入命令 T/MT/MTEXT。

面板：在注释面板中单击 A 文字 。

3. 实例演示

下面是运用创建多行文字命令创建多行文字。运行 AutoCAD2014 后，直接输入命令 T，命令提示行显示如下：

```
命令：T
MTEXT
当前文字样式："Standard" 文字高度： 100  注释性： 否
指定第一角点:在绘图区域单击或输入任意一点
指定对角点或[高度(H)/对正(J)/行距(L)/旋转(R)/样式(S)/宽度(W)/栏(C)]:
<说明：(H)用来确定文字的字高；(J)用来确定文字的对齐方式；(L)用来确定文字的行间距；(R)用来确定文字的倾斜角度；(S)用来确定文字的文本样式；(W)用来确定文字行的宽度；(C)用来确定文本编辑框的尺寸>
```

绘制结束，绘制结果如图 6-6 所示。

图 6-6　多行文字的创建

文字编辑器（图 6-7）常用选项的说明如下。

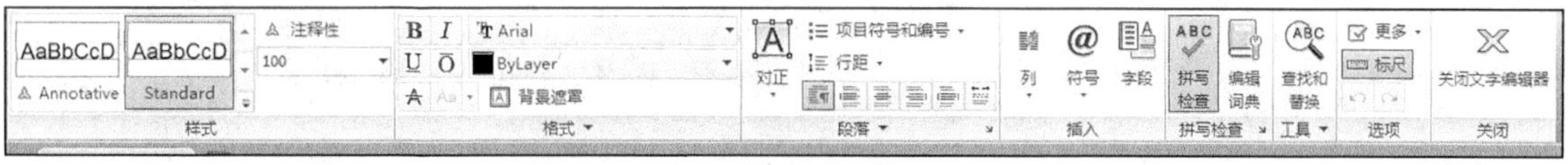

图 6-7　文字编辑器

（1）背景遮罩：使选中的内容呈现用户设定的颜色，用于凸显作用，如图 6-8～图 6-10 所示。

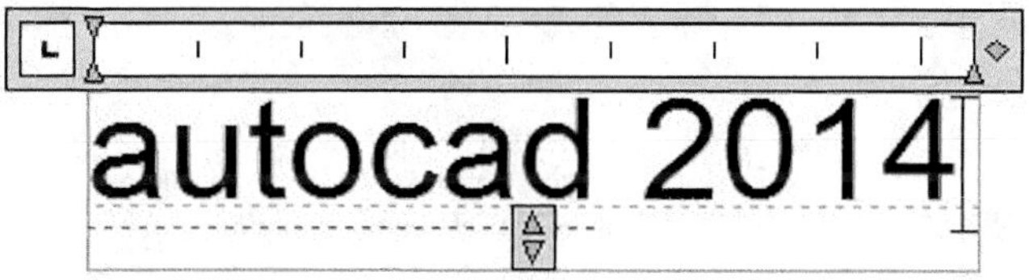

图 6-8　选中所需标注背景的内容

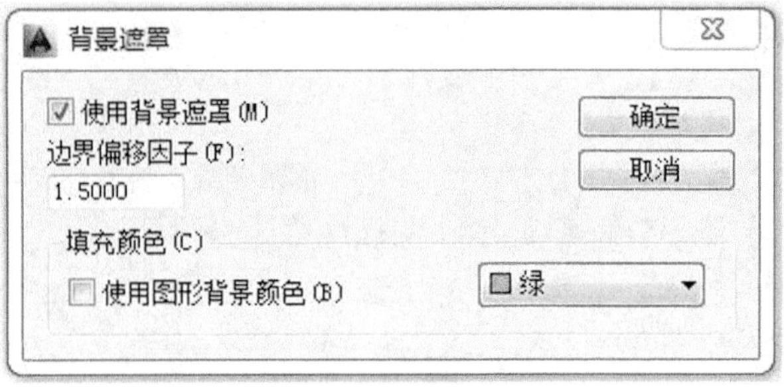

图 6-9　背景遮罩

图 6-10　使用后的效果图

（2）堆叠按钮：用于数学符号的表达，如图 6-11～图 6-19 所示。

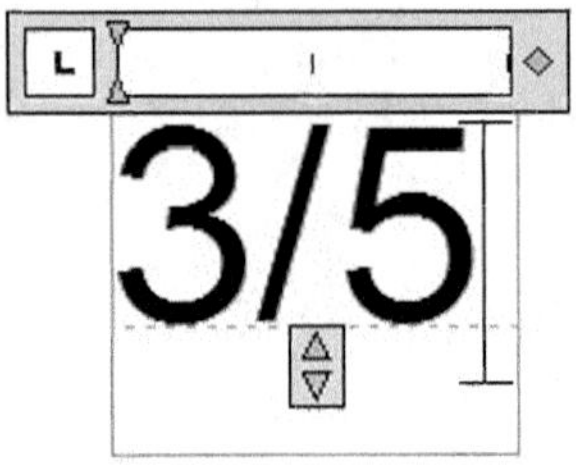

图 6-11　输入内容

图 6-12　选中内容

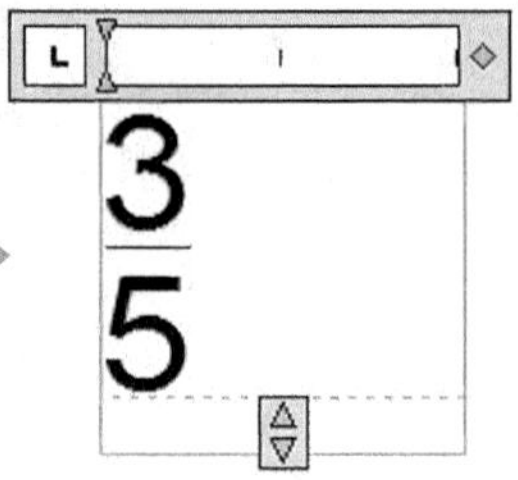

图 6-13　堆叠

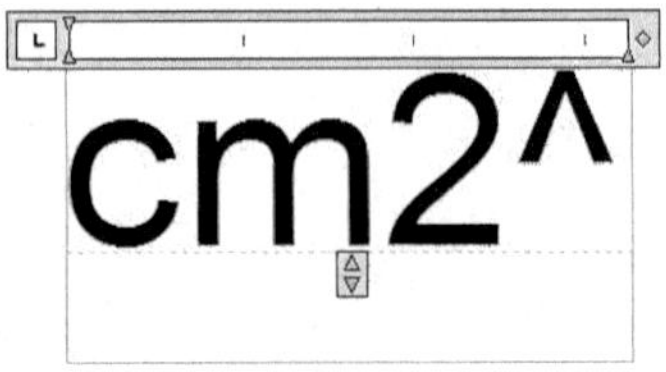

图 6-14　输入内容

图 6-15　选中内容

图 6-16　堆叠

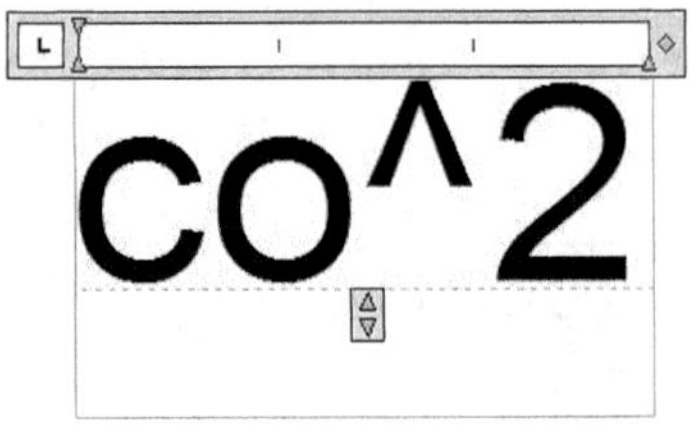

图 6-17　输入内容

图 6-18　选中内容

图 6-19　堆叠

说明：“^”在数字后表示上标，“^”在数字前表示下标。

6.1.4　编辑文字内容及对齐方式

1. 编辑文字内容

1）功能简介

文字编辑是在利用 AutoCAD 绘制工程图的过程中必不可少的一步。下面对单行和多行文字的编辑分别进行讲解。

2）命令使用

（1）单行文字。

命令行：可直接输入命令 ED/DDEDIT。

鼠标：直接双击需要编辑的对象即可。

（2）多行文字。

命令行：可直接输入命令 ED/DDEDIT。

鼠标：直接双击需要编辑的对象即可。

快捷菜单：右击，选择编辑多行文字命令。

3）实例演示

下面运用编辑单行文字命令编辑单行文字。运行 AutoCAD2014 后，直接输入命令 ED，在命令提示行显示如下：

```
命令: ED
DDEDIT
选择注释对象或[放弃(U)]:选择对象
选择注释对象或[放弃(U)]:取消
```

绘制结束，绘制过程如图 6-20～图 6-22 所示。

图 6-20　原文字

图 6-21　选中对象

图 6-22　编辑后文字

下面运用编辑多行文字命令编辑多行文字。运行 AutoCAD2014 后，直接输入命令 ED，在命令提示行显示如下：

```
命令: ED
DDEDIT
选择注释对象或[放弃(U)]:选择对象
选择注释对象或[放弃(U)]:取消
```

绘制结束，绘制过程如图 6-23 和图 6-24 所示。

说明：多行文字还可以通过 ED 命令后出现的文字编辑器进行文字内容、文字样式、文字高度等特性的编辑。

一石二鸟
两全其美

图 6-23　原文字

一石二鸟
两全其美
三心二意

图 6-24　编辑后文字

2. 对齐方式

1）单行文字

AutoCAD2014 提供如下对齐方式：

[左(L)/居中(C)/右(R)/对齐(A)/中间(M)/布满(F)/左上(TL)/中上(TC)/右上(TR)/左中(ML)/正中(MC)/右中(MR)/左下(BL)/中下(BC)/右下(BR)]（详细说明见 6.1.2 节）

下面是编辑左对齐单行文字。运行 AutoCAD2014 后，直接输入命令，在命令提示行显示如下：

命令：DT
TEXT
当前文字样式："Standard" 文字高度： 50.0000　注释性： 否　对正： 居中
指定文字的中心点或[对正(J)/样式(S)]：j
输入选项[左(L)/居中(C)/右(R)/对齐(A)/中间(M)/布满(F)/左上(TL)/中上(TC)/右上(TR)/左中(ML)/正中(MC)/右中(MR)/左下(BL)/中下(BC)/右下(BR)]：l
指定文字的起点：
指定高度<50.0000>:
指定文字的旋转角度<0>:0

绘制结束，绘制结果如图 6-25 所示。

图 6-25　左对齐单行文字

2）多行文字

在 AutoCAD2014 中，多行文字可通过类似于单行文字的对齐方式对齐，还可通过文字编辑器调整对齐方式。下面详细介绍通过文字编辑器调整对齐方式。

通过双击多行文字打开文字编辑器，如图 6-26 所示。

图 6-26　文字编辑器

单击选择所需对齐方式。下面以选择右下对齐方式为例，如图 6-27 和图 6-28 所示。

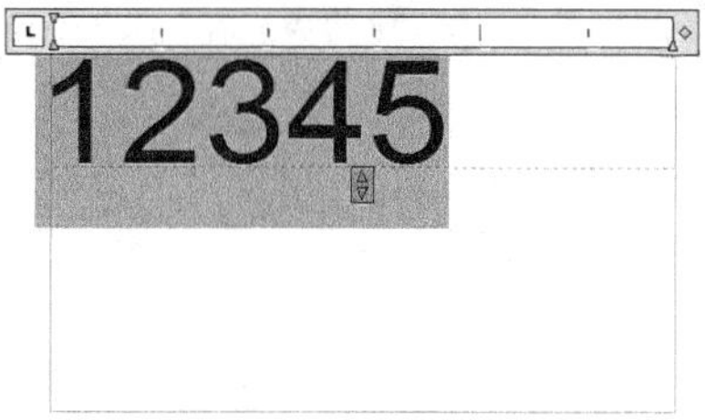

图 6-27　原数字

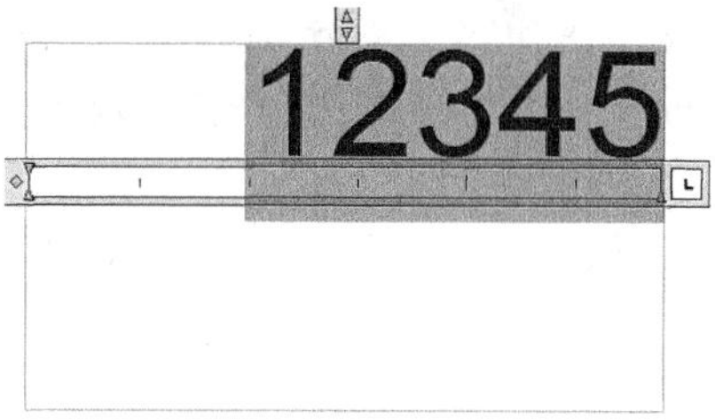

图 6-28　修改后数字

6.1.5　修改文字串比例

1. 功能简介

在利用 AutoCAD 绘制工程图的过程中，由于实际需要，标注不同图形或有不同意义的文字需要用不同的大小来表示。

2. 命令使用

命令行：可直接输入命令 ED/DDEDIT，选择需要的大小。

鼠标：直接双击需要编辑的对象即可，选择需要的大小。

3. 实例演示

下面运用上述方法修改文字串比例。运行 AutoCAD2014 后，直接双击需要修改的文字串。

在文字编辑器中找并把 50 改为 75。

修改结束，修改过程如图 6-29 和图 6-30 所示。

图 6-29　修改前的数字大小

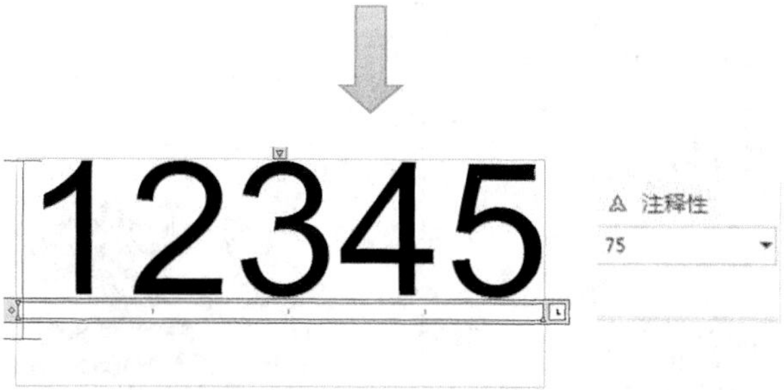

图 6-30　修改后的数字大小

6.1.6　编辑文字特性

1. 功能简介

文字特性包括文字样式、文字高度等。用户在绘图过程中可根据实际需要选择相应的文字属性。

2. 命令使用

通过创建新的文字样式，来创建所需要的文字特性。（详见 6.1.1 节）

通过文字编辑器来选择所需要的文字特性。

3. 实例演示

下面是通过文字编辑器来编辑文字部分特性。运行 AutoCAD2014 后，直接双击需要修改的文字。打开文字编辑器，如图 6-31 所示。

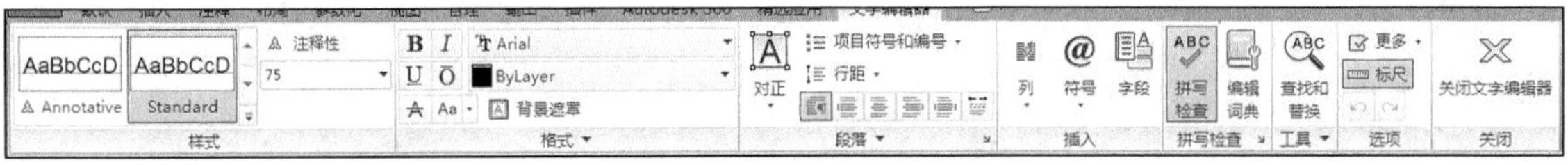

图 6-31　文字编辑器

修改过程如图 6-32 和图 6-33 所示。

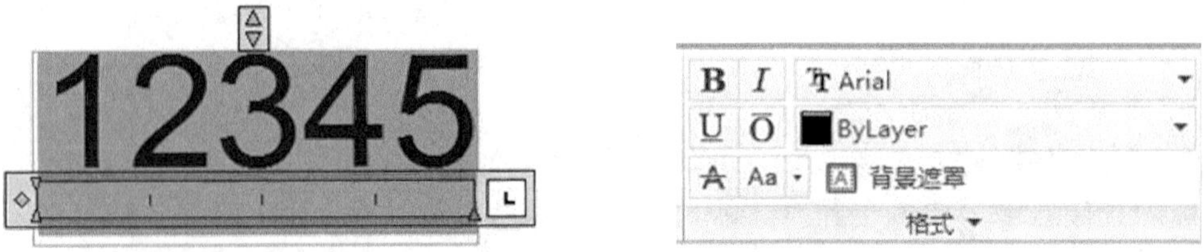

图 6-32　修改前文字

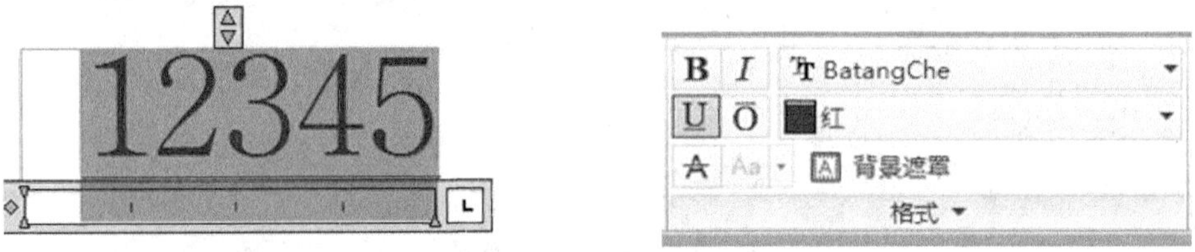

图 6-33　修改后文字

6.1.7　操作实训

根据所学内容，完成如图 6-34～图 6-37 所示的操作。

图 6-34　绘制文字

（字高 30，对正方式为正中）

图 6-35　用创建的字体绘制文字

（文字样式：新字体；字体名：黑体；宽度因子 2；倾斜角度 1）

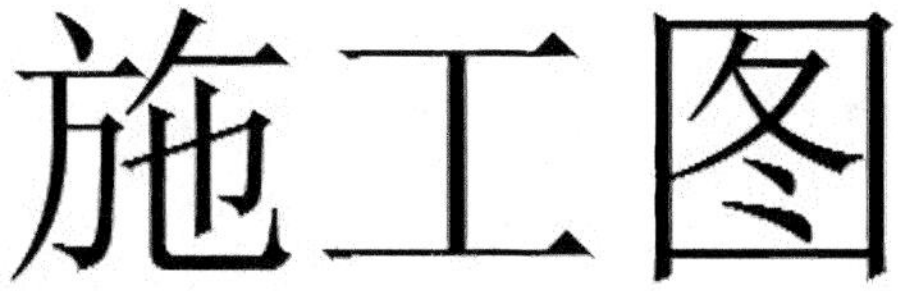

图 6-36

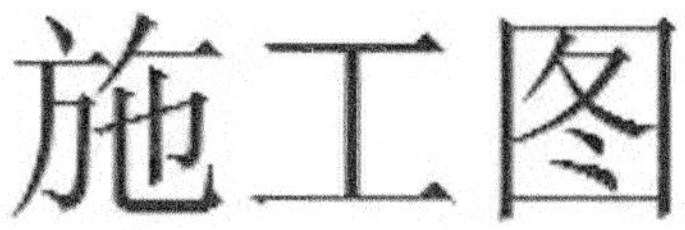

图 6-37

（要求：把图 6-36 所示文字转化为图 6-37 文字
（大小缩小一半，颜色改为红色））

6.2　引 线 标 注

6.2.1　创建引线

1. 功能简介

在利用 AutoCAD 绘制工程图的过程中，往往需要一些图片或文字进行注释。这时，就需要运用引线。引线一般由带箭头的直线或曲线组成，应用起来十分方便。

2. 命令使用

面板：在注释面板中单击引线。

命令行：可直接输入命令 LE/QL/QLEADER。

3. 实例演示

下面运用快速引线标注命令进行相关标注。运行 AutoCAD2014 后，直接输入命令 QL，命令提示行显示如下：

```
命令: QLEADER
指定第一个引线点或[设置(S)]<设置>:
指定下一点:在绘图区域单击或输入任意一点
指定下一点:在绘图区域单击或输入任意一点
指定文字宽度<1>: 10
输入注释文字的第一行<多行文字(M)>: 矩形
输入注释文字的下一行:取消
```

绘制结束，绘制结果如图 6-38 所示。

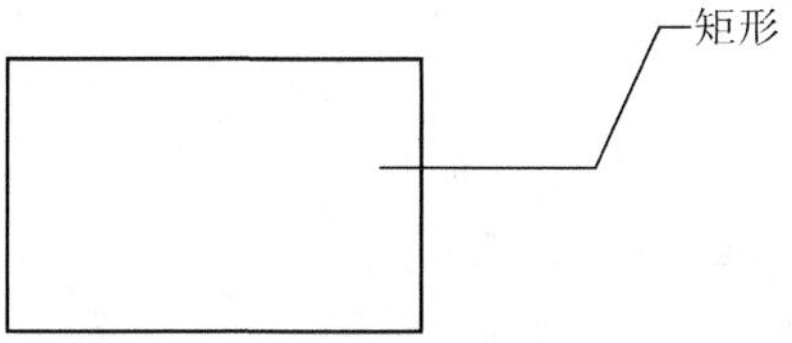

图 6-38　矩形的标注

设置(S)的相关说明：当在“指定第一个引线点或[设置(S)]<设置>:”这一步中输入 S 时，会出现如图 6-39 所示的界面。

图 6-39　引线设置对话框

1. 注释

1）注释类型

① 多行文字：用于用户创建多行文字注释。

② 复制对象：用于用户复制已经存在的引线注释。

③ 公差：用于用户创建公差注释。

④ 块参照：用于用户注释内部块。

⑤ 无：用于用户创建没有注释的引线。

2）多行文字选项

① 提示输入宽度：用于用户确定多行文字注释的宽度。

② 始终左对齐：用于用户确定文字对齐方式为左对齐。

③ 文字边框：用于用户为引线注释添加边框。

3）重复使用注释

① 无：表示不进行重复使用。

② 重复使用下一个：表示重复使用下一个引线注释。

③ 重复使用当前：表示重复使用当前的引线注释。

2. 引线和箭头（图 6-40）

1）引线

① 直线：引线为直线。

② 样条曲线：引线为样条曲线。

2）点

① 无限制：对于引线点的个数没有限制。

② 最大值：设置引线点个数的最大值。

3）箭头

用于确定箭头的样式。

4）约束角度

① 第一段：约束第一段引线的角度。

② 第二段：约束第二段引线的角度。

图 6-40　引线和箭头

3. 附着（图 6-41）

① 第一行顶部：将引线的位置定义在多行文字的第一行的顶部。
② 第一行中间：将引线的位置定义在多行文字的第一行的中间。
③ 多行文字中间：将引线的位置定义在多行文字的中间。
④ 最后一行中间：将引线的位置定义在多行文字的最后一行的中间。
⑤ 最后一行底部：将引线的位置定义在多行文字的最后一行的底部。
⑥ 最后一行文字添加下划线:用于最后一行的文字下方添加下划线。

图 6-41　附着

6.2.2　添加或删除引线

1. 功能简介

在利用 AutoCAD 绘制工程图的过程中，往往会根据需要添加或修改已有的标注。这时就需要添加或删除引线。

2. 命令使用

面板：在注释面板中单击 添加引线 和 删除引线 。

注释选项板：在引线面板中单击 和 。

3. 实例演示

下面运用添加引线功能进行相关标注。运行 AutoCAD2014 后，直接单击 添加引线，在命令提示行显示如下：

```
命令:
选择多重引线:
找到 1 个
指定引线箭头位置或[删除引线(R)]:<说明:(R)删除相应的引线>
```

添加引线结束，绘制过程如图 6-42 和图 6-43 所示。

图 6-42　添加引线前

图 6-43　添加引线后

下面运用删除引线功能进行相关标注。运行 AutoCAD2014 后，直接单击 删除引线，在命令提示行显示如下：

```
命令:
选择多重引线:
找到 1 个
指定要删除的引线或[添加引线(A)]:
```

删除引线结束，绘制过程如图 6-44 和图 6-45 所示。

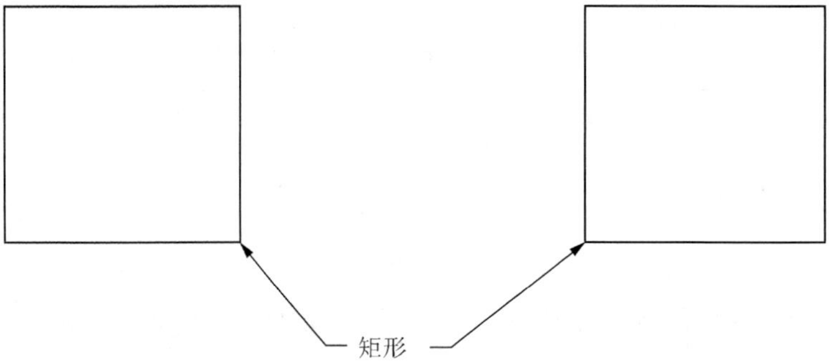

图 6-44　删除引线前

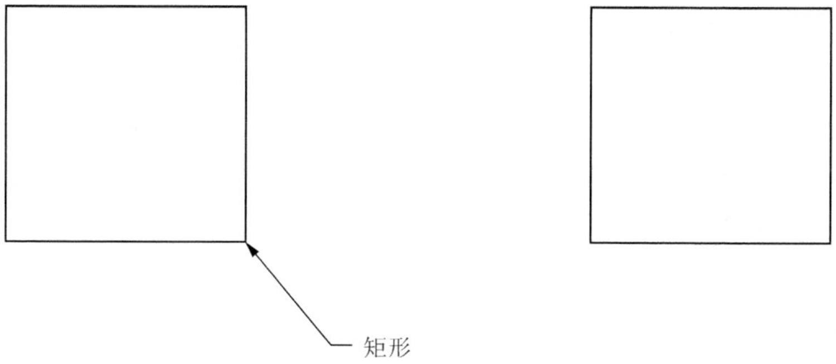

图 6-45　删除引线后

6.2.3　对齐或合并引线

1. 功能简介

在利用 AutoCAD 绘制工程图的过程中，无论是实际需要还是为了美观，都需要运用对齐或合并引线的功能。

2. 命令使用

面板：在注释面板中单击 对齐 和 合并 。

注释选项板：在引线面板中单击 。

3. 实例演示

下面运用对齐引线功能进行相关标注。运行 AutoCAD2014 后，直接单击 对齐，在命令提示行显示如下：

```
命令:
命令: _mleaderalign
选择多重引线: 找到 1 个
选择多重引线:选择引线或空格
当前模式: 使用当前间距
选择要对齐到的多重引线或[选项(O)]:
指定方向:指定相应的方向
```

对齐引线结束，绘制过程如图 6-46 和图 6-47 所示。

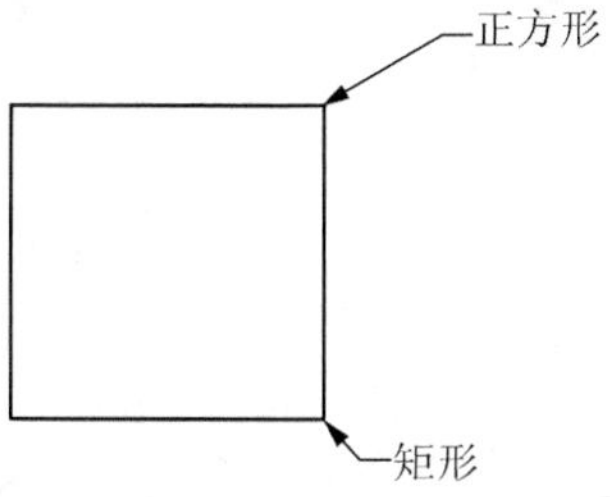

图 6-46　对齐引线前

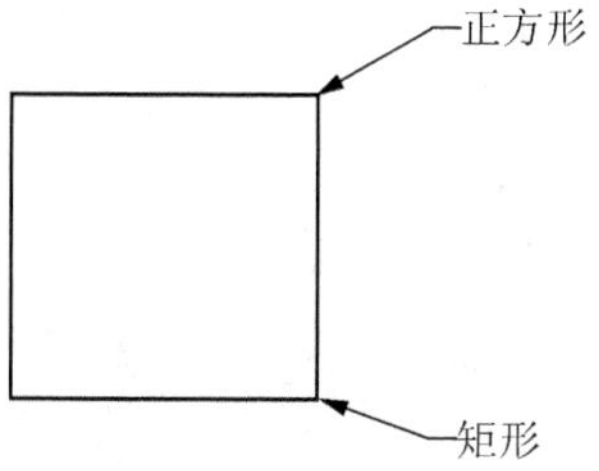

图 6-47　对齐引线后

6.2.4　多重引线样式

1. 功能简介

在利用 AutoCAD 绘制工程图的过程中，由于实际需要，往往很多部分代表相同的意思。

如果每一个部分都分别用一根引线标注，必然会浪费时间，这时，多重引线就会发挥很重要的作用。

2. 命令使用

面板：在注释面板中单击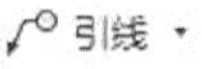

。

注释选项板：在引线面板中单击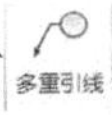

。

命令行：可直接输入命令 MLE/MLEADER。

3. 实例演示

下面创建一个新的多重引线的样式。运行 AutoCAD2014 后，直接打开注释选项板，单击

右下角的箭头，打开多重引线样式管理器，如图 6-48 所示。

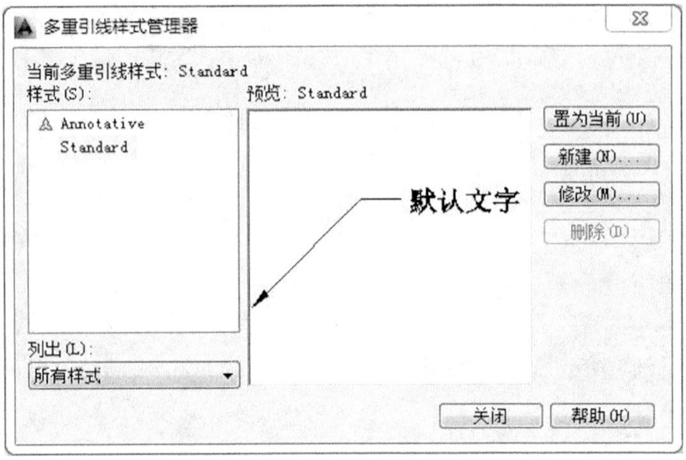

图 6-48　多重引线样式管理器

单击“新建”按钮，得到如图 6-49 所示的对话框。

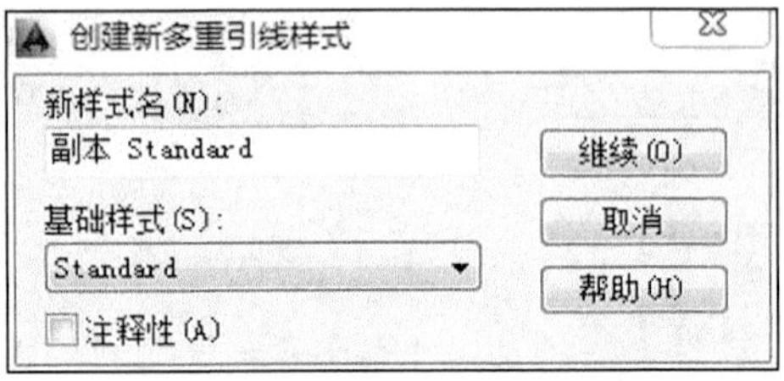

图 6-49　创建新多重引线样式

命名为样式 1，如图 6-50 所示。

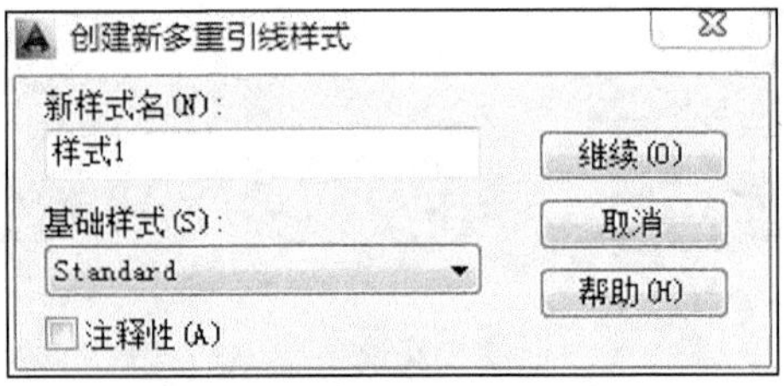

图 6-50　创建新多重引线样式

设置相应属性，如图 6-51 所示。

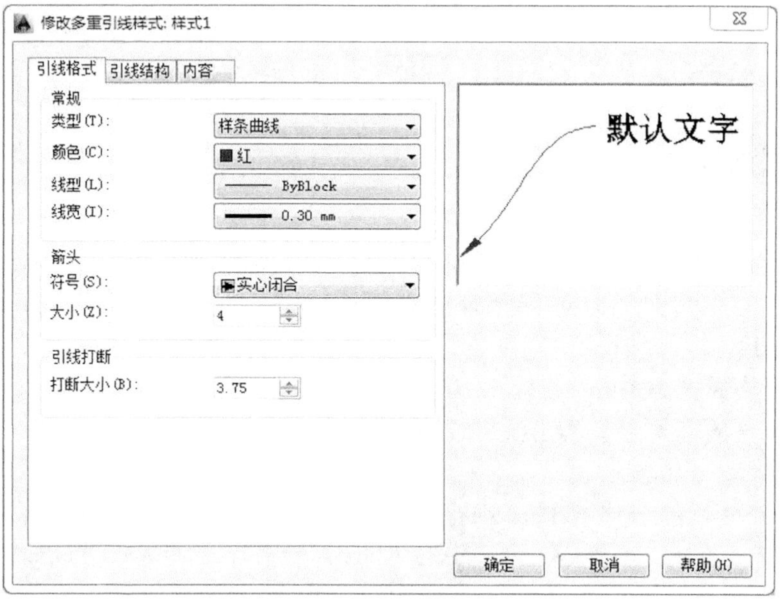

图 6-51　设置相应属性

单击“确定”按钮，创建新多重引线样式结束，结果如图 6-52 所示。

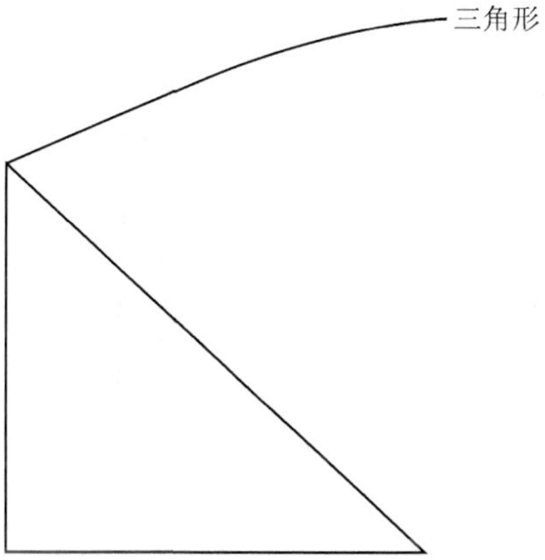

图 6-52　新多重引线

6.2.5　操作实训

根据所学内容完成如图 6-53 和图 6-54 所示的操作。

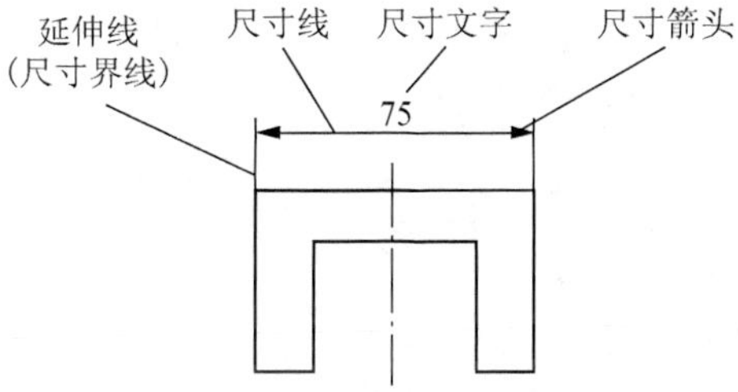

图 6-53

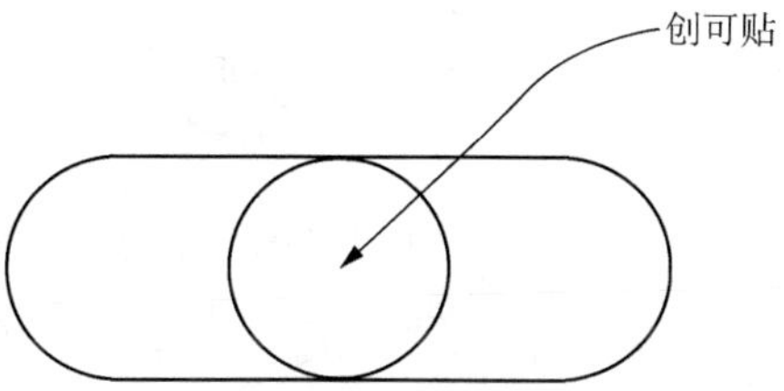

图 6-54

6.3 表　格

6.3.1 定义表格样式

1. 功能简介

在 AutoCAD2014 中，表格样式和文本样式相似，具有许多性质，如字体颜色等。但系统默认的只有 Standard 样式，所以用户往往需要根据实际要求来定义想要的表格样式。

2. 命令使用

面板：在表格面板中单击

右下角的箭头。

命令行：可直接输入命令 TABLESTYLE。

3. 实例演示

下面创建一个新的表格样式。运行 AutoCAD2014 后，直接打开注释选项板，单击

右下角的箭头，打开表格样式对话框，如图 6-55 所示。

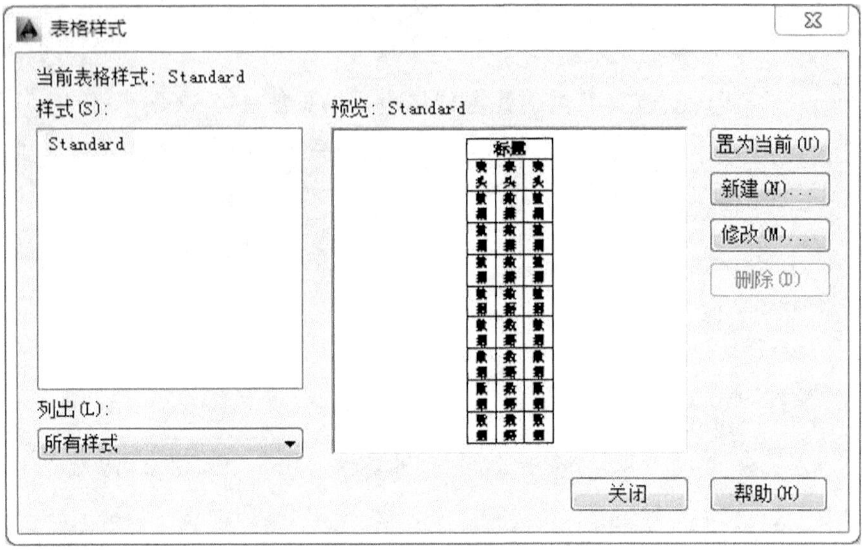

图 6-55　表格样式对话框

单击“新建”按钮，得到如图 6-56 所示对话框。

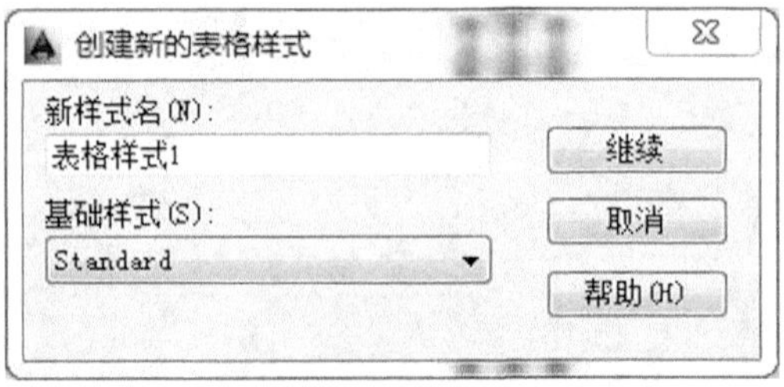

图 6-56　创建新的表格样式

单击“继续”按钮，得到如图 6-57 所示对话框，该对话框说明如下。

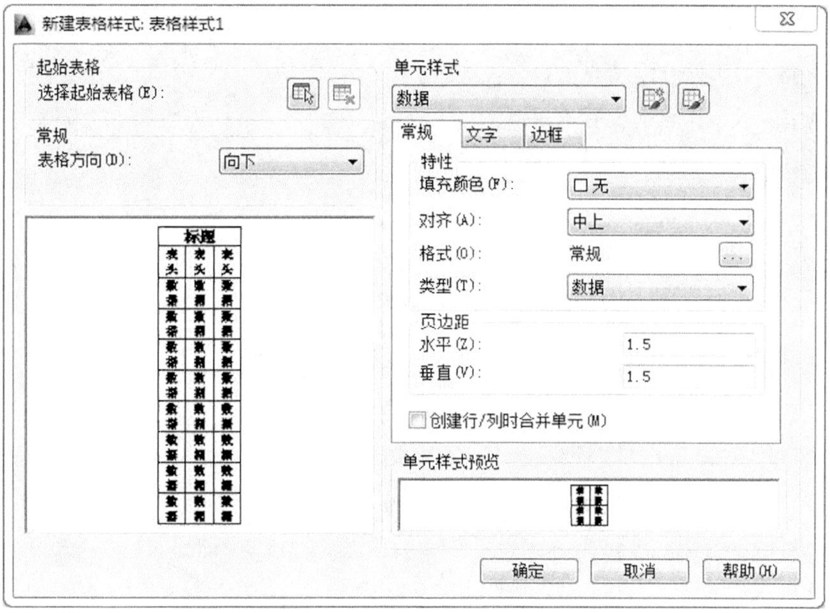

图 6-57　新建表格样式对话框

1）常规

常规对话框如图 6-58 所示。

（1）特性。

① 填充颜色：用于设定表格的背景颜色。

② 对齐：用于设定表格中文字的对齐方式。

③ 格式：用于设定表格中的单元格数据格式。

④ 类型：用于设定是数据类型还是标签类型。

（2）页边距。

① 水平：用于设定单元格中的文字或块与左右单元边框之间的距离。

② 垂直：用于设定单元格中的文字或块与上下单元边框之间的距离。

（3）创建行/列时合并单元。

创建行/列时合并单元用于合并单元格。

2）文字

文字对话框如图 6-59 所示，其特性如下。

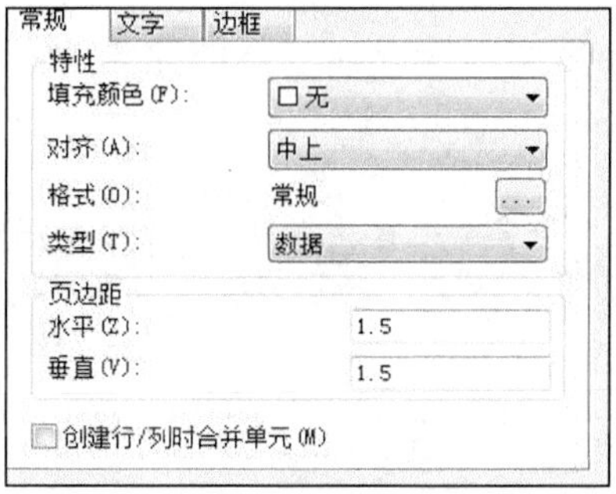

图 6-58　常规对话框

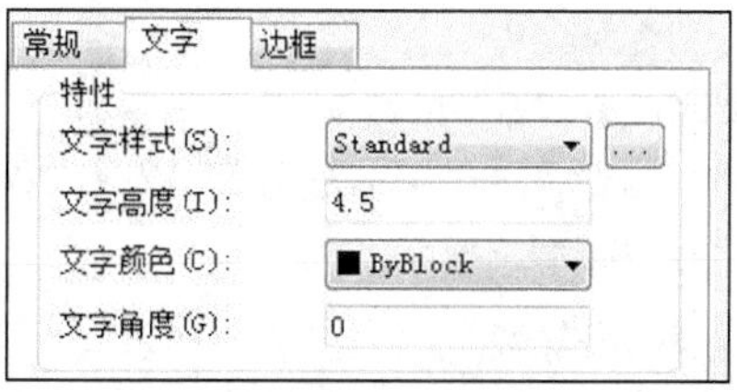

图 6-59　文字对话框

① 文字样式：用于设定文字的样式。
② 文字高度：用于设定文字的高度。
③ 文字颜色：用于设定文字的颜色。
④ 文字角度：用于设定文字的倾斜程度。
3）边框
边框对话框如图 6-60 所示。

图 6-60　边框对话框

边框对话框的特性如下。
① 线宽：用于设定线的宽度。
② 线型：用于设定线的线型。
③ 颜色：用于设定线的颜色。
④ 双线：用于把表格边界设定为双线。
⑤ 间距：选中双线后，用于设定双线边界的间距。
单击“确定”按钮，新的表格样式创建完毕，创建结果如图 6-61 所示。

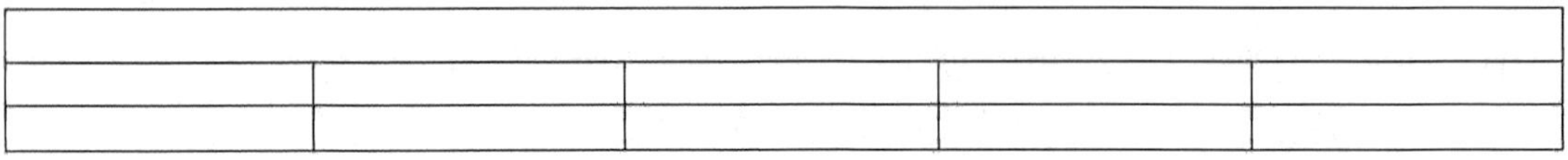

图 6-61　表格

6.3.2　设置表格的数据、列标题及标题样式

1. 功能简介

在利用 AutoCAD2014 绘制表格的过程中，往往会因实际情况对表格的数据及标题有要求，这时，就需要设置相应的特性。

2. 命令使用

面板：在表格面板中单击

右下角的箭头。
命令行：可直接输入命令 TABLESTYLE。

3. 实例演示

1）表格数据
打开表格样式面板后单击“修改”按钮，如图 6-62 所示。

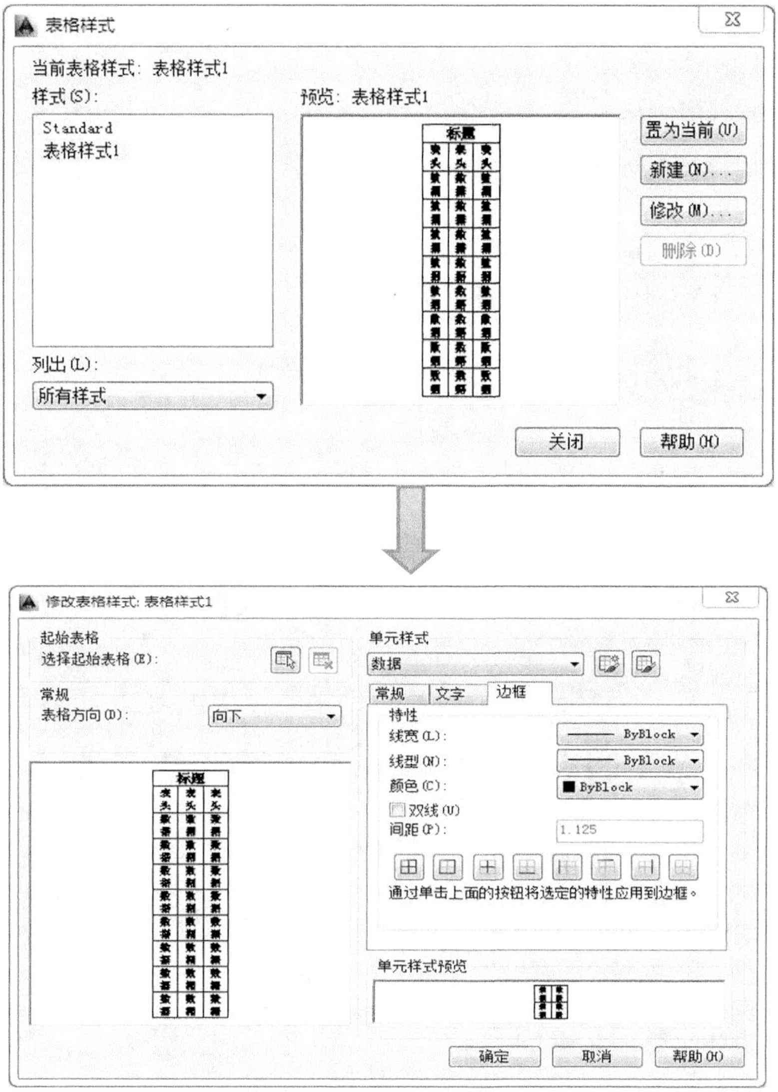

图 6-62　设置表格数据

在单元样式中选中数据，即可对相应特性进行修改，如图 6-63 所示。

2）列标题及标题样式

修改方式与修改数据的方式类似，只需把单元样式中的数据换为标题即可，如图 6-64 所示。

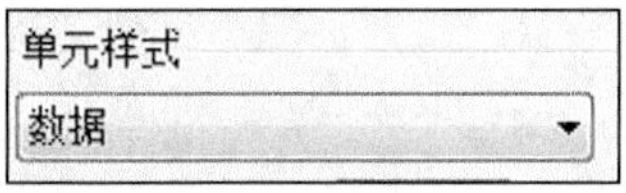

图 6-63　单元样式-数据

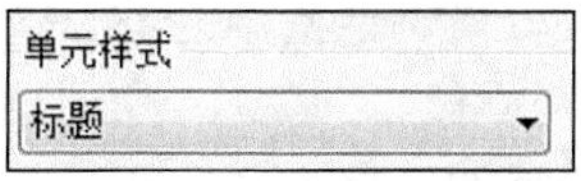

图 6-64　单元样式-标题

6.3.3　添加表格

1. 功能简介

在 AutoCAD2014 中，表格是由多个单元构成的矩阵，常用于说明解释。表格可以从 Word

等软件中导入，也可以直接创建。

2. 命令使用

面板：在表格面板中单击

。

命令行：可直接输入命令 TABLE。

3. 实例演示

下面运用表格命令创建一个表格，插入表格对话框如图 6-65 所示。运行 AutoCAD2014 后，直接输入命令 TABLE，在命令提示行显示如下：

```
命令：TABLE
指定插入点：在绘图区域单击或输入任意一点
```

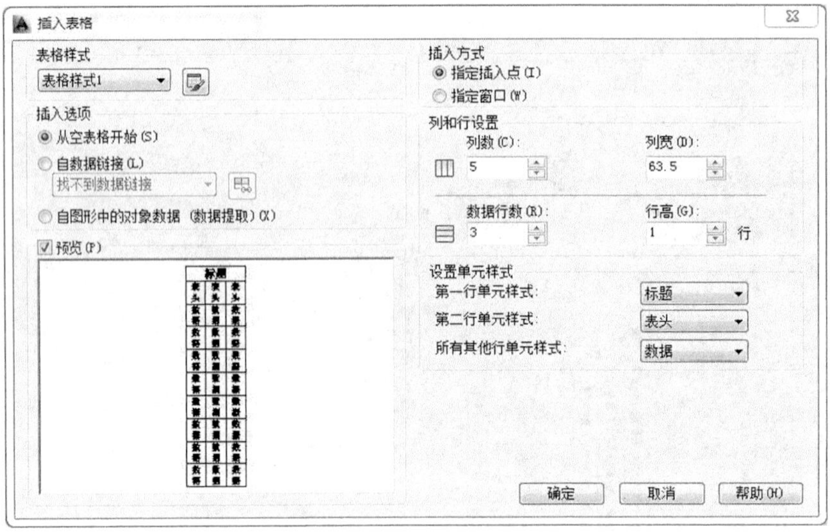

图 6-65　插入表格对话框

创建结束，创建结果如图 6-66 所示。

图 6-66　表格

对插入表格对话框中的部分选项说明如下。

1）表格样式

选取所需的表格样式。

2）插入选项

① 从空表格开始：插入一个空白表格。

② 自数据连接：通过外部导入数据来绘制表格。

③ 自图形中的对象数据（数据提取）：通过从外部图形中来提取数据绘制表格。

3）插入方式

① 指定插入点：指定任意一点插入表格。

② 指定窗口：在绘图区中绘制任意大小的表格。

6.4　尺 寸 标 注

6.4.1　尺寸标注概述

1. 标注规则

（1）物体的真实大小应以图样上所标注的尺寸数值为依据，与图形的大小及绘图的准确度无关。

（2）图样中的尺寸以 mm 为单位时，不需要标注计量单位的代号或名称。若采用其他单位，则必须注明相应计量单位的代号或名称，如°、m 及 cm 等。

（3）图样中所标注的尺寸为该图样所表示的物体的最后完工尺寸，否则应另加说明。

说明：详细规则见 GB/T 16675.2—1996 技术制图 简化表示法 第 2 部分：尺寸注法。

2. 标注组成

在用 AutoCAD2014 绘制工程图的过程中，一个完整的尺寸标注主要由尺寸界限、尺寸起止符、尺寸线、尺寸文字等组成。下面进行相关说明。

（1）尺寸界限：从标注起点做出的表明标注范围的直线，一般用细实线绘制。

（2）尺寸起止符：又称“箭头”，一般绘制在尺寸线的起点和终点，用于表明尺寸文字的开始和结束的位置。尺寸起止符规定必须用 45°中粗斜短线。

（3）尺寸线：用于标注尺寸的线。

（4）尺寸文字：表明图形的标识值。在同一张图纸上，无论每一个部分的比例是否相同，标注的文字要求字体和高度必须满足制图标注的规定。

3. 标注类型

在 AutoCAD2014 中提供多种标注工具用来标注图形，可通过标注面板进行选择。下面对主要的标注类型进行介绍。

（1）线性标注：首先确定标注对象的起止位置，然后根据起止位置的水平或竖直投影线来标注相应的尺寸。

（2）连续标注：紧接着前一个标注继续标注其他对象的标注方法。

（3）对齐标注：与线性标注类似，首先确定标注对象的起止位置，然后根据起止位置的平行投影线来标注相应的尺寸（不一定是水平或垂直方向）。

6.4.2　尺寸标注样式

1. 新建标注样式

1）功能简介

在 AutoCAD2014 中，用户可根据自己的需要创建新的标注样式。

2）命令使用

面板：在标注面板中单击“标注”按钮右下角的箭头。

命令行：可直接输入命令 D/DIMSTYLE。

3）实例演示

下面创建一个新的标注样式。运行 AutoCAD2014 后，直接打开注释选项板，单击“标注”右下角的箭头，打开标注样式管理器对话框，如图 6-67 所示。

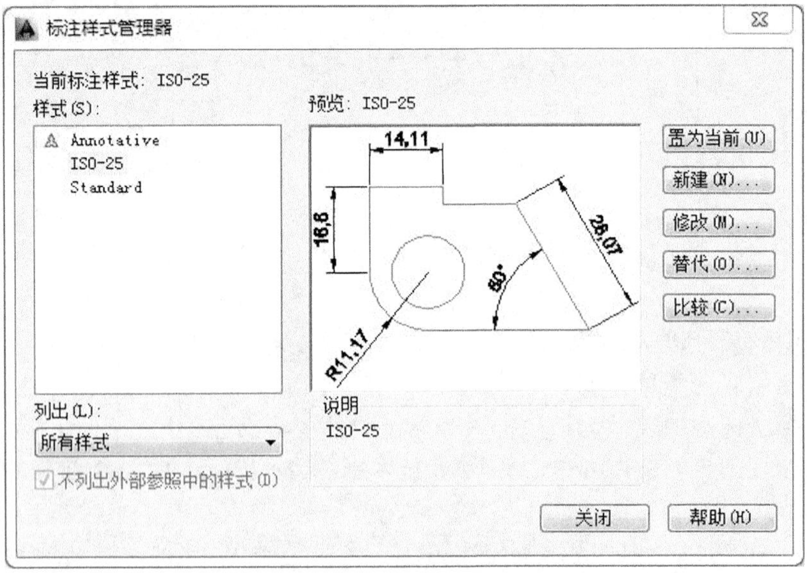

图 6-67　标注样式管理器对话框

单击“新建”按钮，输入新样式名为“标注样式 1”，如图 6-68 所示。

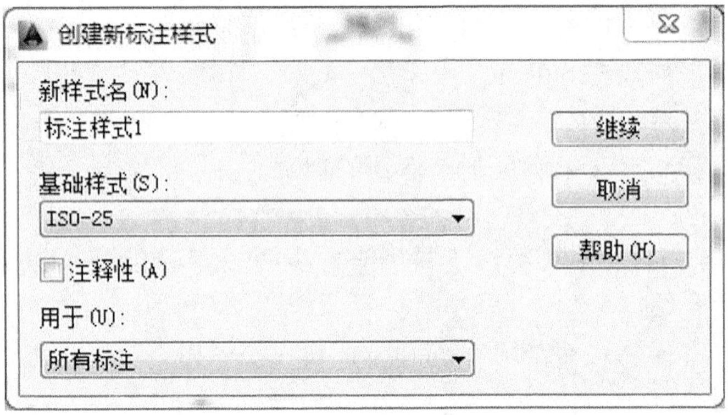

图 6-68　创建新标注样式

单击“继续”按钮，出现如图 6-69 所示对话框。

进行相关设置，单击“确定”按钮，创建完成。

2. 设置线样式

1）功能简介

在 AutoCAD2014 中，用户可根据自己的需要创建新的线样式。

2）命令使用

面板：在标注面板中单击 标注 ▾ 右下角的箭头。

命令行：可直接输入命令 D/DIMSTYLE。

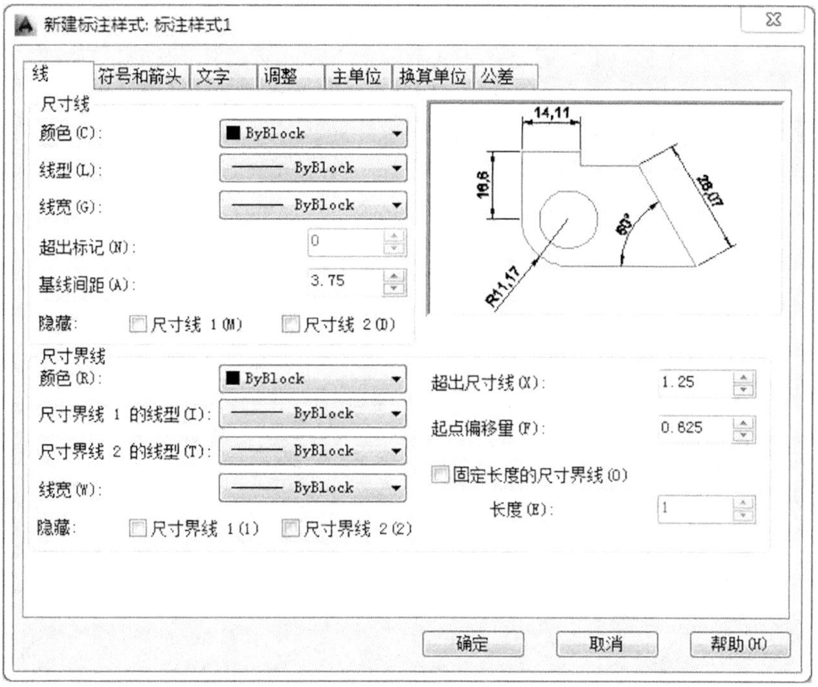

图 6-69　新建标注样式对话框

3）实例演示

下面创建一个新的标注样式。运行 AutoCAD2014 后，直接打开注释选项板，单击 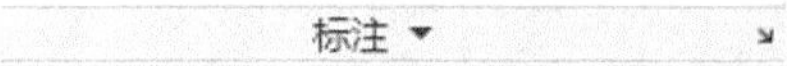

右下角的箭头，打开标注样式管理器对话框，如图 6-70 所示。

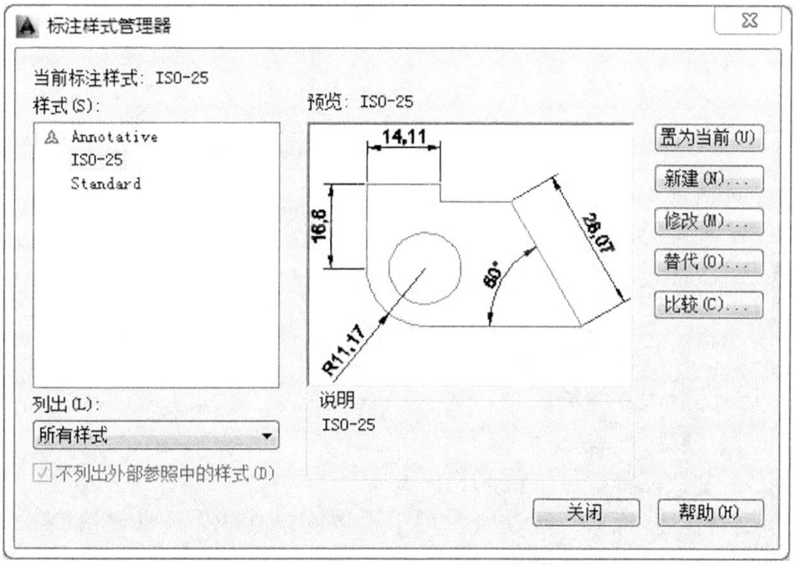

图 6-70　标注样式管理器对话框

单击“新建”按钮，输入新样式名为“线样式 1”，如图 6-71 所示。

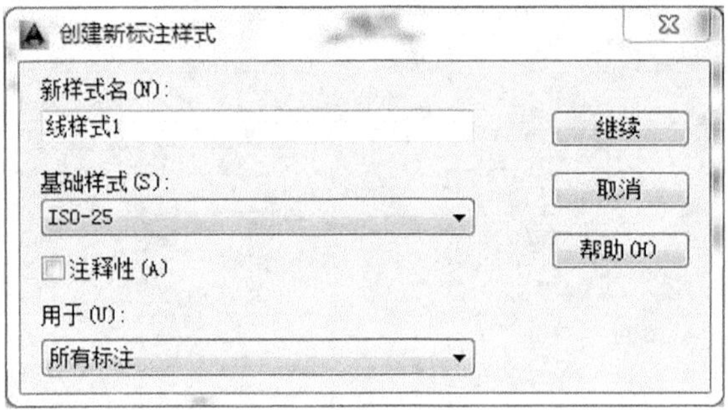

图 6-71　创建新线样式

单击“继续”按钮，出现如图 6-72 所示对话框。

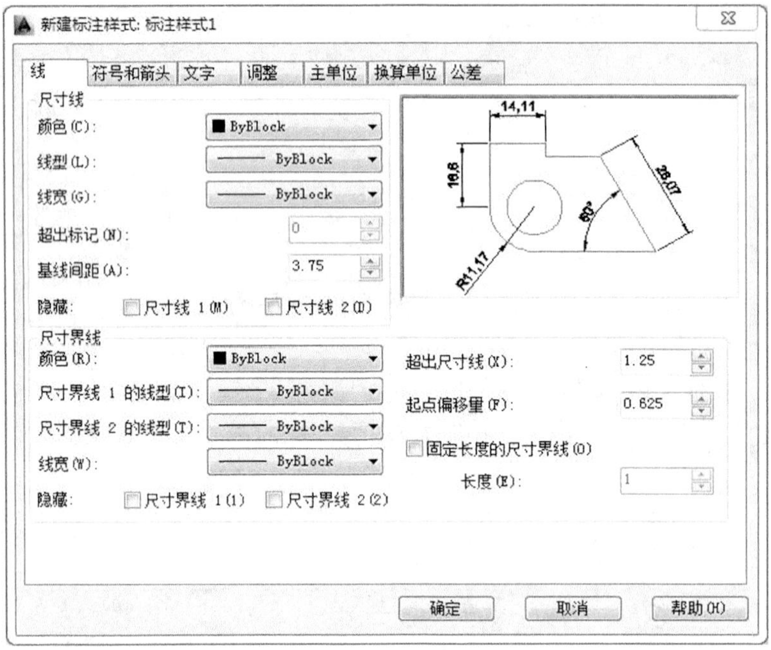

图 6-72　新建线样式对话框

对线样式选项卡的相关说明如下。

（1）尺寸线。

① 颜色：用于设置尺寸线的颜色。

② 线型：用于设置尺寸线的线型。

③ 线宽：用于设置尺寸线的线宽。

④ 超出标记：用于设置尺寸线的超出距离。

⑤ 基线距离：当以基线方式标注时，用于设置两尺寸线之间的距离。

⑥ 隐藏：用于设置尺寸基线的隐藏。

（2）尺寸界线。

① 颜色：用于设置尺寸界线的颜色。

② 尺寸界线的线型：用于设置尺寸界线的线型。

③ 线宽：用于设置尺寸界线的线宽。

④ 隐藏：用于设置尺寸界线的隐藏。

⑤ 超出尺寸线：用于设置尺寸界线超出尺寸线的距离。

⑥ 起点偏移量：用于设置标注时的两侧竖直线的端点离标注点的两点之间的距离。

⑦ 固定长度的尺寸界线：用于设置固定长度的尺寸延伸线。

完成相关设置后，单击“确定”按钮，设置线样式结束。

3. 设置符号箭头样式

同设置线样式步骤，打开如图 6-73 所示对话框，选中符号和箭头对话选项。

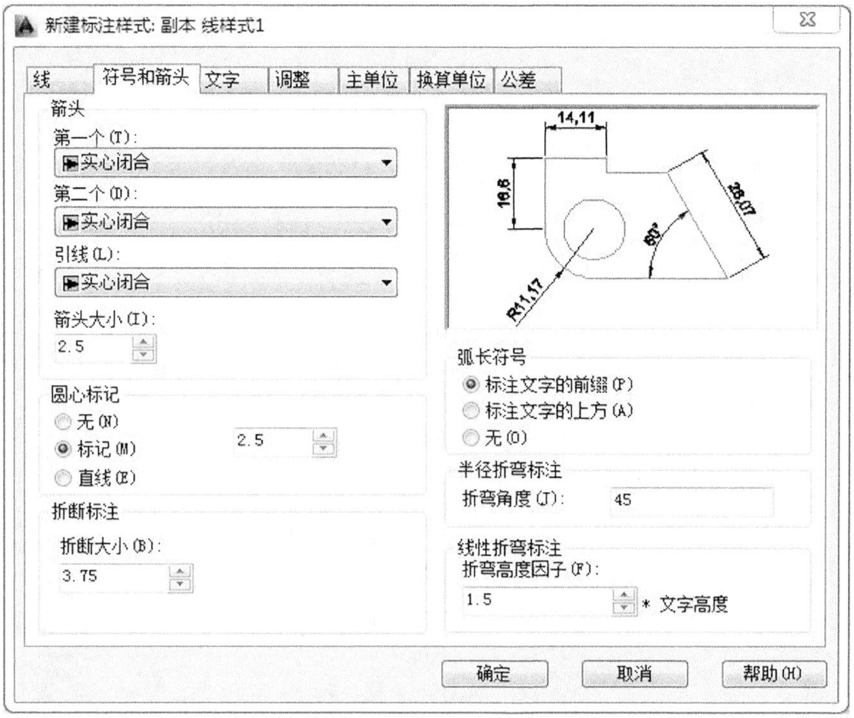

图 6-73　新建符号箭头样式对话框

对符号和箭头样式选项卡的相关说明如下。

1）箭头

① 第一个，第二个：用于设置箭头的样式。

② 引线：用于设置引线的类型。

③ 箭头大小：用于设置箭头的大小。

2）圆心标记

① 无：设置对圆心没有任何标记。

② 标记：设置创建圆心标记，并且可以设置标记的大小。

③ 直线：用于设置是否绘制中心线。

3）折断标注

折断大小：用于设置折断标注时，尺寸界线被打断的长度。

4）弧长符号

用于设置弧长符号的显示位置。

5）半径折弯标注

折弯角度：用于设置圆弧半径标注线的折弯角度的大小。

6）线性折弯标注

折弯高度因子：用于设置折弯角度的大小。

完成相关设置后，单击“确定”按钮，设置符号和箭头样式结束。

4. 设置文字样式

同设置线样式步骤，打开如图 6-74 所示对话框，选中文字对话选项。

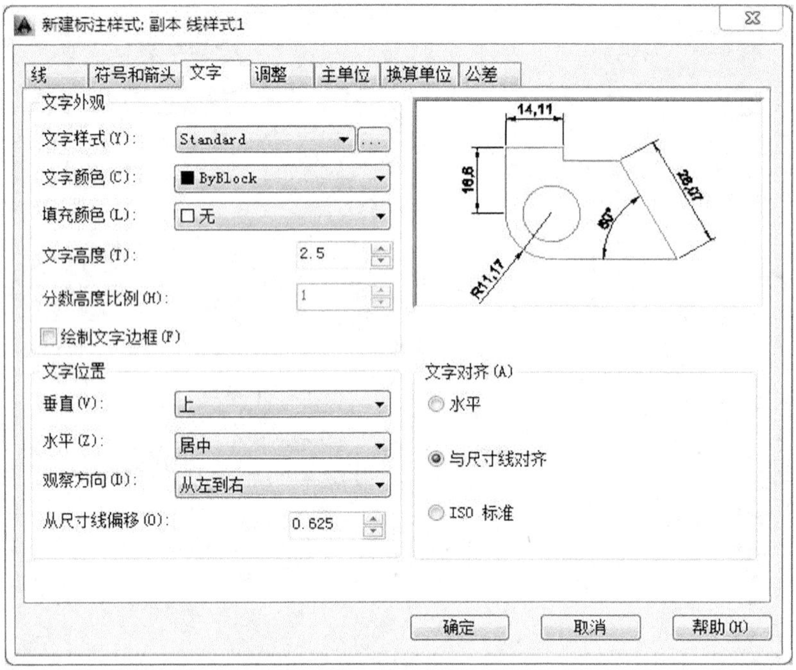

图 6-74　新建文字样式对话框

对文字样式选项卡的相关说明如下。

1）文字外观

① 文字样式：用于设置文字的样式。

② 文字颜色：用于设置文字的颜色。

③ 填充颜色：用于设置文字背景的颜色。

④ 文字高度：用于设置文字的高度。

⑤ 分数高度比例：用于设置尺寸数值中含有分数部分的高度。

⑥ 绘制文字边框：用于设置是否给文字加上边框。

2）文字位置

① 垂直：用于控制文字相对尺寸线的垂直位置。

② 水平：用于控制文字在尺寸线上相对于尺寸界限的水平位置。

③ 观察方向：用于控制文字的观察方向。

④ 从尺寸线偏移：用于设定当前文字间距（文字间距指当尺寸线断开以容纳标注文字时标注文字周围的距离）。

3）文字对齐

① 水平：水平放置文字。

② 与尺寸线对齐：文字与尺寸线对齐。

③ ISO 标准：当文字在尺寸界线内时，文字与尺寸线对齐；当文字在尺寸界线外时，文字水平排列。

完成相关设置后，单击“确定”按钮，设置文字样式结束。

5. 设置调整样式

同设置线样式步骤，打开如图 6-75 所示对话框，选中调整对话选项。

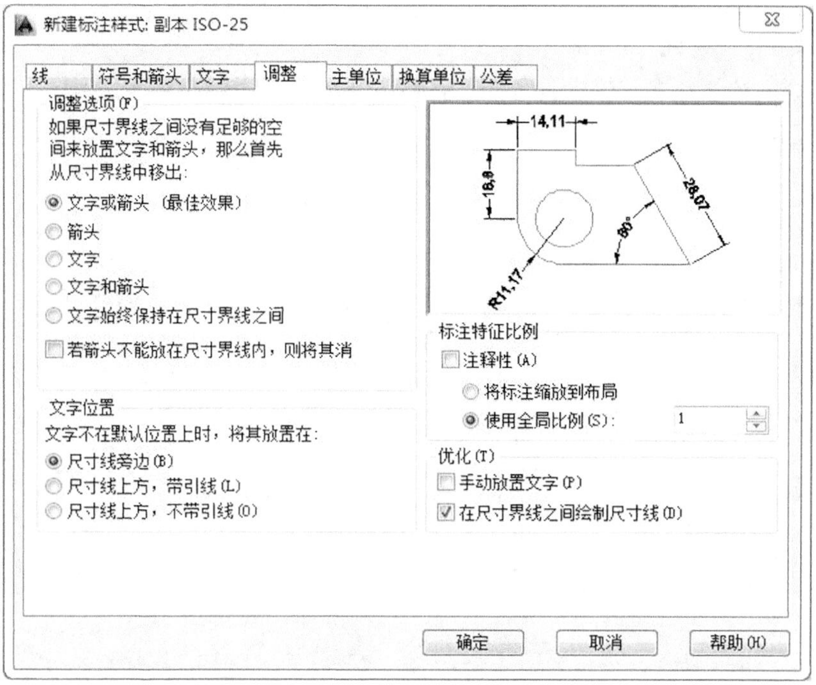

图 6-75　新建调整样式对话框

对调整样式选项卡的相关说明如下。

1）调整选项

① 文字或箭头（最佳效果）：按照最佳效果将文字或箭头移动到尺寸界线外。

② 箭头：先将箭头移动到尺寸界线外，然后移动文字。

③ 文字：先将文字移动到尺寸界线外，然后移动箭头。

④ 文字和箭头：当尺寸界线间距离不足以放下文字和箭头时，文字和箭头都移动到尺寸界线外。

⑤ 文字始终保持在尺寸界线之间：始终将文字放在尺寸界线之间。

⑥ 若箭头不能放在尺寸界线内，则将其消除：设置箭头是否显示。

2）文字位置

用于设置文字的位置。

3）标注特征比例

① 用于设置标注是否具有注释性。

② 将标注缩放到布局：根据当前模型空间视口和图纸空间之间的比例确定比例因子。

③ 使用全局比例：为所有标注样式设置设定一个比例，这些设置指定大小、距离或间距，包括文字和箭头大小。该缩放比例并不更改标注的测量值。

4）优化

① 手动放置文字：忽略所有水平对正设置并把文字放在“尺寸线位置”提示下指定的位置。

② 在尺寸界线之间绘制尺寸线：即使箭头放在测量点之外，也应在测量点之间绘制尺寸线。

完成相关设置后，单击“确定”按钮，设置调整样式结束。

6. 设置标注单位样式

同设置线样式步骤，打开如图 6-76 所示对话框，选中主单位对话选项。

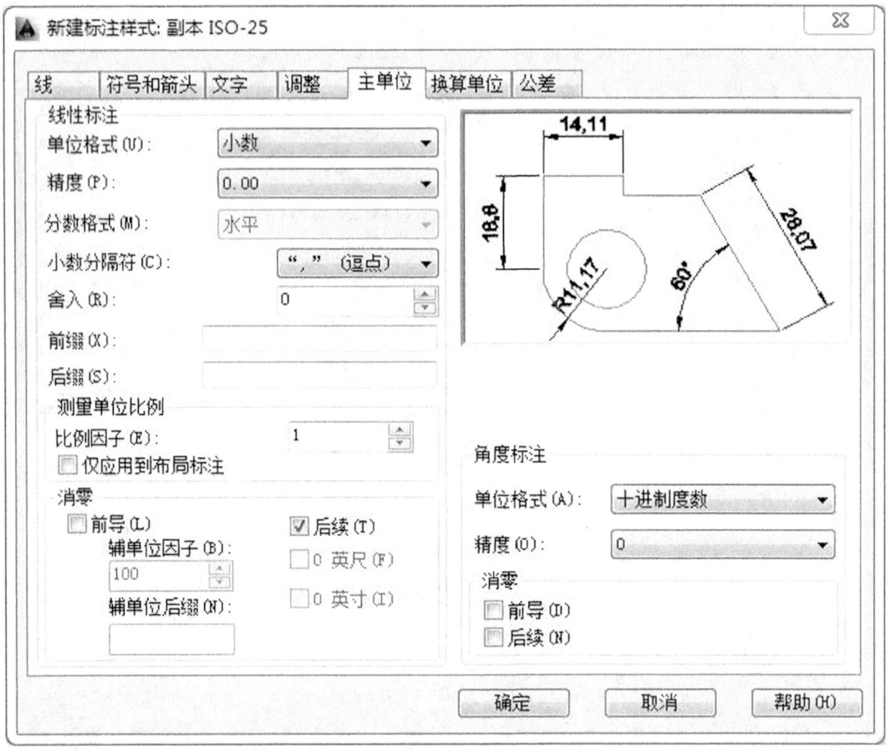

图 6-76　新建主单位样式对话框

对主单位样式选项卡的相关说明如下。

1）线性标注

① 单位格式：用于设定除角度外的所有标注类型的当前单位格式。

② 精度：显示和设定标注文字中的小数位数。

③ 分数格式：用于设定分数的格式。

④ 小数分隔符：设定用于十进制格式的分隔符。设置除角度之外的标注的尺寸测量值的舍入。

⑤ 舍入：设置除角度之外的所有标注的尺寸测量值的舍入。

⑥ 前缀：在标注文字中包含前缀，可以输入文字或使用控制代码显示特殊符号。

⑦ 后缀：在标注文字中包含后缀，可以输入文字或使用控制代码显示特殊符号。

2）测量单位比例

① 比例因子：设置线性标注测量值的比例因子。（建议不要更改此值的默认值 1.00）

② 仅应用到布局标注：选中后，仅将测量比例因子应用在布局视口中创建的标注。

3）消零

① 前导：不输出所有十进制标注中的前导零。（0.7 变为.7）

② 后续：不输出所有十进制标注中的后续零。（0.500 变为 0.5）

4）角度标注

① 单位格式：设置角度单位格式。

② 精度：设定角度标注的小数位数。

③ 消零：作用请参考第（3）小点。

完成相关设置后，单击“确定”按钮，设置主单位样式结束。

7. 设置换算单位样式

同设置线样式步骤，打开如图 6-77 所示对话框，选中换算单位对话选项。

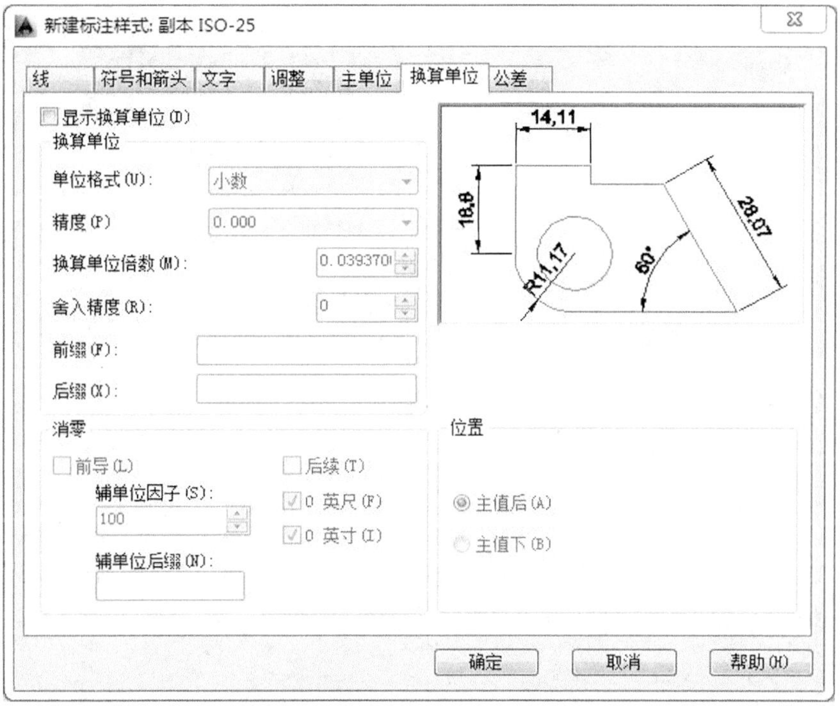

图 6-77　新建换算单位样式对话框

对换算单位样式选项卡的相关说明如下。

1）显示换算单位

用于设置是否显示换算单位。

2）换算单位

① 单位格式：设定换算单位的单位格式。

② 精度：设定换算单位中的小数位数。

③ 换算单位倍数：指定一个乘数，作为主单位和换算单位之间的换算因子使用。

④ 舍入精度：设定除角度之外的所有标注类型的换算单位的舍入规则。
⑤ 前缀：在换算标注文字中包含前缀。可以输入文字或使用控制代码显示特殊符号。
⑥ 后缀：在换算标注文字中包含后缀。可以输入文字或使用控制代码显示特殊符号。
3）消零
功能与主单位中的功能类似（详细请参考相关章节）。
4）位置
① 主值后：将换算单位放在标注文字中的主单位之后。
② 主值下：将换算单位放在标注文字中的主单位下面。
完成相关设置后，单击“确定”按钮，设置换算单位样式结束。

8. 设置公差

同设置线样式步骤，打开如图 6-78 所示对话框，选中公差对话选项。

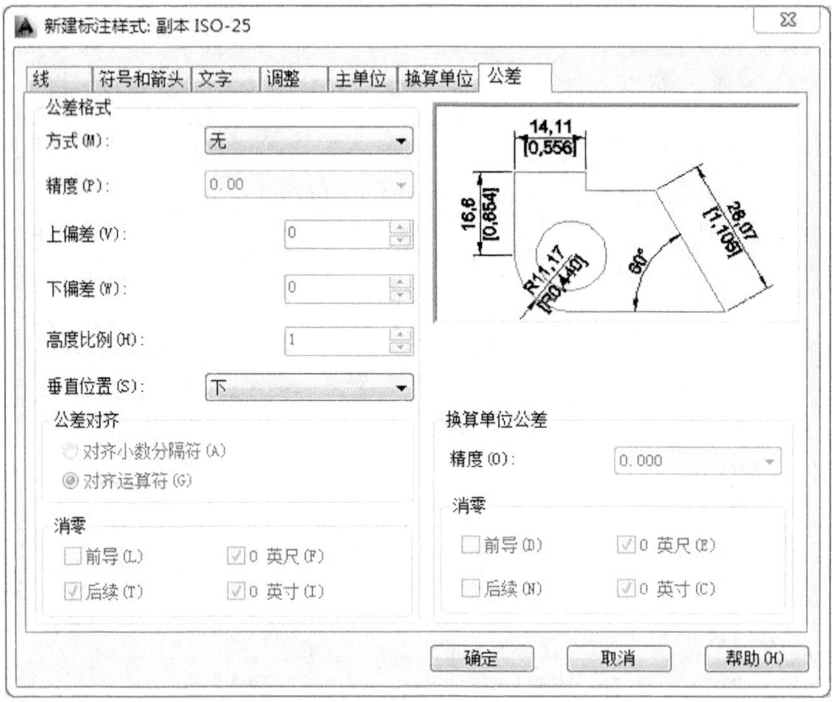

图 6-78　新建公差对话框

对公差选项卡的相关说明如下。
1）公差格式
① 方式：设定计算公差的方法。
② 精度：设定小数位数。
③ 上偏差：设定最大公差或上偏差。
④ 下偏差：设定最小公差或下偏差。
⑤ 高度比例：设定相对于标注文字的分数比例。
⑥ 垂直位置：控制对称公差和极限公差的文字对正。
2）公差对齐
① 对齐小数分隔符：通过值的小数分隔符堆叠值。

② 对齐运算符：通过值的运算符堆叠值。

3）消零

功能与主单位中的功能类似（详细请参考相关章节）。

4）换算单位公差

精度：显示和设定小数位数。

完成相关设置后，单击“确定”按钮，设置公差结束。

6.4.3　尺寸标注

1. 线性尺寸标注

1）线性标注

（1）功能简介。

在利用 AutoCAD2014 绘制工程图的过程中，常会用到线性标注。线性标注是指标注图形对象在水平、垂直或指定的方向上的尺寸可以水平、垂直或对齐放置。

（2）命令使用。

面板：在标注面板中单击  。

命令行：可直接输入命令 DLI/DIMLINEAR。

面板：在注释面板中单击 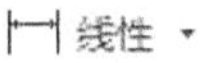 。

（3）实例演示。

下面运用线性标注命令进行标注。运行 AutoCAD2014 后，直接输入命令 DLI，在命令提示行显示如下：

```
命令: DLI
DIMLINEAR
指定第一个尺寸界线原点或<选择对象>:
指定第二条尺寸界线原点:
指定尺寸线位置或[多行文字(M)/文字(T)/角度(A)/水平(H)/垂直(V)/旋转(R)]: h
<说明:(M)创建多行文字输入文本;(T)创建单行文字输入文本;(A)设置尺寸文本的旋转角度;(H)
标注水平尺寸;(V)标注垂直尺寸;(R)设置尺寸线的旋转角度>
指定尺寸线位置或[多行文字(M)/文字(T)/角度(A)]: m
指定尺寸线位置或[多行文字(M)/文字(T)/角度(A)]:
标注文字=710,39
```

标注结束，标注结果如图 6-79 所示。

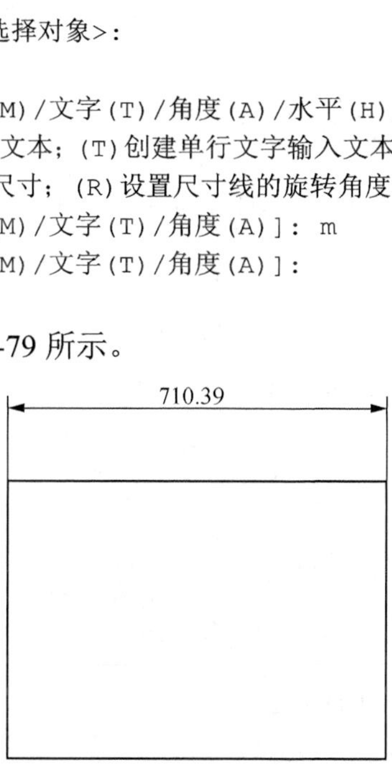

图 6-79　用线性标注进行标注

2）对齐标注

（1）功能简介。

对齐标注也是在利用 AutoCAD2014 绘制工程图的过程中常用的标注法之一。

（2）命令使用。

面板：在标注面板中单击 。

命令行：可直接输入命令 DAL/DIMALIGNED。

面板：在注释面板中单击 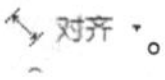。

（3）实例演示。

下面运用对齐标注命令进行标注。运行 AutoCAD2014 后，直接输入命令 DAL，在命令提示行显示如下：

```
命令: DAL
DIMALIGNED
指定第一个尺寸界线原点或<选择对象>:
指定第二条尺寸界线原点:
指定尺寸线位置或[多行文字(M)/文字(T)/角度(A)]: m
指定尺寸线位置或[多行文字(M)/文字(T)/角度(A)]:
标注文字=404,22
```

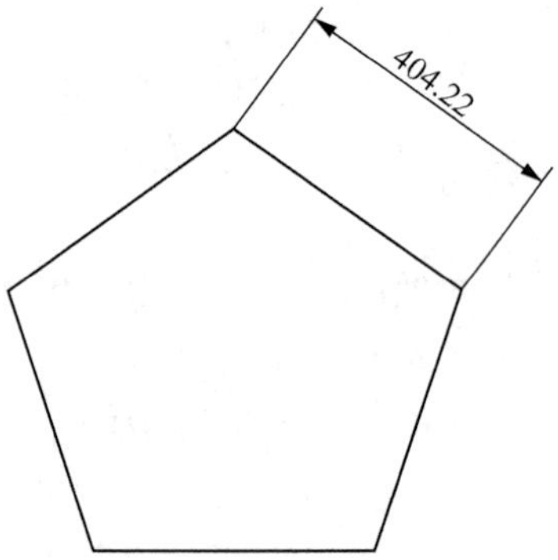

图 6-80　用对齐标注进行标注

标注结束，标注结果如图 6-80 所示。

3）连续标注

（1）功能简介。

连续标注也是在利用 AutoCAD2014 绘制工程图的过程中常用的标注法之一。

（2）命令使用。

面板：在标注面板中单击 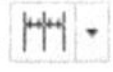。

命令行：可直接输入命令 DCO/DIMCONTINUE。

（3）实例演示。

下面运用连续标注命令进行标注。运行 AutoCAD2014 后，直接输入命令 DCO，在命令提示行显示如下：

```
命令: DCO
DIMCONTINUE
指定第二条尺寸界线原点或[放弃(U)/选择(S)]<选择>:
标注文字=70
指定第二条尺寸界线原点或[放弃(U)/选择(S)]<选择>:
标注文字=80
指定第二条尺寸界线原点或[放弃(U)/选择(S)]<选择>:
标注文字=70
指定第二条尺寸界线原点或[放弃(U)/选择(S)]<选择>:
```

标注结束，标注结果如图 6-81 所示。

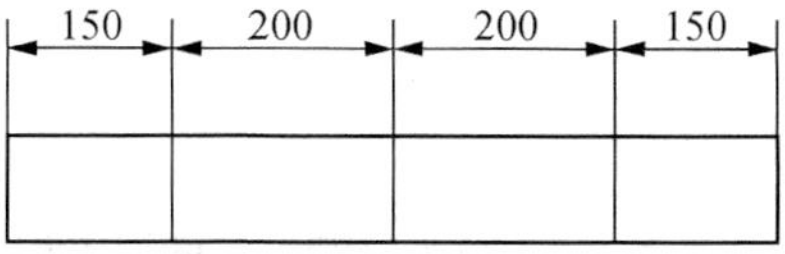

图 6-81　用连续标注进行标注

4）基线标注

（1）功能简介。

基线标注也是在利用 AutoCAD2014 绘制工程图的过程中常用的标注法之一。它是基于同一基线处测量的多个标注。

（2）命令使用。

面板：在标注面板中单击 。

命令行：可直接输入命令 DIMB/DIMBASELINE。

（3）实例演示。

下面运用基线标注命令进行标注。运行 AutoCAD2014 后，直接输入命令 dimb，在命令提示行显示如下：

```
命令：DIMBASE
DIMBASELINE
指定第二条尺寸界线原点或[放弃(U)/选择(S)]<选择>:
标注文字=20
指定第二条尺寸界线原点或[放弃(U)/选择(S)]<选择>:
标注文字=30
指定第二条尺寸界线原点或[放弃(U)/选择(S)]<选择>:
标注文字=40
指定第二条尺寸界线原点或[放弃(U)/选择(S)]<选择>:
标注文字=50
```

标注结束，标注结果如图 6-82 所示。

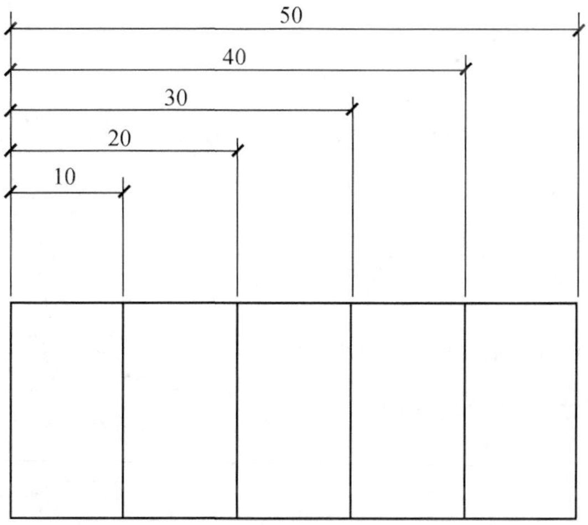

图 6-82　用基线标注进行标注

2. 径向尺寸标注

1）直径标注

（1）功能简介。

直径标注也是在利用 AutoCAD2014 绘制工程图的过程中常用的标注法之一。它专用于测量选定圆或圆弧的直径。

（2）命令使用。

面板：在标注面板中单击

。

命令行：可直接输入命令 DDI/DIMDIAMETER。

面板：在注释面板中单击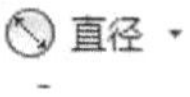

。

（3）实例演示。

下面运用直径标注命令进行标注。运行 AutoCAD2014 后，直接输入命令 DDI，在命令提示行显示如下：

```
命令: DDI
DIMDIAMETER
选择圆弧或圆:
标注文字=28.28
指定尺寸线位置或[多行文字(M)/文字(T)/角度(A)]:
```

标注结束，标注结果如图 6-83 所示。

2）半径标注

（1）功能简介。

半径标注也是在利用 AutoCAD2014 绘制工程图的过程中常用的标注法之一。它专用于测量选定圆或圆弧的半径。

（2）命令使用。

面板：在标注面板中单击

。

命令行：可直接输入命令 DRA/DIMRADIUS。

面板：在注释面板中单击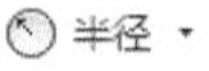

。

（3）实例演示。

下面运用半径标注命令进行标注。运行 AutoCAD2014 后，直接输入命令 DRA，在命令提示行显示如下：

```
命令: _dimradius
选择圆弧或圆:
标注文字=14.14
指定尺寸线位置或[多行文字(M)/文字(T)/角度(A)]:
```

标注结束，标注结果如图 6-84 所示。

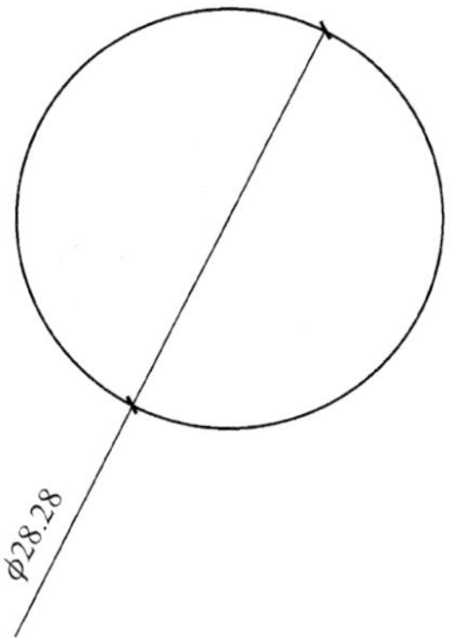

图 6-83　用直径标注进行标注

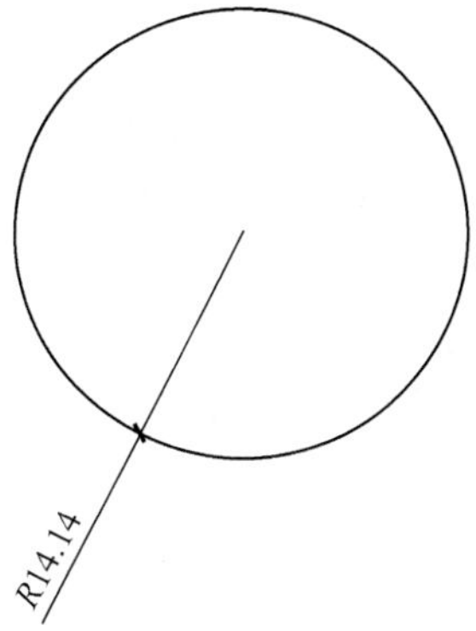

图 6-84　用半径标注进行标注

3. 角度标注

（1）功能简介。

角度标注也是在利用 AutoCAD2014 绘制工程图的过程中常用的标注法之一。它常用于测量两条直线或三个点之间的角度。

（2）命令使用。

面板：在标注面板中单击

。

命令行：可直接输入命令 DAN/DIMANGULAR。

面板：在注释面板中单击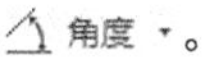

。

（3）实例演示。

下面运用角度标注命令进行标注。运行 AutoCAD2014 后，直接输入命令 DAN，在命令提示行显示如下：

```
命令: _dimangular
选择圆弧、圆、直线或<指定顶点>:
选择第二条直线:
选择第二条直线:
指定标注弧线位置或[多行文字(M)/文字(T)/角度(A)/象限点(Q)]:
标注文字=60
```

标注结束，标注结果如图 6-85～图 6-87 所示。

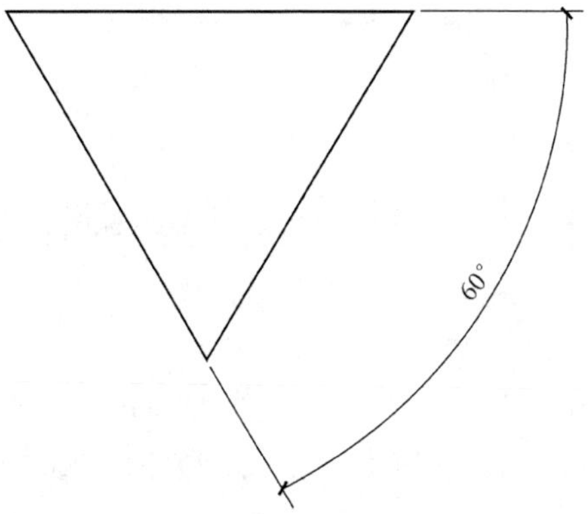

图 6-85　用角度标注进行标注两直线间的角度

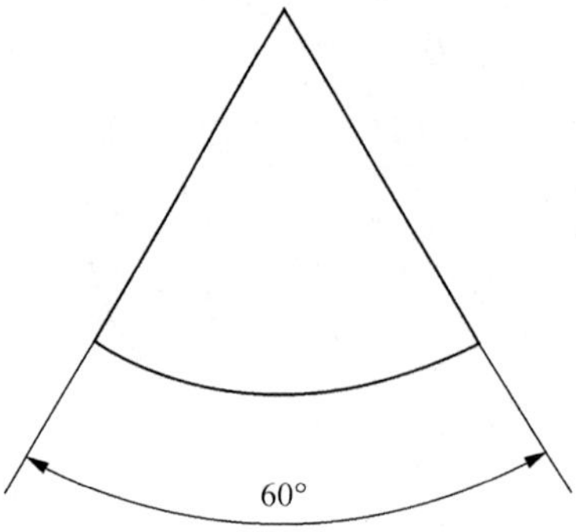

图 6-86　用角度标注进行标注圆弧圆心角的角度

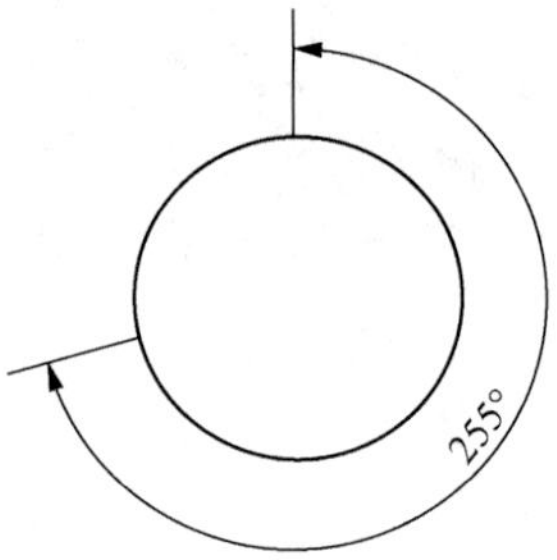

图 6-87　用角度标注进行标注圆上圆弧圆心角的角度

4. 弧长标注

（1）功能简介。

弧长标注也是在利用 AutoCAD2014 绘制工程图的过程中常用的标注法之一。它在测量选定圆或圆弧的弧长时十分方便。

（2）命令使用。

面板：在标注面板中单击。

命令行：可直接输入命令 DIMARC。

面板：在注释面板中单击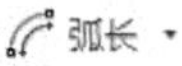。

（3）实例演示。

下面运用弧长标注命令进行标注。运行 AutoCAD2014 后，直接输入命令 DIMARC，在命令提示行显示如下：

```
命令：_dimarc
选择弧线段或多段线圆弧段：
指定弧长标注位置或[多行文字(M)/文字(T)/角度(A)/部分(P)/引线(L)]：
标注文字=656.48
```

标注结束，标注结果如图 6-88 所示。

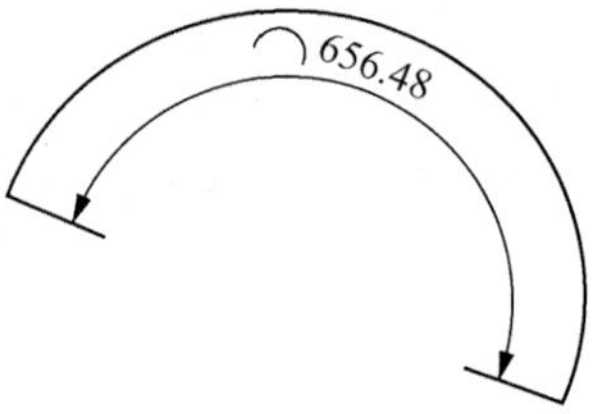

图 6-88　用弧长标注进行标注圆弧的长度

5. 折弯标注

（1）功能简介。

在利用 AutoCAD2014 绘制工程图的过程中，当圆弧的中心位于布局之外并且无法在其实际位置显示时，可创建折弯标注。可以在更方便的位置指定标注的原点（称为中心位置代替）。

（2）命令使用。

面板：在标注面板中单击 。

命令行：可直接输入命令 DJO/DIMJOGGED。

面板：在注释面板中单击 。

（3）实例演示。

下面运用折弯标注命令进行标注。运行 AutoCAD2014 后，直接输入命令 DJO，在命令提示行显示如下：

```
命令：_dimjogged
选择圆弧或圆：
指定图示中心位置：
标注文字=201.54
指定尺寸线位置或[多行文字(M)/文字(T)/角度(A)]：
指定折弯位置：
```

标注结束，标注结果如图 6-89 所示。

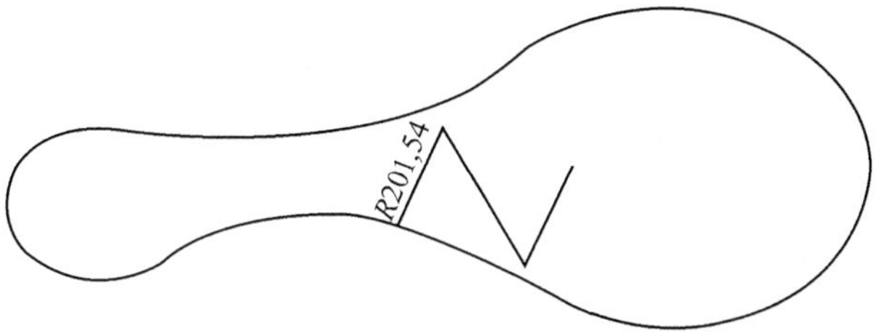

图 6-89　用折弯标注进行标注

6. 快速标注

（1）功能简介。

在利用 AutoCAD2014 绘制工程图的过程中,快速标注命令可使系统自动查找所选几何体上的端点，并将它们作为尺寸界线的始末点进行标注。只需选择一次就可以完成多个标注，所以十分方便快捷。

（2）命令使用。

面板：在标注面板中单击 。

命令行：可直接输入命令 QDIM。

（3）实例演示。

下面运用快速标注命令进行标注。运行 AutoCAD2014 后，直接输入命令 QDIM，在命令提示行显示如下：

```
命令：QDIM
关联标注优先级=端点
选择要标注的几何图形：找到1 个
选择要标注的几何图形：找到1 个，总计2个
选择要标注的几何图形：找到1 个，总计3个
选择要标注的几何图形：找到1 个，总计4个
选择要标注的几何图形：找到1 个，总计5个
```

选择要标注的几何图形：
指定尺寸线位置或[连续(C)/并列(S)/基线(B)/坐标(O)/半径(R)/直径(D)/基准点(P)/编辑(E)/设置(T)]<连续>:<说明：(C)创建一系列连续标注的尺寸；(S)创建一系列交错的标注尺寸；(B)创建一系列基线标注的尺寸；(O)创建一系列坐标标注的尺寸；(R)创建一系列半径标注的尺寸；(D)创建一系列直径标注的尺寸；(P)为基线和连续标注创建一个新的基准点；(E)对尺寸标注进行编辑；(T)为指定尺寸界线原点设置默认对象的捕捉方式>

标注结束，标注结果如图 6-90 所示。

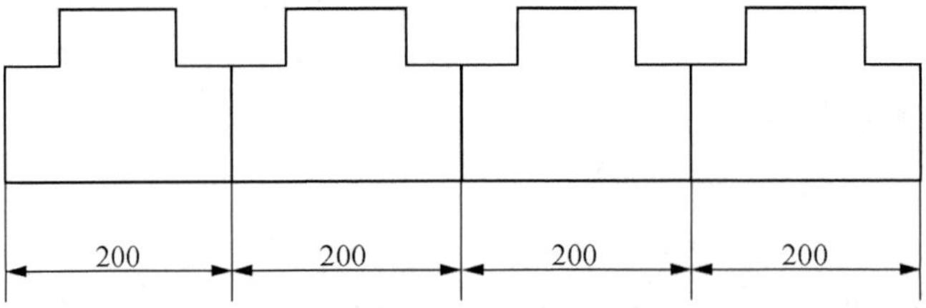

图 6-90　用快速标注进行标注

7．坐标标注

（1）功能简介。

在利用 AutoCAD2014 绘制立面图的过程中，常用到坐标标注，可以让我们轻松地知道物体的标高。

（2）命令使用。

面板：在标注面板中单击。

命令行：可直接输入命令 DIMO/DIMORDINATE。

面板：在注释面板中单击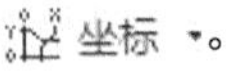。

（3）实例演示。

下面运用坐标标注命令进行标注。运行 AutoCAD2014 后，直接输入命令 DIMO，在命令提示行显示如下：

命令：DIMORD
DIMORDINATE
指定点坐标：
指定引线端点或[X 基准(X)/Y 基准(Y)/多行文字(M)/文字(T)/角度(A)]:<说明：（X）标明 X 坐标；（Y）标明 Y 坐标；其余意义与前面所学知识类似>
标注文字=1084.27

命令： DIMORDINATE
指定点坐标：
指定引线端点或[X 基准(X)/Y 基准(Y)/多行文字(M)/文字(T)/角度(A)]:
标注文字=1194.62

命令： DIMORDINATE
指定点坐标：
指定引线端点或[X 基准(X)/Y 基准(Y)/多行文字(M)/文字(T)/角度(A)]:
标注文字=1478.38

```
命令： DIMORDINATE
指定点坐标：
指定引线端点或[X 基准(X)/Y 基准(Y)/多行文字(M)/文字(T)/角度(A)]：
标注文字=1723.61
```

标注结束，标注结果如图 6-91 所示。

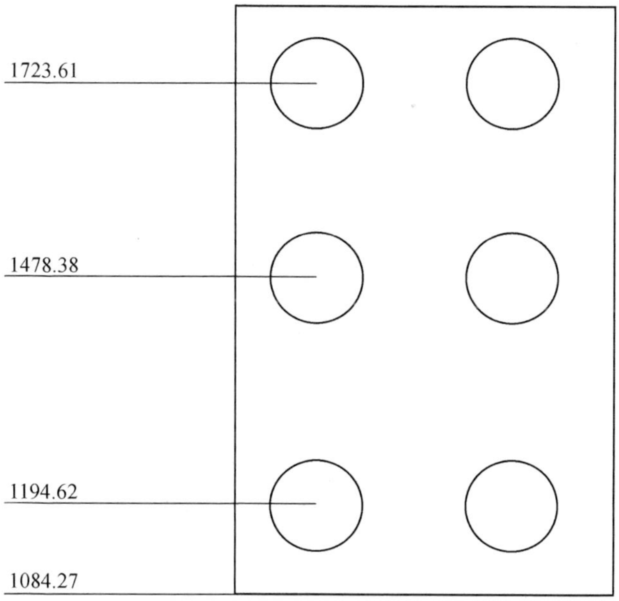

图 6-91　用坐标标注进行标注

6.4.4　编辑尺寸标注

1. 编辑标注文字及其位置

（1）功能简介。

在利用 AutoCAD2014 绘制工程图的过程中，当对相应的对象进行标注后，可以根据自己的需要再次对文字进行编辑。

（2）命令使用。

面板：在标注面板中单击。

命令行：可直接输入命令 DIMTEDIT。

鼠标：通过移动光标来确定文字的位置。

（3）实例演示。

下面运用编辑文字命令来修改标注文字的位置。运行 AutoCAD2014 后，直接输入命令 DIMTEDIT，在命令提示行显示如下：

```
命令：DIMTED
DIMTEDIT
选择标注：
为标注文字指定新位置或[左对齐(L)/右对齐(R)/居中(C)/默认(H)/角度(A)]： r<说明：(L)标注文字左对齐；(R)标注文字右对齐；(C)标注文字居中对齐；(H)保持当前对齐样式；(A)按一定的角度对正>
```

修改结束，修改结果如图 6-92 所示。

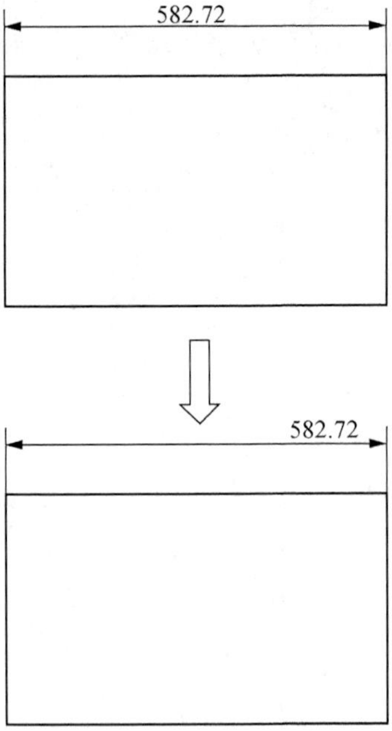

图 6-92　对标注文字进行编辑

2. 编辑标注

（1）功能简介。

在利用 AutoCAD2014 绘制工程图的过程中，对相应对象进行尺寸标注后，可直接运用编辑标注的功能进行相关的修改与调整。

（2）命令使用。

命令行：可直接输入命令 DIMED/DIMEDIT。

（3）实例演示。

下面运用编辑标注命令来修改标注文字的位置。运行 AutoCAD2014 后，直接输入命令 DIMED，在命令提示行显示如下：

```
命令： DIMED
DIMEDIT
输入标注编辑类型[默认(H)/新建(N)/旋转(R)/倾斜(O)]<默认>： n
选择对象： 找到 1 个
选择对象：
```

修改结束，修改结果如图 6-93～图 6-95 所示。

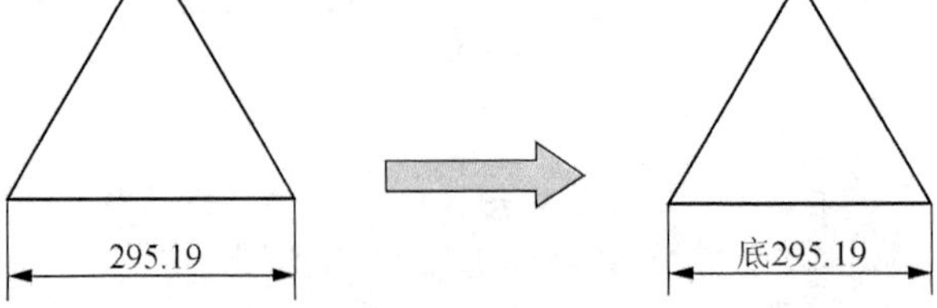

图 6-93　对标注进行编辑（N）

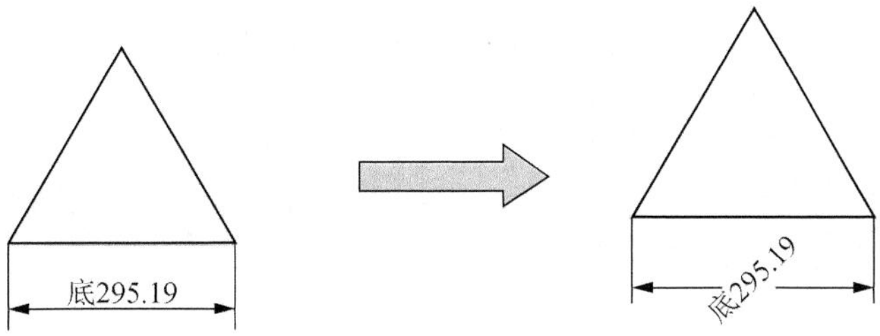

图 6-94　对标注进行编辑（R）

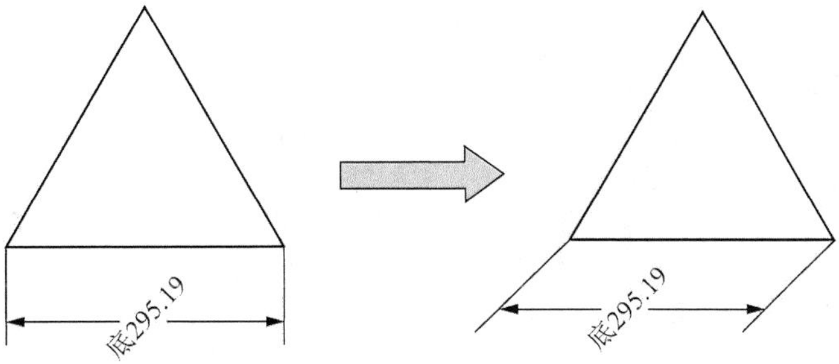

图 6-95　对标注进行编辑（O）

3. 标注特性编辑

（1）功能简介。

在 AutoCAD2014 中，用户可根据自己的需要对标注特性进行编辑。

（2）命令使用。

命令行：选中相应标注，可直接输入命令 MO/PROPERTIES。

（3）实例演示。

下面运用特性面板来修改标注。运行 AutoCAD2014 后，直接输入命令 MO 打开特性面板，如图 6-96 所示。

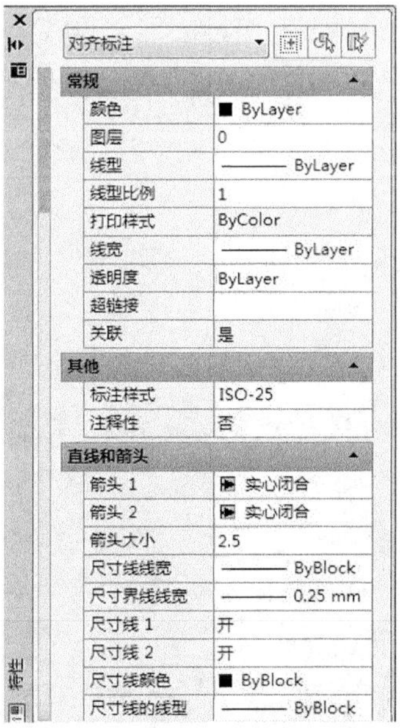

图 6-96　特性面板

根据需要进行相应的修改，修改过程如图 6-97 和图 6-98 所示。

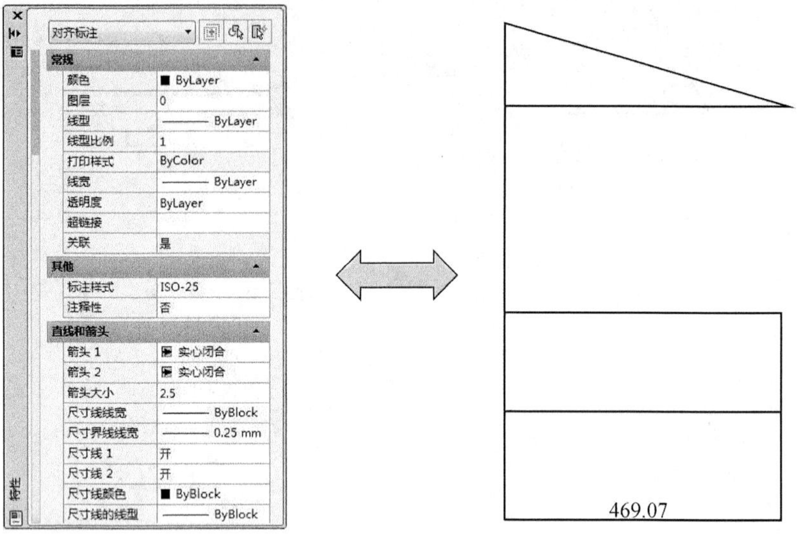

图 6-97　修改前

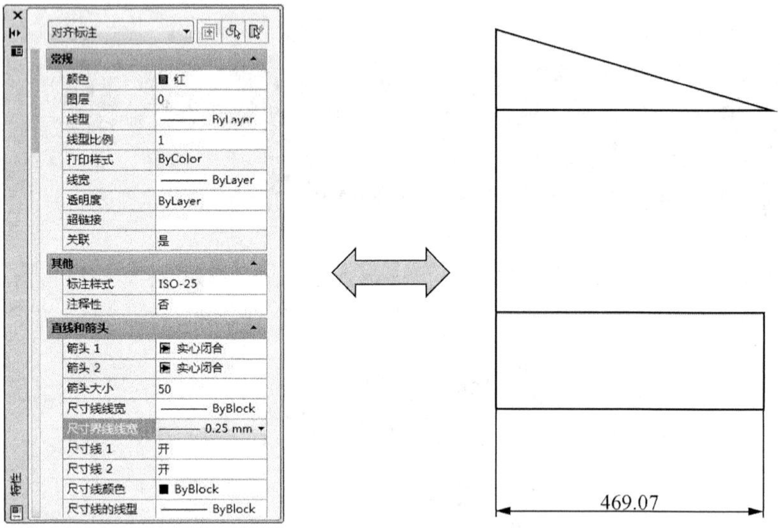

图 6-98　修改后

4. 打断尺寸标注

（1）功能简介。

在利用 AutoCAD2014 绘制工程图的过程中，有时会根据实际需要，对标注进行打断。

（2）命令使用。

面板：在标注面板中单击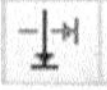。

命令行：可直接输入命令 DIMBREAK。

（3）实例演示。

下面运用打断尺寸标注命令来修改标注。运行 AutoCAD2014 后，直接输入命令 DIMBREAK，在命令提示行显示如下：

```
命令: DIMBREAK
选择要添加/删除折断的标注或[多个(M)]:
选择要折断标注的对象或[自动(A)/手动(M)/删除(R)]<自动>: m
指定第一个打断点:
指定第二个打断点:
1 个对象已修改
```

修改结束，修改结果如图 6-99 所示。

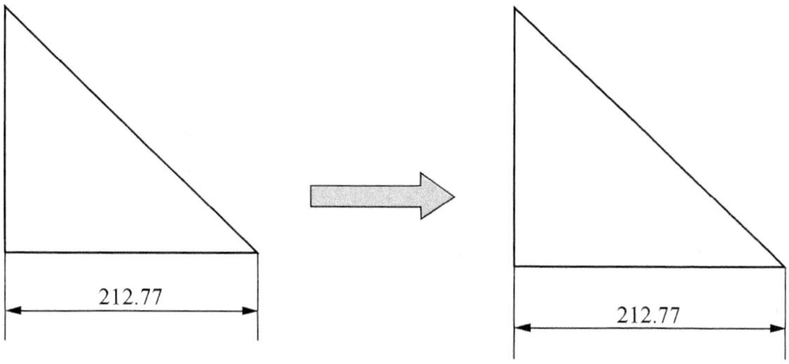

图 6-99　打断尺寸标注

5. 标注间距

（1）功能简介。

在利用 AutoCAD2014 绘制工程图的过程中，有时为了工程图的美观，往往会利用调整标注间距这个功能来调整各个标注之间的距离。

（2）命令使用。

面板：在标注面板中单击。

命令行：可直接输入命令 DIMSPACE。

（3）实例演示。

下面运用标注间距命令来修改标注。运行 AutoCAD2014 后，直接输入命令 DIMSPACE，在命令提示行显示如下：

```
命令: _DIMSPACE
选择基准标注:
选择要产生间距的标注:指定对角点: 找到 1 个
选择要产生间距的标注:指定对角点: 找到 1 个, 总计 2 个
选择要产生间距的标注:找到 1 个, 总计 3 个
选择要产生间距的标注:
输入值或[自动(A)]<自动>: 100
```

修改结束，修改结果如图 6-100 和图 6-101 所示。

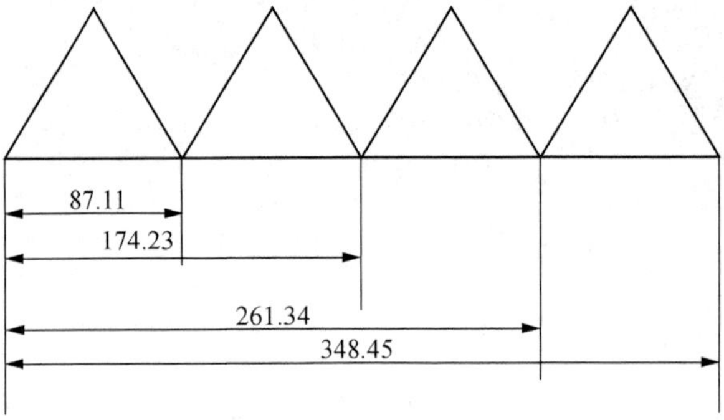

图 6-100　修改前

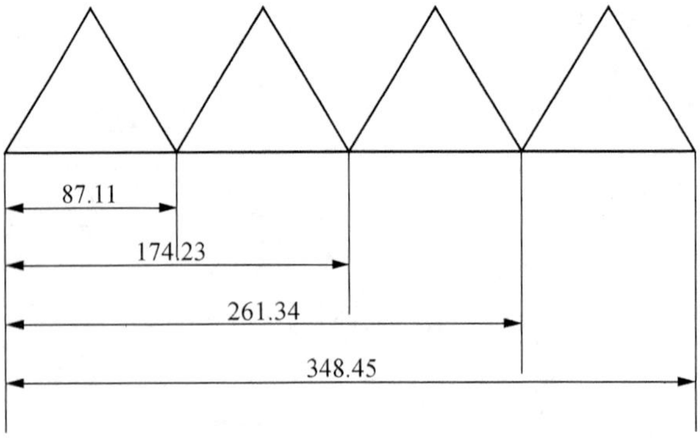

图 6-101　修改后

6. 尺寸关联

（1）功能简介。

在利用 AutoCAD2014 绘制工程图的过程中，当尺寸关联时，一旦与其关联的几何对象被修改时，关联标注将自动调整其位置、方向和测量值。

（2）命令使用。

面板：在标注面板中单击。

命令行：可直接输入命令 DIMREASSOCIATE。

（3）实例演示。

下面是运用关联性质的举例，如图 6-102 和图 6-103 所示。

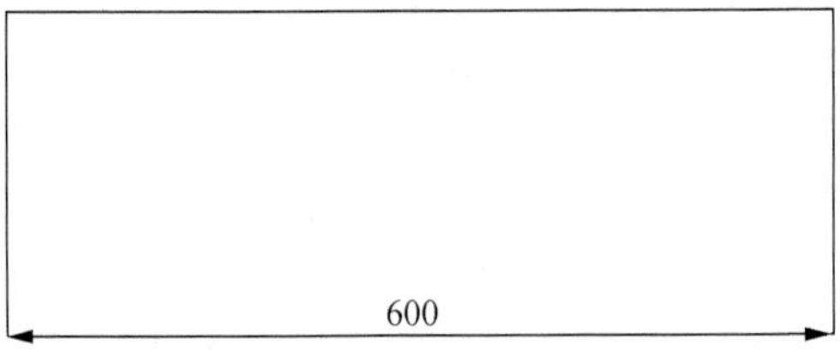

图 6-102　拉伸前

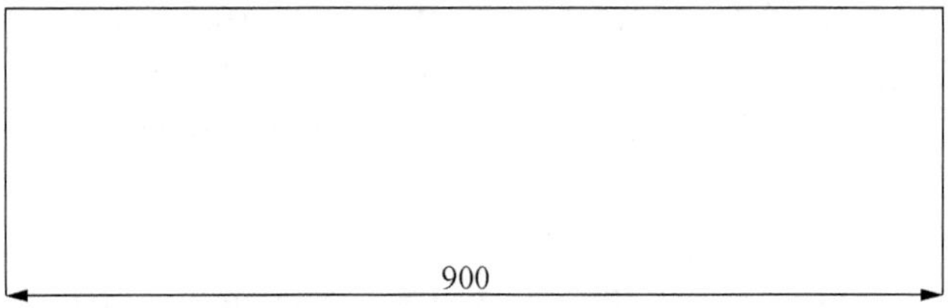

图 6-103　拉伸后

说明：标注随着线段的长度变化而自动改变。

是否关联可由特性面板查看，如图 6-104 所示。

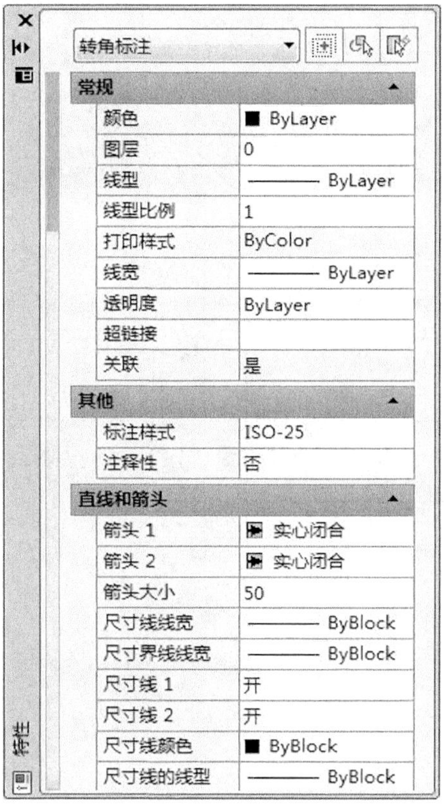

图 6-104　特性面板

6.4.5　操作实训

根据所学知识完成如图 6-105～图 6-107 所示的标注。

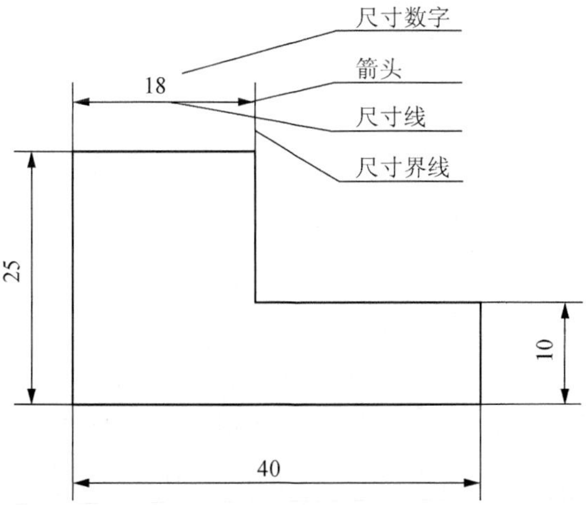

图 6-105

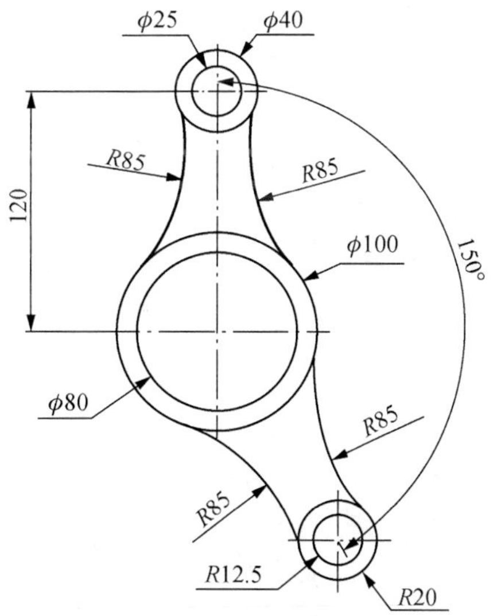

图 6-106

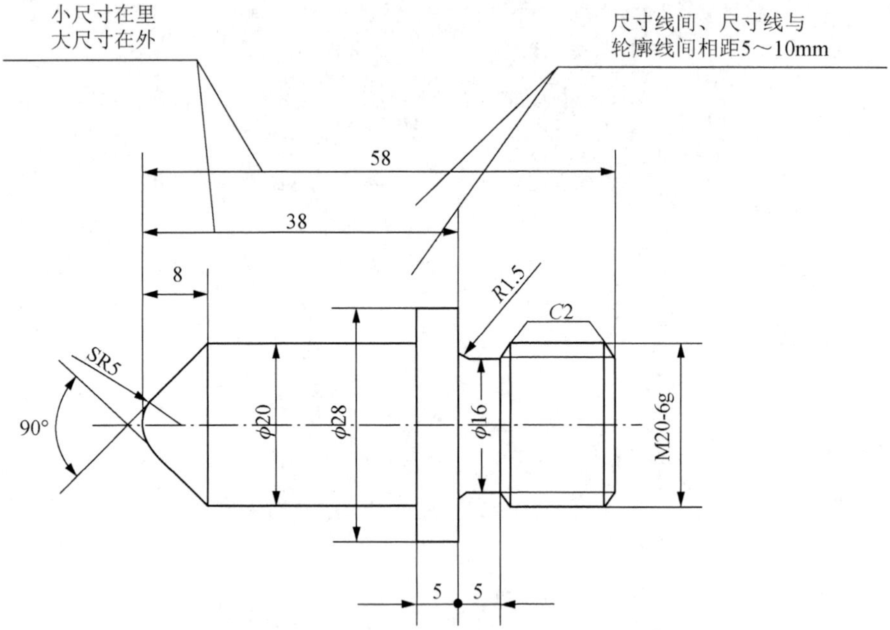
小尺寸在里
大尺寸在外
尺寸线间、尺寸线与
轮廓线间相距5～10mm
58
38
8
R1.5
C2
SR5
90°
φ20
φ28
φ16
M20-6g
5
5

图 6-107

第 7 章　三维对象绘制与编辑简介

7.1　三维绘图基础

7.1.1　三维坐标系

1. 三维坐标系的概述

三维图形在 AutoCAD 中是非常重要的一种功能，在机械制图、建筑制图中经常会用到三维图形，三维图形给人以强烈的真实感，在科研和教学工作中有不可替代的作用。在 AutoCAD 中创建三维模型，其实是在平面上创建三维图形，然后通过切换视图方向调整坐标位置和方向来实现的。因此三维坐标系及其切换是三维建模中不可缺少的元素，是研究三维空间的基础。

2. 三维坐标系的类型

AutoCAD 提供了两个坐标系：世界坐标系（WCS）和用户坐标系（UCS）。WCS 是系统默认的二维图形坐标系，它的原点及各坐标轴的方向固定不变，因而不能满足三维建模的需求。而 UCS 对于输入坐标、定义图形平面和设置视图非常有用。它可以随意改变坐标原点及方向，但并不改变视点，只改变坐标系的方向和倾斜度。它是三维建模中常使用的坐标系。

7.1.2　用户坐标系

1. 用户坐标系的启动

启动 AutoCAD 或新建图形文件时，默认坐标系为世界坐标系。启动 AutoCAD 或新建图形文件时，通过改变坐标系原点或旋转坐标轴可将世界坐标系修改为用户坐标系（UCS）。在二维视图中，WCS 的 X 轴呈水平方向，Y 轴呈垂直方向。在三维空间中，规定 X 向右和 Y 轴向上的位移为正向，Z 轴垂直于 XY 平面且满足右手定则。WCS 的原点为 X 轴和 Y 轴的交点（0，0）。

用户坐标系的建立是通过执行 UCS 命令来完成的，执行过程如下。

在命令行输入 UCS 并回车键，命令行出现如下提示：

```
命令：UCS
当前 UCS 名称：*世界*
指定 UCS 的原点或[面(F)/命名(NA)/对象(OB)/上一个(P)/视图(V)/世界(W)/X/Y/Z/Z 轴
(ZA)]<世界>:
```

这时要求用户输入选项，各选项说明如下。

① 指定的 UCS 原点：可以使用单点、两点或三点定义一个新的 UCS。如果指定单点，当前的 UCS 的原点将会移动而不会改变 X、Y 和 Z 轴的方向。如果指定第二点，UCS 将绕先前指定的原点旋转，以使 UCS 的 X 轴正半轴通过该点。如果指定第三点，UCS 将绕 X 轴旋转，以使 UCS 的 XY 平面的 Y 轴正半轴包含该点。

② 面（F）：将 UCS 与三维实体的选定面对齐。要选择一个面，请在此面的边界内或面的边上单击，被选中的面将亮显，UCS 的 X 轴将与找到的第一个面上的最近的边对齐。

在命令行输入 f，出现如下提示：

选择实体面、曲面或网格:
选择忽略实体的面上的素线
输入选项[X 轴反向(X)/Y 轴反向(Y)]<接受>:

以上各选项说明如下。

X 轴反向：将 UCS 绕 *X* 轴旋转 180°
Y 轴反向：将 UCS 绕 *Y* 轴旋转 180°

接受：如果按回车键，则接受该位置。否则重复出现提示，直到接受位置。

③ 命名（NA)：按名称保存并恢复通常使用的 UCS 方向。

在命令行输入 NA，命令行出现如下提示：

输入选项[恢复(R)/保存(S)/删除(D)/?]:

选项说明如下。

恢复（R)：恢复已保存的 UCS，使它成为当前 UCS。

保存（S)：把当前的 UCS 按指定名称保存。

删除（D)：从已保存的用户坐标系列表中删除指定的 UCS。

列出用户定义坐标系的名称，并列出每个保存的 UCS 相对于当前 UCS 的原点以及 *X*、*Y* 和 *Z* 轴。

④ 对象（OB)：根据选定三维对象定义新的坐标系。新建的 UCS 拉伸方向(*Z* 轴正方向)与选定对象的拉伸方向相同。

⑤ 上一个（P)：恢复上一个 UCS。

⑥ 视图（V)：以垂直于观察方向的平面为 *XY* 平面，建立新的坐标系。UCS 原点保持不变。

⑦ 世界(W)：将当前用户坐标系设置为世界坐标系。

⑧ *X*/*Y*/*Z*：绕指定轴旋转当前 UCS。

⑨ *Z* 轴(ZA)：用指定的 *Z* 轴正半轴定义 UCS。

2. 启动命令

菜单栏：选择“工具”→“新建 UCS”，即可调出菜单命令。

命令行：可直接输入命令 UCS，按回车键。

工具栏：在常用工具栏中单击。

功能区：选择坐标面板工作按钮，如图 7-1 所示。

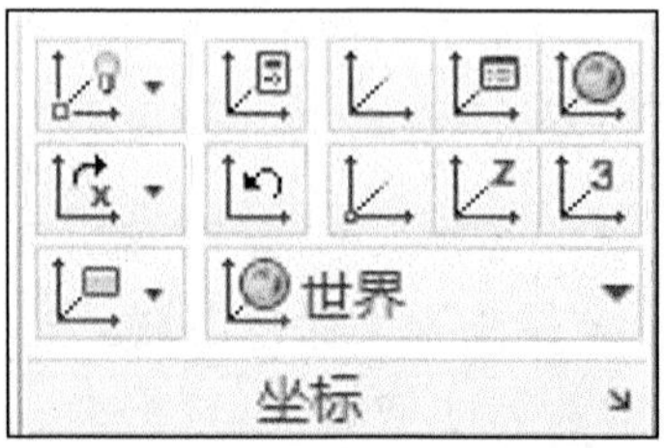

图 7-1

3. **用户坐标系的管理**

右击 UCS 弹出快捷菜单，从中可给新建的 UCS 命名，重命名或选择一个新建的 UCS 作为当前的 UCS，如图 7-2 所示。

正交选项卡：改变 UCS 的正交深度，如图 7-3 所示。

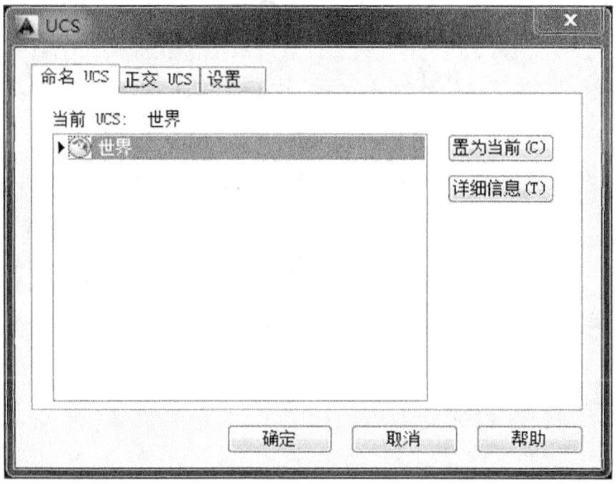

图 7-2

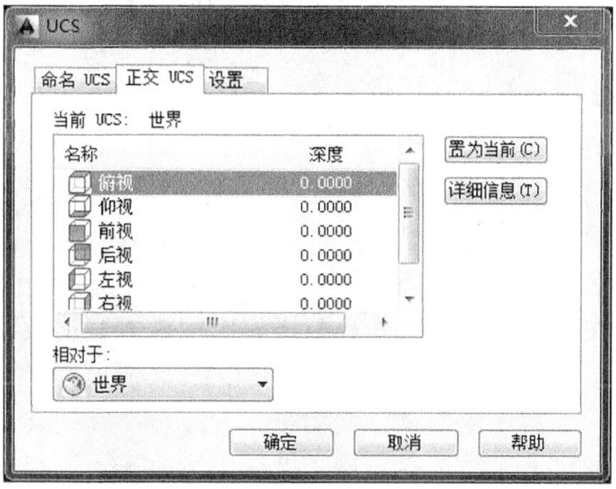

图 7-3

设置选项卡：对 UCS 的显示进行设置，如图 7-4 所示。

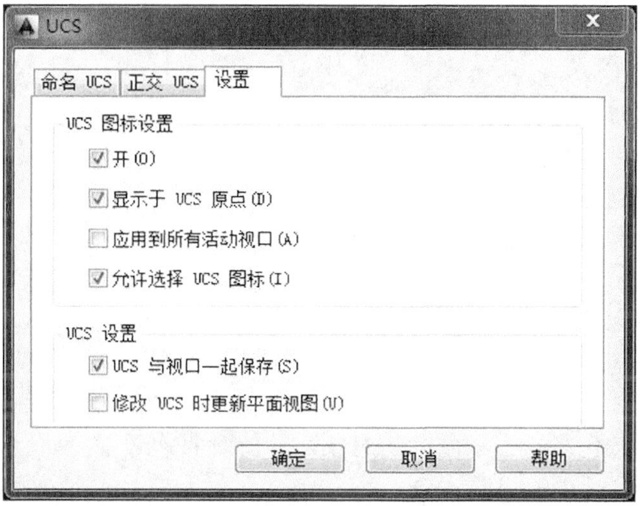

图 7-4

7.1.3　三维图形的分类及观察方法

1. **三维图形的分类**

1）线框模型

线框模型是利用对象形体的棱边和顶点来表示几何形状的一种模型，它只反映出二维实体的部分形状信息，难以得到物体的剖面图、消除隐藏线及画出两个面的交线或轮廓线等。它主要描述对象的三维直线和曲线组成，没有面和体的特征。

线框模型是可以生成、修改、处理二维和三维线框几何体，可以生成点、直线、圆、二次曲线、样条曲线等，又可以对这些基本线框元素进行修剪、延伸分段、连接等处理，生成更复杂的曲线。实际上，线框功能是进一步构造曲面和实体模型的基础工具。在复杂的产品设计中，往往是先用线条勾画出基本轮廓，即所谓“控制线”，然后逐步细化，在此基础上构造出曲面和实体模型。

2）表面模型

表面模型是对物体各种表面或曲面进行描述的建模方法，常用于其表面不能用简单的数学模型进行描述的物体，如汽车、飞机、船舶等的一些表面。这种建模方法的重点在于用棱边围成的比分构造平面，然后再通过这些平面的集合来定义形体。AutoCAD 的表面模型用多边形构成的小平面来近似定义曲面。

表面建模的特点是表面模型可以被创建、修改和转换；表面模型以实体方式显示，但内部中空，无质量、无密度，相互不会阻碍、碰撞。表面建模可以满足求交、消影、渲染处理、数控加工和有限元网络划分等要求，但曲面造型没有明确提出实体在表面的哪一侧，因此，在物性计算、有限元分析等应用中，表面模型在形体的表示上缺乏完整性。

3）实体模型

实体建模是在表面模型的基础上明确定义了在表面的哪一侧存在实体，增加了给定点与形状之间的关系信息（点在形体内部、外部还是在表面）。在实体造型系统中，可以得到所有与几何实体有关的信息，有了这些信息，CAD 程序就可以执行各种任务。由实体造型构建的模型称为实体模型。

实体模型是具有封闭空间的几何形体，在实体模型上不允许有单一的面或线，这与线框模型或表面模型不同。它同时具有线、面和体的特征。

2. 三维图形的观察方法

1）视觉样式工具栏

单击视觉样式，打开视觉样式管理器（图 7-5），可以对三维图形进行不同样式的观察。以下对一些主要的视觉样式作出说明。

二维线框：显示用直线和曲线表示边界的对象。光栅和 OLE 对象、线型和线宽都是可见的。

三维线框视觉样式：显示用直线和曲线表示边界的对象。显示一个已着色的三维 UCS 图标。

三维隐藏视觉样式：显示用三维线框表示的对象并隐藏表示后向面的直线。

真实视觉样式：着色多边形平面间的对象，并使对象的边平滑化。 将显示已附着到对象的材质。

概念视觉样式：着色多边形平面间的对象，并使对象的边平滑化。着色使用冷色和暖色之间的过渡。

2）渲染工具栏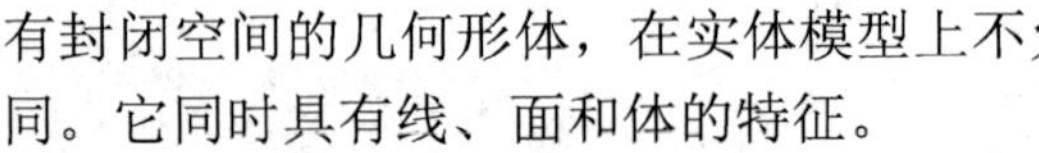

单击渲染工具栏，可以对图像进行消隐和渲染操作。以便观察图像的样式，如图 7-6 所示。

3）动态观察工具栏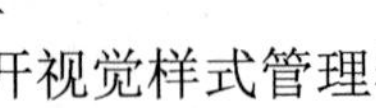

① 方式：动态观察，自由动态观察，连续动态观察。

图 7-5

图 7-6

② 功能：改变观察角度，来观察三维对象。

③ 使用方法：按下鼠标左键，然后向左（右）拖动鼠标，则视图图形对象会向右（左）移动并转动；如果按下鼠标左键，然后向上（下）拖动鼠标，则视图图形对象会向下（上）移动并转动。

7.2　基本实体绘制

7.2.1　绘制三维点、线、面

1. 点的绘制

（1）功能简介。

点的绘制包括单点绘制和多点绘制。

（2）操作命令。

菜单栏：选择“绘图”→“单点/多点”，即可调出菜单命令。

命令行：在命令行输入 POINT，并按回车键，执行单点/多点命令。

（3）实例演示。

下面运用多点命令进行点的绘制。运行 AutoCAD2014 后绘制 2 个点。命令提示行显示如下：

```
命令: _point
当前点模式:  PDMODE=0  PDSIZE=0.0000
指定点:
命令: _point
当前点模式:  PDMODE=0  PDSIZE=0.0000
```

2. 线的绘制

（1）功能简介。

线的绘制包括绘制直线、射线、构造线、多线、三维多段线。

（2）操作命令。

菜单栏：选择“绘图”→“直线/射线/构造线/多线/多段线/三维多段线”，即可调出菜单命令。

命令行：在命令行输入 LINE/REY/XLINE/MLINE/PLINE/3DPOLY，并按回车键，执行直线/射线/构造线/多线/多段线/三维多段线命令。

（3）实例演示。

下面运用三维多段线命令进行多段线的绘制，运行该命令。命令提示行显示如下：

```
命令：_3dpoly
指定多段线的起点：
指定直线的端点或[放弃(U)]：
指定直线的端点或[放弃(U)]：
指定直线的端点或[闭合(C)/放弃(U)]：
```

3. 面的绘制

（1）功能简介。

面的绘制包括矩形、多边形、圆形、椭圆形的绘制。

（2）操作命令。

菜单栏：选择“绘图”→“矩形/多边形/圆形/椭圆”，即可调出菜单命令。

命令行：在命令行输入 RECTANG/POLYGON/CIRCLE/ELLIPSE，并按回车键，执行矩形/多边形/圆形/椭圆命令。

（3）实例演示。

下面运用多边形命令进行多边形的绘制，运行该命令。命令提示行显示如下：

```
命令：_polygon 输入侧面数<4>：5
指定正多边形的中心点或[边(E)]：
输入选项[内接于圆(I)/外切于圆(C)]<I>：i
指定圆的半径：100
```

7.2.2　三维实体图形的绘制

1. 长方体的绘制

（1）操作命令。

工具栏：单击“创建”面板中的“长方体”按钮（），执行命令。

命令行：在命令行输入 BOX，并按回车键，执行长方体命令。

（2）实例演示。

下面运用长方体命令绘制一个长方体。运行 AutoCAD2014 后，直接输入命令 BOX，在命令提示行显示如下：

```
命令：BOX
指定第一个角点或[中心(C)]：
```

```
指定其他角点或[立方体(C)/长度(L)]: @300,400
指定高度或[两点(2P)]<400.0000>: 500
```

根据以上提示完成长方体的绘制工作，如图 7-7 所示。

2. 楔体的绘制

（1）操作命令。

工具栏：单击“创建”面板中的“楔体”按钮（

），执行楔体命令。

命令行：在命令行输入 WEDGE，并按回车键，执行楔体命令。

（2）实例演示。

下面运用楔体命令绘制一个楔体。运行 AutoCAD2014 后，直接输入命令 WEDGE，在命令提示行显示如下：

```
命令: WEDGE
指定第一个角点或[中心(C)]:
指定其他角点或[立方体(C)/长度(L)]: @300,400
指定高度或[两点(2P)]<500.0000>: 500
```

根据以上提示完成楔体的绘制工作，如图 7-8 所示。

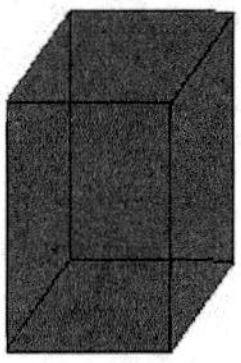

图 7-7

图 7-8

3. 圆锥体的绘制

（1）操作命令。

工具栏：单击“创建”面板中的“圆锥体”按钮（

），执行圆锥体命令。

命令行：在命令行输入 CONE，并按回车键，执行圆锥体命令。

（2）实例演示。

下面运用圆锥体命令绘制一个圆锥体。运行 AutoCAD2014 后，直接输入命令 CONE，在命令提示行显示如下：

```
命令: CONE
指定底面的中心点或[三点(3P)/两点(2P)/切点、切点、半径(T)/椭圆(E)]:
指定底面半径或[直径(D)]<1000.0000>: 500
指定高度或[两点(2P)/轴端点(A)/顶面半径(T)]<1000.0000>: 600
```

根据以上提示完成圆锥体的绘制工作，如图 7-9 所示。

4. 球体的绘制

（1）操作命令。

工具栏：单击“创建”面板中的“球体”按钮（

），执行球体命令。

命令行：在命令行输入 SPHERE，并按回车键，执行球体命令。

（2）实例演示。

下面运用球体命令绘制一个球体。运行 AutoCAD2014 后，直接输入命令 SPHERE，在命令提示行显示如下：

```
命令: SPHERE
指定中心点或[三点(3P)/两点(2P)/切点、切点、半径(T)]:
指定半径或[直径(D)]<1000.0000>: 500
```

根据以上提示完成球体的绘制工作，如图 7-10 所示。

图 7-9

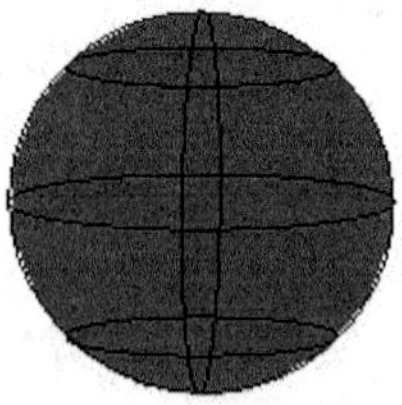

图 7-10

5．多段体的绘制

（1）操作命令。

工具栏：单击“创建”面板中的“多段体”按钮（），执行多段体命令。

命令行：在命令行输入 POLYSOLID，并按回车键，执行多段体命令。

（2）实例演示。

下面运用多段体命令绘制一个多段体。运行 AutoCAD2014 后，直接输入命令 POLYSOLID，在命令提示行显示如下：

```
命令: POLYSOLID
高度=80.0000, 宽度=5.0000, 对正=居中
指定起点或[对象(O)/高度(H)/宽度(W)/对正(J)]<对象>:
指定下一个点或[圆弧(A)/放弃(U)]: 400
指定下一个点或[圆弧(A)/放弃(U)]: 1000
指定下一个点或[圆弧(A)/闭合(C)/放弃(U)]: A
指定圆弧的端点或[闭合(C)/方向(D)/直线(L)/第二个点
(S)/放弃(U)]:
```

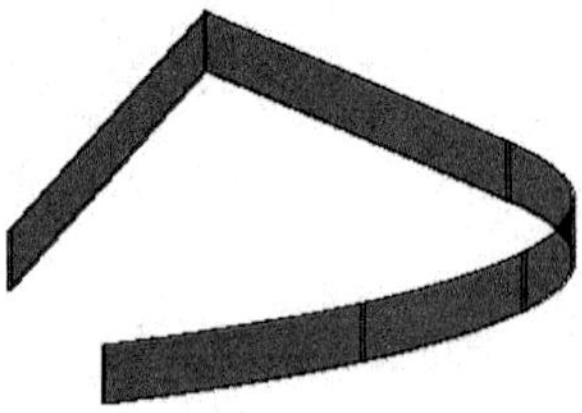

图 7-11

根据以上提示完成多段体的绘制工作，如图 7-11 所示。

7.2.3　通过二维图形创建三维实体

1．绘制三维多段线

（1）功能简介。

三维多段线是作为单个对象创建的直线段相互连接而成的序列，三维多段线是由多个首尾相接的直线段组合而成的，它可以共面也可以不共面。和二维多段线的区别就是，二维多段线只能共面，并且圆弧段不能包括在内。

（2）命令使用。

菜单栏：选择“绘图”→“三维多段线”，即可调出菜单命令。

命令行：可直接输入命令 3P/3DPOLY，按回车键，执行三维多段线命令。

工具栏：单击“绘图”面板中的“多段线”按钮（），执行三维多段线命令。

（3）实例演示。

利用三维多段线绘制两个平面，然后从不同视图观察其形状。运行 AutoCAD2014 后，直接输入命令 3P，在命令提示行显示如下：

```
命令：_3dpoly
指定多段线的起点：
指定直线的端点或[放弃(U)]：
指定直线的端点或[放弃(U)]：
指定直线的端点或[闭合(C)/放弃(U)]：
指定直线的端点或[闭合(C)/放弃(U)]：
指定直线的端点或[闭合(C)/放弃(U)]:<正交 开>
指定直线的端点或[闭合(C)/放弃(U)]:<正交 关>
指定直线的端点或[闭合(C)/放弃(U)]:<正交 开>
指定直线的端点或[闭合(C)/放弃(U)]:<正交 关>
命令：_-view 输入选项[?/删除(D)/正交(O)/恢复(R)/保存(S)/设置(E)/窗口(W)]：_top
命令：_-view 输入选项[?/删除(D)/正交(O)/恢复(R)/保存(S)/设置(E)/窗口(W)]：_left
```

根据以上提示完成多段线的绘制工作，如图 7-12 所示。

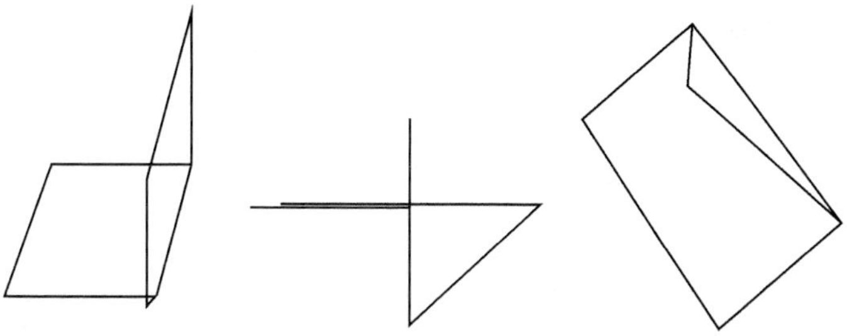

（a）三维图　　（b）俯视图　　（c）左视图

图 7-12

由上可知，三维多段线画出的直线不在一个面上。

2. 绘制三维螺旋线

（1）功能简介。

创建三维弹簧。

（2）命令使用。

菜单栏：选择“绘图”→“螺旋”，即可调出菜单命令。

命令行：可直接输入命令 HELIX，按回车键。

工具栏：单击“绘图”面板中的“螺旋”按钮（）。

（3）实例演示。

执行螺旋线命令。运行 AutoCAD2014 后，绘制一个三维螺旋线，在命令提示行显示如下：

```
命令：_Helix
圈数=3.0000      扭曲=CCW
指定底面的中心点：
指定底面半径或[直径(D)]<90.8585>:
指定顶面半径或[直径(D)]<128.3651>:
```

```
指定螺旋高度或[轴端点(A)/圈数(T)/圈高(H)/扭曲(W)]<343.3515>:
```

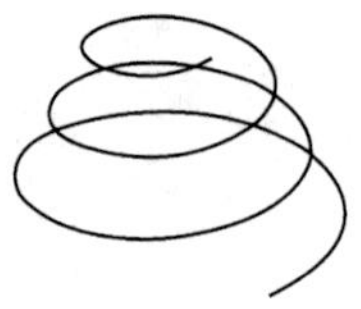

图 7-13

根据以上提示完成螺旋线的绘制，如图 7-13 所示。

3. 拉伸

（1）功能简介。

三维中“拉伸建实体”命令是使用频率最高的一个命令 ，使用拉伸建实体的命令，可以利用不同的面域、不同的倾斜角度，变换出很多实体模型。在拉伸过程中，不仅可以指定拉伸高度拉伸，还可以是实体的截面沿拉伸方向变化。另外，还可以将一些二维对象沿指定的路径拉伸（路径可以是封闭的，也可以是开放的）。

注：如果用直线或圆弧绘制拉伸用的二维对象，则需要用 PEDIT“连接”将它们转换为单条多段线，或用“面域”命令生成面域，然后利用拉伸命令拉伸实体。

（2）命令使用。

工具栏：单击“创建”面板中的“拉伸”按钮，执行拉伸命令。

命令行：在命令行输入 EXT/EXTRUDE，并按回车键，执行拉伸命令。

（3）实例演示。

下面运用拉伸命令对一个图像进行处理。运行 AutoCAD2014 后，绘制一个六边形，再输入命令 EXT，在命令提示行显示如下：

```
命令: POL
POLYGON 输入侧面数<4>: 6
指定正多边形的中心点或[边(E)]:
输入选项[内接于圆(I)/外切于圆(C)]<I>: I
指定圆的半径: 300
命令: EXT
EXTRUDE
当前线框密度: ISOLINES=4，闭合轮廓创建模式=实体
选择要拉伸的对象或[模式(MO)]: 找到 1 个，总计 1 个
指定拉伸的高度或[方向(D)/路径(P)/倾斜角(T)/表达式(E)]<600.0000>: 500
```

根据以上提示完成六边形的绘制工作及拉伸工作，如图 7-14 所示。

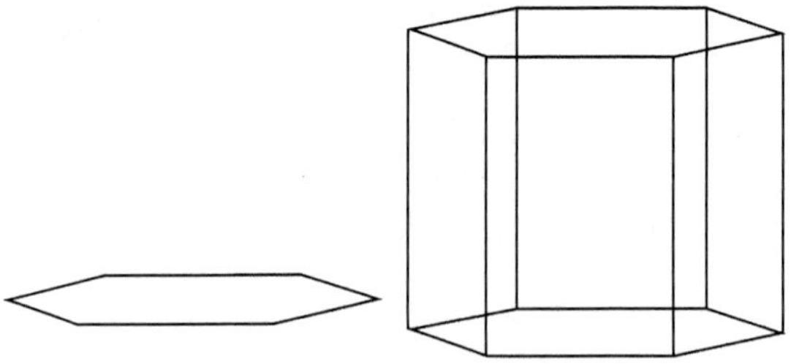

图 7-14

4. 旋转

（1）功能简介。

建模时，使用旋转命令即使将一个二维对象（可以是开放的也可以是封闭的）绕指定的轴线来创建三维曲面和实体。指定轴线可以是任意一条直线，也可以是坐标轴。

（2）命令使用。

工具栏：单击“创建”面板中的“旋转”按钮（旋转），执行旋转命令。

命令行：在命令行输入 REV/REVOLVE，并按回车键，执行旋转命令。

（3）实例演示。

下面运用旋转命令对一个图像进行处理。运行 AutoCAD2014 后，绘制一个曲线图形，再输入命令 REV，在命令提示行显示如下：

```
命令： _line
指定第一个点：
指定下一点或[放弃(U)]：
命令： _line
指定第一个点：
指定下一点或[放弃(U)]：
命令： _line
指定第一个点：
指定下一点或[放弃(U)]：
命令： _spline
当前设置：方式=拟合    节点=弦
指定第一个点或[方式(M)/节点(K)/对象(O)]：
输入下一个点或[起点切向(T)/公差(L)]：
命令： REV
REVOLVE
当前线框密度： ISOLINES=4，闭合轮廓创建模式=实体
找到 3 个
指定轴起点或根据以下选项之一定义轴[对象(O)/X/Y/Z]<对象>：
指定轴端点：
指定旋转角度或[起点角度(ST)/反转(R)/表达式(EX)]<360>：
```

根据以上提示完成图形的绘制工作及旋转工作，如图 7-15 所示。

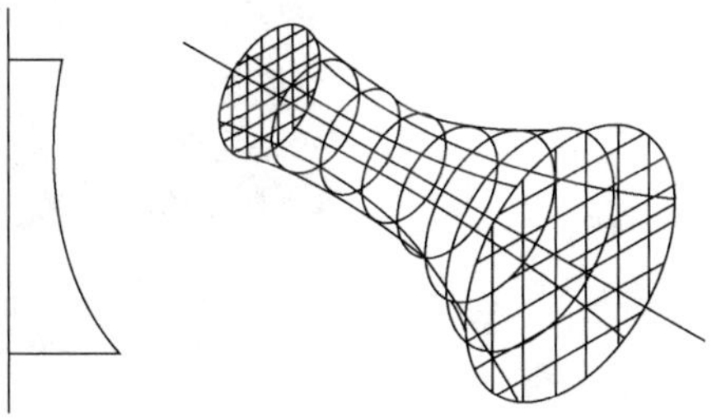

图 7-15

5. 放样

（1）功能简介。

使用放样命令，可以将包含两条或两条曲线以上的横截面曲线的一组曲线进行放样来创建三维实体。放样类似拉伸操作，但是放样可以使拉伸具有不同的截面形状。

（2）命令使用。

工具栏：单击“创建”面板中的“放样”按钮（放样），执行放样命令。

命令行：在命令行输入 LOFT，并按回车键，执行放样命令。

（3）实例演示。

下面运用放样命令对一个图像进行操作。运行 AutoCAD2014 后，绘制两个多边形，直接输入命令 LOFT，在命令提示行显示如下：

```
命令： _polygon 输入侧面数<4>： 5
指定正多边形的中心点或[边(E)]：
输入选项[内接于圆(I)/外切于圆(C)]<I>： I
指定圆的半径： 9
命令： PL
PLINE
指定起点：
当前线宽为 0.0000
指定下一个点或[圆弧(A)/半宽(H)/长度(L)/放弃(U)/宽度(W)]：
指定下一点或[圆弧(A)/闭合(C)/半宽(H)/长度(L)/放弃(U)/宽度(W)]：
指定下一点或[圆弧(A)/闭合(C)/半宽(H)/长度(L)/放弃(U)/宽度(W)]：
指定下一点或[圆弧(A)/闭合(C)/半宽(H)/长度(L)/放弃(U)/宽度(W)]：
指定下一点或[圆弧(A)/闭合(C)/半宽(H)/长度(L)/放弃(U)/宽度(W)]：
命令： LOFT
当前线框密度： ISOLINES=4，闭合轮廓创建模式=实体
按放样次序选择横截面或[点(PO)/合并多条边(J)/模式(MO)]： MO
闭合轮廓创建模式[实体(SO)/曲面(SU)]<实体>： SO
按放样次序选择横截面或[点(PO)/合并多条边(J)/模式(MO)]： 找到 1 个，总计 1 个
按放样次序选择横截面或[点(PO)/合并多条边(J)/模式(MO)]： 找到 1 个，总计 1 个
选中了 2 个横截面
输入选项[导向(G)/路径(P)/仅横截面(C)/设置(S)]<仅横截面>： C
```

根据以上提示完成多边形的绘制工作及放样工作，如图 7-16 所示。

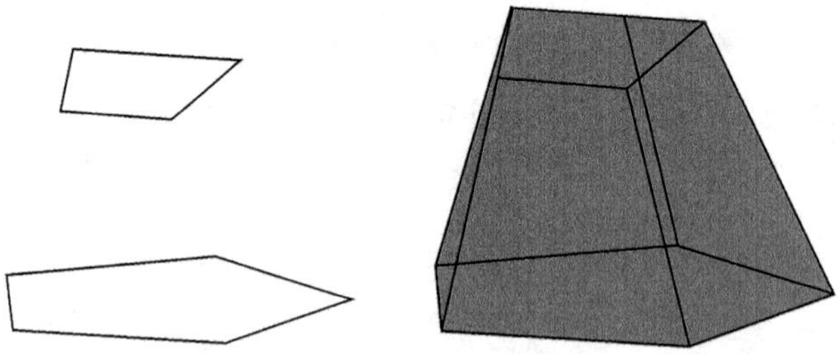

图 7-16

6. 扫掠

（1）功能简介。

创建三维实体中，使用扫掠命令可以使某些开放和封闭的图像沿二维路径扫掠来实现三维实体或曲面的建立。类似于拉伸命令中的沿路径拉伸。

（2）命令使用。

工具栏：单击“创建”面板中的“扫掠”按钮（），执行扫掠命令。

命令行：在命令行输入 SWEEP，并按回车键，执行扫掠命令。

（3）实例演示。

下面运用扫掠命令对一个图像进行处理。运行 AutoCAD2014 后，绘制一个图像和一条路径，再输入命令 SWEEP，在命令提示行显示如下：

```
命令: _arc
圆弧创建方向: 逆时针(按住 Ctrl 键可切换方向)
指定圆弧的起点或[圆心(C)]:
指定圆弧的第二个点或[圆心(C)/端点(E)]:<正交 关>
指定圆弧的端点:
命令: _pline
指定起点:
当前线宽为 0.0000
指定下一个点或[圆弧(A)/半宽(H)/长度(L)/放弃(U)/宽度(W)]:<正交 开> 2
指定下一点或[圆弧(A)/闭合(C)/半宽(H)/长度(L)/放弃(U)/宽度(W)]: 0.5
指定下一点或[圆弧(A)/闭合(C)/半宽(H)/长度(L)/放弃(U)/宽度(W)]: 1
指定下一点或[圆弧(A)/闭合(C)/半宽(H)/长度(L)/放弃(U)/宽度(W)]: 1
命令: SWEEP
当前线框密度: ISOLINES=4，闭合轮廓创建模式=实体
选择要扫掠的对象或[模式(MO)]: 找到 1 个
选择扫掠路径或[对齐(A)/基点(B)/比例(S)/扭曲(T)]:
命令: 3DO
3DORBIT 按 Esc 或 Enter 键退出，或者右击显示快捷菜单。
```

根据以上提示完成图形的绘制工作及扫掠工作，如图 7-17 所示。

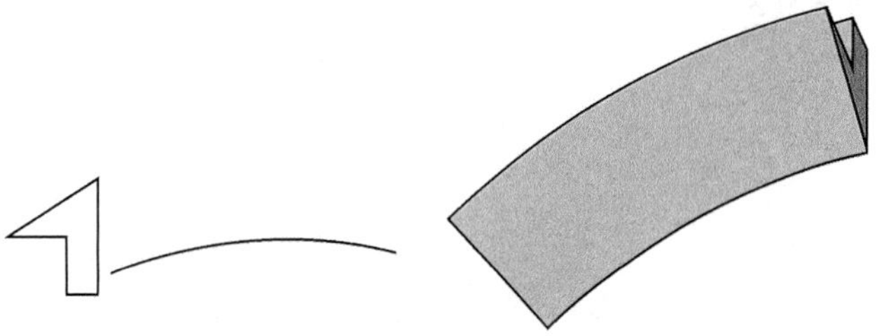

图 7-17

7.2.4　操作实训

根据所学知识绘制如图 7-18 和图 7-19 所示的图形。

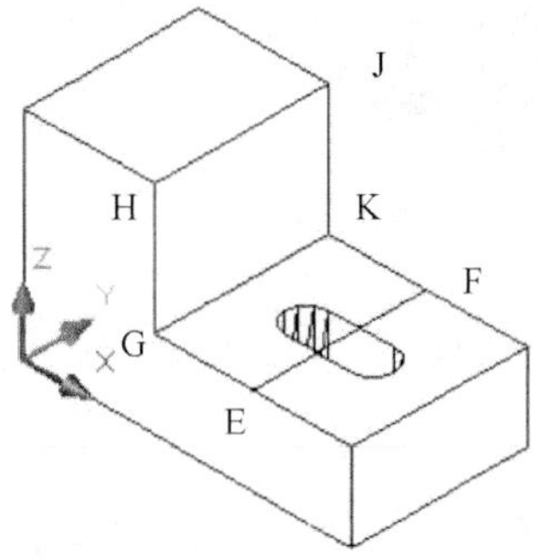

图 7-18

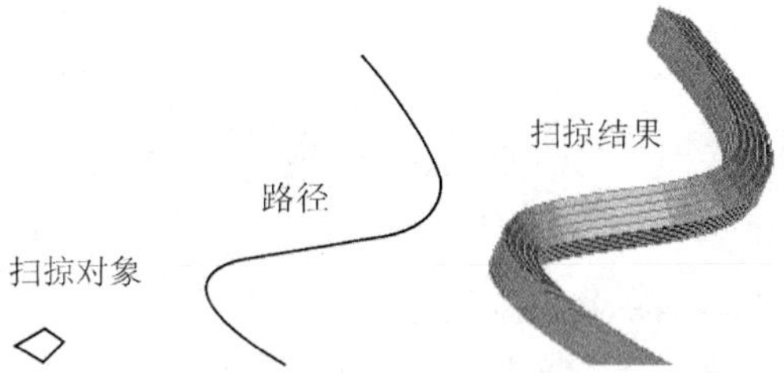

图 7-19

7.3 三维图形的编辑

7.3.1 移动

1. 功能简介

当需对三维图形进行移动时，可以使用二维绘图中的移动命令，操作方式相同，只是用距离移动图形对象时，必须输入沿 *X*、*Y*、*Z* 轴的距离值。

2. 命令使用

工具栏：单击“修改”面板中的“三维移动”按钮（ ），即可执行三维移动命令。

命令行：可直接输入命令 3M/3DMOVE，按回车键，执行三维移动命令。

3. 实例演示

下面运用三维移动命令对一个实体进行操作。运行 AutoCAD2014 后，绘制一个长方体和一个圆锥体，再输入命令 3M，在命令提示行显示如下：

```
命令: _box
指定第一个角点或[中心(C)]:
指定其他角点或[立方体(C)/长度(L)]:
指定高度或[两点(2P)]<1000.0000>:
命令: _cone
指定底面的中心点或[三点(3P)/两点(2P)/切点、切点、半径(T)/椭圆(E)]:
指定底面半径或[直径(D)]<600.0000>: 500
指定高度或[两点(2P)/轴端点(A)/顶面半径(T)]<713.6584>: 1500
命令: 3M
3DMOVE 找到 1 个
指定基点或[位移(D)]<位移>:
指定第二个点或<使用第一个点作为位移>:
```

根据以上提示完成实体的绘制工作及移动工作，如图 7-20 所示。

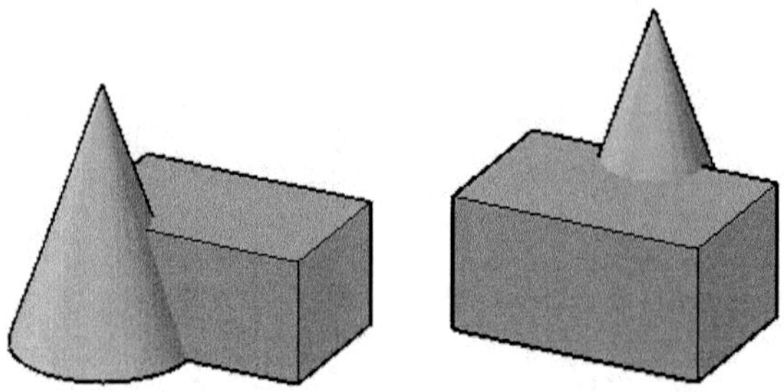

图 7-20

7.3.2 旋转

1. 功能简介

使用三维旋转命令能使对象在三维空间内绕任意基点、任意轴旋转，用户可以自由旋转对象和子对象。

2. 命令使用

工具栏：单击“修改”面板中的“旋转”按钮（），即可执行三维旋转命令。

命令行：可直接输入命令 3R/3DROTATE，按回车键，执行三维旋转命令。

3. 实例演示

下面运用三维旋转命令对一个实体进行操作。运行 AutoCAD2014 后，绘制一个楔体，再输入命令 3R，在命令提示行显示如下：

```
命令: _wedge
指定第一个角点或[中心(C)]:
指定其他角点或[立方体(C)/长度(L)]: @300,400
指定高度或[两点(2P)]<1047.9785>: 500
命令: 3R
3DROTATE
UCS 当前的正角方向:  ANGDIR=逆时针   ANGBASE=0.00
选择对象: 找到 1 个
指定基点:
拾取旋转轴:
指定角的起点或键入角度: 180
```

根据以上提示完成实体的绘制工作及旋转工作，如图 7-21 所示。

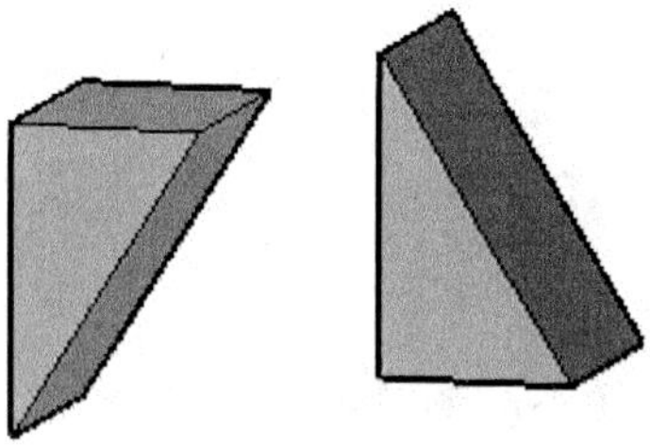

图 7-21

7.3.3　对齐

1. 功能简介

在二维和三维空间中使用对齐命令，是为了将对象与其他对象对齐。在操作中，可以为源对象指定单点、两点或三点，然后为目标对象指定相应的点。

2. 命令使用

工具栏：单击“修改”面板中的“三维对齐”按钮（），即可执行三维对齐命令。

命令行：可直接输入命令 3AL/3DALIGN，按回车键，执行三维旋转命令。

3. 实例演示

下面运用三维旋转命令对一个实体进行操作。运行 AutoCAD2014 后，绘制一个圆柱体和一个圆锥体，再输入命令 3AL，在命令提示行显示如下：

```
命令: _cylinder
指定底面的中心点或[三点(3P)/两点(2P)/切点、切点、半径(T)/椭圆(E)]:
指定底面半径或[直径(D)]<400.0000>: 300
指定高度或[两点(2P)/轴端点(A)]<-800.0000>: 400
命令: _cone
```

指定底面的中心点或[三点(3P)/两点(2P)/切点、切点、半径(T)/椭圆(E)]:
指定底面半径或[直径(D)]<300.0000>: 300
指定高度或[两点(2P)/轴端点(A)/顶面半径(T)]<400.0000>: 400
命令: 3AL
3DALIGN
选择对象: 找到 1 个
指定源平面和方向...
指定基点或[复制(C)]:
指定第二个点或[继续(C)]<C>:
指定目标平面和方向...
指定第一个目标点:
指定第二个目标点或[退出(X)]<X>:

根据以上提示完成实体的绘制工作及对齐工作，如图 7-22 所示。

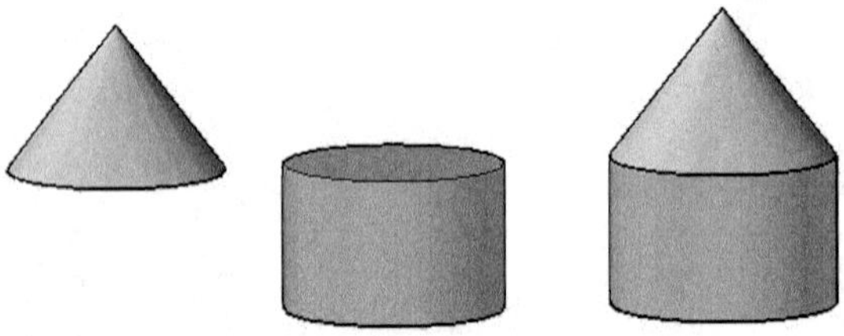

图 7-22

7.3.4 镜像

1. 功能简介

使用三维镜像命令与二维镜像不同的是，二维的镜像线变为三维镜像面，在镜像平面上选定对象的镜像副本。

2. 命令使用

工具栏：单击“修改”面板中的“三维镜像”按钮（），即可执行三维旋转命令。

命令行：可直接输入命令 MIRROR3D，按回车键，执行三维镜像命令。

3. 实例演示

下面运用三维镜像命令对一个实体进行操作。运行 AutoCAD2014 后，绘制一个棱锥体，再输入命令 MIRROR3D，在命令提示行显示如下：

命令: _pyramid
4 个侧面　外切
指定底面的中心点或[边(E)/侧面(S)]:
指定底面半径或[内接(I)]<1086.5651>: @400,400
指定高度或[两点(2P)/轴端点(A)/顶面半径(T)]<2067.8329>: 1000
命令: MIRROR3D
选择对象: 找到 1 个
指定镜像平面(三点)的第一个点或[对象(O)/最近的(L)/Z 轴(Z)/视图(V)/XY 平面(XY)/YZ 平面(YZ)/ZX 平面(ZX)/三点(3)]<三点>:
在镜像平面上指定第二点:

```
在镜像平面上指定第三点：
是否删除源对象？[是(Y)/否(N)]<否>: N
```

根据以上提示完成实体的绘制工作及镜像工作，如图 7-23 所示。

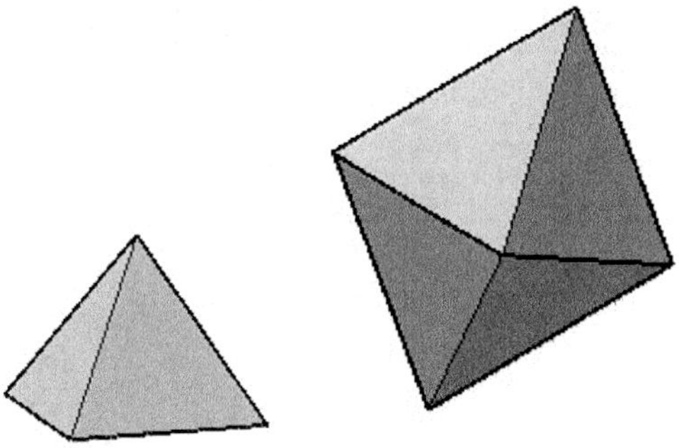

图 7-23

7.3.5　阵列

1. 功能简介

使用三维阵列命令可以按矩形或极轴排列方式创建对象的三维矩阵。使用三维矩形阵列，除行数和列数外，用户还可以指定 Z 方向的层数。使用三维环形阵列，用户可以通过空间任意两点指定旋转轴。

2. 命令使用

工具栏：单击“修改”面板中的“三维阵列”按钮（），即可执行三维阵列命令。

命令行：可直接输入命令 3DARRAY，按回车键，执行三维阵列命令。

3. 实例演示

下面运用三维阵列命令对一个实体进行操作。运行 AutoCAD2014 后，绘制一个棱锥体，再输入命令 3DARRAY，在命令提示行显示如下：

```
命令: _pyramid
4 个侧面　外切
指定底面的中心点或[边(E)/侧面(S)]:
指定底面半径或[内接(I)]<82434.5517>: 400
指定高度或[两点(2P)/轴端点(A)/顶面半径(T)]<1918.8215>: 2000
命令: 3DARRAY
选择对象: 找到 1 个
输入阵列类型[矩形(R)/环形(P)]<矩形>:P
输入阵列中的项目数目: 6
指定要填充的角度 (+=逆时针,-=顺时针)<360>:
旋转阵列对象？[是(Y)/否(N)]<Y>: Y
指定阵列的中心点:
指定旋转轴上的第二点:
```

根据以上提示完成实体的绘制工作及阵列工作，如图 7-24 所示。

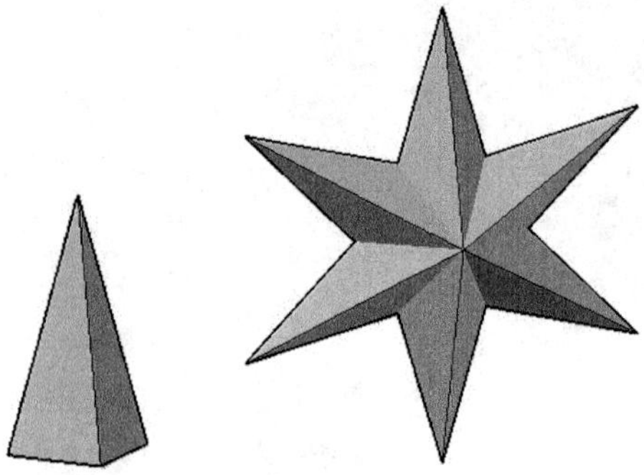

图 7-24

7.3.6　剖切

1. 功能简介

使用剖切命令可以剖切或分割现有对象创建新的三维实体和曲面。使用剖切命令时的剪切平面是通过 2 个点或 3 个点来定义的。剖切时可以保留剖切三维实体的一个或两个侧面。

2. 命令使用

工具栏：单击“实体编辑”面板中的“剖切”按钮（ ），即可执行剖切命令。

命令行：可直接输入命令 SL/SLICE，按回车键，执行剖切命令。

3. 实例演示

下面运用剖切命令对一个实体进行操作。运行 AutoCAD2014 后，绘制一个楔体，再输入命令 SL，在命令提示行显示如下：

```
命令： _wedge
指定第一个角点或[中心(C)]：
指定其他角点或[立方体(C)/长度(L)]： @1000,1000
指定高度或[两点(2P)]<1000.0000>： 1000
命令： _vscurrent
输入选项[二维线框(2)/线框(W)/隐藏(H)/真实(R)/概念(C)/着色(S)/带边缘着色(E)/灰度(G)/勾画(SK)/X 射线(X)/其他(O)]<灰度>： _2d 正在重生成模型。
命令： SL
SLICE
选择要剖切的对象： 找到 1 个
选择要剖切的对象：
指定切面的起点或[平面对象(O)/曲面(S)/Z 轴(Z)/视图(V)/XY(XY)/YZ(YZ)/ZX(ZX)/三点(3)]<三点>： 3
指定平面上的第一个点：
指定平面上的第二个点：
指定平面上的第三个点：
在所需的侧面上指定点或[保留两个侧面(B)]<保留两个侧面>： B
命令： 3M
3DMOVE 找到 1 个
指定基点或[位移(D)]<位移>：
指定第二个点或<使用第一个点作为位移>：
```

根据以上提示完成实体的绘制工作及剖切工作，如图 7-25 所示。

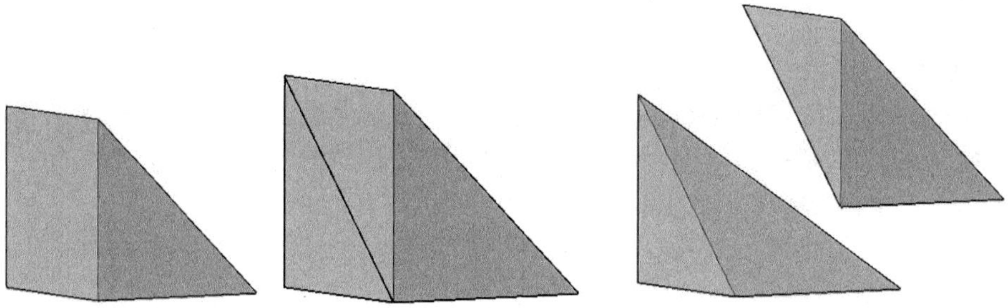

图 7-25

7.3.7　分解

1. 功能简介

在三维中使用分解命令和二维中使用大致相同，都是将复合对象分解为其部件对象。使用此命令主要是为了在单独修改复合对象的部件时，分解复合对象。不过在三维对实体进行修改时，需要进行多次分解，第一次分解是将实体分解成面，第二次将面分解成线等。

2. 命令使用

菜单栏：选择“修改”→“分解”，即可调出菜单命令。

命令行：可直接输入命令 X/EXPLODE，按回车键。

工具栏：在常用工具栏中单击。

3. 实例演示

下面运用分解命令对一个实体进行操作。运行 AutoCAD2014 后，绘制一个圆柱体，再输入命令 X，在命令提示行显示如下：

```
命令: _cylinder
指定底面的中心点或[三点(3P)/两点(2P)/切点、切点、半径(T)/椭圆(E)]:
指定底面半径或[直径(D)]<2000.0000>: 1000
指定高度或[两点(2P)/轴端点(A)]<2000.0000>: 2000
命令: X
EXPLODE
选择对象:找到 1 个
命令: X
EXPLODE 找到 1 个
命令: X
EXPLODE 找到 1 个
```

根据以上提示完成实体的绘制工作及分解工作，如图 7-26 所示。

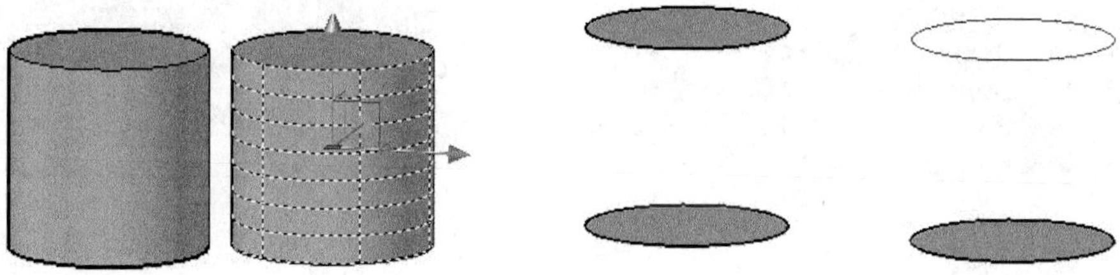

图 7-26

7.3.8 圆角

1. 功能简介

在三维实体编辑中使用圆角命令，可以为实体对象的边制作圆角。在使用此命令时，可以选择多条边，输入圆角半径值或单击并拖动圆角夹点。三维中的圆角命令只能对实体的边进行编辑，不能对面模型进行编辑。

2. 命令使用

工具栏：单击“实体编辑”面板中的“圆角边”按钮（ ），即可执行三维圆角边命令。

命令行：可直接输入命令 FILLETEDGE，按回车键，执行三维圆角边命令。

3. 实例演示

下面运用圆角命令对一个实体进行操作。运行 AutoCAD2014 后，绘制一个长方体，再输入命令 FILLETEDGE，在命令提示行显示如下：

```
命令: _box
指定第一个角点或[中心(C)]:
指定其他角点或[立方体(C)/长度(L)]: 10000
指定高度或[两点(2P)]<10791.2422>: 2000
命令: _box
指定第一个角点或[中心(C)]:
指定其他角点或[立方体(C)/长度(L)]: 3000
指定高度或[两点(2P)]<2000.0000>: 5000
命令: FILLETEDGE
半径=4233.2544
选择边或[链(C)/环(L)/半径(R)]:
选择边或[链(C)/环(L)/半径(R)]:
已选定 1 个边用于圆角。
按 Enter 键接受圆角或[半径(R)]:
>>指定半径或[退出(X)]:
正在恢复执行 FILLETEDGE 命令。
按 Enter 键接受圆角或[半径(R)]:
```

根据以上提示完成实体的绘制工作及圆角工作，如图 7-27 所示。

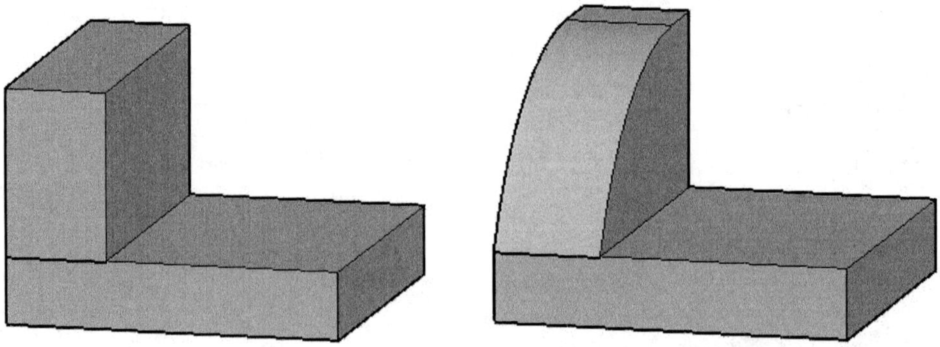

图 7-27

7.3.9　倒角

1. 功能简介

在三维实体编辑中使用圆角命令，可以为实体对象的边制作倒角。在使用此命令时，可以选择属于同个面多条边，输入倒角距离值或单击并拖动倒角夹点。三维中的倒角命令只能对实体的边进行编辑，不能对面模型进行编辑。

2. 命令使用

工具栏：单击“实体编辑”面板中的“倒角边”按钮（ ），即可执行三维倒角边命令。

命令行：可直接输入命令 CHAMFEREDGE，按回车键，执行三维倒角边命令。

3. 实例演示

下面运用倒角命令对一个实体进行操作。运行 AutoCAD2014 后，绘制一个长方体，再输入命令 CHAMFEREDGE，在命令提示行显示如下：

```
命令: _box
指定第一个角点或[中心(C)]:
指定其他角点或[立方体(C)/长度(L)]: @4000,4000
指定高度或[两点(2P)]<4000.0000>: 4000
命令: CHAMFEREDGE
距离 1=1.0000，距离 2=1000.0000
选择一条边或[环(L)/距离(D)]:
选择同一个面上的其他边或[环(L)/距离(D)]: D
指定距离 1 或[表达式(E)]<1.0000>: 500
指定距离 2 或[表达式(E)]<1000.0000>: 500
选择同一个面上的其他边或[环(L)/距离(D)]:
选择同一个面上的其他边或[环(L)/距离(D)]:
选择同一个面上的其他边或[环(L)/距离(D)]:
选择同一个面上的其他边或[环(L)/距离(D)]:
按 Enter 键接受倒角或[距离(D)]:
```

根据以上提示完成实体的绘制工作及倒角工作，如图 7-28 所示。

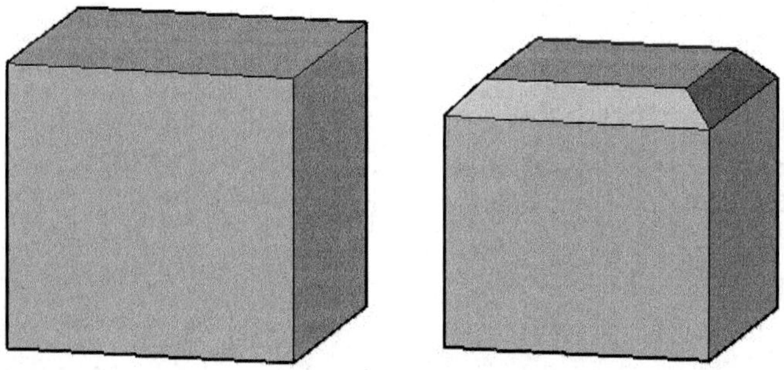

图 7-28

7.3.10　编辑实体边

三维编辑实体和二维图形一样，都是通过修改命令对创建好的图形进行编辑和修改的。对三维图形编辑实体边包括“复制边”“着色边”“压印”“提取边”。

1. 复制边

（1）功能简介。

将三维实体上的选定边复制为二维圆弧、圆、椭圆、直线或样条曲线。

（2）命令使用。

菜单栏：选择“修改”→“实体编辑”→“复制边”，即可调出菜单命令。

命令行：可直接输入命令 SOLIDEDIT，按回车键。

工具栏：在常用工具栏中单击。

（3）实例演示。

下面运用复制命令对一个实体进行操作。运行 AutoCAD2014 后，绘制一个长方体，再输入命令 SOLIDEDIT，在命令提示行显示如下：

```
命令：SOLIDEDIT
实体编辑自动检查： SOLIDCHECK=1
输入实体编辑选项[面(F)/边(E)/体(B)/放弃(U)/退出(X)]<退出>：E
输入边编辑选项[复制(C)/着色(L)/放弃(U)/退出(X)]<退出>：C
选择边或[放弃(U)/删除(R)]：
选择边或[放弃(U)/删除(R)]：
指定基点或位移：
指定位移的第二点：
```

2. 着色边

（1）功能简介。

更改三维实体上选定边的颜色。

（2）命令使用。

菜单栏：选择“修改”→“实体编辑”→“着色边”，即可调出菜单命令。

命令行：可直接输入命令 SOLIDEDIT，按回车键。

工具栏：在常用工具栏中单击。

（3）实例演示。

下面运用着色命令对一个实体进行操作。运行 AutoCAD2014 后，绘制一个长方体，再输入命令 SOLIDEDIT，在命令提示行显示如下：

```
命令：SOLIDEDIT
实体编辑自动检查： SOLIDCHECK=1
输入实体编辑选项[面(F)/边(E)/体(B)/放弃(U)/退出(X)]<退出>：E
输入边编辑选项[复制(C)/着色(L)/放弃(U)/退出(X)]<退出>：L
选择边或[放弃(U)/删除(R)]：
选择边或[放弃(U)/删除(R)]：
```

3. 压印

（1）功能简介。

将二维几何图形压印到三维实体上，从而在平面上创建更多的边。

（2）命令使用。

菜单栏：选择“修改”→“实体编辑”→“压印”，即可调出菜单命令。

命令行：可直接输入命令 IMPRINT，按回车键。

工具栏：在常用工具栏中单击。

（3）实例演示。

下面运用压印命令对一个实体进行操作。运行 AutoCAD2014 后，绘制一个长方体，再输入 IMPRINT 命令，在命令提示行显示如下：

```
命令: _imprint
选择三维实体或曲面:
选择要压印的对象:
是否删除源对象[是(Y)/否(N)]<N>: Y
```

4. 提取边

（1）功能简介。

通过三维实体、曲面、网格、面域或子对象的边创建线框几何图形。

（2）命令使用。

菜单栏：选择“修改”→“实体编辑”→“提取边”，即可调出菜单命令。

命令行：可直接输入命令 XEDGES，按回车键。

工具栏：在常用工具栏中单击。

（3）实例演示。

下面运用提取边命令对一个实体进行操作。运行 AutoCAD2014 后，绘制一个长方体，再输入 XEDGES 命令，在命令提示行显示如下：

```
命令: _xedges
选择对象: 找到 1 个
选择对象:
```

7.3.11　编辑实体面

1. 功能简介

实体面的编辑包括“拉伸面”“移动面”“偏移面”“删除面”“旋转面”“倾斜面”“复制面”“着色面”。

2. 命令操作

菜单栏：选择“修改”→“实体编辑”→“拉伸面/移动面/偏移面/删除面/旋转面/倾斜面/复制面/着色面”，即可调出菜单命令。

命令行：可直接输入命令 SOLIDEDIT，按回车键。

工具栏：在常用工具栏中单击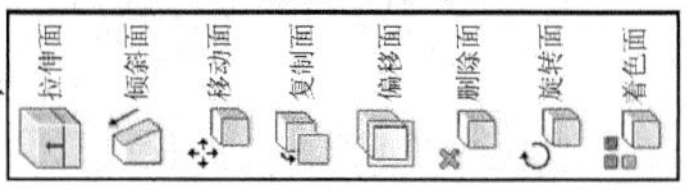

。

3. 实例演示

下面运用提取边命令对一个实体进行操作。运行 AutoCAD2014 后，绘制一个长方体，再输入 SOLIDEDIT 命令，在命令提示行显示如下：

```
命令: _solidedit
实体编辑自动检查: SOLIDCHECK=1
输入实体编辑选项[面(F)/边(E)/体(B)/放弃(U)/退出(X)]<退出>: _face
输入面编辑选项
[拉伸(E)/移动(M)/旋转(R)/偏移(O)/倾斜(T)/删除(D)/复制(C)/颜色(L)/材质(A)/放弃
```

```
(U)/退出(X)]<退出>: _extrude
选择面或[放弃(U)/删除(R)]: 找到一个面
选择面或[放弃(U)/删除(R)/全部(ALL)]:
指定拉伸高度或[路径(P)]: p 选择拉伸路径:
已开始实体校验。
```

7.3.12　创建三维厚度

1. 功能简介

在三维实体编辑中创建三维厚度，可以使用抽壳命令、分割命令、清除命令或检查命令。使用抽壳命令，将三维实体转换为中空壳体，其壁具有指定的厚度。使用分割命令，将具有多个不连续部分的三维实体对象分割成独立的三维实体（主要用于并集和差集操作导致生成的由多个连续体组成的一个三维实体的分割）。使用清除命令是为了删除三维实体上所有冗余的边和顶点。使用检查命令可以用作高度复杂的三维实体模型中的比较阶段的调试工具。

2. 命令使用

工具栏：单击“实体编辑”面板中的“分割”按钮（），即可执行分割命令。单击“实体编辑”面板中的“抽壳”按钮（），即可执行抽壳命令。单击“实体编辑”面板中的“检查”按钮（），即可执行检查命令。单击“实体编辑”面板中的“清除”按钮（），即可执行清除命令。

菜单栏：选择“修改”→“实体编辑”→“分割”（“抽壳”、“清除”、“检查”），即可调出菜单命令。

命令行：可直接输入命令 SOLIDEDIT,按回车键。

3. 实例演示

下面运用抽壳命令对一个实体进行操作。运行 AutoCAD2014 后，绘制一个长方体，直接输入命令 SOLIDEDIT，在命令提示行显示如下：

```
命令: _box
指定第一个角点或[中心(C)]:
指定其他角点或[立方体(C)/长度(L)]: @4000,5000
指定高度或[两点(2P)]<6000.0000>: 6000
命令: SOLIDEDIT
实体编辑自动检查: SOLIDCHECK=1
输入实体编辑选项[面(F)/边(E)/体(B)/放弃(U)/退出(X)]<退出>: B
输入体编辑选项[压印(I)/分割实体(P)/抽壳(S)/清除(L)/检查(C)/放弃(U)/退出(X)]<退出>: S
选择三维实体:
删除面或[放弃(U)/添加(A)/全部(ALL)]: 找到一个面，已删除 1 个
删除面或[放弃(U)/添加(A)/全部(ALL)]: 找到一个面，已删除 1 个
删除面或[放弃(U)/添加(A)/全部(ALL)]:
输入抽壳偏移距离: 10
已开始实体校验
已完成实体校验
```

根据以上提示完成实体的绘制工作及抽壳工作，如图 7-29 所示。

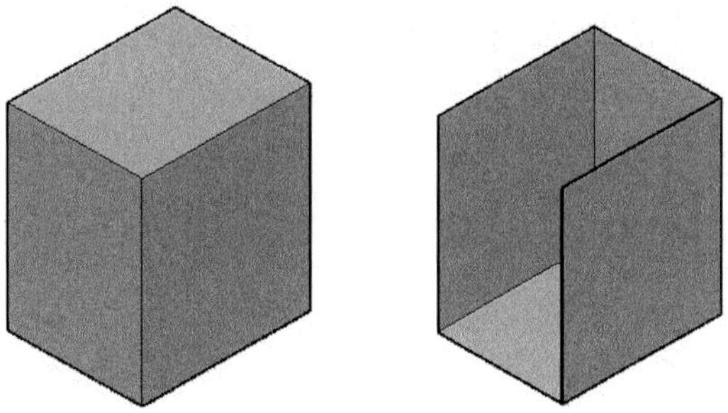

图 7-29

7.3.13　编辑实体

1. 实例操作——台阶的绘制

本例将绘制一个台阶的三维实体。

操作步骤如下。

（1）运行 AutoCAD2014，启用三维建模空间，设置绘图环境。

（2）在下拉菜单视图栏单击三维视图，选择前视视图，设置为当前绘图区。

（3）使用多段线（pl）命令，绘制踏步的前视图，每级踏步按高 250、宽 500 绘图。绘制 3 级台阶，如图 7-30 所示。

（4）转换视图，将视图调整为东南等轴测，台阶如图 7-31 所示。

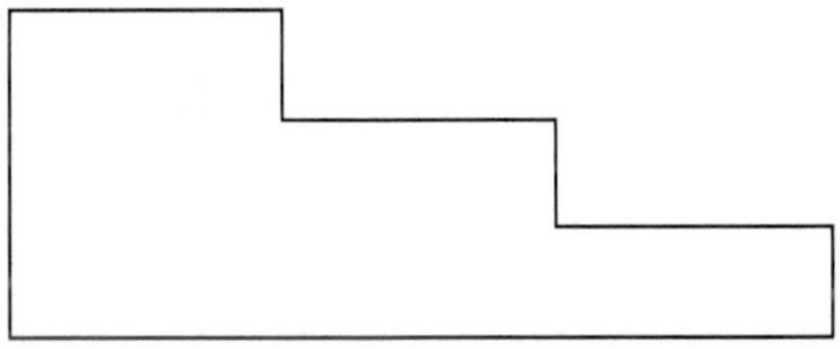

图 7-30

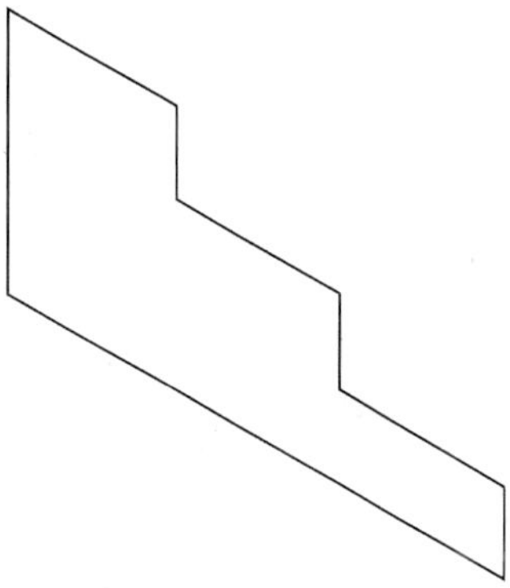

图 7-31

（5）在台阶的底点画直线，以 *A* 为起点，以 *Z* 为方向画一条长为 2000 的水平直线，如图 7-32 所示。

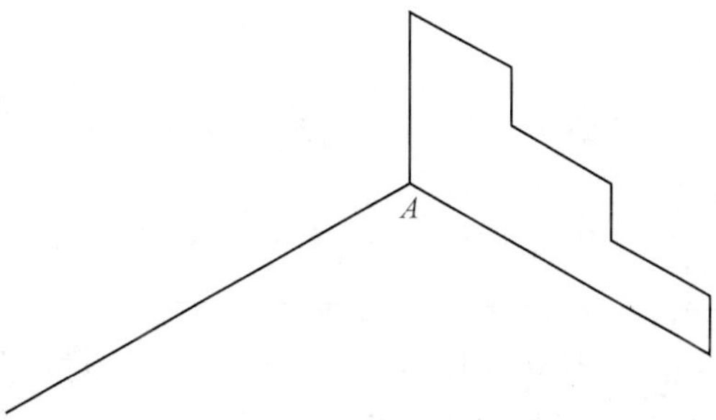

图 7-32

（6）使用拉伸命令，沿路径拉伸台阶前视图，得到台阶的三维模型，如图 7-33 所示。

（7）单击视图中的消隐，得到台阶的实体图，如图 7-34 所示。

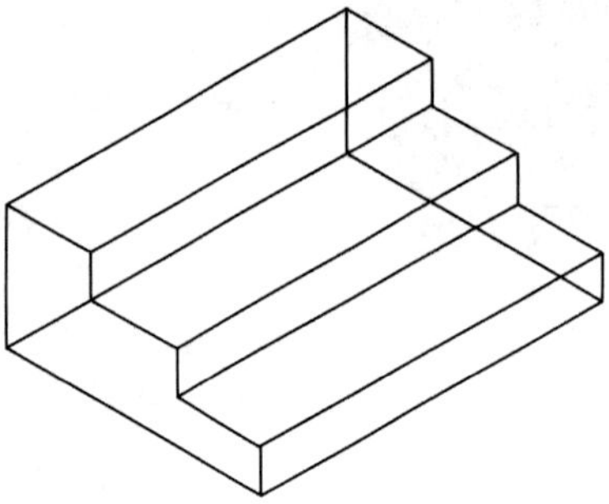

图 7-33

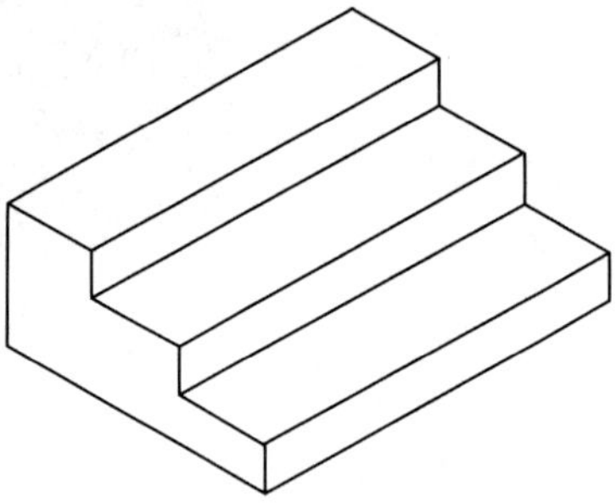

图 7-34

2. 实例操作——方桌的绘制

本例将绘制一个方桌的三维实体。

操作步骤如下。

（1）运行 AutoCAD2014，启用三维建模空间，设置绘图环境。

（2）在下拉菜单视图栏单击三维视图，选择东南等轴测视图，设置为当前绘图区。

（3）应用长方体命令，绘制一个 500mm×500mm×15mm 的长方体，如图 7-35 所示。

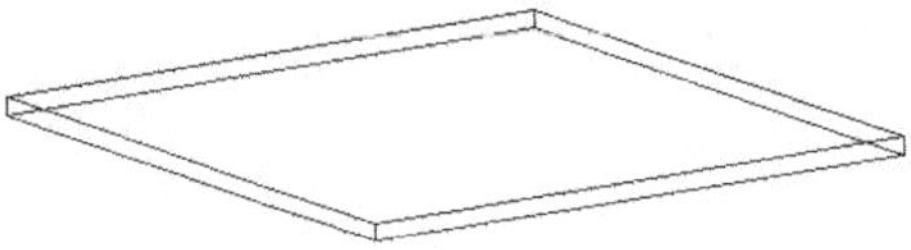

图 7-35

（4）再执行矩形命令，在长方体顶面绘制一个 500mm×500mm 的矩形与长方体顶面重合，用偏移命令将矩形向里面偏移 20mm，如图 7-36 所示。

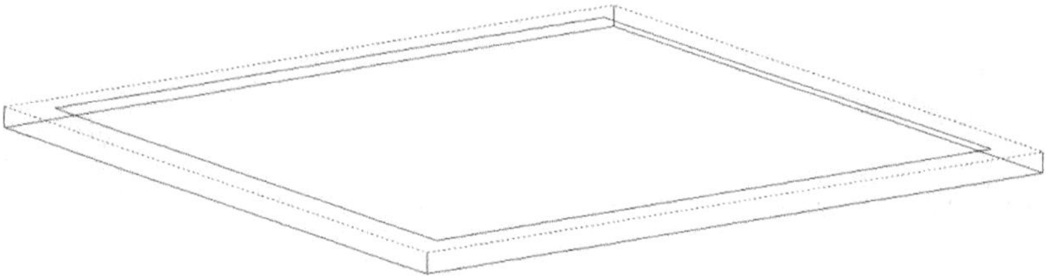

图 7-36

（5）执行拉伸命令，将里面的小矩形向上拉伸 15mm，再重复第（4）步，将拉伸完成的矩形顶面先内偏移 120mm，如图 7-37 所示。

（6）再使用拉伸命令，将最里面的矩形向上拉伸 500mm，再按照第（3）步，在上面绘制一个 700mm×700mm×40mm 的长方体，如图 7-38 所示。

（7）然后对它的各个面进行着色处理，使用着色面命令，对各个面着色，如图 7-39 所示。

（8）最后删除刚刚所画的矩形辅助线，单击视图中的消隐，得到图形，如图 7-40 所示。

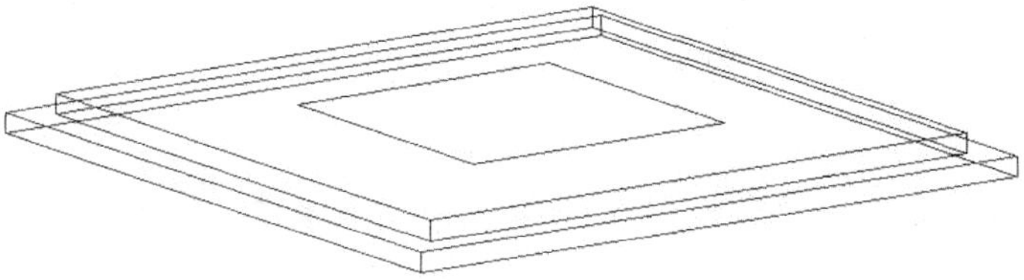

图 7-37

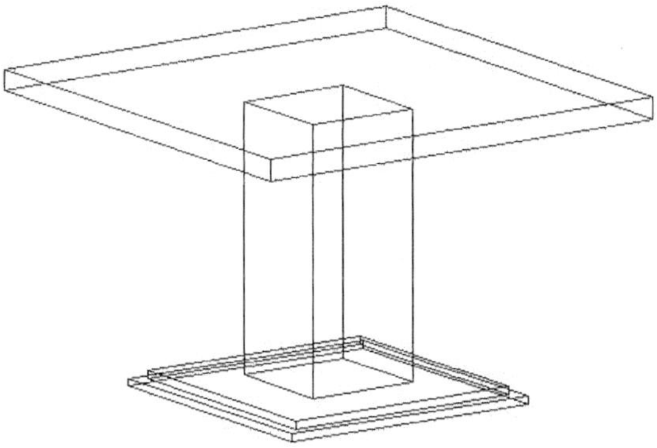

图 7-38

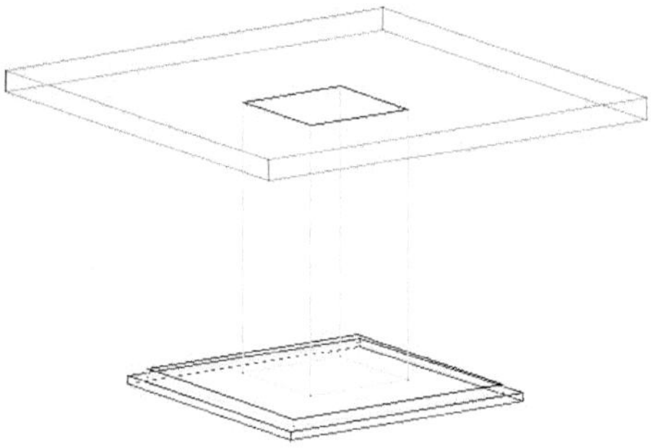

图 7-39

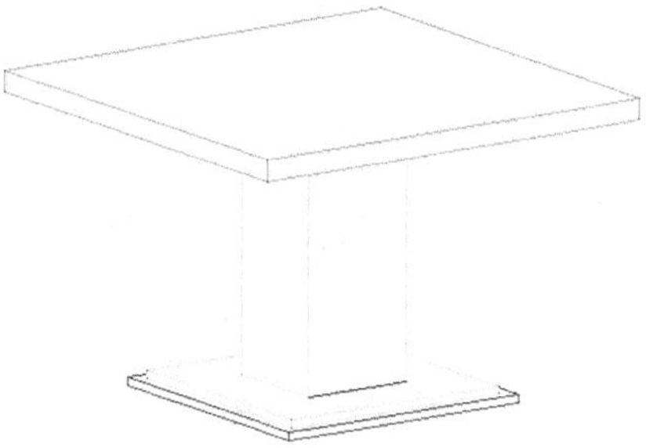

图 7-40

7.3.14　操作实训

根据所学知识绘制如图 7-41 和图 7-42 所示的图形。

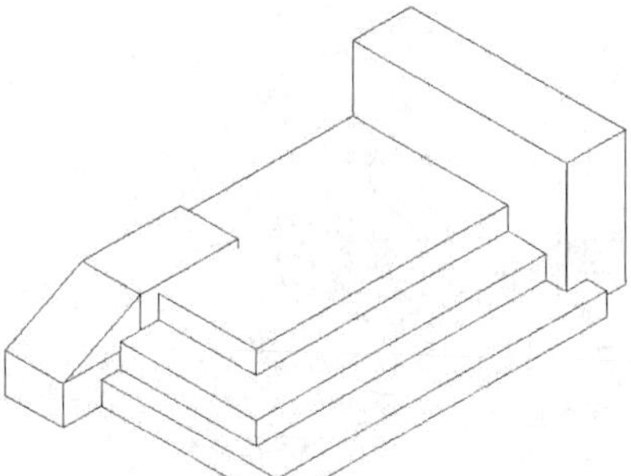

图 7-41

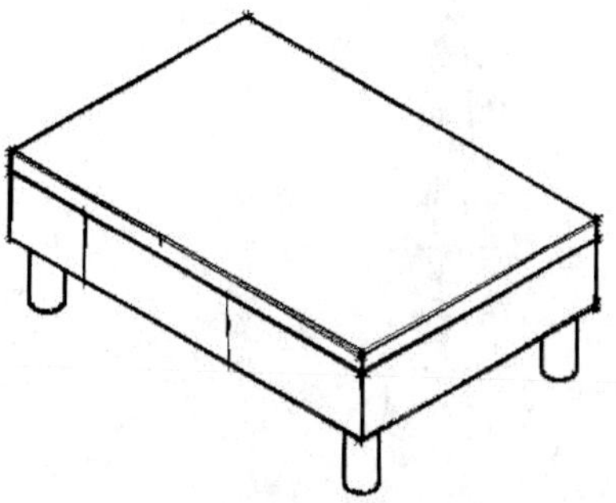

图 7-42

7.4 思考与练习

（1）利用长方体命令、拉伸命令、楔体命令、圆锥命令、布尔运算等绘制如图 7-43 和图 7-44 所示的图形。

（2）利用阵列命令、螺旋线命令、拉伸命令等绘制如图 7-45 所示的图形。

（3）在 CAD 中绘制如图 7-46 所示的图形，并启用三维动态观察器观察。

（4）根据所学知识，绘制如图 7-47 所示的花盆。

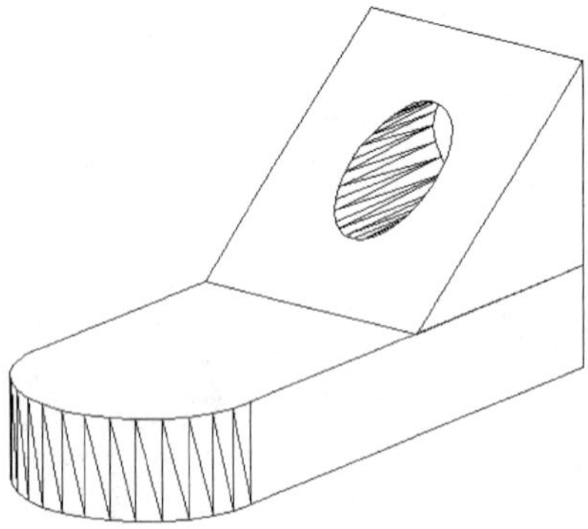

图 7-43

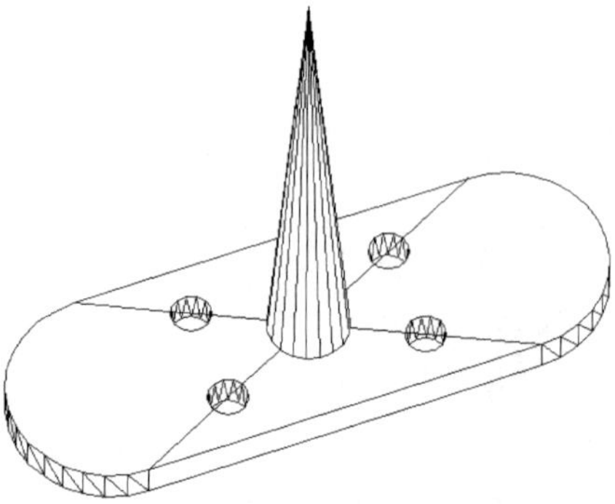

图 7-44

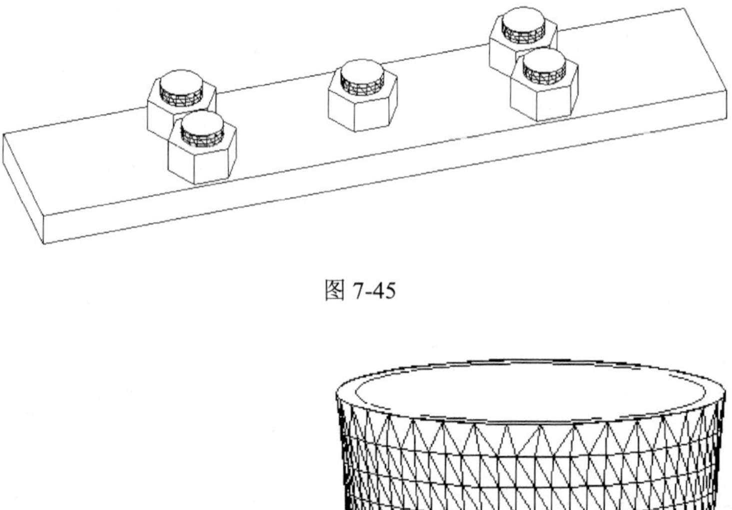

图 7-45

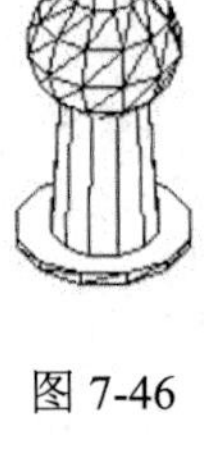

图 7-46

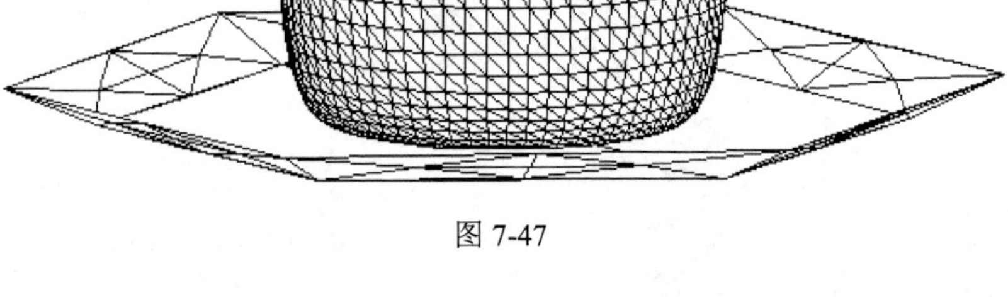

图 7-47

第 8 章　AutoCAD2014 高级应用

8.1　图块基本操作

8.1.1　创建图块

1. 功能简介

在利用 AutoCAD2014 绘制工程图的过程中，如果要绘制较为复杂且需要重复绘制图形，可把相应图形定义块，并插入所需的位置。使用块不仅可以提高效率，而且可以节省空间。

2. 命令使用

命令行：可直接输入命令 B/BLOCK。

面板：在默认选项板中的块面板中单击 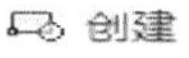

。

面板：在插入选项板中的块定义面板中单击 

。

3. 实例演练

下面运用创建图块命令创建一个图块。在运行 AutoCAD2014 后，直接输入命令 B，出现如图 8-1 所示对话框。

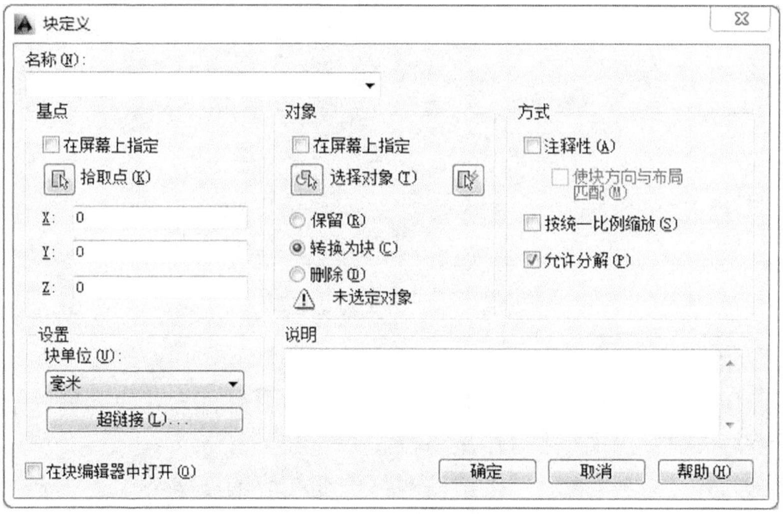

图 8-1　块定义对话框

对块定义对话框说明如下。

（1）名称：创建定义块的名称。

（2）基点：确定图块的插入点位置，系统的默认值为原点。

（3）对象：确定构成块的对象，并选择是否转换为块或是否保留原图形。

（4）方式：选择构成块图形的显示方式。

（5）设置：选择块的单位以及是否超链接。

（6）说明：指定块的文字说明。

完成相关设置和选取后，内部图块创建完成。

8.1.2　图块的保存

1. 功能简介

在 AutoCAD2014 中，可对相应的图块进行保存，以备以后调用。

2. 命令使用

命令行：可直接输入命令 W/WBLOCK。

面板：在插入选项板中的块定义面板中单击 

。

3. 实例演练

下面运用写块的命令保存一个图块。在运行 AutoCAD2014 后，直接输入命令 W，出现如图 8-2 所示对话框。

图 8-2　写块对话框

对写块对话框的主要说明如下。

（1）源：可把已有的内部块或当前的全部或部分图形另存为其他文件。

（2）目标：设置文件名和文件的存储路径。

进行相应设置后，单击“确定”按钮，即可保存相应的图块。

8.1.3　图块的插入

1. 功能简介

在利用 AutoCAD2014 绘制工程图的过程中，可根据需要在相应的位置插入已保存的图块。

2. 命令使用

命令行：可直接输入命令 I/INSERT。

面板：在默认选项板中的块面板中单击 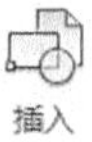

。

面板：在插入选项板中的块面板中单击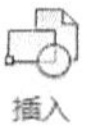

。

3. **实例演练**

下面运用插入图块的命令插入一个图块。在运行 AutoCAD2014 后，直接输入命令 I，出现如图 8-3 所示对话框。

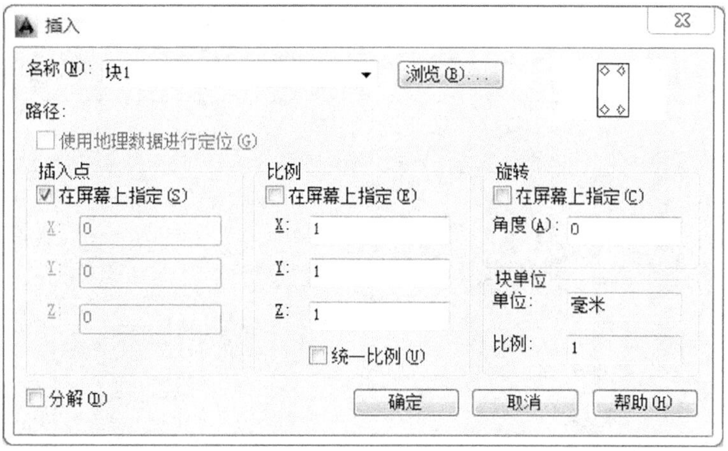

图 8-3　插入对话框

对插入对话框的说明如下。

（1）名称:选择插入块的名称或通过单击浏览来选择相应的图形。

（2）插入点：选择要插入块的位置。(可通过屏幕上指定，也可直接输入相应的坐标)

（3）比例：选择插入的缩放比例。(可通过设置确定 *XYZ* 相应方向的比例，也可选中统一比例，使各方向的比例一致)

（4）旋转：设置插入块的旋转角度。

（5）分解：设置是否把块分解为基本对象。

完成相应设置后单击“确定”按钮，插入图块结束。

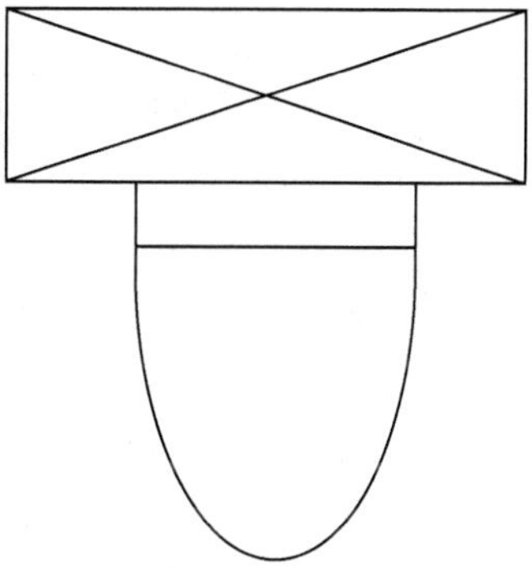

图 8-4　马桶

8.1.4　操作实训

根据所学知识，创建如图 8-4 所示的操作，并把图 8-4 设置为块，块命名为马桶，并保存到相应位置。

8.2　图块的属性

8.2.1　定义图块属性

1. **功能简介**

图块属性是属于块的非图形信息，同时也是块不可缺少的一部分。在 AutoCAD2014 中，一般先创建图块，再进行相应的属性编辑。

2. 命令使用

命令行：可直接输入命令 ATT/ATTDEF。

面板：在插入选项板中的块定义面板中单击 

。

3. 操作实训

下面运用插入图块的命令插入一个图块。在运行 AutoCAD2014 后，直接输入命令 ATT，出现如图 8-5 所示对话框。

图 8-5　属性定义对话框

对属性定义对话框的说明如下。

（1）模式。

① 不可见：设置属性的可见或不可见。

② 固定：把属性设为固定值。

③ 验证：对输入的属性值进行验证。

④ 预设：设置属性值是否为默认值。

⑤ 锁定位置：设置插入块的固定位置。

⑥ 多行：标注块属性时可用多行文字。

（2）插入点。

图块属性的插入位置。

（3）属性。

① 标记：用于设置属性的标记名。

② 提示：指定在插入包含该属性定义的块时显示的提示。

③ 默认：指定默认的属性值。

（4）文字设置。

对文字进行文字样式、文字高度等特性的设置。

进行相关设置后，定义属性结束，如图 8-6 所示。

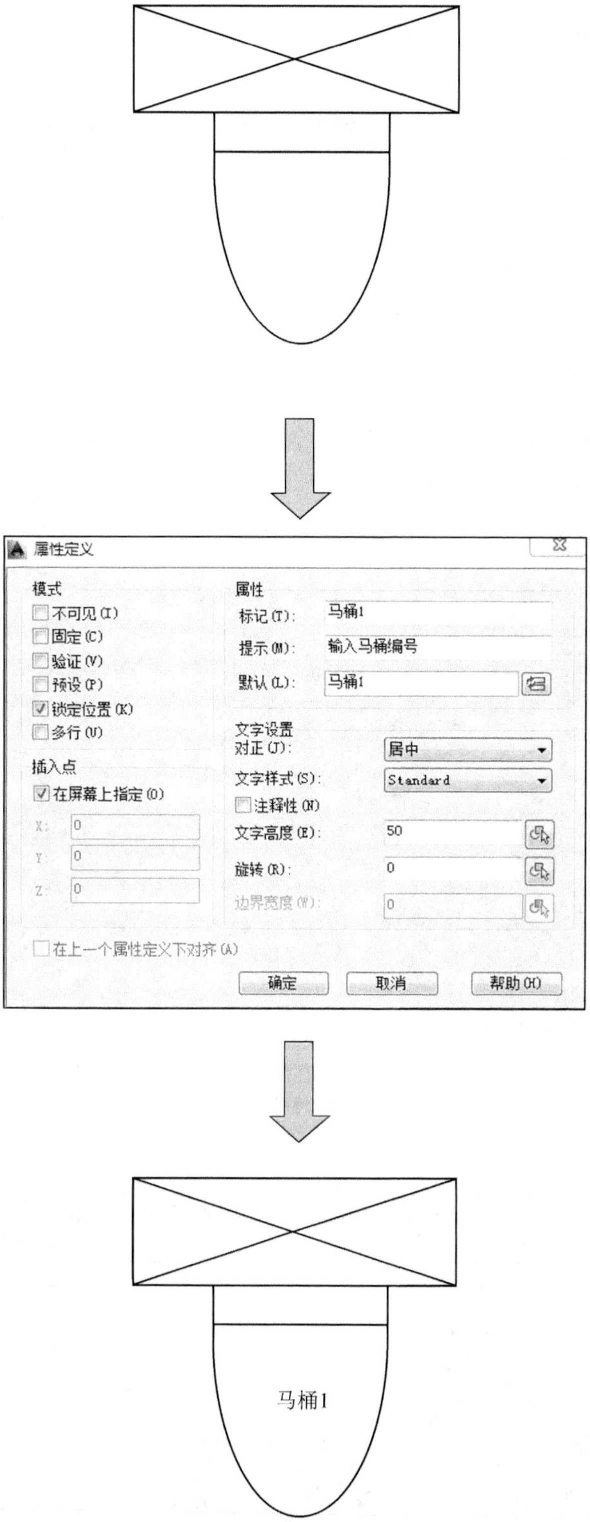
属性定义
模式
不可见(I)
固定(C)
验证(V)
预设(P)
锁定位置(K)
多行(U)
属性
标记(T): 马桶1
提示(M): 输入马桶编号
默认(L): 马桶1
文字设置
对正(J): 居中
文字样式(S): Standard
注释性(N)
文字高度(E): 50
旋转(R): 0
边界宽度(W): 0
插入点
在屏幕上指定(O)
X: 0
Y: 0
Z: 0
在上一个属性定义下对齐(A)
确定
取消
帮助(H)
马桶1

图 8-6 定义属性

8.2.2　修改图块属性

1. 功能简介

在利用 AutoCAD2014 绘制工程图的过程中，由于实际需要，可能会对先前定义的属性进行调整，这时就需要修改图块属性。

2. 命令使用

命令行：可直接输入命令 ATE/ATTEDIT。

面板：在插入选项板中的块面板中单击 

。

3. 操作实训

下面运用插入图块的命令插入一个图块。在运行 AutoCAD2014 后，直接输入命令 ATE，选中参照物后，出现如图 8-7 所示对话框。

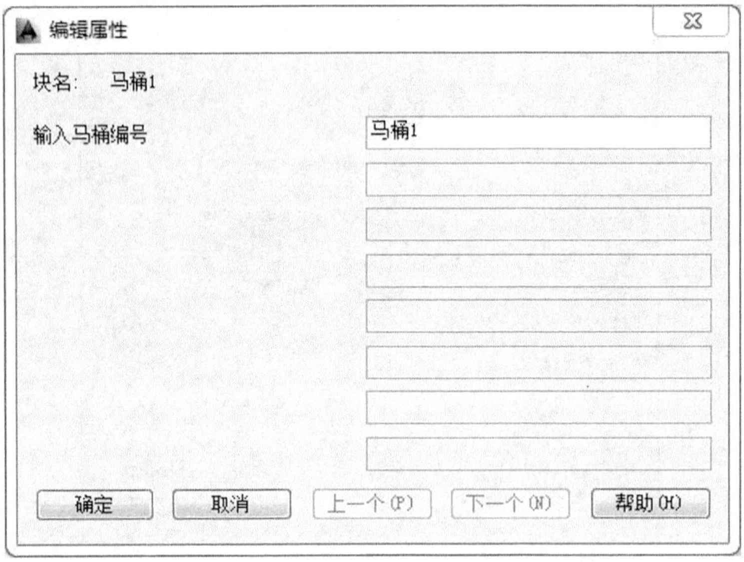

图 8-7　编辑属性对话框

修改编号后，结果如图 8-8 所示。

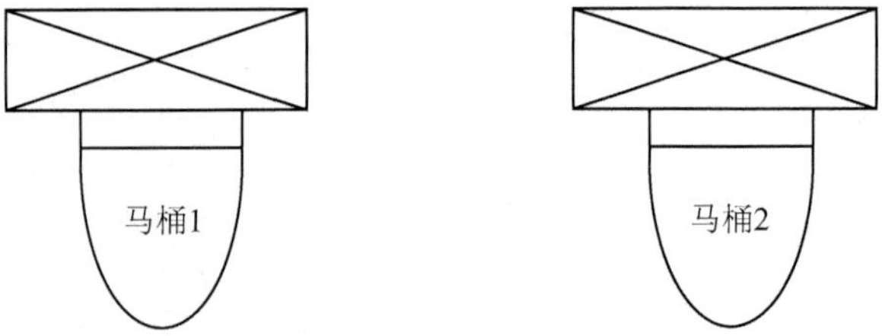

图 8-8　修改属性

对于创建了属性块的图形，可直接双击该图形，出现如图 8-9 所示对话框。

对其进行相应编辑，也可以修改属性。

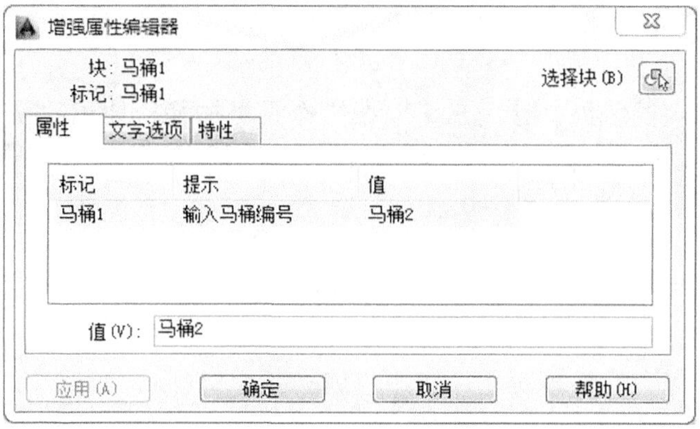

图 8-9　增强属性编辑器

8.2.3　操作实训

根据所学知识完成如图 8-10 和图 8-11 所示的操作。

图 8-10　创建图块，并定义相应属性

图 8-11　对图 8-10 进行属性修改

8.3　动　态　块

块图形的应用非常方便，但是其有一个很大的问题，就是它是全局的，只能全局同步地缩放。无法应用于外形相同，但内部结构不同的图形。动态块是在 AutoCAD2006 版本以后新增的功能。动态块定义了一些自定义特性，可用于在位调整块，而无须重新定义该块或插入另一块。

8.3.1　动态图块的过程

1. 动态块概述

动态块就是“会动”的块，所谓“会动”是指可以根据需要对块的整体或局部进行动态调整。“会动”使动态块不但像块一样有整体操作的优势，而且拥有块所没有的局部调整功能。

参数和动作是实现动态块动态功能的两个内部因素，通过参数和动作的配合，动态块可以轻松实现旋转、翻转、查询等各种各样的动态功能。

2. 创建动态块的步骤

动态块是利用夹点的特性，让用户可以在操作时更加轻松地更改图形中的动态参照。为了操作高质量的动态块，根据以下步骤来完成。

步骤 1：规划。

在创建动态块之前，有必要对动态块进行必要的规划，规划动态块要实现的功能、外观，在图形中的使用方式，以及要实现预期功能需要使用哪些参数和动作。

步骤 2：绘制几何图形。

绘制动态块中所包含的基本图元，当然，这些图元也可以在块编辑器中绘制。

步骤 3：添加参数和动作。

这是动态块创建过程中最关键的环节，参数和动作的编辑不但要考虑动态块功能的实现，同时也要考虑动态块的可读性及修改的方便性，尽可能将参数的作用点吸附在对应的图元上，且动作应摆放在其关联参数附近，参数和动作较多时还需要为其重命名，以便理解、编辑和修改。

步骤 4：测试动态块。

保存并退出块编辑器后，对动态块进行效果测试，检测是否能达到预期的效果。

8.3.2　使用块编辑器

1. 功能介绍

使用块编辑器命令，可以用来编辑块。对块的编辑类似于在 CAD 的模型空间对图像的操作，如线性、翻转、对齐、旋转、查询等。对块的编辑利用了夹点的特性，表 8-1 列出了对自定义夹点意义的说明。

表 8-1　自定义夹点意义说明

序号	夹点类型	图例	意义
1	标准		可在平面的任意方向发展
2	线性		按规定方向沿某一轴线移动
3	旋转		围绕某一轴旋转
4	翻转		翻转动态块
5	对齐		对齐动态块到源对象
6	查询		查询设计条件项目列表

2. 命令使用

菜单栏：单击下拉菜单“工具”→“块编辑器”，即可执行块编辑器命令，块编辑器的面板如图 8-12 所示。

面板：在插入选项板中的块面板中单击。

命令行：可直接输入命令 BE/BEDIT。

3. 实例演示

下面运用块编辑命令对一个图块进行操作。在运行 AutoCAD2014 后，插入一个盥洗室动态块，然后使用块编辑器对齐进行编辑，操作步骤如下。

（1）调出 CAD 的建筑动态块。选择下拉菜单“工具”→“选项板”→“工具选项板”，调出工具选项板，如图 8-13 所示。

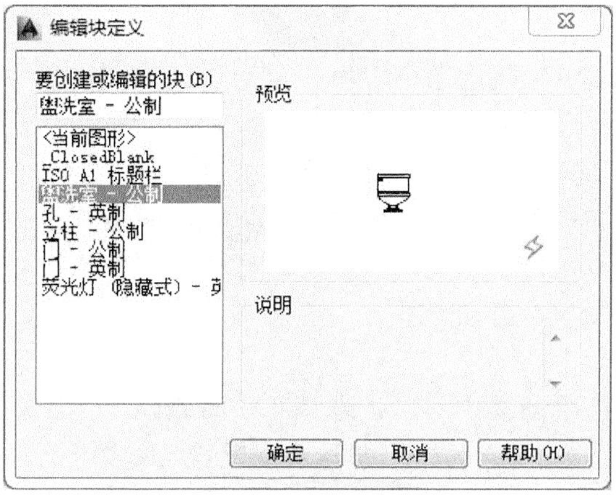

图 8-12　编辑块定义

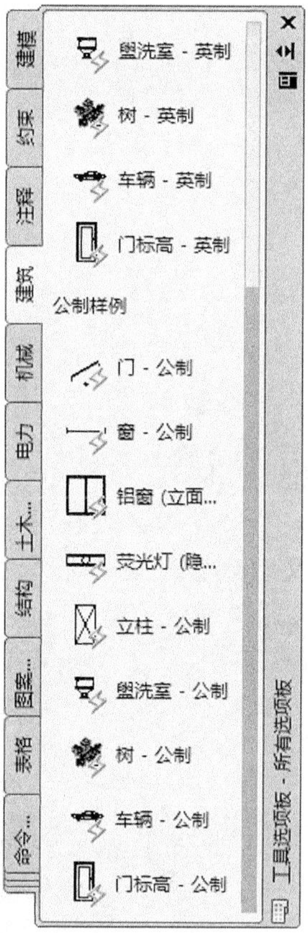

图 8-13　工具选项板

（2）选择 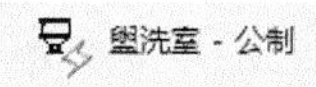

，并打开，然后插入绘图区，出现如图 8-14 所示的图块。

（3）单击块，显示夹点状态，如图 8-15 所示。

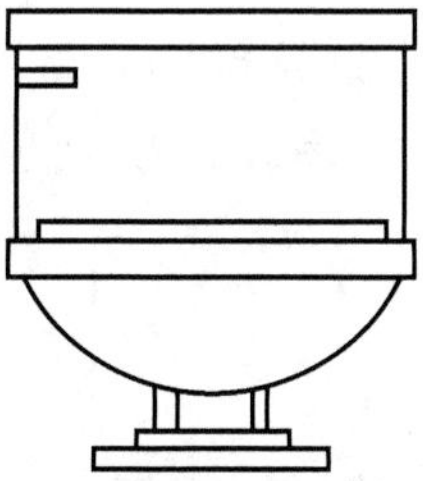

图 8-14　盥洗室

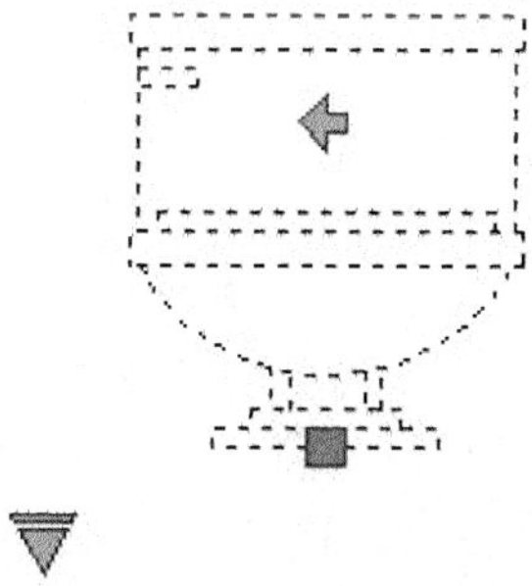

图 8-15　盥洗室

（4）由夹点意义知，可对图 8-15 进行的编辑方式为翻转、标准、查询等操作。

（5）左击查询夹点，将现在的加长型（前视图），转换为平推式（侧视图），转换后的图形如图 8-16 所示。

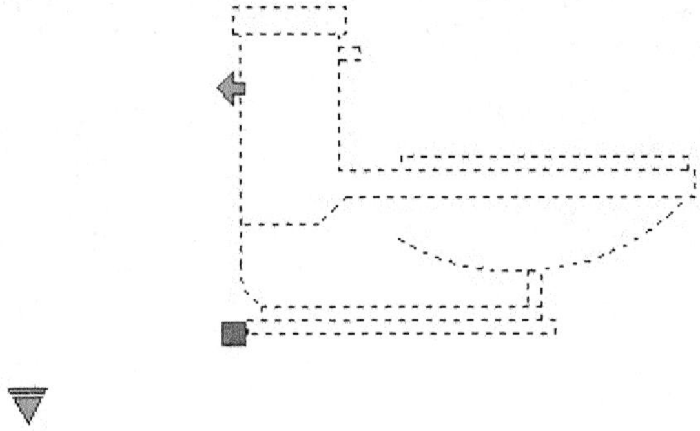

图 8-16　平推式

8.3.3　使用参数

1. 功能介绍

参数的实质是指其关联对象的变化方式。使用参数选项卡可以提供用于向块编辑器中的动态块定义中添加参数的工具。参数用于指定几何图形在块参照中的位置、距离和角度。例如，点参数的关联对象可以向任意方向发生变化，线性参数和 *XY* 参数的关联对象只能沿参数所指定的方向发生改变，极轴参数的关联对象可以按极轴方式发生旋转、拉伸或移动，旋转、翻转、可见性、对齐参数的关联对象可以发生旋转、翻转、隐藏与显示、自动对齐。

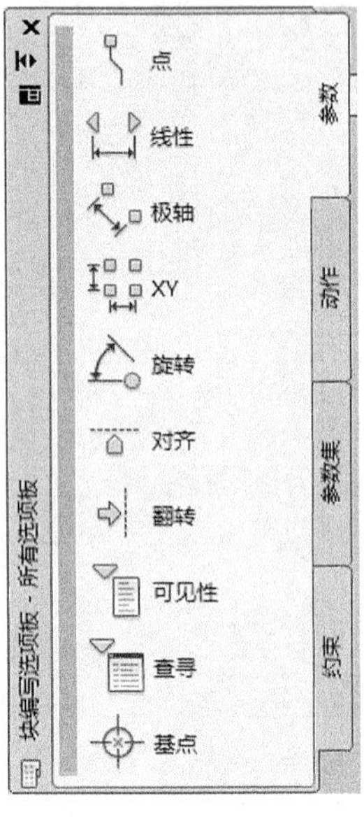

图 8-17

2. 启动方式

选择一个块参照，在绘图区中右击，选择“块编辑器”项，即可出现块编写选项板，如图 8-17 所示。块编写选项板包含参数选项卡、动作选项卡、参数集选项卡和约束选项卡。

单击“工具”→“块编辑器”，输入块名或在列表中选择已定义的块或当前图形，确认后即可打开块编写板，使用参数选型卡。

在“编辑块定义”面板中输入 BPARAMTER，即可打开参数选项卡。

对“参数”选项卡各种参数的说明如下。

1）点参数：图标——

点参数用于定义 *X* 和 *Y* 的位置。点参数可与移动、拉伸动作配合形成点移动或点拉伸，由于点参数可向任意方向发生改变，所以点移动和点拉伸的方向也是任意的。

2）线性参数：图标——

线性参数显示两个目标点之间的距离。线性参数的本质是矢量，具有方向特性，该参数限定了其关联对象变化的方向。线性参数可以和移动、拉伸、阵列等动作配对成线性移动、线性拉伸、线性阵列。

3）极轴参数：图标——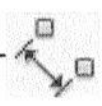

极轴参数显示两个目标之间的距离和角度值。其关联的对象不但可以以参数基点为中心发生旋转，而且可以沿参数径向产生拉伸或移动。

4）*XY* 参数：图标——

XY 参数为块参照定义自定义水平距离和垂直距离特性。受 *XY* 参数约束的对象可以沿 *X* 轴和 *Y* 轴的方向发生改变，而且 *X* 方向和 *Y* 方向可以产生联动效果。

5）旋转参数：图标——

旋转参数用于定义角度。控制关联对象以参数基点为中心产生旋转，旋转角度可以是任意的，也可以将旋转角度限定在某一范围内或特定值。

6）对齐参数：图标——

对齐参数用于定义 *X* 位置、*Y* 位置和角度。对齐参数无须与动作配对，可以为对象指定对齐方向和对齐方式，实现对象的自动对齐。

7）翻转参数：图标——

翻转参数用于翻转对象。此参数与翻转动作配对，实现相关对象的翻转。

8）可见性参数：图标——

可见性参数定义可见性特性，通过此参数可以创建可见性状态并控制块中对象的可见性和隐藏。可见性参数用于整个块。

9）查寻参数：图标——

查寻参数用于自定义查询特性，用于可以指定和设置该特性。该参数可以与单个查寻夹点相关联。与查寻参数动作配对，可以反向查寻关联参数的特征。在块编辑器中，查寻参数显示为文字。

10）基点参数：图标——

基点参数用于定义动态块参照相对于块中的几何图形的基点。为动态块添加基点，添加基点后，基点将成为动态块的插入点。该参数不与任何动作相关联，但可以属于某个动作的选择集。

8.3.4　使用动作

1. 功能介绍

使用动作选项卡命令，可以提供向块编辑器中的动态块定义中添加动作。使用该选项卡，所有的动作必须与参数配对才能发挥作用，参数只是指定对象变化的方式，而动作则可以指定变化的对象。

2. 启动方式

选择一个块参照，在绘图区中右击，选择“块编辑器”项，即可出现块编写选项板，如图 8-18 所示。块编写选项板包含参数选项卡、动作选项卡、参数集选项卡、约束选项卡，单击动作选项卡。

单击“工具”→“块编辑器”，输入块名或在列表中选择已定义的块或当前图形，确认后即可打开块编写板，使用动作选项卡。

在“编辑块定义”面板中输入 BACTIONTOOL，即可打开动作选项卡。

对“动作”选项卡各种动作的说明如下。

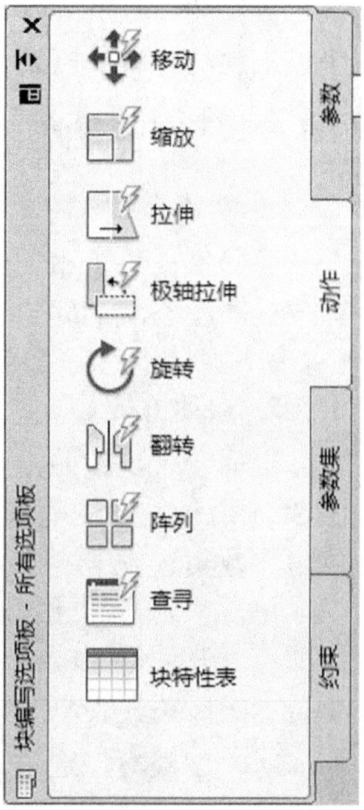

图 8-18

1）移动动作：图标——

用户可以将移动动作与点参数、线性参数、极轴参数、*XY* 参数等相关联，添加到动态块定义中。使用移动动作，实现将对象移动到指定的距离和角度。

2）缩放动作：图标——

将移动动作与线性、极轴、*XY* 等参数配对实现缩放功能，而且，通过修改与其配对的参数的属性，可以得到多种缩放效果。

3）拉伸动作：图标——

用户可以将拉伸动作与点参数、线性参数、极轴参数、*XY* 参数等相关联，添加到动态块定义中。使用拉伸动作，实现将对象在指定的位置移动和拉伸指定的距离。

4）极轴拉伸动作：图标——

用户可以将极轴拉伸与极轴参数相关联，添加到动态块定义中。使用极轴动作，实现将对象的旋转，移动和拉伸指定的角度和距离。

5）旋转动作：图标——

用户可以将移动动作与旋转参数相关联，添加到动态块定义中。使用旋转动作，可以自由旋转，也可以为其配对参数指定列表或增量，实现精确旋转。

6）翻转动作：图标——

用户可以将翻转动作与翻转参数相关联，添加到动态块定义中。使用翻转动作，可以围绕指定轴翻转动态块参照。

7）阵列动作：图标——

用户可以将阵列动作与线性参数、极轴参数、*XY* 参数相关联，添加到动态块定义中。使用阵列动作，将复制关联对象并按矩形的方式阵列。

8）查寻动作：图标——

查询动作是查寻参数的专用动作，利用该动作，可以一次性为动态块中的多个参数赋值，快速实现动态块的复杂调整。

8.3.5　使用参数集

1. 功能介绍

参数集提供了常用参数、动作的配对模版，编辑动态块时若能尽量使用此工具面板，可有效提高动态块的编辑效率。该选项卡在块编辑器中向动态块定义中添加一个参数和不少于1个动作的工具。添加后，动作将自动与参数相关联。

2. 启动方式

选择一个块参照，在绘图区中右击，选择“块编辑器”项，即可出现块编写选项板，如图 8-19 所示。块编写选项板包含：参数选项卡、动作选项卡、参数集选项卡、约束选项卡，单击参数集选项卡。

单击“工具”→“块编辑器”，输入块名或在列表中选择已定义的块或当前图形，确认后即可打开块编写板，使用参数集选项卡。

在“编辑块定义”面板中输入 BPARAMETE，即可打开动作选项卡。

对“参数集”选项卡各种动作的说明如下。

1）点移动：图标——

在动态块定义中添加点参数，系统自动添加与此点参数相关联的移动动作。

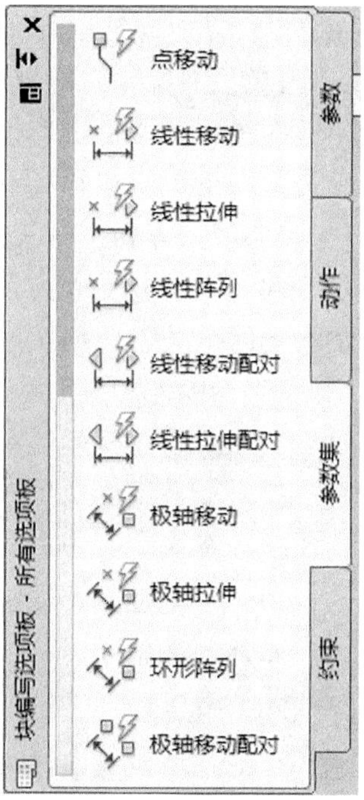

图 8-19

2）线性移动：图标——

在动态块定义中添加线性参数，系统自动添加与此线性参数相关联的移动动作。

3）线性拉伸：图标——

在动态块定义中添加线性参数，系统自动添加与此线性参数相关联的拉伸动作。

4）线性阵列：图标——

在动态块定义中添加线性参数，系统自动添加与此线性参数相关联的阵列动作。

5）线性移动配对：图标——

在动态块定义中添加线性参数，系统自动添加与此线性参数相关联的两个移动动作，一个与基点相关联，另一个与线性参数端点相关联。

6）线性拉伸配对：图标——

在动态块定义中添加线性参数，系统自动添加与此线性参数相关联的两个拉伸动作，一个与基点相关联，另一个与线性参数端点相关联。

7）极轴移动：图标——

在动态块定义中添加极轴参数，系统自动添加与此极轴参数相关联的移动动作。

8）极轴拉伸：图标——

在动态块定义中添加极轴参数，系统自动添加与此极轴参数相关联的拉伸动作。

9）环形阵列：图标——

在动态块定义中添加极轴参数，系统自动添加与此极轴参数相关联的阵列动作。

10）极轴移动配对：图标——

在动态块定义中添加极轴参数，系统自动添加与此极轴参数相关联的两个移动动作，一个与基点相关联，另一个与极轴参数端点相关联。

11）极轴拉伸配对：图标——

在动态块定义中添加极轴参数，系统自动添加与此极轴参数相关联的两个拉伸动作，一个与基点相关联，另一个与极轴参数端点相关联。

12）*XY* 移动：图标——

在动态块定义中添加 *XY* 参数，系统自动添加与此极轴参数相关联的移动动作。

13）*XY* 移动配对：图标——

在动态块定义中添加 *XY* 参数，系统自动添加与此极轴参数相关联的两个移动动作，一个与基点相关联，另一个与 *XY* 参数端点相关联。

14）*XY* 移动方格集：图标——

在动态块定义中添加 *XY* 参数，系统自动添加与此 *XY* 参数相关联的四个移动动作，与 *XY* 参数上四个关键点相关联。

15）*XY* 拉伸方格集：图标——

在动态块定义中添加 *XY* 参数，系统自动添加与此 *XY* 参数相关联的四个拉伸动作，与 *XY* 参数上四个关键点相关联。

16）*XY* 阵列方格集：图标——

在动态块定义中添加 *XY* 参数，系统自动添加与此 *XY* 参数相关联的四个阵列动作，与 *XY* 参数上四个关键点相关联。

17）旋转集：图标——

在动态块定义中添加旋转参数，系统自动添加与此旋转参数相关联的旋转动作。

18）翻转集：图标——

在动态块定义中添加翻转参数，系统自动添加与此翻转参数相关联的翻转动作。

19）可见性集：图标——

在动态块定义中添加可见性参数，但此参数无须添加相关联的动作。

20）查寻集：图标——

在动态块定义中添加查寻参数，系统自动添加与此查寻参数相关联的动作。

8.3.6　操作实例演示

可见性 CAD 动态块是常见的一种动态块，在前面对动态块编辑的讲解中引用了盥洗室视图动态块的实例，通过单击夹点下拉列表中的项目可以动态改变动态块的显示状态。下面具体讲解一下该实例。

其实，动态块内部包含盥洗室的三个视图，只不过利用可见性参数，控制视图对象的显示和隐藏，下面，我们就来看看，如何实现这一功能。

1. 准备视图

要完成动态块，必须要为其备足相应的材料。所以，首先需要准备三个盥洗室视图，如图 8-20 所示。为了方便后续操作，可分别将三个视图定义成块。

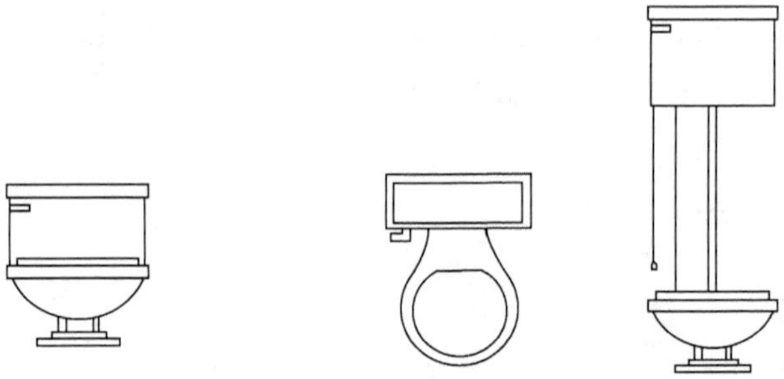

图 8-20　盥洗室视图

2. 定义块

输入 BLOCK 命令并确定，利用块定义对话框为动态块指定插入点，为块命名并将三个汽车视图框选为块对象，如图 8-21 所示。

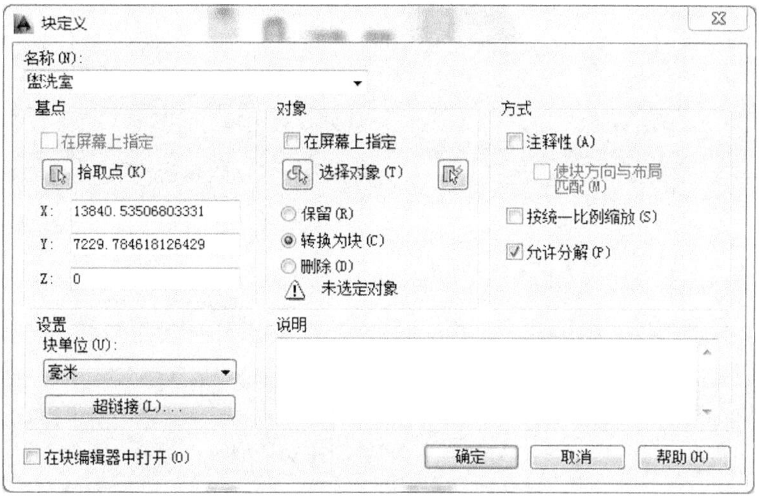

图 8-21　块定义面板

单击“确定”按钮完成块建立。

3. 添加可见性参数

双击或通过右键菜单进入块编辑器，单击参数面板上的可见性参数图标，按系统提示指定参数标签的放置位置，如图 8-22 所示。

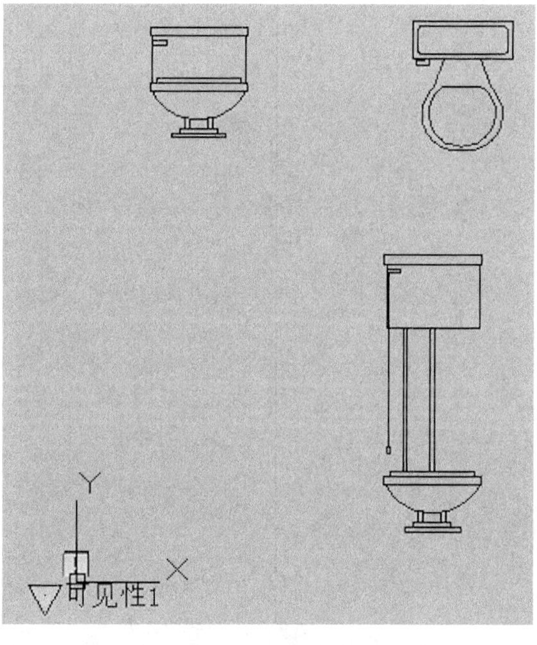

图 8-22　可见性

4. 编辑可见性状态

双击可见性图标或单击工具面板上“可见性状态”图标（　），启动可见性状态编辑对话框。在可见性状态编辑对话框内可以重命名、新建、删除可见性状态，由于本例要控制三个盥洗室视图的可见性，所以新建如图 8-23 所示的三个可见性状态。

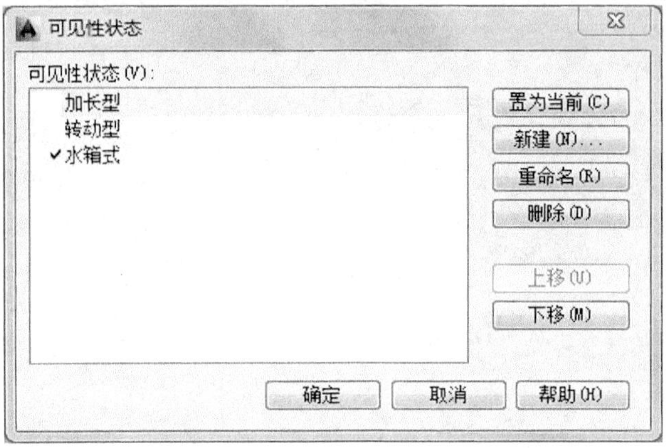

图 8-23　可见性状态对话框

单击可见性面板右侧带三角形的按钮，弹出的下拉菜单上包含之前新建的三个可见性状态名称，选择某一名称，便可以对相应的可见状态进行编辑。这里，选“水箱式”，如图 8-24 所示。

图 8-24　水箱式

在“水箱式”状态中，单击可见性工具面板上的“使不可见”图标，并选中加长型和转动型，使其在“水箱式”状态中不可见，如图 8-25 所示。选好对象后回车键确定。

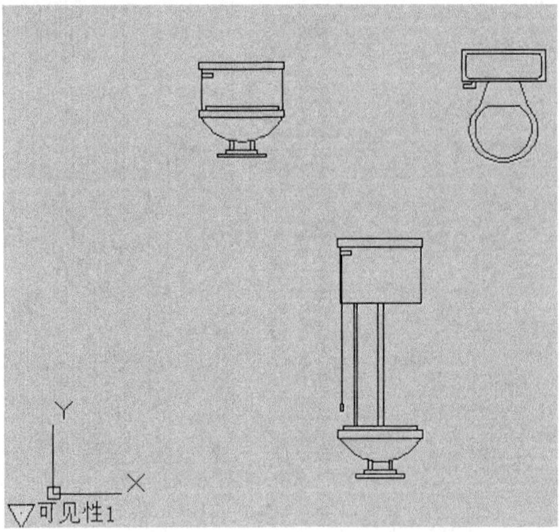

图 8-25　可见性

对“加长型”和“转动型”状态，按相同的方法进行设置。

最后，将三个盥洗室视图移动到如图 8-26 所示的位置，以便在选择可见性参数夹点下拉列表的不同项目时，切换的视图能出现在大致相同的位置。

5. 测试动态块

将编辑好的动态块插入图纸中，选中动态块并单击可见性参数夹点，在弹出的下拉列表中选择某一项目，动态块便会自动改变显示状态。

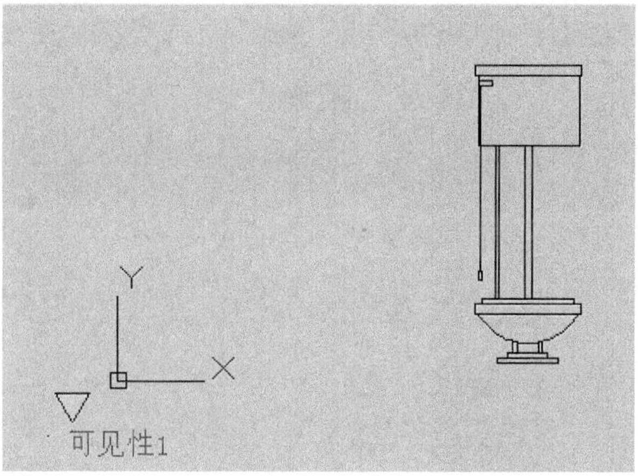

图 8-26　可见性

8.4　外 部 参 照

CAD 外部参照是指在制图过程中，将其他图形调入当前图形中，为了减小文件量，将外部图形插入当前文件图形中作为参照，外部参照不会因此而发生改变。当被引的外部图形发生变化时，在参照图形中也会随之发生改变。

外部参照可以保证各个专业设计协作的连续一致性，减小文件容量，优化设计，提高效率。

8.4.1　外部参照附着

1. 功能简介

附着型外部参照可以看到多层嵌套附着，将一个已经参照的图形附着参照到另一个图形中，那么之前的那个已经被参照图形不会消失，还是会显现出来。

2. 命令使用

命令行：可直接输入命令 XATTACH/XA。

面板：在默认选项板中的块面板中单击。

菜单栏：单击“插入”→“DWG 参照”。

3. 实例演示

执行该命令后弹出如图 8-27 所示的对话框，然后选择要插入的参照文件，单击“打开”按钮，弹出如图 8-28 所示的对话框。

1）名称

插入参照文件的名称。

2）比例

插入参照文件的大小比例。

3）参照类型

附着型：若被引参照文件里面也引用了参照文件，那么最后的文件中会包含 3 个文件，例如，A 引用 B 作为参照文件，但 B 中也有参照文件 C，那么最后 C 也会出现在文件 A 中。

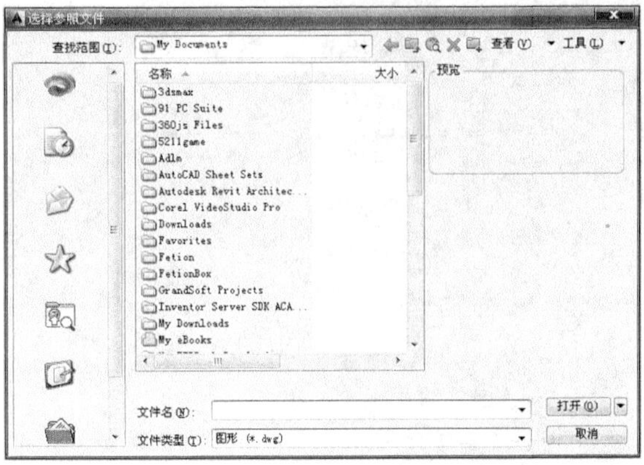

图 8-27

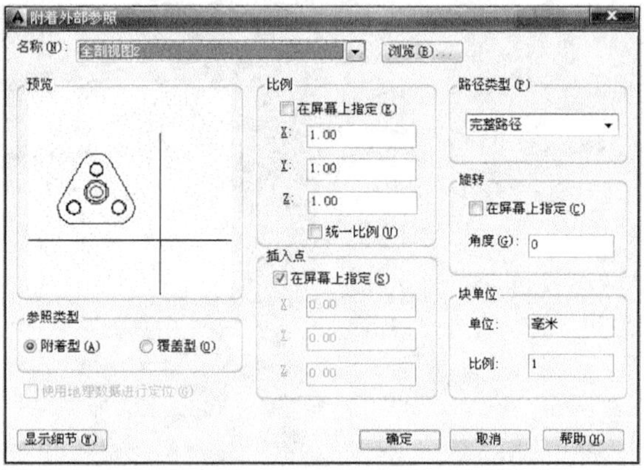

图 8-28

覆盖型：若被引参照文件里面也引用了参照文件，那么这个参照文件会被覆盖，不会出现在最后的文件中，例如，A 引用 B 作为参照文件，但 B 中也有参照文件 C，那么最后 C 不会出现在文件 A 中。

4）插入点

可以在屏幕上指定也可以手动输入坐标指定。

5）路径类型

路径类型包括完整路径、相对路径、无路径。在设置为相对路径时必须保存图形。

6）旋转，块单位

对参照图形进行旋转，对块的单位进行设置。

最后单击"确定"，插入当前图形中，如图 8-29 所示。

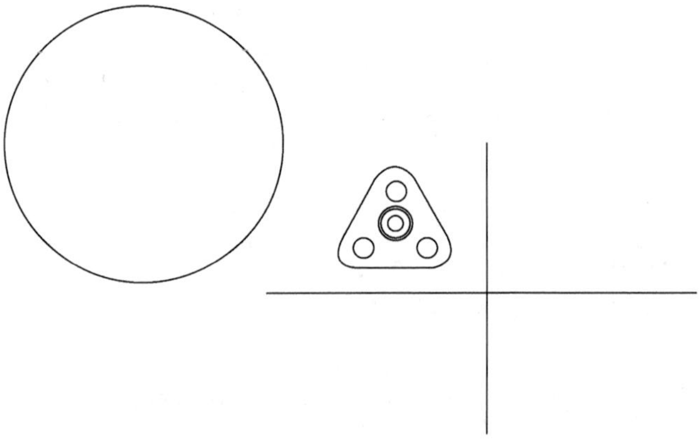

图 8-29

8.4.2　外部参照裁剪

1. 功能简介

对外部参照图形或图块进行裁剪，突出显示的部分。

2. 命令使用

命令行：可直接输入命令 XCLIP。

面板：在参照选项板中单击。

菜单栏：单击“修改”→“裁剪”→“外部参照”。

3. 实例演示

执行该命令后，选择参照对象，选择裁剪边界对参照对象进行裁剪，裁剪后的图形如图 8-30 所示，具体命令操作如下：

```
命令: XC XCLIP
选择对象: 找到 1 个
选择对象:
输入剪裁选项
[开(ON)/关(OFF)/剪裁深度(C)/删除(D)/生成多段线(P)/新建边界(N)]<新建边界>: N 外部模式-边界外的对象将被隐藏
指定剪裁边界或选择反向选项:
[选择多段线(S)/多边形(P)/矩形(R)/反向剪裁(I)]<矩形>: R
指定第一个角点: 指定对角点:
```

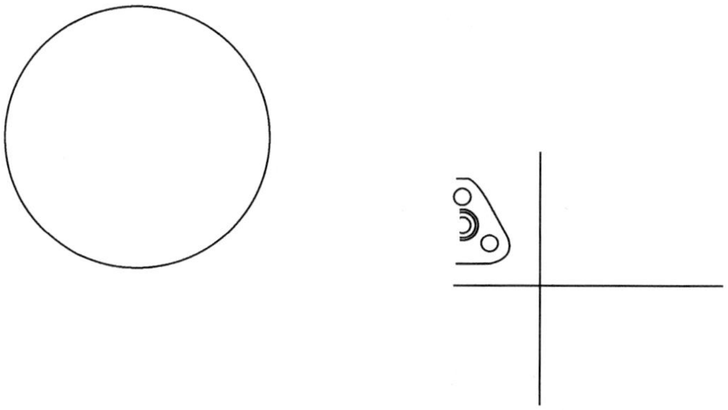

图 8-30

8.4.3　外部参照绑定

1. 功能简介

外部参照绑定是将外部参照的一些定义和一些块绑定到当前图上。由于外部参照无法独立存在，通过外部参照的绑定，可以使外部参照与源文件独立开来，使用之后，外部参照不再是一种连接，而是当前图形的一部分。

2. 命令使用

命令行：可直接输入命令 XBIND/XB。

面板：在参照选项板中单击。

3. 实例演示

执行该命令后弹出对话框如图 8-31 所示，选择参照对象，选择需要绑定的块/标注样式/图层等，具体命令操作如下：

```
命令: XB XBIND
2 个标注样式已绑定
5 个图层已绑定
1 个样式已绑定
```

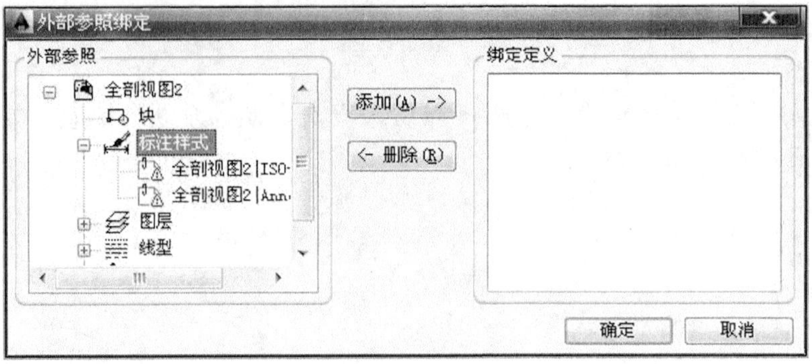

图 8-31

8.4.4　外部参照管理

1. 功能简介

通过外部参照管理器，可以对外部参照图形进行编辑。

2. 命令使用

命令行：可直接输入命令 XREF。

3. 实例演示

执行该命令后弹出对话框如图 8-32 所示，可以对其进行附着、卸载、重载、拆离、绑定、路径等设置。

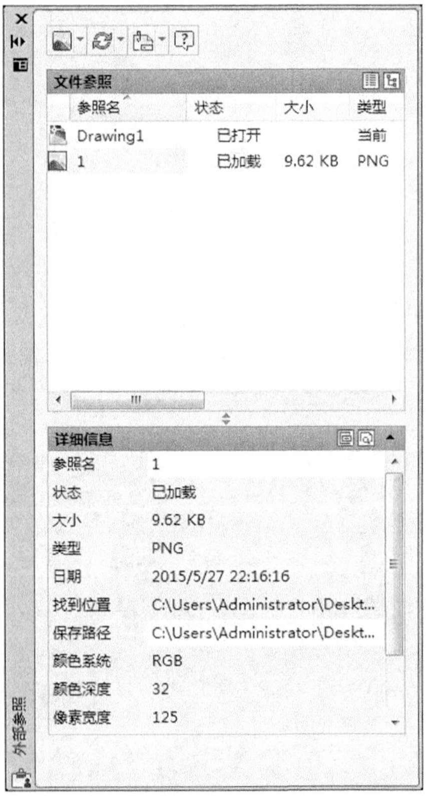

图 8-32

8.4.5　外部参照编辑

1. 功能简介

对外部参照进行修改编辑。

2. 命令使用

命令行：可直接输入命令 REFEDIT。

面板：在参照编辑选项板中单击。

菜单栏：单击“工具”→“外部参照和块在位编辑”→“在位编辑参照”。

3. 实例演示

执行该命令后弹出对话框如图 8-33 所示，单击“确定”按钮，弹出如图 8-34 所示的对话框，再单击“确定”按钮，即可完成。

例：修改外部参照的圆的尺寸。按上述步骤最后可以得到修改图形如图 8-35 所示。

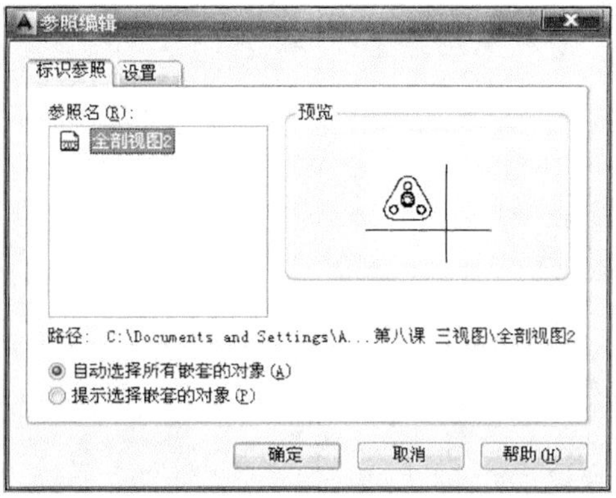

图 8-33

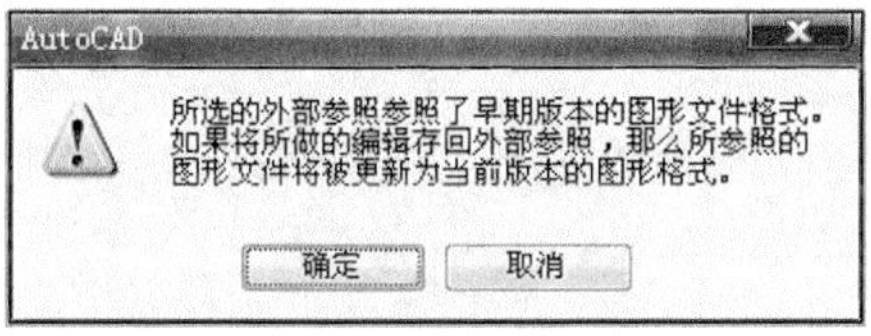

图 8-34

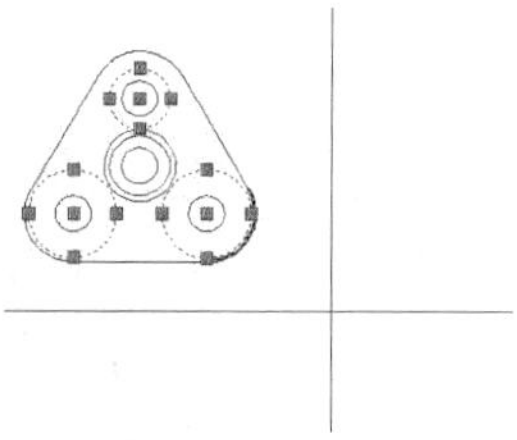

图 8-35

8.4.6　操作实训

（1）熟悉外部参照附着与覆盖的区别差异。

（2）在当前图形中引入外部参照，并对外部参照进行裁剪修改。

8.5　AutoCAD2014 设计中心

1. 功能简介

AutoCAD2014 设计中心主要对 AutoCAD 的相关资源进行管理。通过设计中心可以浏览用户计算机、网络驱动器和 Web 页上的图形内容（如图形或符号库）；在定义表中查看图形文件中命名对象（如块和图层）的定义，然后将定义插入、附着、复制和粘贴到当前图形中；更新（重定义）块定义；创建指向常用图形、文件夹和 Internet 网址的快捷方式；向图形中添加内容（如外部参照、块和填充）等。

2. 命令使用

命令行：可直接输入命令 ADC/ADCENTER。

面板：在视图选项板中的选项板面板中单击  。

组合命令：Ctrl+2。

3. 实例演练

在运行 AutoCAD2014 后，直接输入命令 ADC，出现如图 8-36 所示的面板。

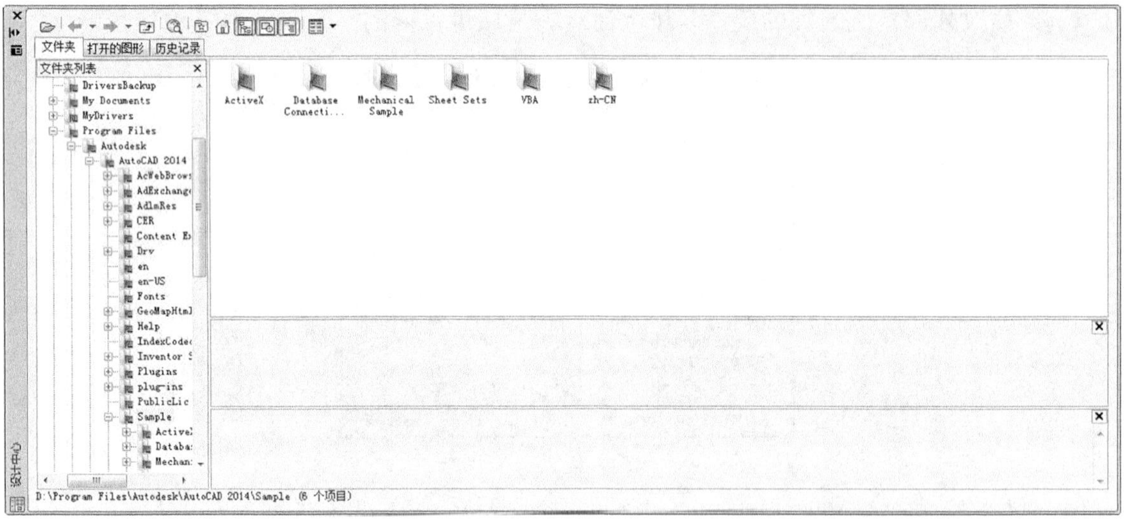

图 8-36　设计中心面板

对设计中心面板的相关说明如下。

（1）文件夹选项：用于表明文件和文件夹的关系，同时在右边展示文件的相关内容。

（2）打开的图形：用于展示当前所有打开的图形。

（3）历史记录：用于显示最近打开过的相关文件。

（4）加载：用于添加本地或 Web 上的文件。

（5）搜索：对所需要的图形或块等对象进行搜索。

（6）收藏夹：显示收藏夹中 Autodesk 文件夹中的内容。

（7）树状图切换：可以隐藏树状管理视窗，增大绘图区域的空间。

（8）预览：可以隐藏图像的预览窗口。

（9）说明：可以隐藏选中项目的文字说明信息。

（10）视图：可以改变视图样式。

根据实际需要，选择相关选项即可。

8.6　AutoCAD 等轴测图

8.6.1　等轴测图

等轴测图是用二维平面图形去表达三维立体图形的一种方法，由于比较简单，相比于三维图形更加简洁，故该方法常用来描述空间立体图形。当互相垂直的三条直线交于一点时，这三条直线就称为立体图的三轴线。

激活轴测投影模式的步骤如下。

（1）单击“工具”→“草图设置”→“捕捉和栅栏”→“等轴测捕捉”→“确定”，如图 8-37 所示。

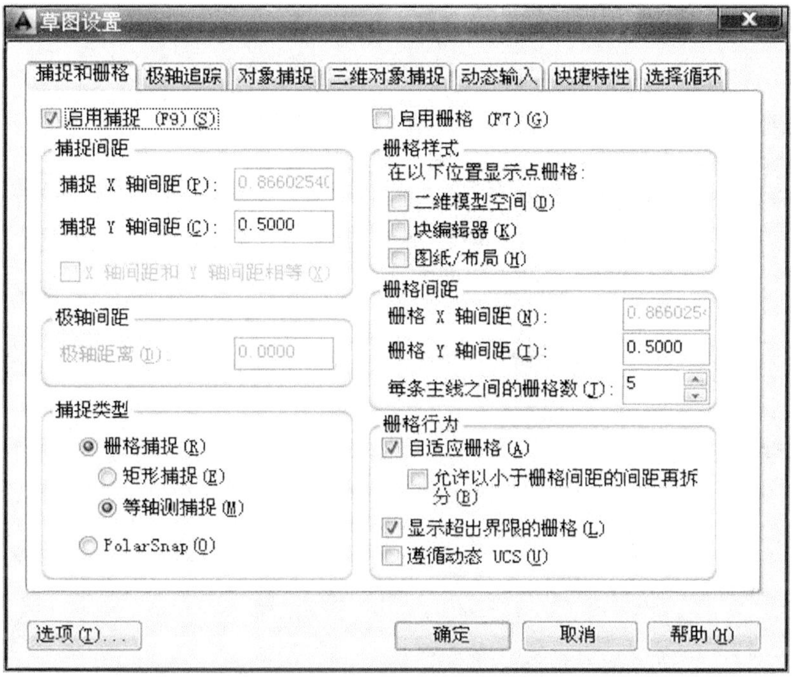

图 8-37

（2）命令行输入 SNAP→样式→等轴测→垂直间距→回车键，命令行提示如下：

```
命令: SNAP
指定捕捉间距或[打开(ON)/关闭(OFF)/纵横向间距(A)/传统(L)/样式(S)/类型(T)]<0.5000>: S
输入捕捉栅格类型[标准(S)/等轴测(I)]<S>: I
指定垂直间距<0.5000>:
```

8.6.2　切换等轴测图模式

1. 功能简介

在利用 AutoCAD2014 绘制工程图的过程中，如果要绘制较为复杂且需要重复绘制图形，可把相应图形定义块，并插入所需的位置。使用块不仅可以提高效率，而且可以节省空间。

2. 命令使用

命令行：可直接输入命令 ISOPLANE。

快捷键：Ctrl+E 或 F5。

3. 实例演练

在轴测投影模式下，执行该命令，可以观察到鼠标变化，如图 8-38 所示。

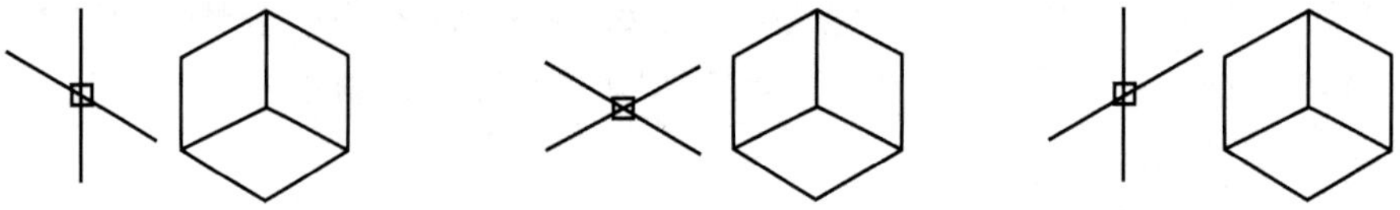

图 8-38

8.6.3 在轴测投影模式下绘图

1. 功能简介

在轴测投影模式下，绘制轴测图。由于在正等轴测模式下，各轴向变形系数均为 1，因此平行于轴测轴的尺寸长度等于实长，而不平行于轴测轴的其他线，则需要先确定直线的两个端点位置，再连线。合理利用“正交”模式有助于绘图。

圆的绘制麻烦一些，因为圆的立体投影图是椭圆，在上轴测面、左轴测面和右轴测面的圆的投影图形是不相同的。绘制圆时，将作图面切换至与圆所在的平面对应的轴测面;再使用画“椭圆”的工具，选择“等轴测圆”选项，指定圆心和半径，即可绘制出不同方向的投影圆。

文本的书写和尺寸的标注必须随着轴测的方向，倾斜一定的角度，这样才会在视觉上产生立体感。

2. 实例演练

绘制一个长宽高分别为 30mm、20mm、10mm 的长方体，并对其进行标注。绘制的图形如图 8-39 所示，命令行提示如下：

```
命令: _line
指定第一个点:
指定下一点或[放弃(U)]:<等轴测平面 左视> 30
指定下一点或[放弃(U)]: 10
指定下一点或[闭合(C)/放弃(U)]:
指定下一点或[闭合(C)/放弃(U)]:
命令:
命令:
命令: _line
指定第一个点:
指定下一点或[放弃(U)]: 30
指定下一点或[放弃(U)]:<等轴测平面 俯视>
指定下一点或[闭合(C)/放弃(U)]:
```

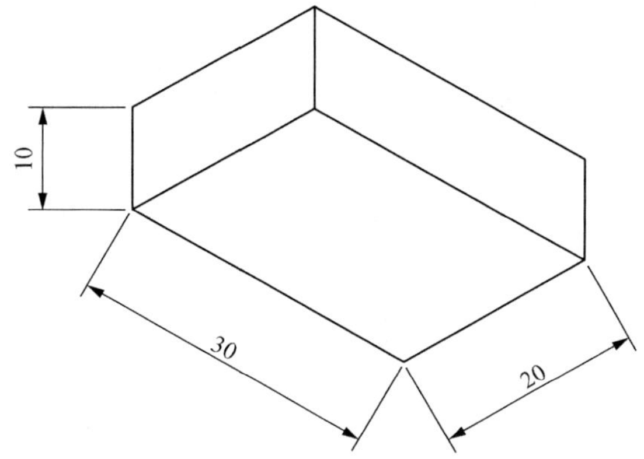

图 8-39

8.6.4 等轴测图总结

等轴测图可以快捷地用二维图形反映三维形体，让人清晰地了解该图形的立体结构。但是缺点也是无法进行三维的观察，只能从一个方向进行观测。轴测图一般用作辅助用图，因为它的形状尺寸没有一个直观的表达，是靠投影来表达立体图形的。

在绘制轴测图时一定要注意角度和尺寸，尽量突出图形的三维效果。

8.6.5 操作实训

绘制如图 8-40 所示的轴测图。

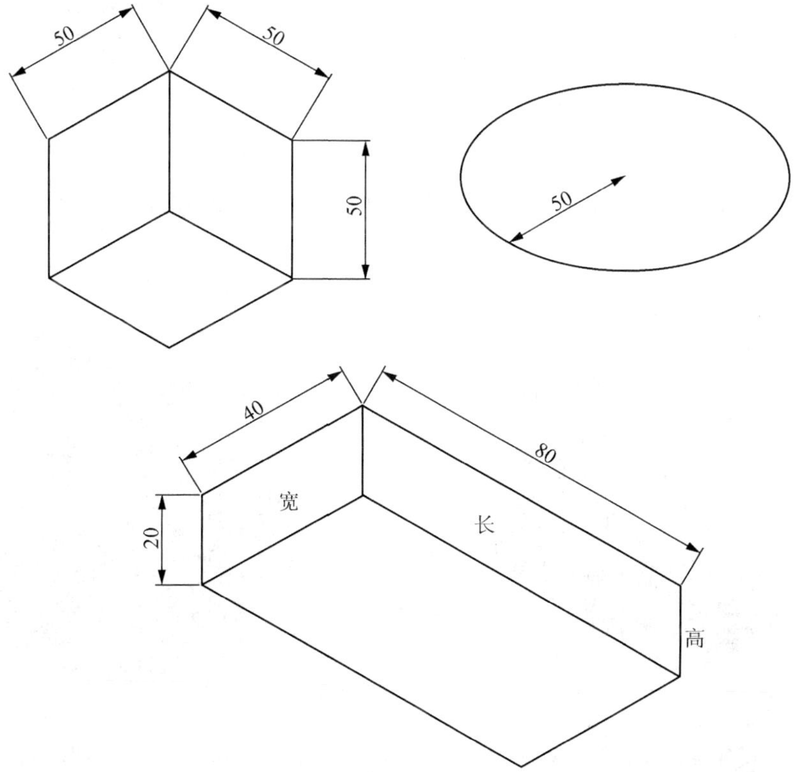

图 8-40

8.7 图案填充

8.7.1 基本概念

在进行图案填充前，必须了解几个基本概念。

（1）图案边界：确定图案边界是进行图案填充的必须步骤之一。而图案边界必须由直线、射线、多义线、圆、圆弧等构成，并且在当前屏幕上边界必须全部可见。

（2）孤岛：位于总的填充区域内部的封闭区域称为孤岛，如图 8-41 所示。

（3）填充方式有以下三种。

① 普通方式：填充线由总的边界开始向内部画，当遇到某个图形与之相交时断开，一直到下一次相交时再继续画。效果如图 8-42 所示。

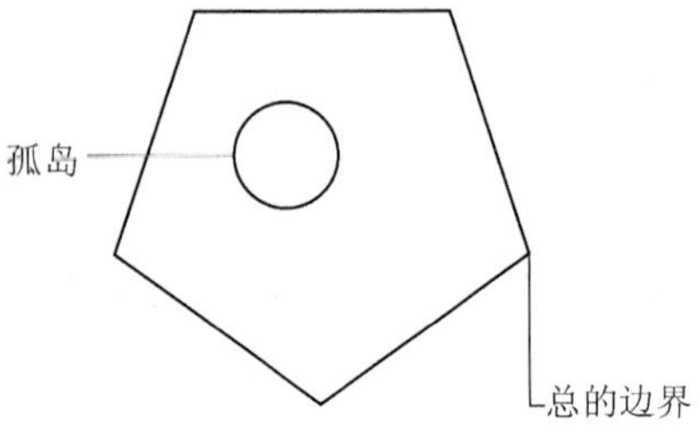

图 8-41　孤岛示意图

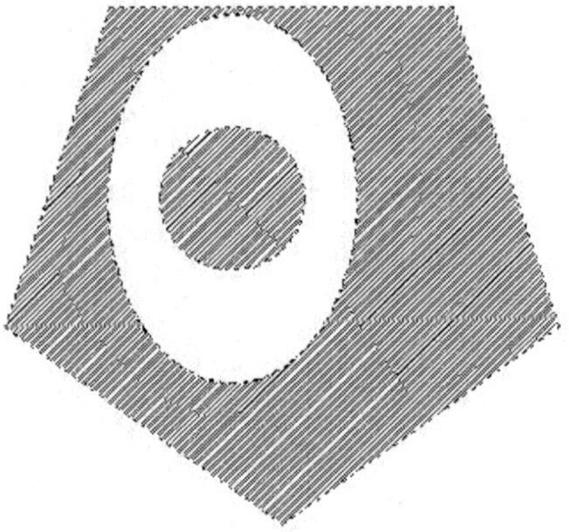

图 8-42　普通方式填充效果图

② 最外层方式：填充线由总的边界开始向内部画，当遇到某个图形与之相交时断开，并且不再继续画。效果如图 8-43 所示。

③ 忽略方式：忽略所有内部对象，填充线全部覆盖。效果如图 8-44 所示。

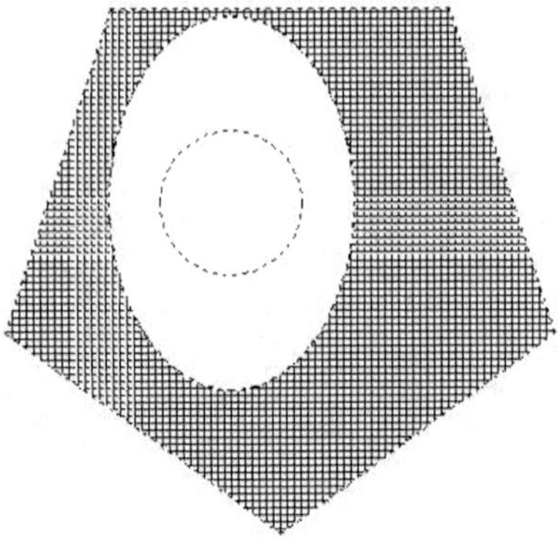

图 8-43　最外层方式填充效果图

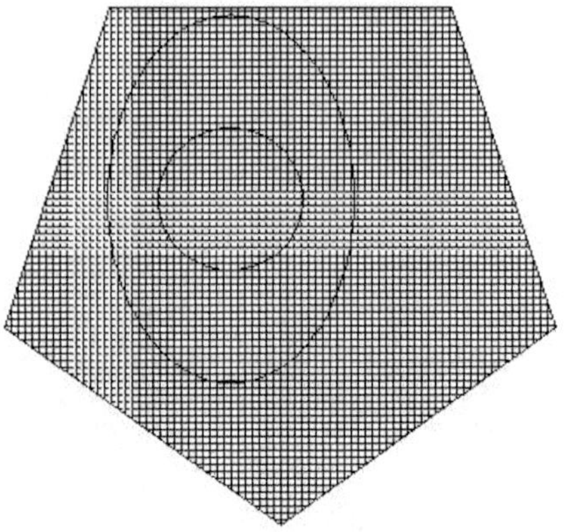

图 8-44　忽略方式填充效果图

8.7.2　图案填充

1. 功能简介

在 AutoCAD2014 中，常会用到图案填充的功能，如需要以某种图案填充一个区域,来形象地表达或区分构成物体的范围和特点以及构成物体的零件剖面结构大小和所使用的材料等。

2. 命令使用

命令行：可直接输入命令 H/BHATCH。

面板：在默认选项板中的绘图面板中单击 。

3. 实例演练

在运行 AutoCAD2014 后，直接输入命令 H，在命令提示行显示如下：

```
HATCH
拾取内部点或[选择对象(S)/放弃(U)/设置(T)]: t
拾取内部点或[选择对象(S)/放弃(U)/设置(T)]: 正在选择所有对象…
正在选择所有可见对象…
正在分析所选数据…
正在分析内部孤岛…
拾取内部点或[选择对象(S)/放弃(U)/设置(T)]: Enter 键结束
```

填充结束，填充结果如图 8-45 和图 8-46 所示。

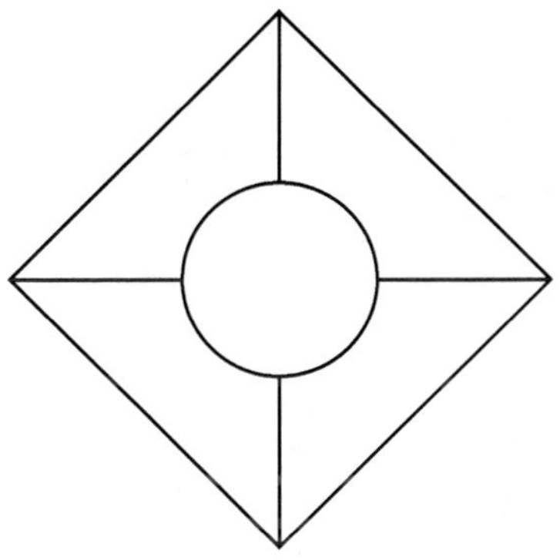

图 8-45　填充前

图 8-46　填充后

（1）图案填充对话框（图 8-47）的说明如下。

① 类型和图案：用于选择填充的类型、图案、颜色和填充样例。

② 角度和比例：对于填充的角度和比例进行设置，当类型选中用户定义时还可以设置双向和间距等。

③ 图案填充原点：可选择系统默认的原点，也可以根据自己的需要重新指定原点。

④ 边界：主要通过两种方式来指定填充的边界。方式一：通过指定封闭区域内的点来设置填充边界；方式二：通过指定封闭区域内的对象来设置填充边界。

⑤ 选项：可对填充图案的注释性、关联性及绘图次序等进行相关的设置。

图 8-47　图案填充与渐变色

（2）渐变色对话框（图 8-48）的说明如下。

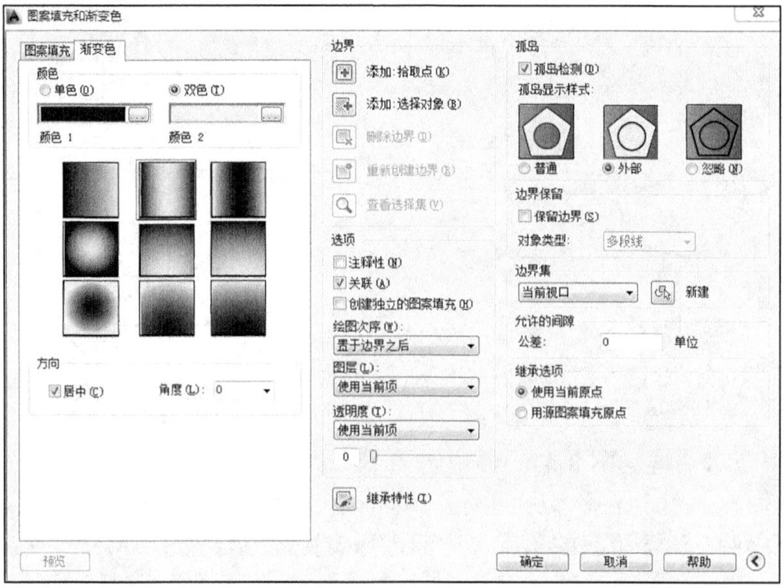

图 8-48　渐变色对画框

① 颜色：当选中单色时，即用一种颜色填充。对话框转变为 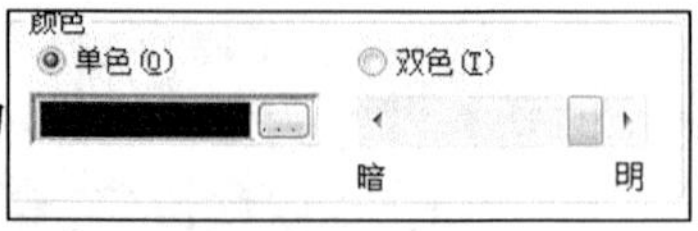

，通过单击  可选择填充颜色。通过 

可调节填充颜色的明暗度。

当选中双色时，即用两种颜色填充。对话框变为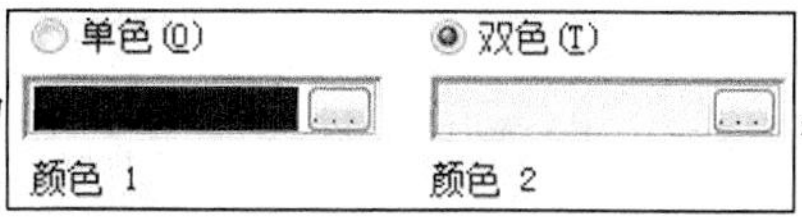

，通过单击[...]可改变相应的颜色。

② 方向：选中居中时，即设置对称的渐变色，否则即朝左上方渐变。通过角度可设置渐变填充的旋转角度。

通过相关设置后，即可开始填充，结果如图 8-49 和图 8-50 所示。

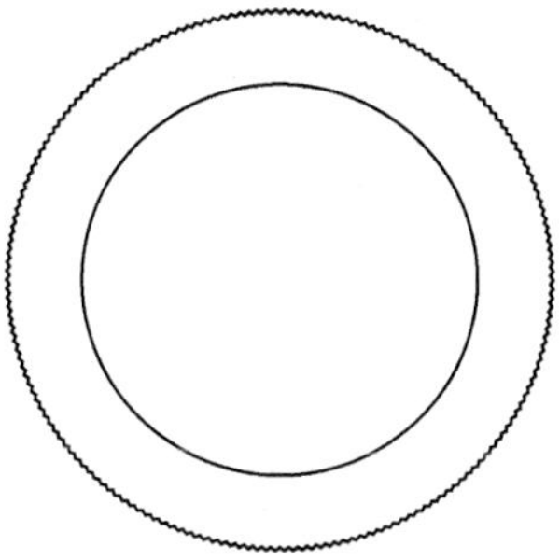

图 8-49　填充前

图 8-50　填充后

（3）孤岛（图 8-51）的说明如下。

①孤岛检测：当用户以拾取点的方式来确定填充的边界时，系统会自动确定出填充边界，同时也会自动确定填充边界内的岛。

② 边界保留：当勾选时，系统会将边界当作对象进行保留，并且可由对象类型选择保留的类型。

③ 边界集：定义当从指定点定义边界时要分析的对象集。当使用“选择对象”定义边界时，选定的边界集无效。

④ 设定将对象用作图案填充边界时可以忽略的最大间隙。默认值为 0，此值指定对象必须封闭区域而没有间隙。

⑤ 继承选项：控制当用户使用“继承特性”选项创建图案填充时是否继承图案填充原点。

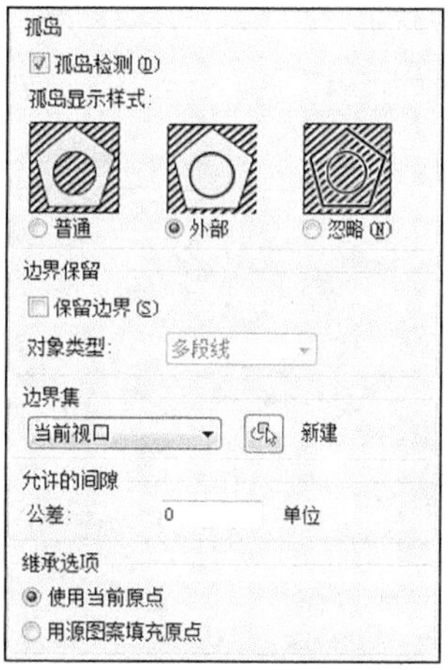

图 8-51　孤岛对话框

8.7.3　操作实训

根据所学知识，绘制如图 8-52 和图 8-53 所示的图形。

图 8-52　使用填充工具绘制图形 1

图 8-53　使用填充工具绘制图形 2

8.8　思考与练习

根据所学知识，完成如图 8-54～图 8-56 所示的操作。

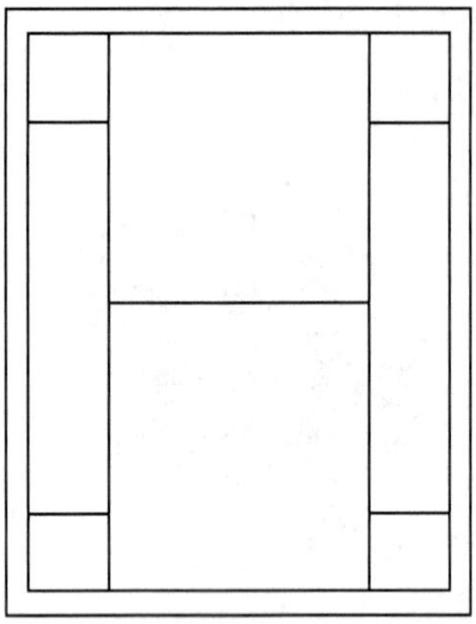

图 8-54　把窗户定义块并保存

图 8-55　绘制大树并填充

图 8-56　对三个图块进行可见性功能设置

第 9 章　综合实例

9.1　绘制建筑平面图

9.1.1　概述

建筑平面图，又可简称平面图，是将新建建筑物或构筑物的墙、门窗、楼梯、地面及内部功能布局等建筑情况，以水平投影方法和相应的图例所组成的图纸。用一个假象的水平剖切平面沿略高于窗台的位置剖切房屋后，移去上面的部分，对剩下部分做正投影，所得的水平剖面图，称为建筑平面图，简称平面图。

9.1.2　平面图的绘制内容及要求

1. 平面图绘制的内容

（1）图名、比例。

（2）纵横定位轴线及其标号。

（3）建筑的内外轮廓、朝向、布置、空间与空间的相互联系、入口、走道、楼梯等，首层平面图需绘制指北针表达建筑的朝向。

（4）建筑物的门窗开启方向及其编号。

（5）建筑平面图中的各项尺寸标注和高程标注。

（6）建筑物的造型结构、室内布置、施工工艺、材料搭配等。

（7）剖面图的剖切符号及编号。

（8）详图索引符号。

（9）施工说明等。

2. 平面图绘制的要求

（1）合理选用图纸：A0 的尺寸为 1189mm×841mm，A1 的尺寸为 841mm×594mm，A2 的尺寸为 594mm×420mm，A3 的尺寸为 420mm×297mm，A4 的尺寸为 297mm×210mm。

（2）图名及比例：建筑平面图的常用比例是 1∶50、1∶100、1∶150、1∶200、1∶300。图样下方应注写图名，图名下方应绘一条短粗实线，右侧应注写比例，比例字高宜比图名的字高小一号或二号。

（3）图样及说明的汉字应采用长仿宋体，文字的高度应从以下系列中选择：2.5mm、3.5mm、5mm、7mm、10mm、14mm、20mm。汉字的高度不应小于 3.5mm，拉丁字母、阿拉伯数字或罗马数字的字高不应小于 2.5mm。

（4）尺寸标注：尺寸界线应用细实线绘制，一般应与被注长度垂直，其一端应离开图样轮廓线不小于 2mm，另一端宜超出尺寸线 2～3mm。

（5）详图索引符号：图样中的某一局部或构件，如需另见详图，应以索引符号标出。索引符号是由直径为 10mm 的圆和水平直径组成的，圆及水平直径均以细实线绘制。

（6）引出线：引出线应以细实线绘制，宜采用水平方向的直线，与水平方向成 30°、45°、60°、90°的直线，或经上述角度再折为水平线。文字说明宜注写在水平线的上方，也可注写在水平线的端部。

（7）定位轴线：定位轴线应用细单点长划线绘制，横向编号应用阿拉伯数字，从左至右顺序编写；竖向编号应用大写拉丁字母，从下至上顺序编写，但 I、O、Z 字母不得用作轴线编号。

9.1.3 绘图实例

1. 设置绘图环境

（1）单击“新建”按钮，建立一个绘图区如图 9-1 所示。再确定线型和比例。

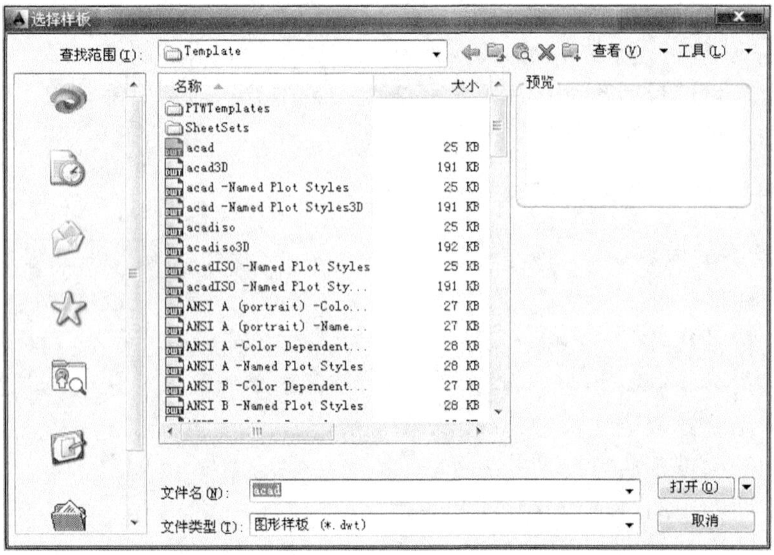

图 9-1

（2）建立图层，轴线的线型为点画线，红色。墙线、柱子、门窗、楼梯、屋顶、文字、尺寸均为直线，墙柱为 255 号颜色，门窗为 4 号颜色，楼梯为 2 号颜色，屋顶为 4 号颜色，文字为 7 号颜色，尺寸为 3 号颜色。建立的图层如图 9-2 所示。

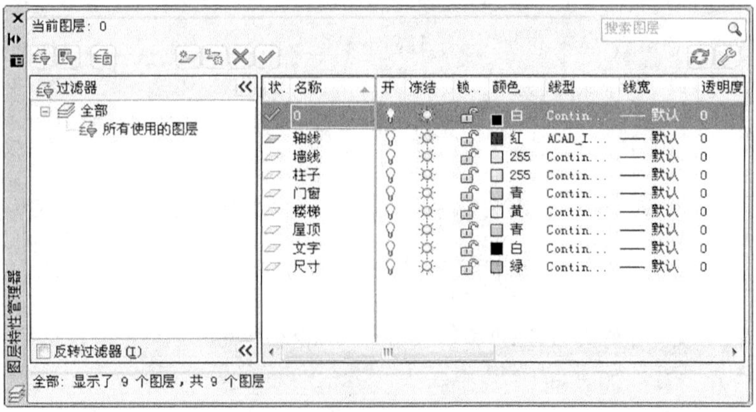

图 9-2

2. 绘制轴线和柱网

绘制首层定位轴线。水平轴线有 4 条，它们的间距分别为 6000mm、1800mm、6000mm，垂直轴线有 7 条，轴间距为 3900mm 和 3600mm。

（1）使用直线命令“LINE”画出一条水平轴线。若轴线过密，则需增大线型比例，轴线过稀则需减小线型比例。再对其使用偏移命令“OFFSET”画出其他三条水平轴线。再对其使用偏移命令“OFFSET”画出其他三条水平轴线。

```
命令: L LINE
指定第一个点:
定下一点或[放弃(U)]:提示下，输入 29000，并按回车键
命令: O OFFSET
当前设置: 删除源=否　图层=源　OFFSETGAPTYPE=0，（提示下，按回车键）
指定偏移距离或[通过(T)/删除(E)/图层(L)]<通过>: 6000（提示下输入 6000，按回车键）
选择要偏移的对象，或[退出(E)/放弃(U)]<退出>: （单击轴线）
指定要偏移的那一侧上的点，或[退出(E)/多个(M)/放弃(U)]<退出>:（在轴线下方左击）
```

（2）按照上述方法绘制垂直轴线，在绘制垂直轴线时可以将“正交模式”打开，单击左下角的图标或是直接按 F8 即可。绘制出如图 9-3 所示的轴网。

图 9-3

（3）绘制轴网圈，转换到尺寸图层如图 9-4 所示，先用绘圆命令绘制一个直径为 500mm 的圆。再在圆内进行单行文本输入，输入数字“1”，按照同样的方法绘制出其他轴网线圈，再用直线命令画出一条长 4000mm 的引线，最后绘制所得的图形如图 9-4 所示。

```
命令: _circle
指定圆的圆心或[三点(3P)/两点(2P)/切点、切点、半径(T)]:（按回车键）
指定圆的半径或[直径(D)]: 500（输入 500，并按回车键）
命令:DTEXT
当前文字样式: “Standard”　文字高度: 2.5000　注释性: 否　对正: 左
指定文字的起点或[对正(J)/样式(S)]:（左击，确定文字的起点）
指定高度<2.5000>: 700　（输入 700，并按回车键）
指定文字的旋转角度<0>:（直接按回车键）
```

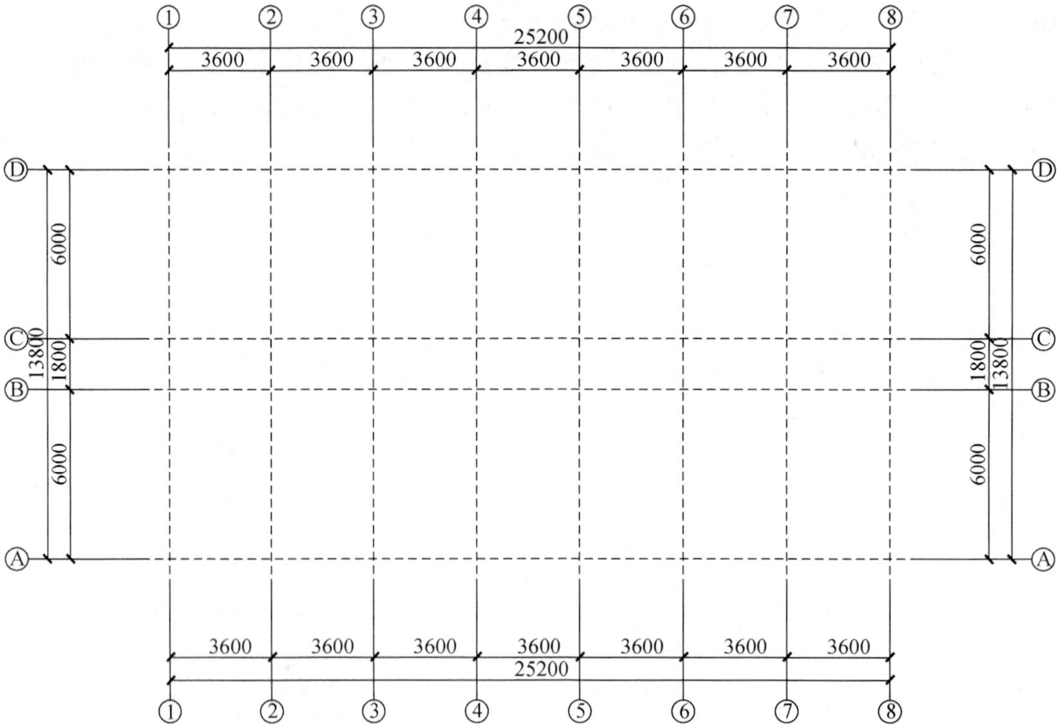

图 9-4

3. 绘制墙体

本例采用的墙体厚度为 240mm 且轴线居中。

（1）将图层转换到墙线图层上如图 9-5 所示，打开“正交模式”，重合轴线画出一条参考线，再将这条参考线分别向左向右偏移 120mm，再利用复制命令将墙线复制到每条轴线上，得到如图 9-6 所示的图形。

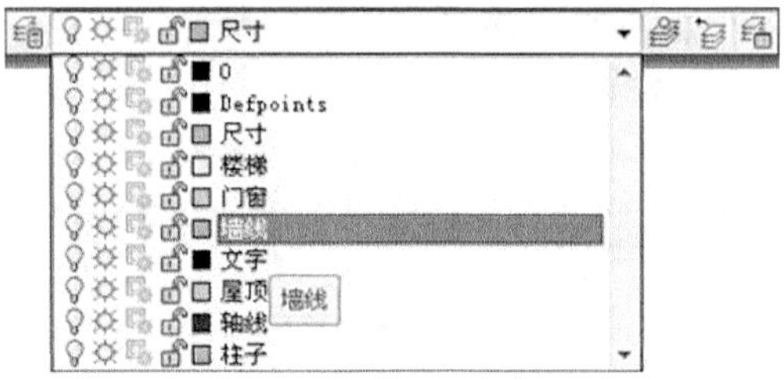

图 9-5

```
命令：_line 指定第一点：
指定下一点或[放弃(U)]：
指定下一点或[放弃(U)]：*取消*
命令：O  OFFSET
当前设置：删除源=否  图层=源  OFFSETGAPTYPE=0
指定偏移距离或[通过(T)/删除(E)/图层(L)]<通过>：  120  （输入 120，并按回车键）
命令：co COPY 找到 3 个  （单击 3 条参考线。）
指定基点或[位移(D)]<位移>：  指定第二个点或<使用第一个点作为位移>：  （选择交点作为基点）
指定第二个点或[退出(E)/放弃(U)]<退出>：  （选择交点作为基点）
```

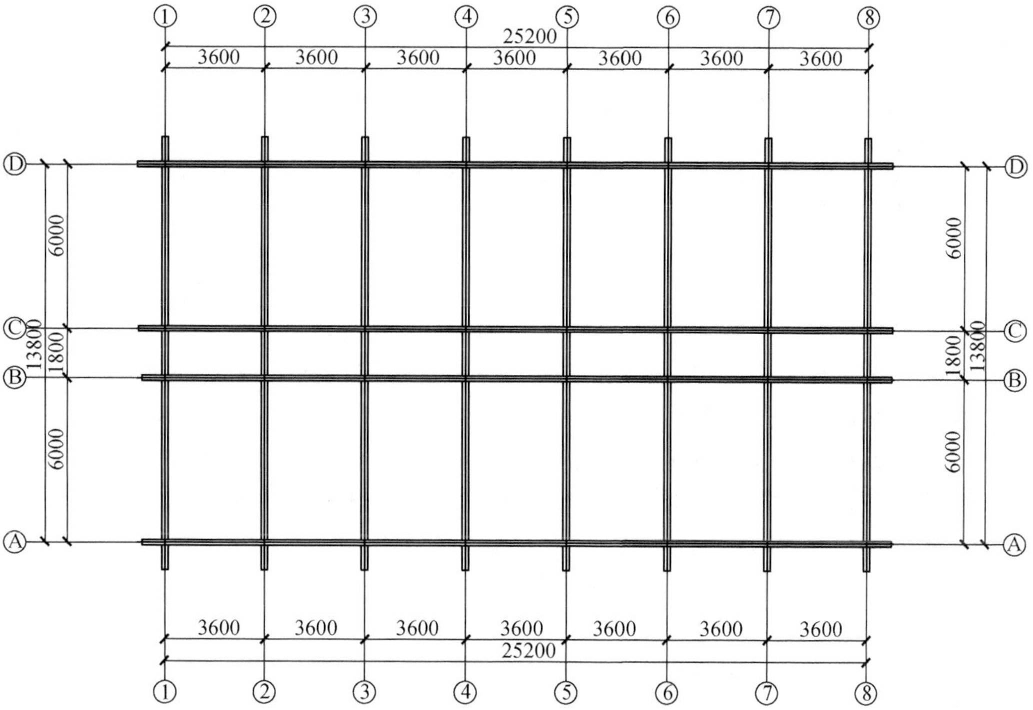

图 9-6

（2）对墙线进行修改，利用裁剪命令 TR 将多余的墙线裁减掉，利用删除命令 E 将与轴线重合的参考线删除，如图 9-7 所示。

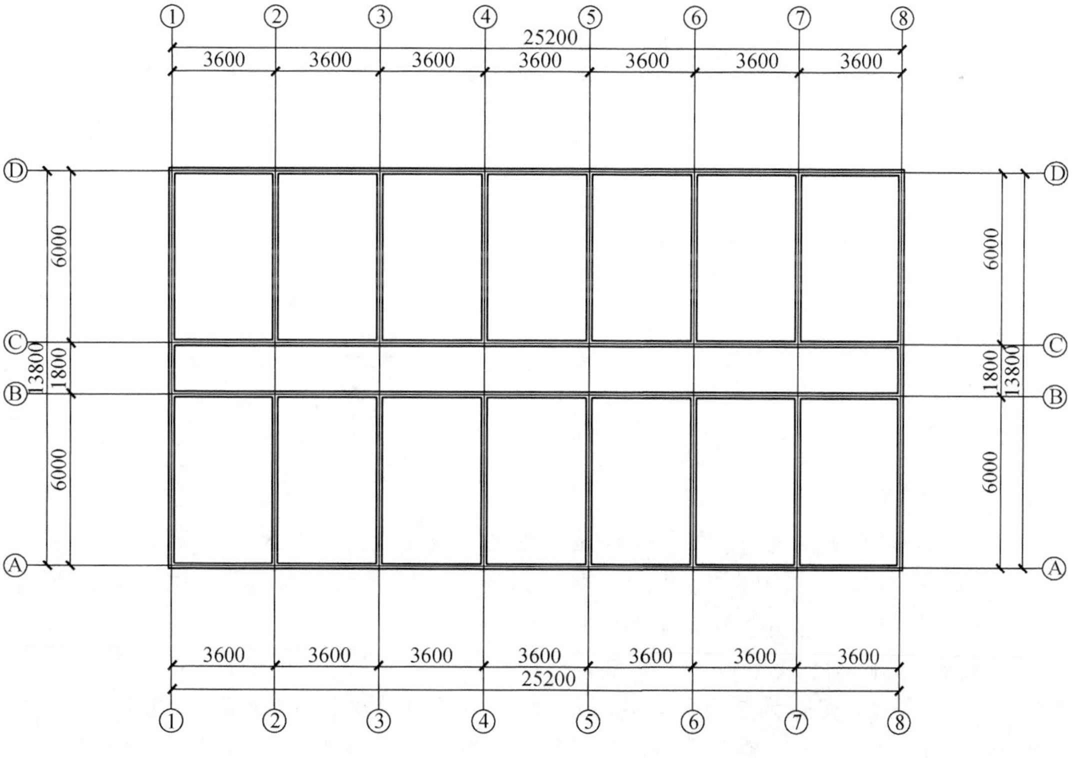

图 9-7

命令： tr TRIM
当前设置:投影=UCS，边=无
选择剪切边…　（按回车键）
选择对象或<全部选择>：　（按回车键）
选择要修剪的对象，或按住 Shift 键选择要延伸的对象，或[栏选(F)/窗交(C)/投影(P)/边(E)/删除(R)/放弃(U)]：　指定对角点
命令： e ERASE
选择对象：指定对角点：找到 1 个

4. 设置门窗

由于门窗在图纸中分布很多，且有很多门窗都是一样的尺寸，故只需要绘制好不同的门窗，然后再直接复制到墙体上即可。

（1）绘制出窗洞孔，以轴线 1 作为参考线，向右偏移 1350mm 画出直线 A，再向右偏移 1200mm 画出直线 B，再利用裁剪命令，画出窗洞如图 9-8 所示。再绘制门洞线，门大都是排列整齐的，和窗洞线一致，以轴线 2 作为参考线向左偏移 300mm，画出直线 C，再向左偏移 1200mm 画出直线 D，再利用裁剪、删除命令，画出门洞，如图 9-9 所示。

命令：　OFFSET
当前设置：删除源=否　图层=源　OFFSETGAPTYPE=0
指定偏移距离或[通过(T)/删除(E)/图层(L)]<120>：
选择要偏移的对象，或[退出(E)/放弃(U)]<退出>：
指定要偏移的那一侧上的点，或[退出(E)/多个(M)/放弃(U)]<退出>：
命令： tr TRIM
当前设置:投影=UCS，边=无　（按回车键）
选择剪切边…　（再按回车键）
选择对象或<全部选择>：　（单击要裁剪的线条）
选择要修剪的对象，或按住 Shift 键选择要延伸的对象，或[栏选(F)/窗交(C)/投影(P)/边(E)/删除(R)/放弃(U)]：

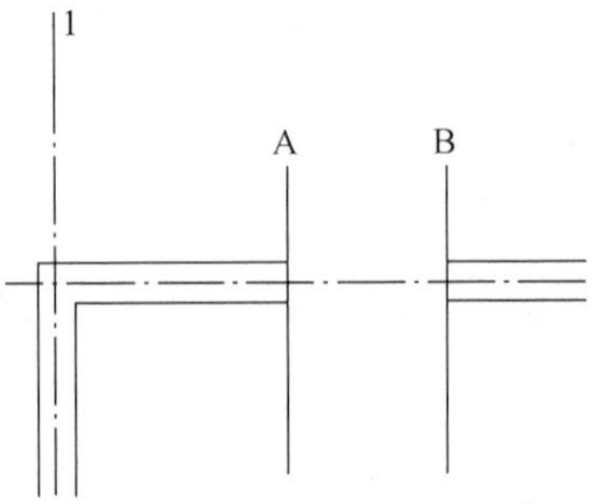

图 9-8

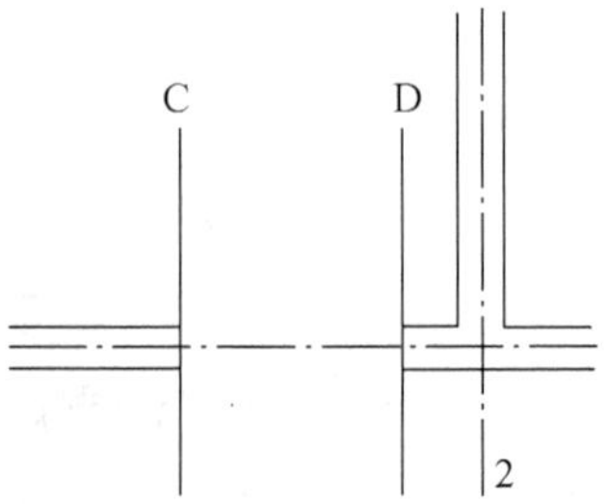

图 9-9

（2）按照上述方法画出所有的门窗洞线，如图 9-10 所示。

（3）绘制门窗线，并注明门窗编号。先将图层由墙线调到门窗图层，直接单击图层工具栏，在下拉菜单中单击门窗图层，如图 9-11 所示。

绘制窗子，先画出长 1200mm 的直线，再在端点画一条长 240mm 的垂线，再用定距等分“DIV”命令，将垂线段分为 3 份，再利用复制命令，以长边端点作为基点，复制到刚才的那三个点上，最后构成一个完整的窗子，最后用单行文字给窗子编号，如图 9-12 所示。

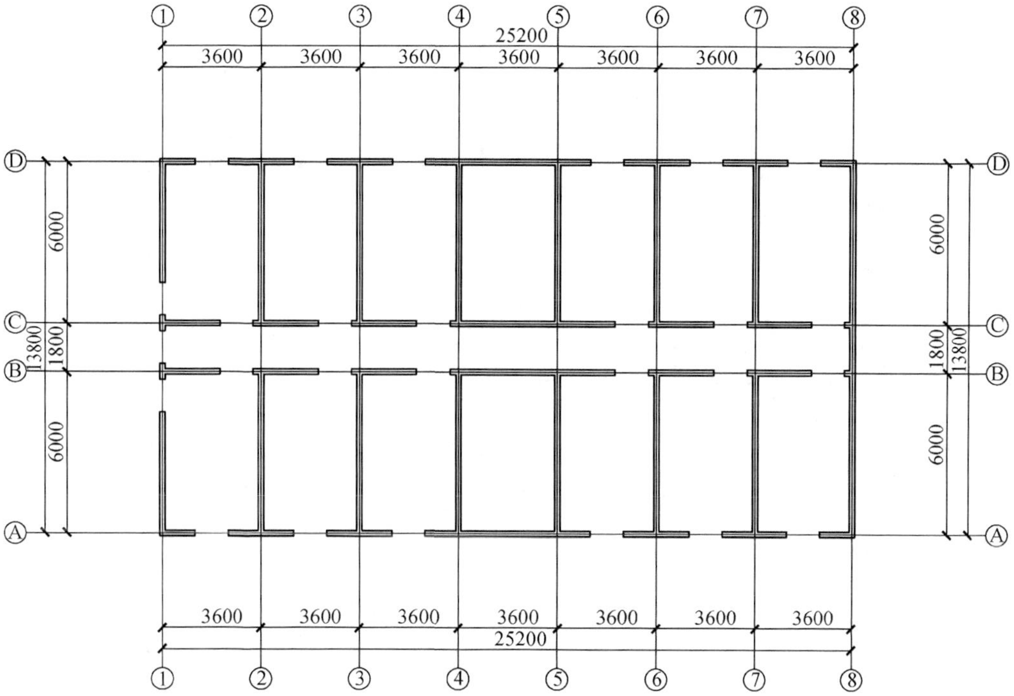

图 9-10

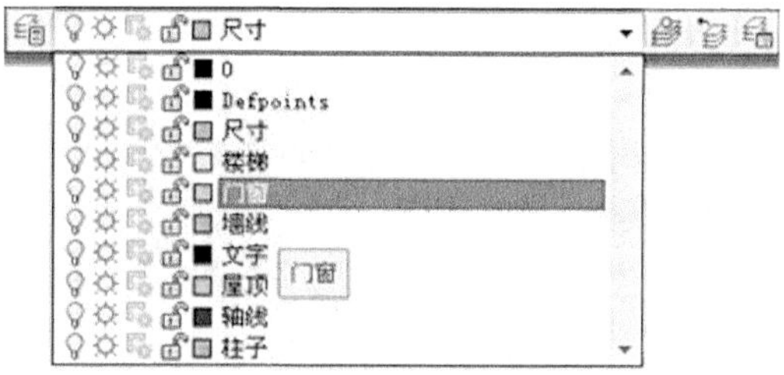

图 9-11

命令：l LINE 指定第一点：
指定下一点或[放弃(U)]：240
命令：div DIVIDE
选择要定数等分的对象：
输入线段数目或[块(B)]：3

绘制门，先画出一个 1170mm×60mm 的矩形，如图 9-13 所示，再以 1170mm 作为半径绘制一个四分之一圆弧，最后给门编号如图 9-13 所示。

（4）利用复制和移动命令，将门和窗子全部插入门窗洞，如图 9-14 所示。

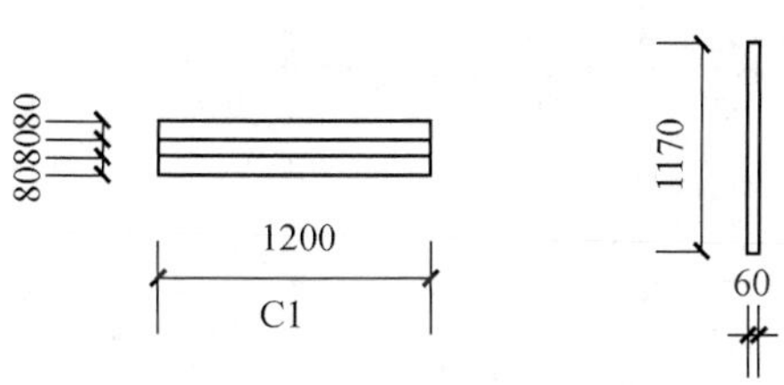

图 9-12

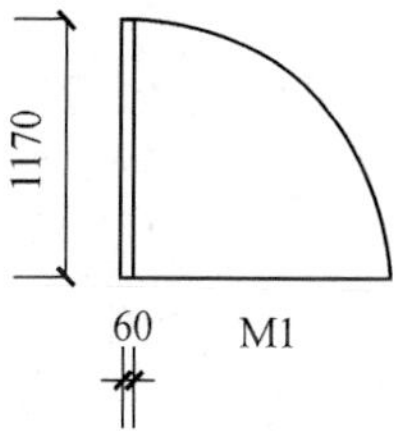

图 9-13

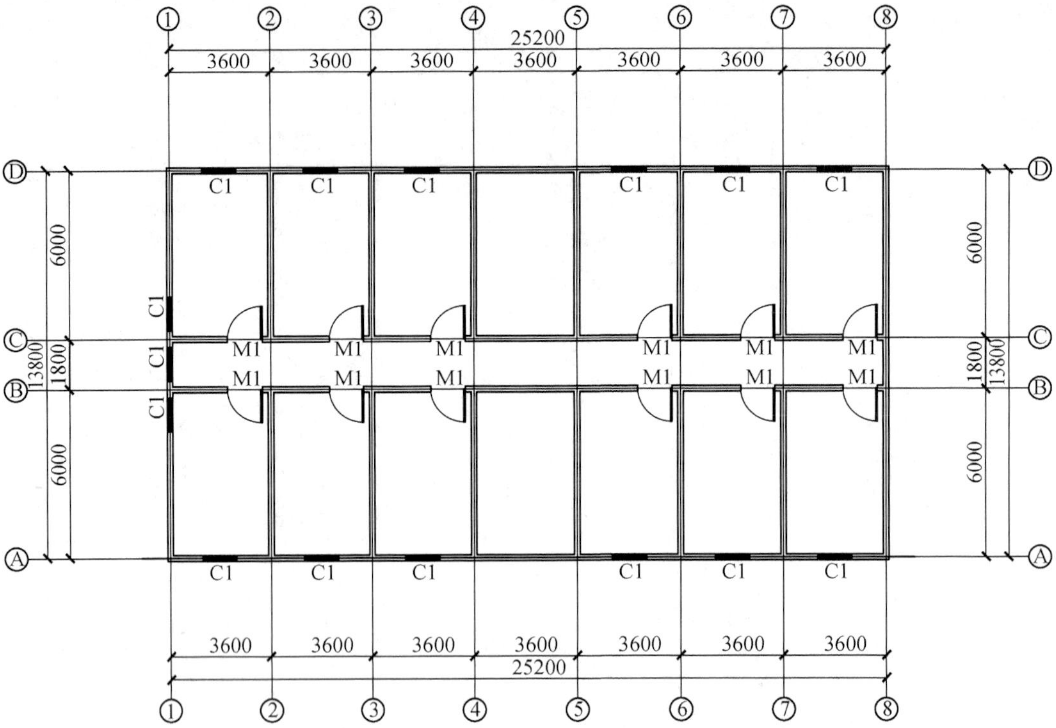

图 9-14

5. 绘制楼梯

在绘制楼梯前，先对墙体进行裁剪，将多余的墙体剪掉，留出楼梯入口，如图 9-15 所示。

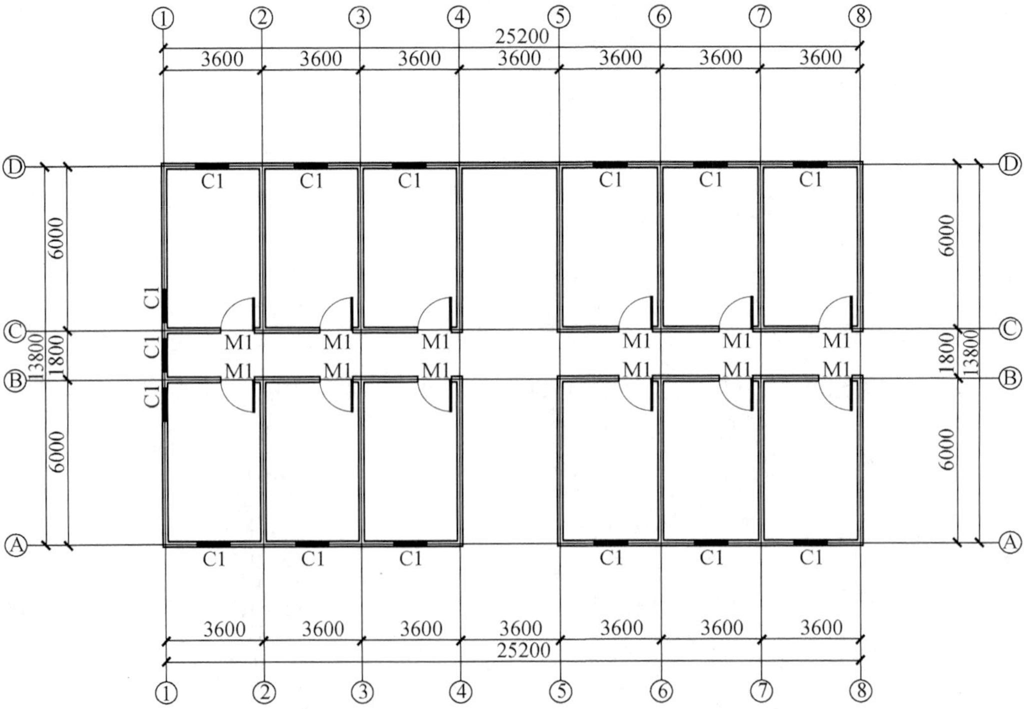

图 9-15

（1）将图层调到楼梯图层，先绘制一条辅助线 AB，再向上偏移 600mm，再用对象捕捉，在中点画出一条长为 2500mm 的辅助线，再利用偏移向右偏移 180mm 形成梯井宽如图 9-16 所示。

```
命令: l  LINE 指定第一点:
指定下一点或[放弃(U)]: 500（输入 500，按回车键）
命令: _line 指定第一点:
指定下一点或[放弃(U)]: 2500（输入 2500，按回车键）
命令: o OFFSET
当前设置: 删除源=否  图层=源  OFFSETGAPTYPE=0（按回车键）
指定偏移距离或[通过(T)/删除(E)/图层(L)]<500>:  180（输入 180，按回车键）
指定要偏移的那一侧上的点，或[退出(E)/多个(M)/放弃(U)]<退出>:（单击要偏移的方向）
```

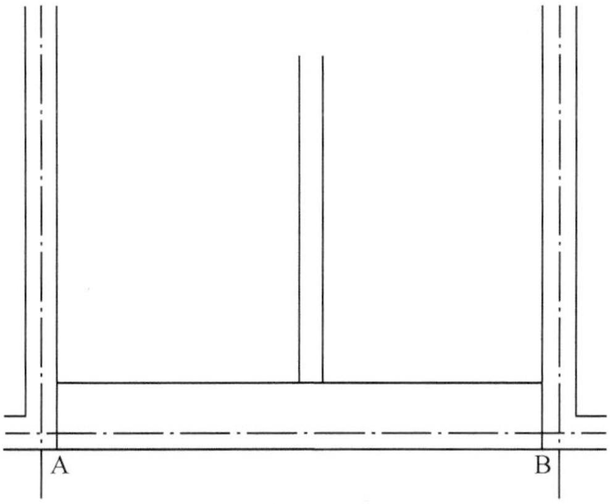

图 9-16

（2）绘制踏步线，平行线的距离为 300mm，利用偏移命令来绘制踏步线，并对其进行裁剪，完成踏步，如图 9-17 所示。

（3）绘制折断线和方向箭头，并对楼梯进行裁剪，最后完成楼梯的绘制，如图 9-18 所示。

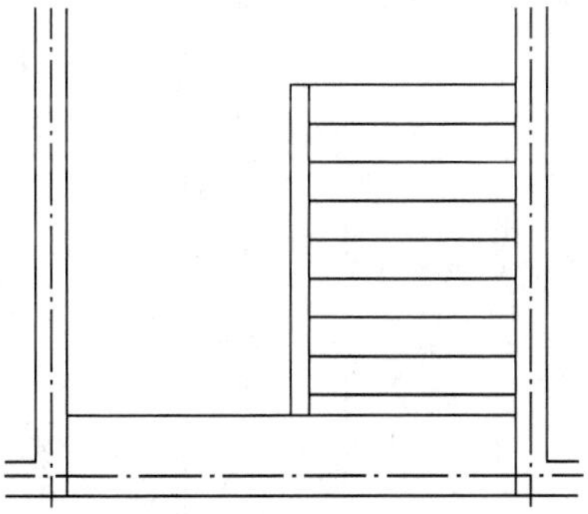

图 9-17

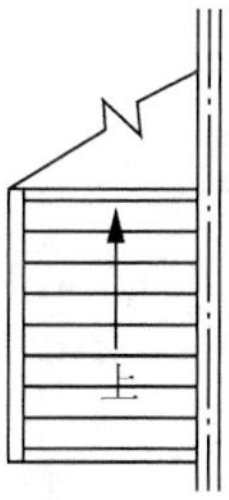

图 9-18

6. 绘制卫生间

卫生间里面主要有小便槽和蹲便，还存在洗衣槽，这些都需要在图纸上表现出来。

（1）绘制蹲便和小便槽。

新建图层“卫生洁具”，再将图层调到该图层上。然后在相应的地方插入块，或是自己手动画出洁具，按照合理的位置进行设置，如图 9-19 所示。

（2）绘制洗衣槽。

新建洗衣槽图层，画出矩形来表示洗衣槽，如图 9-20 所示。

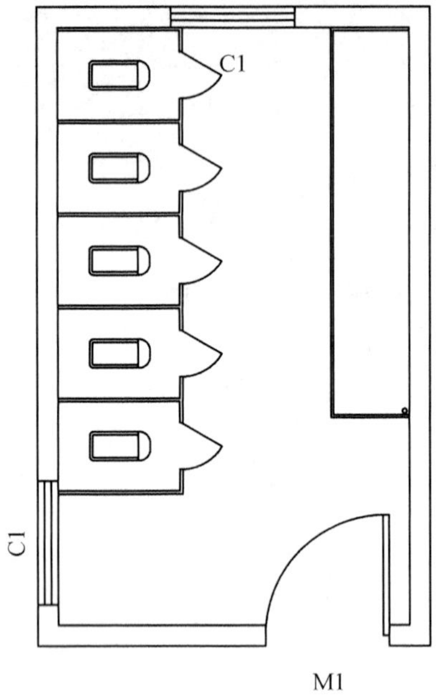

图 9-19

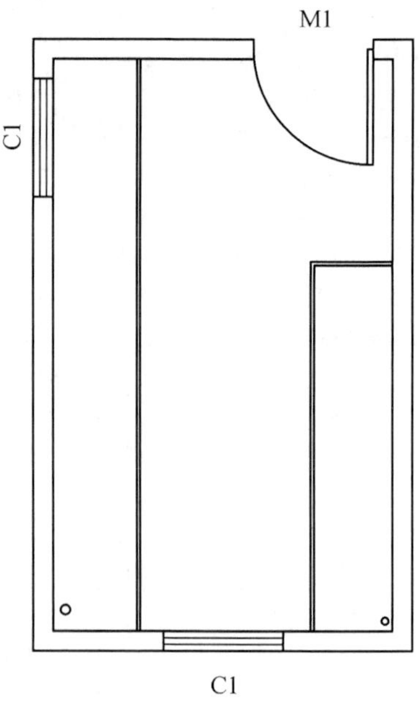

图 9-20

（3）完善修改。

利用镜像命令完成所有的卫生间的绘制，如图 9-21 所示。

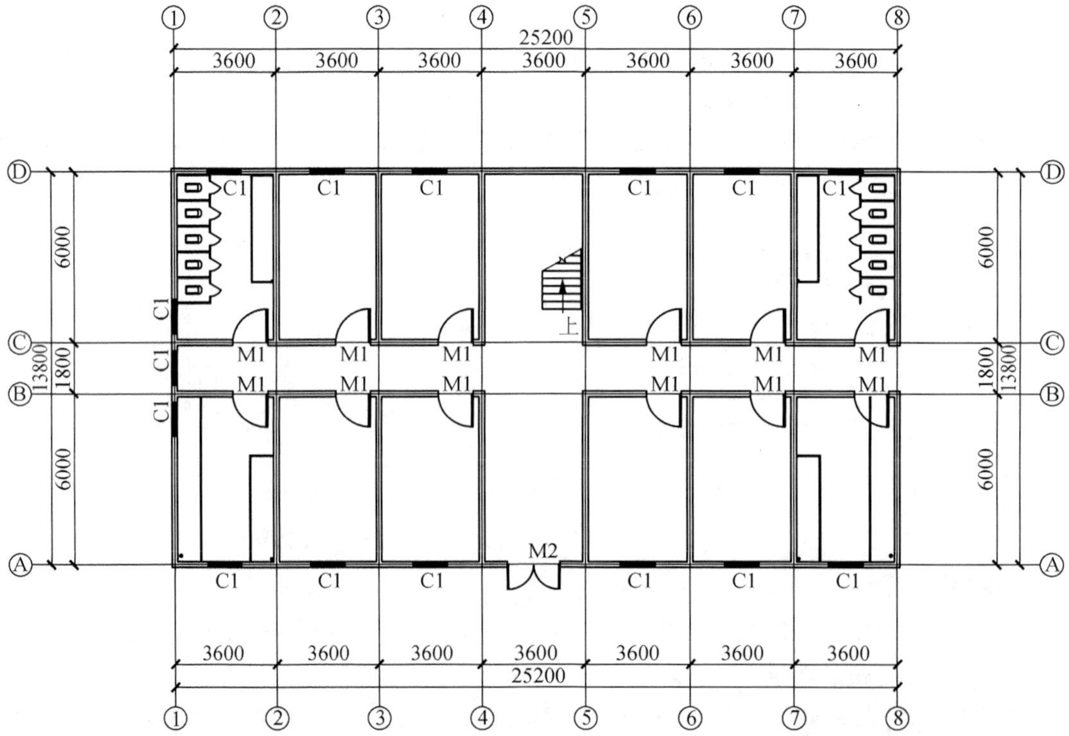

图 9-21

7. 尺寸标注

在 CAD 制图时，外部尺寸有三道，分别是总尺寸、轴线尺寸、门窗洞口及墙段尺寸。在标注时要将这三道尺寸全部表现出来。根据建筑制图的标准规范，门窗洞口尺寸距离最外面的台阶的距离为 10～15mm，三道尺寸之间的间距为 7～10mm。

（1）标注总尺寸。

使用 DIM 命令，单击起始轴线和终止轴线，再平移到合适的地方，单击“确定”，得到如图 9-22 所示的轴线标注，命令行提示如下：

```
命令: DIMALI
DIMALIGNED
指定第一个尺寸界线原点或<选择对象>:
指定第二条尺寸界线原点:
指定尺寸线位置或
[多行文字(M)/文字(T)/角度(A)]:
```

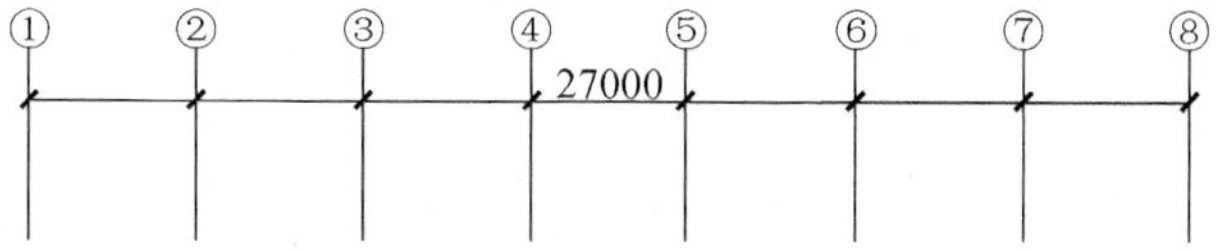

图 9-22

（2）轴线尺寸。

方法同上，标出轴线尺寸如图 9-23 所示。

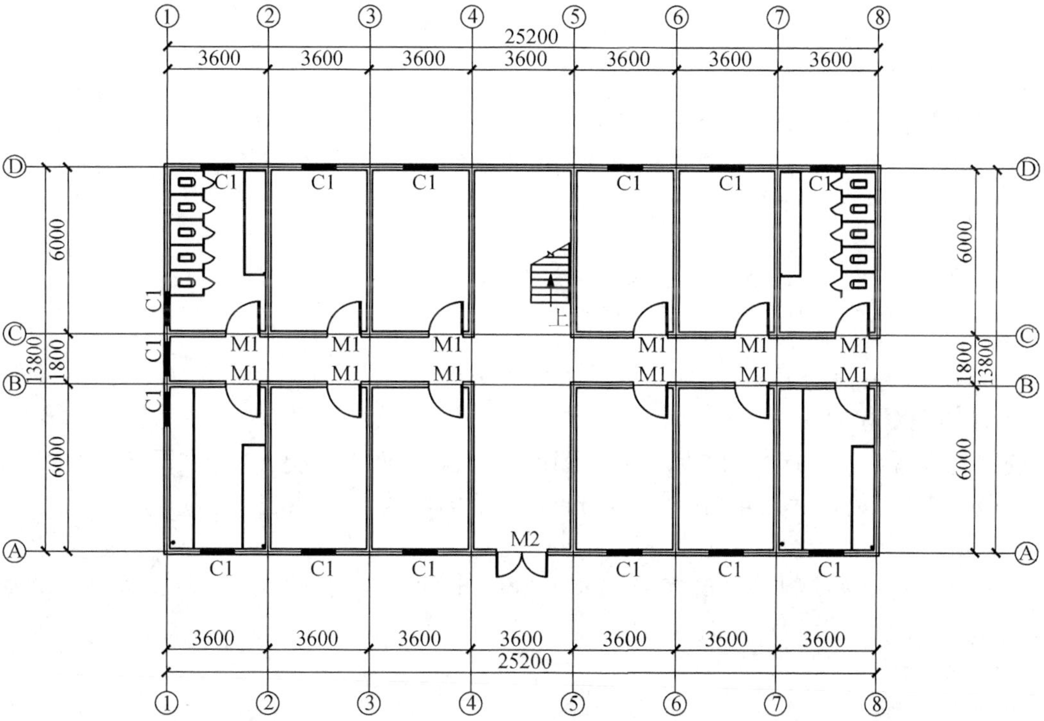

图 9-23

（3）门窗洞口尺寸标注。

方法同上，标出轴线尺寸如图 9-24 所示。

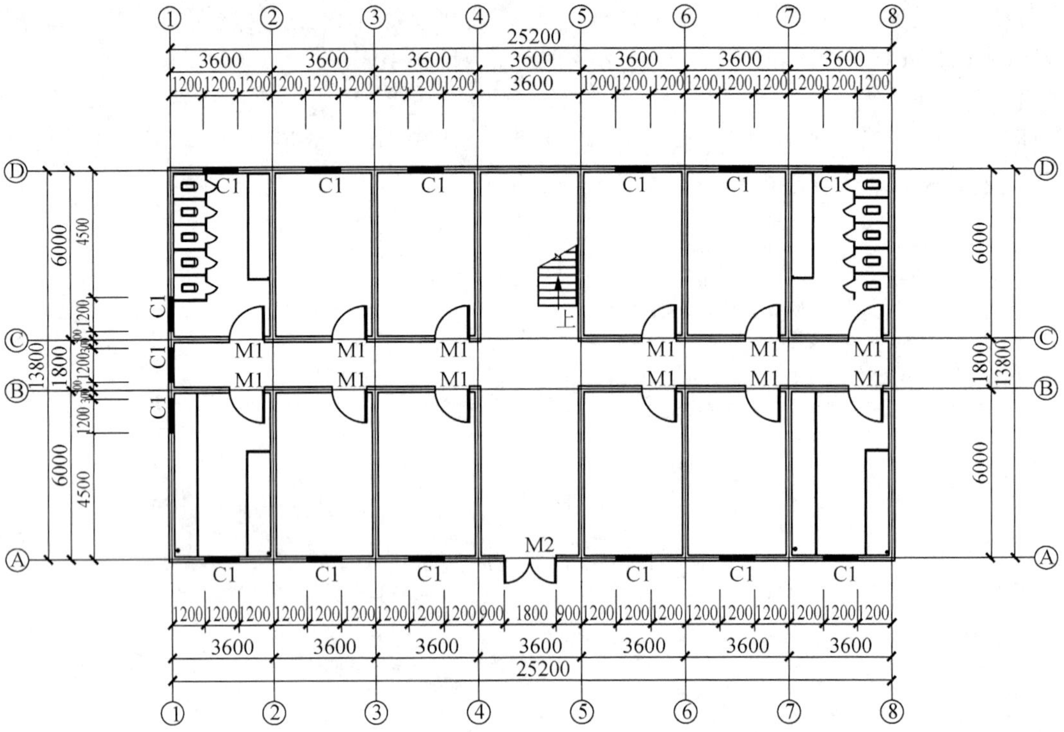

图 9-24

8. 文字标注

平面图里面还需要文字注释来对其进行说明。新建“文字”图层，设置为当前图层，然后执行“单行文字”命令，设置好文字的高度为 500mm，然后在需要注释的地方添加说明。最后得到如图 9-25 所示的平面图，操作命令如下：

```
命令： _text
当前文字样式： “Standard”  文字高度： 500  注释性： 否  对正： 左
指定文字的起点或[对正(J)/样式(S)]:
指定高度<500>:
指定文字的旋转角度<0>:
```

9. 添加图框和标题

使用直线命令和单行文字可以来绘制图框和标题。下面以绘制 A3 标准图纸的格式来绘制图框。因为 A3 纸的尺寸为 420mm×297mm，一般的建筑平面图的比例为 1∶100。

（1）绘制矩形。

首先用直线命令绘制一个 42000mm×29700mm 的矩形，如图 9-26 所示，具体操作如下：

```
命令： _line
指定第一个点:
指定下一点或[放弃(U)]:<正交 开> 42000
指定下一点或[放弃(U)]: 29700
指定下一点或[闭合(C)/放弃(U)]: 42000
指定下一点或[闭合(C)/放弃(U)]:
```

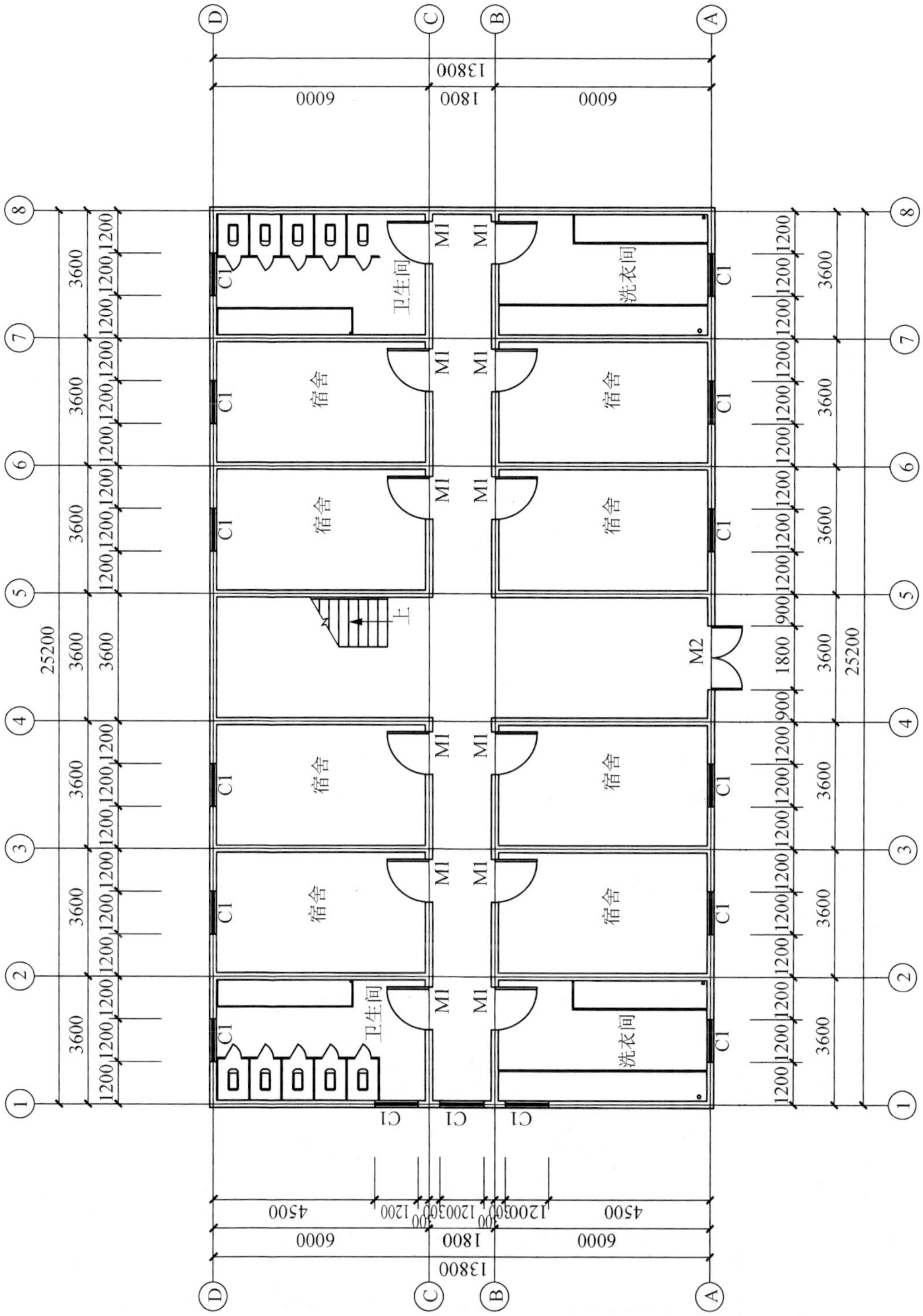

13800
6000
1800
6000
4500
1200
300
25200
3600
900
M1
M2
C1
宿舍
卫生间
洗衣间
上

图 9-25

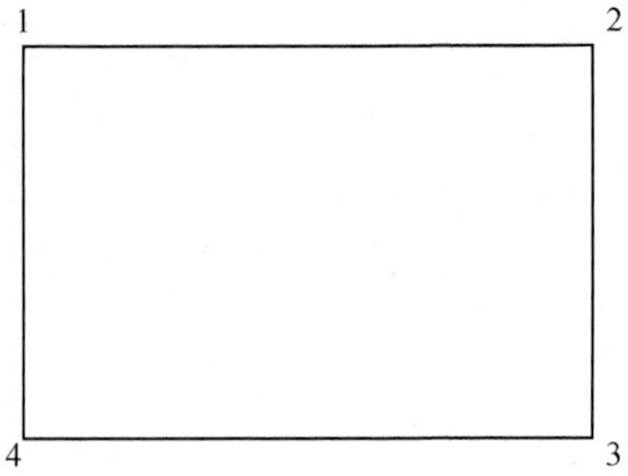

图 9-26

（2）绘制图框线。

利用复制、修剪加粗等命令来修改图框。命令行提示如下：

首先将 14 直线向右偏移 2500mm，12，23，43 直线向内偏 500mm。得到如图 9-27 所示的图形。

```
命令: O OFFSET
当前设置: 删除源=否  图层=源  OFFSETGAPTYPE=0
指定偏移距离或[通过(T)/删除(E)/图层(L)]<通过>: 2500
选择要偏移的对象，或[退出(E)/放弃(U)]<退出>:
指定要偏移的那一侧上的点，或[退出(E)/多个(M)/放弃(U)]<退出>:
选择要偏移的对象，或[退出(E)/放弃(U)]<退出>:
命令:
命令:  OFFSET
当前设置: 删除源=否  图层=源  OFFSETGAPTYPE=0
指定偏移距离或[通过(T)/删除(E)/图层(L)]<2500>: 500
指定要偏移的那一侧上的点，或[退出(E)/多个(M)/放弃(U)]<退出>:
选择要偏移的对象，或[退出(E)/放弃(U)]<退出>:
指定要偏移的那一侧上的点，或[退出(E)/多个(M)/放弃(U)]<退出>:
选择要偏移的对象，或[退出(E)/放弃(U)]<退出>:
指定要偏移的那一侧上的点，或[退出(E)/多个(M)/放弃(U)]<退出>:
```

图 9-27

再使用裁剪命令进行裁剪，得到如图 9-28 所示的图形，命令行提示如下：

```
命令: TR TRIM
当前设置:投影=UCS，边=无
选择剪切边…
选择对象或<全部选择>:
选择要修剪的对象，或按住 Shift 键选择要延伸的对象，或
[栏选(F)/窗交(C)/投影(P)/边(E)/删除(R)/放弃(U)]:
```

图 9-28

最后将里面的图框加粗，得到如图 9-29 所示图形。

图 9-29

（3）绘制标题栏。

绘制标题栏和图框的绘制类似，都是运用直线、偏移、裁剪命令，得到如图 9-30 所示的图框，命令行提示如下：

```
命令: rec RECTANGLE
指定第一个角点或[倒角(C)/标高(E)/圆角(F)/厚度(T)/宽度(W)]:
指定另一个角点或[面积(A)/尺寸(D)/旋转(R)]: d
指定矩形的长度<10>: 18000
指定矩形的宽度<10>: 4000
指定另一个角点或[面积(A)/尺寸(D)/旋转(R)]:
```

命令: _line
指定第一个点:<对象捕捉 关><打开对象捕捉>
指定下一点或[放弃(U)]:
命令: DIV DIVIDE
选择要定数等分的对象:
输入线段数目或[块(B)]: 3
命令: CO COPY 找到 3 个
当前设置: 复制模式=多个
指定基点或[位移(D)/模式(O)]<位移>:
指定第二个点或[阵列(A)]<使用第一个点作为位移>:
指定第二个点或[阵列(A)/退出(E)/放弃(U)]<退出>:
命令: S41_DHWZ
请给出单行文字位置<退出>:
命令: MATCHPROP
选择源对象:
当前活动设置: 颜色 图层 线型 线型比例 线宽 透明度 厚度 打印样式 标注 文字 图案填充 多段线 视口 表格 材质 阴影显示 多重引线
选择目标对象或[设置(S)]:

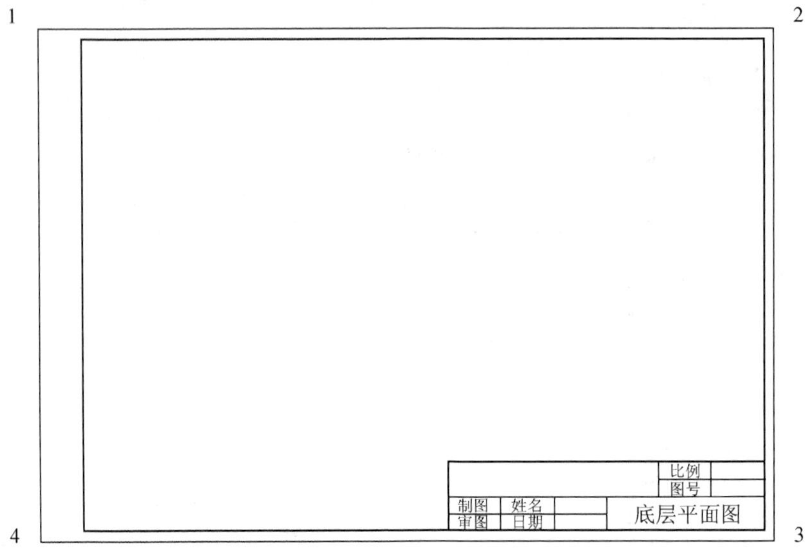

图 9-30

9.2　绘制建筑立面图

9.2.1　概述

表示房屋外部形状和内容的图纸称为建筑立面图。建筑立面图为建筑外垂直面正投影可视部分。建筑立面图又可分为正立面图、背立面图、侧立面图。其中能够反映建筑主要入口或主要外观特征的立面图称为正立面图。建筑立面图对建筑立面的造型和装饰的研究都很重要。

9.2.2　立面图的绘制内容及要求

1. 立面图绘制的内容

（1）画出室外地面线及房屋的勒脚、台阶、花池、门窗、雨棚、阳台、室外楼梯、墙柱、檐口、屋顶、雨水管、墙面分割线等内容。

（2）标注出外墙各主要部位的标高。如室外地面、台阶顶面、窗台、窗上口、阳台、雨棚、檐口、女儿墙顶、屋顶水箱间及楼梯间屋顶等的标高。

（3）注出建筑物两端的定位轴线及其编号。

（4）标注索引编号。

（5）用文字说明外墙面装修的材料及其做法。

2. 立面图绘制的要求

（1）图纸幅面和比例：通常建筑立面图的图纸幅面和比例的选择在同一工程中可考虑与建筑平面图相同，一般采用 1∶100 的比例。建筑物过大或过小时，可以选择 1∶200 或 1∶50。

（2）定位轴线：在立面图中，一般只绘制 2 条定位轴线，且分布在两端，与建筑平面图相对应，确认立面的方位，以方便识图。

（3）线型：为了更能突显建筑物立面图的轮廓，使层次分明，地坪线一般用特粗实线（1.4b）绘制；轮廓线和屋脊线用粗实线（b）绘制；所有的凹凸部位（如阳台、线脚、门窗洞等）用中实线（0.5b）绘制；门窗扇、雨水管、尺寸线、高程、文字说明的指引线、墙面装饰线等用细实线（0.25b）绘制。

（4）图例：由于立面图和平面图一般采用相同的出图比例，所以门窗和细部的构造也常采用图例来绘制。绘制时只需要画出轮廓线和分格线，门窗框用双线。常用的构造和配件的图例可以参照相关的国家标准。

（5）尺寸标注：立面图分三层标注高度方向的尺寸，分别是细部尺寸、层高尺寸和总高尺寸。细部尺寸用于表示室内外地面高度差、窗口下墙高度、门窗洞口高度、洞口顶部到上一层楼面的高度等；层高尺寸用于表示上下层地面之间的距离；总高尺寸用于表示室外地坪至女儿墙压顶端檐口的距离。除此之外还应标注其他无详图的局部尺寸。

（6）高程尺寸：立面图中需标注房屋主要部位的相对高程，如建筑室内外地坪、各级楼层地面、檐口、女儿墙压顶、雨罩等。

（7）索引符号：建筑物的细部构造和具体做法常用较大比例的详图来反映，并用文字和符号加以说明。所以凡是需绘制详图的部位，都应该标上详图的索引符号，具体要求与建筑平面图相同。

9.2.3　绘图实例

1. 设置绘图环境

（1）单击“新建”按钮，建立一个绘图区如图 9-31 所示。再确定线型和比例。

（2）建立图层，建立的图层如图 9-32 所示。

2. 绘制辅助线

根据平面图以及层高可以绘制立面图的辅助线，根据每个房间的开间和层高，绘制辅助线，如图 9-33 所示。

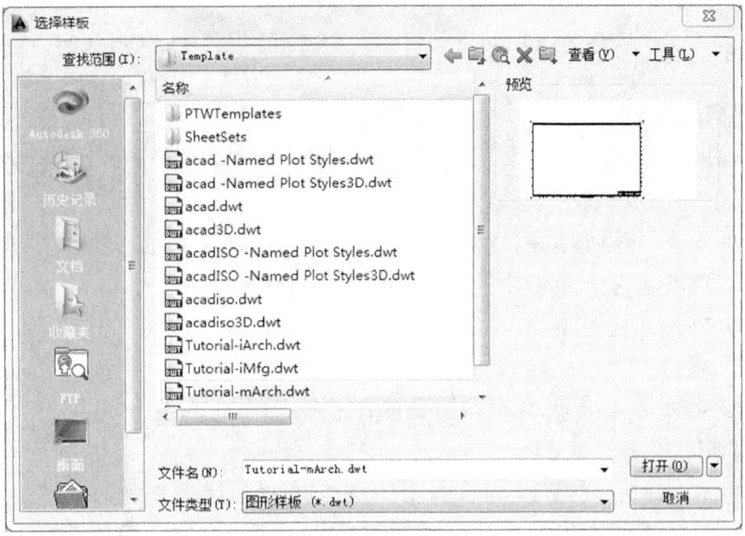

图 9-31

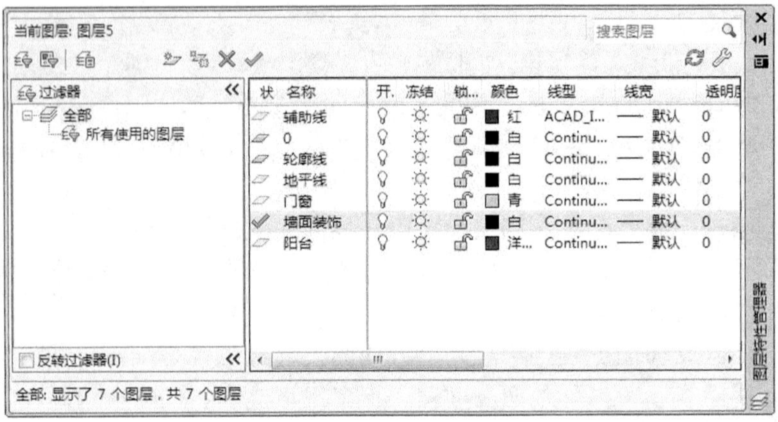

图 9-32

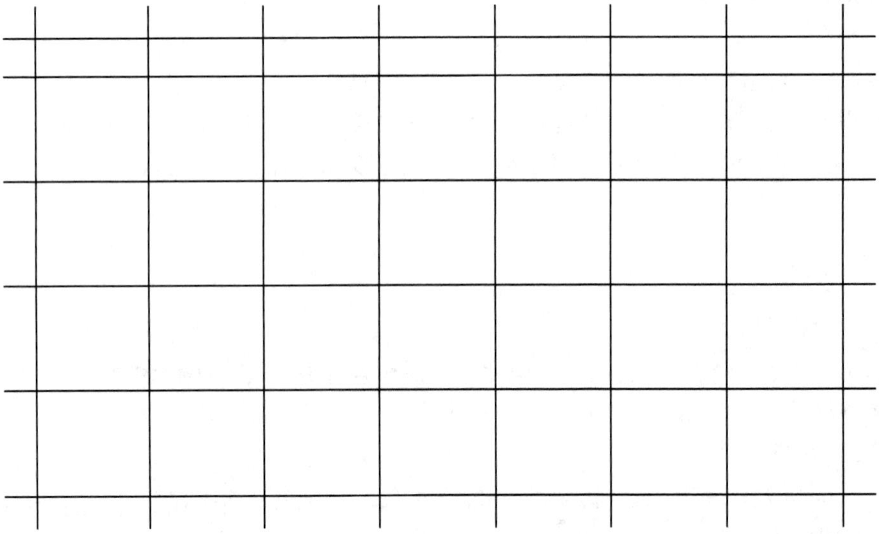

图 9-33

3. 绘制地坪线和轮廓线

建筑立面图的轮廓线有四条，即地平线、左右山墙线、屋顶线。绘制立面轮廓线的方法多种，下面先绘制矩形，然后在矩形的基础上延伸地平线来实现轮廓线的生成。操作过程如下。

（1）画矩形，输入矩形（REC），并回车键。

（2）指定第一个角点或[倒角(C)/标高(E)/圆角(F)/厚度(T)/宽度(W)]。

（3）指定另一个角点或[面积(A)/尺寸(D)/旋转(R)]: @27000,14400，并回车键。

（4）使用分解（X）命令将矩形打散。

（5）在矩形的左右两下角，用直线（L）画两条短的辅助线，结果如图 9-34 所示。

图 9-34

（6）输入命令延伸（EX），将矩形的下边两段延伸至两条辅助线，形成室外地平线。

（7）执行删除（E）命令，删除两条辅助线。再执行偏移（O）、修剪（TR）命令，绘制室外±0.000 线。结束地平线和轮廓线的绘制，结果如图 9-35 所示。

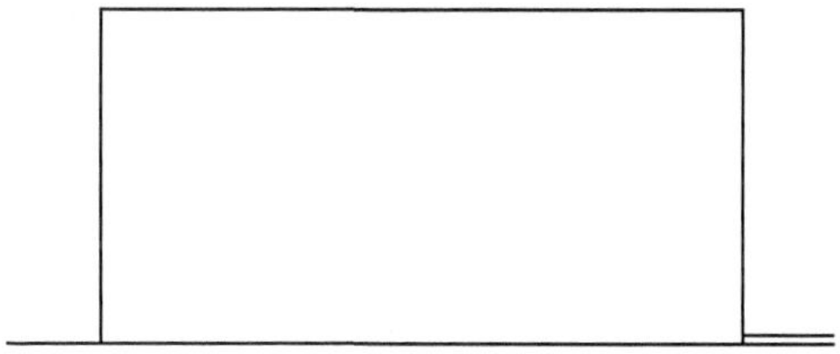

图 9-35

（8）将绘制好的轮廓线，插入辅助线中，如图 9-36 所示。

4. 绘制门窗

从平面图可知，每个开间的窗户居中，并且每层的层高都相等。这样，可以只绘制一个窗户，然后执行阵列（AR）命令，完成所有窗户的绘制。操作步骤如下。

（1）绘制一个窗户的立面图，步骤如下。

① 画矩形，输入命令（REC），并回车键。指定第一个角点或[倒角(C)/标高(E)/圆角(F)/厚度(T)/宽度(W)]:指定另一个角点或[面积(A)/尺寸(D)/旋转(R)]: @1200,1500 即完成窗户轮廓线的绘制，如图 9-37 所示。

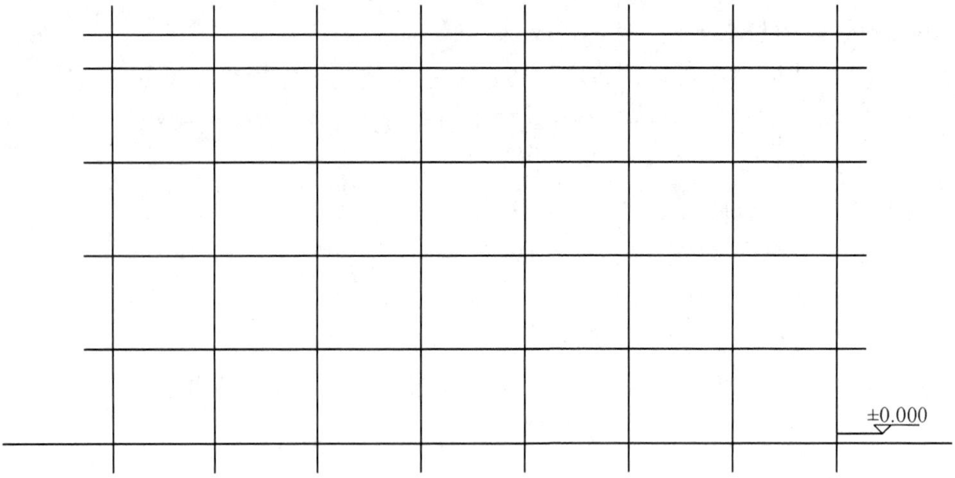

图 9-36

② 按①所示的方式，另外画三个矩形。长和宽分别为：1100×300，1050×525。绘制完成后如图 9-37 所示。

图 9-37

③ 移动（M）命令将上述三个矩形分别放入窗户轮廓中，距每个角点 *X*，*Y* 方向的距离的绝对值均为 50，如图 9-38 所示。

④ 使用偏移（O）命令，将下面两个矩形向内偏移 20，即完成窗户的绘制，如图 9-38 所示。

（2）将绘制好的窗户放到轮廓线左下角的指定位置（根据平面图和正立面图确定此位置），可知，此点距离左下角 *X*，*Y* 的距离分别为 1350，900，插入后的图形如图 9-39 所示。

（3）执行阵列（AR）命令，将整个窗洞向上，向右阵列，行数为 4，列数为 3，行间距为 3300（层高），列间距为 3900（开间），中间部分和右边部分任用此方法，结果如图 9-40 和图 9-41 所示。

图 9-38

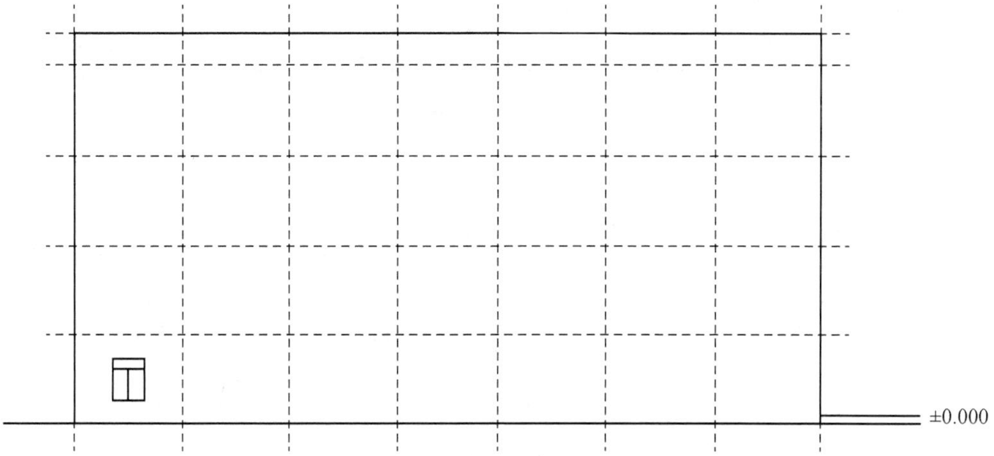

图 9-39

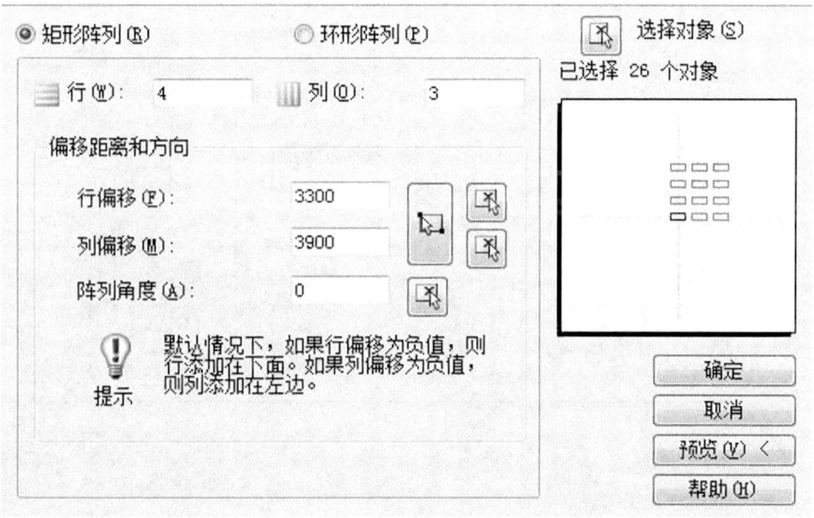

图 9-40

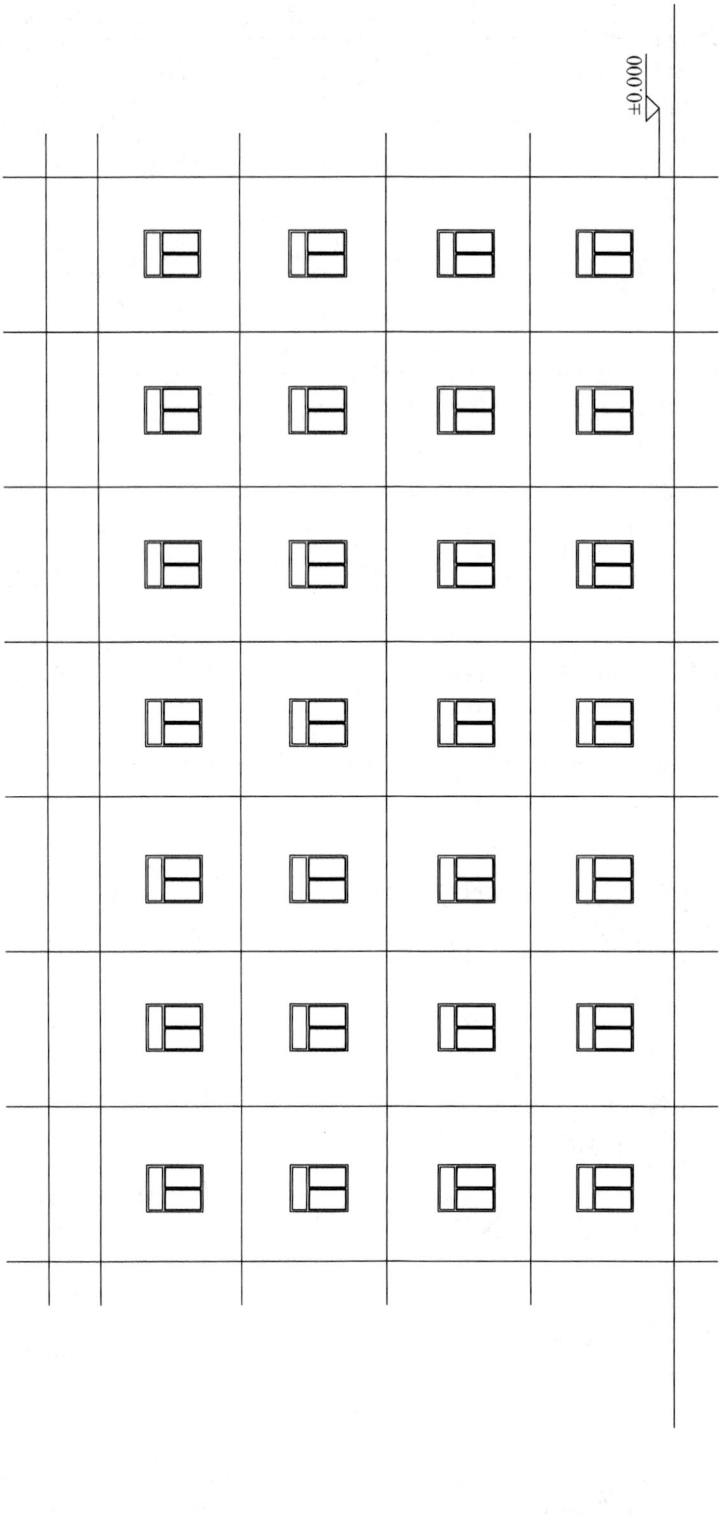

图 9-41

（4）使用删除（E）命令，将门厅部分的窗全部删除。

（5）在门厅处，根据平面图插入门，步骤如下。

① 用矩形（REC）命令，绘制长和宽为 3000,2100 的矩形，然后将其打散。并画出此矩形的中轴线。

② 根据绘制矩形步骤，绘制长和宽分别为 1300,2000 的两个矩形，将其插入上面的矩形中，如图 9-42 所示。

图 9-42

③ 画出水平方向的中心线，在中心线的交点对称添加两个小矩形，作为门的扶手。这时，小矩形的长和宽分别为 200、600。

④ 给门添加网格，形成门的立面纹路，如图 9-42 所示。

⑤ 按平面图，将门插入指定位置。

（6）参看平面图，将左右山墙向里复制 240，形成山墙壁住，完成门窗的绘制。

（7）步骤结果如图 9-43 所示。

5. 绘制窗台、窗檐及挑檐

（1）将屋顶线向下复制 300，形成檐口。

（2）在窗底处画窗台，在窗顶处画窗檐，方法如下：沿开间方向画直线，然后向外复制 120。

（3）每层楼都按步骤（2）操作，得到最终结果，如图 9-44 所示。

6. 绘制墙面装饰

现在学生宿舍楼的外墙装饰，一般采用喷漆或贴瓷砖的方法。本书所用的外墙装饰材料为贴瓷砖。在用 CAD 绘制外墙装饰时，一般用填充（H）命令，给外墙填充与瓷砖外形相当的图案，已完成 CAD 立面图的装饰效果，因左右两边对称，以左边为例。命令行的提示如下（中间和右边部分按此方法进行）：

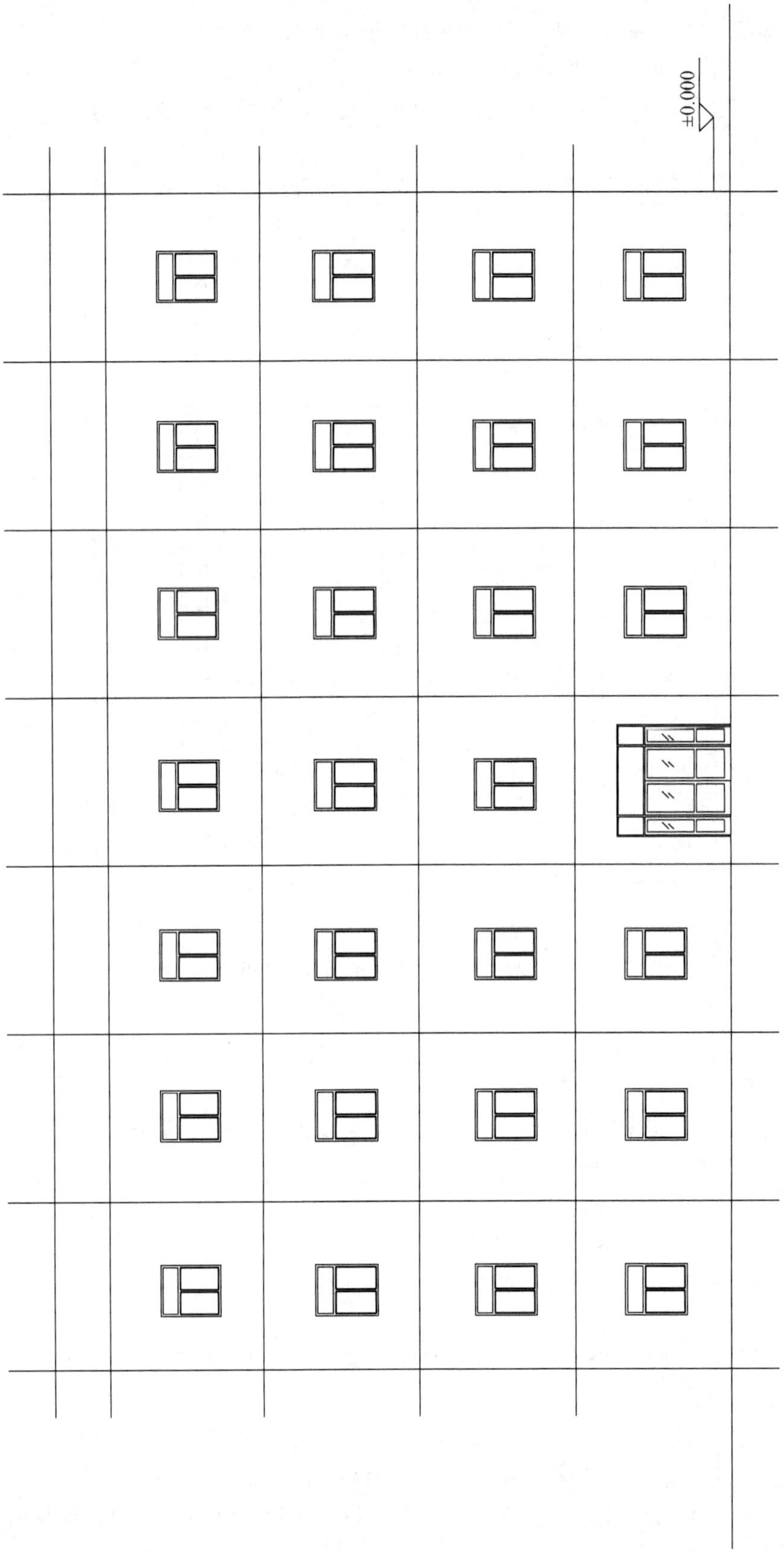

图 9-43

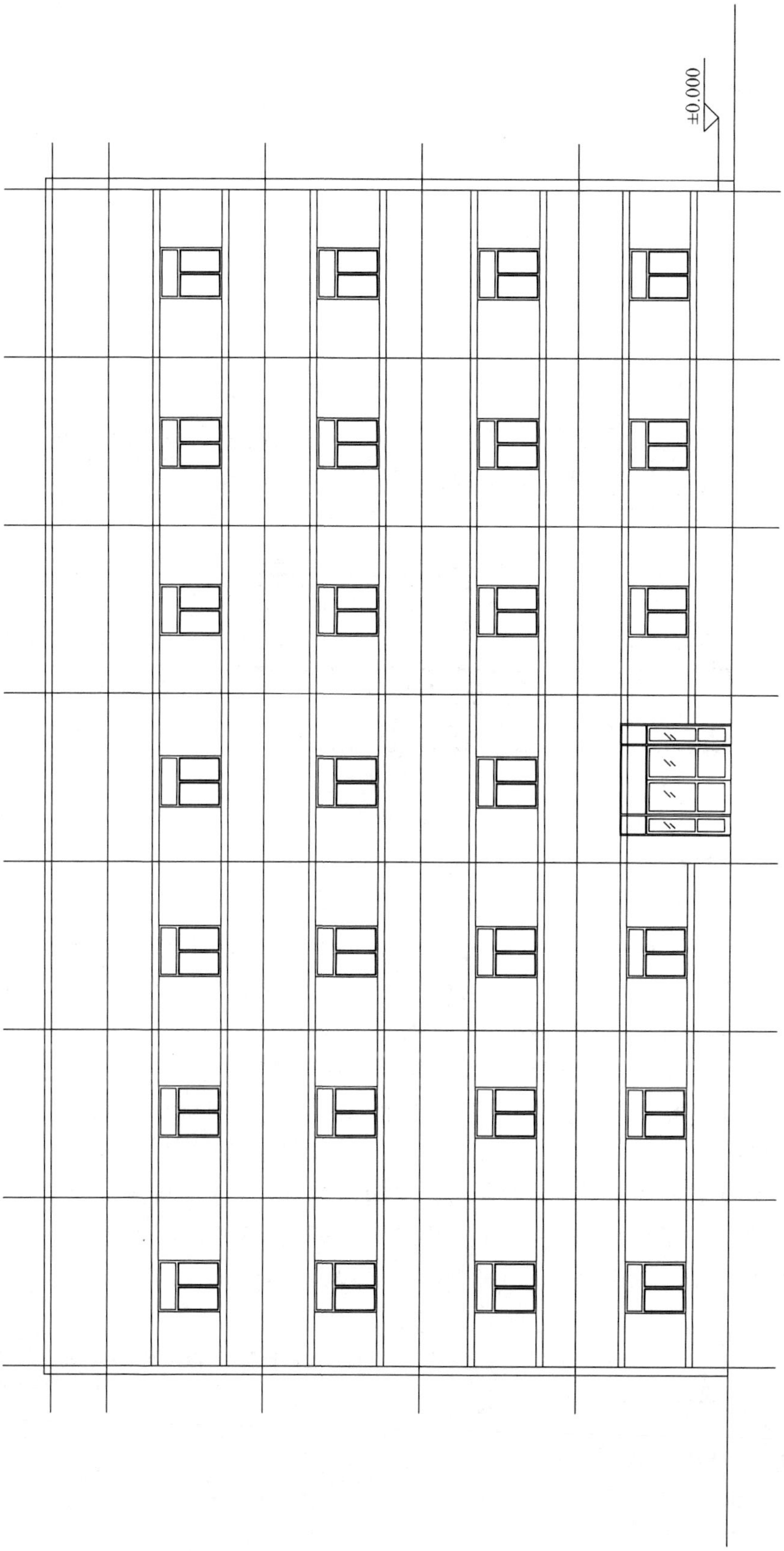

图 9-44

```
命令: h
BHATCH
拾取内部点或[选择对象(S)/删除边界(B)]:  正在选择所有对象…
命令: ar
ARRAY 找到 1 个
命令: h
BHATCH
拾取内部点或[选择对象(S)/删除边界(B)]:  正在选择所有对象…
正
命令: ar
ARRAY 找到1个
```

根据以上操作，并删除辅助线后，得到的结果如图 9-45 所示。

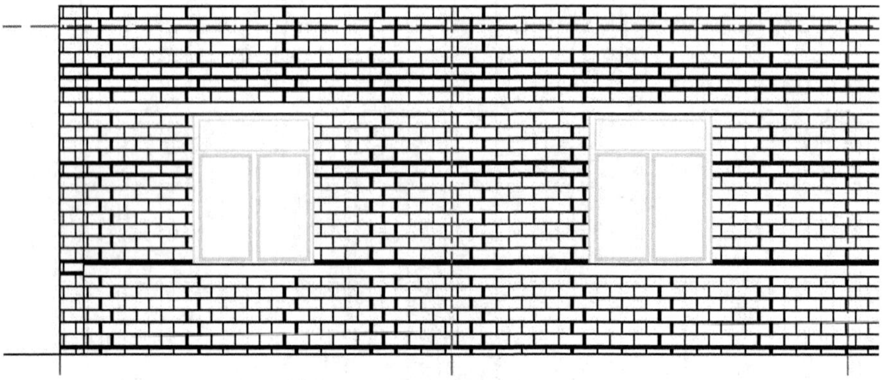

图 9-45

7. 标注尺寸和标高

立面图中的尺寸标注需要标明立面的尺寸和标高，对它的标注操作过程如下。

（1）标注标高：①楼层标高。在里面图的右侧添加标高。在横向辅助线的地方添加标高符号，并且每一层从下向上一次标注的标高为 0.000、3300、6600、9900、13200、14400。②窗的标高。在窗户的右侧添加标高，结果如图 9-46 所示。

（2）标注尺寸。立面图的尺寸标注和平面图相似，但在立面图中，不需要标注开间的尺寸，只需标明在层高方向上的尺寸，对立面图的尺寸标注如图 9-47 所示。

8. 文字注释

立面图里面还需要文字注释来对其进行说明。新建“文字”图层，设置为当前图层，然后执行“单行文字”和多段线命令，设置好文字的高度为 500mm，然后在需要注释的地方添加说明。最后得到如图 9-48 所示的平面图，操作命令如下：

```
命令: _text
当前文字样式: "Standard"  文字高度: 500  注释性: 否  对正: 左
指定文字的起点或[对正(J)/样式(S)]:
指定高度<500>:
指定文字的旋转角度<0>:
```

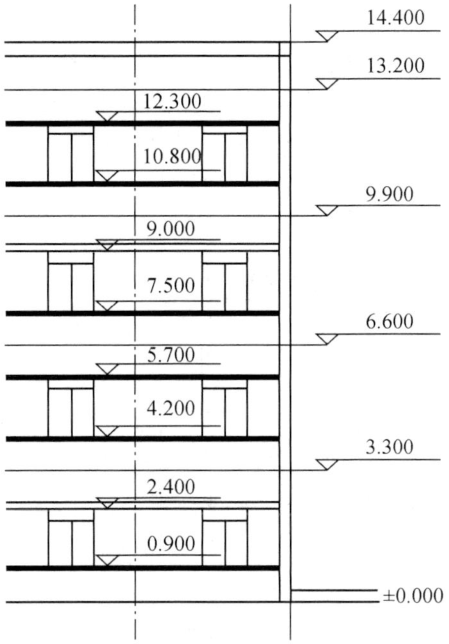

图 9-46

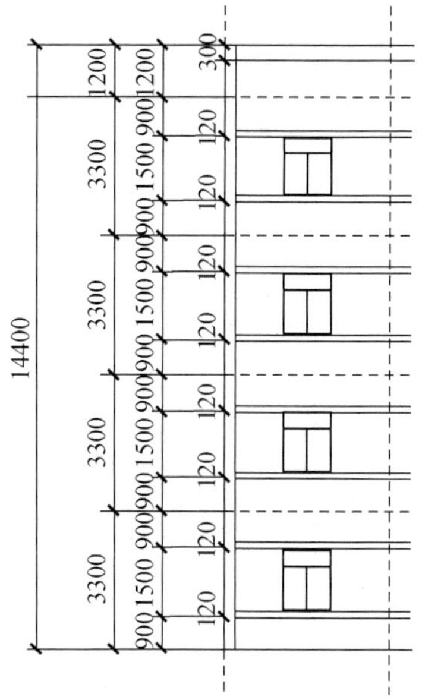

图 9-47

9. 添加轴线编号

绘制轴网圈，先用绘圆命令绘制一个直径为500mm的圆。再在圆内进行单行文本输入，输入数字“1”，按照同样的方法绘制出其他轴网线圈，最后绘制所得的图形如图9-49所示。

```
命令: _circle
指定圆的圆心或[三点(3P)/两点(2P)/切点、切点、半径(T)]:(按回车键)
指定圆的半径或[直径(D)]: 500  ( 输入500，并按回车键)
命令:DTEXT
当前文字样式: “Standard”  文字高度: 2.5000  注释性: 否  对正: 左
指定文字的起点或[对正(J)/样式(S)]:(左击，确定文字的起点)
指定高度<2.5000>: 700  (输入700，并按回车键)
指定文字的旋转角度<0>:(直接按回车键)
```

10. 添加图框和标题

使用直线命令和单行文字可以来绘制图框和标题。下面以绘制A3标准图纸的格式来绘制图框。因为A3纸的尺寸为420mm×297mm，一般的建筑平面图的比例为1∶100。

（1）用直线命令绘制一个42000mm×29700mm的矩形，如图9-50所示，具体操作如下：

```
命令: _line
指定第一个点:
指定下一点或[放弃(U)]:<正交 开> 42000
指定下一点或[放弃(U)]: 29700
指定下一点或[闭合(C)/放弃(U)]: 42000
指定下一点或[闭合(C)/放弃(U)]:
```

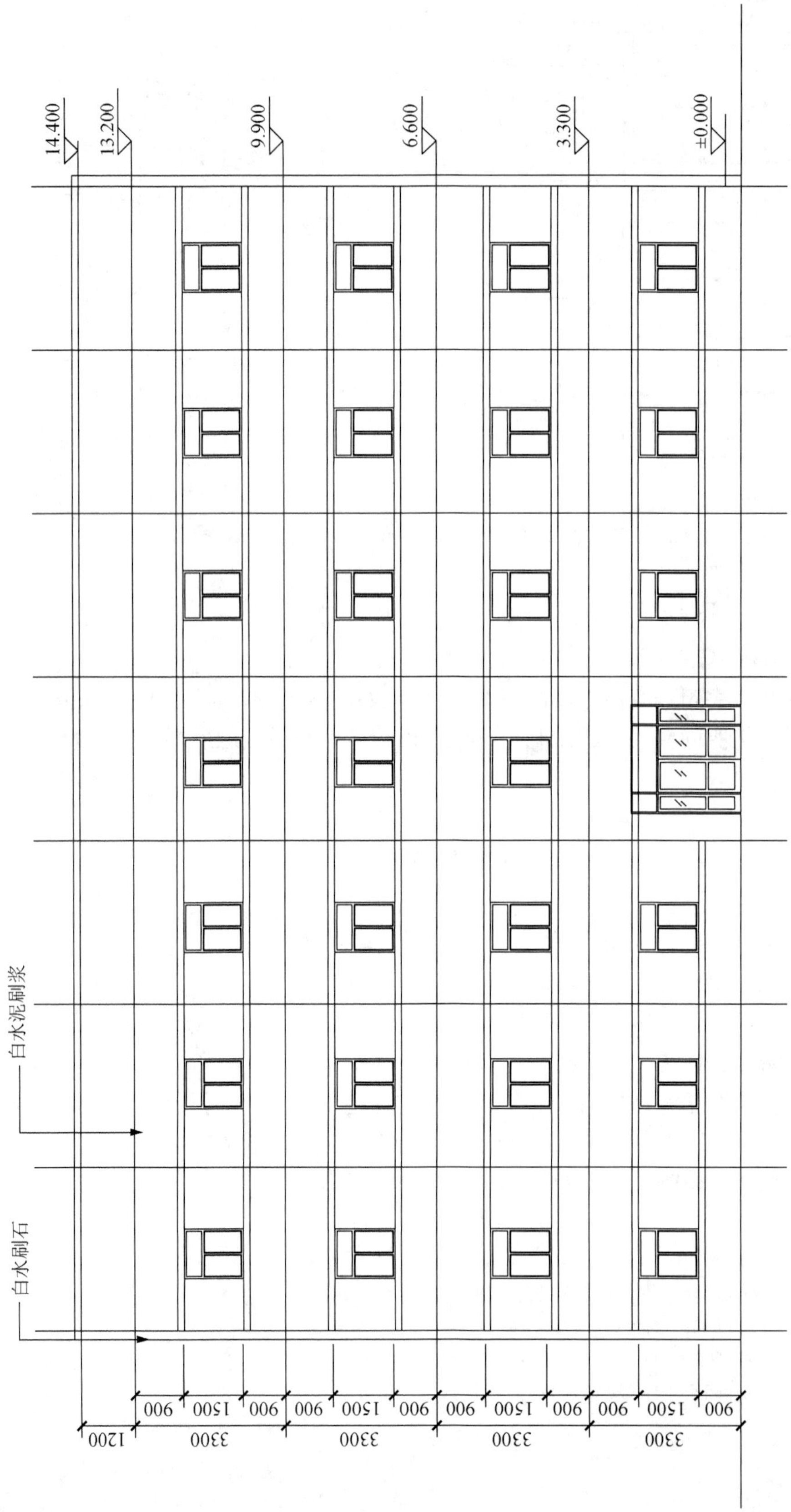
14.400
13.200
9.900
6.600
3.300
±0.000
白水泥刷浆
白水刷石
1200
3300
3300
3300
3300
900
1500
900

图 9-48

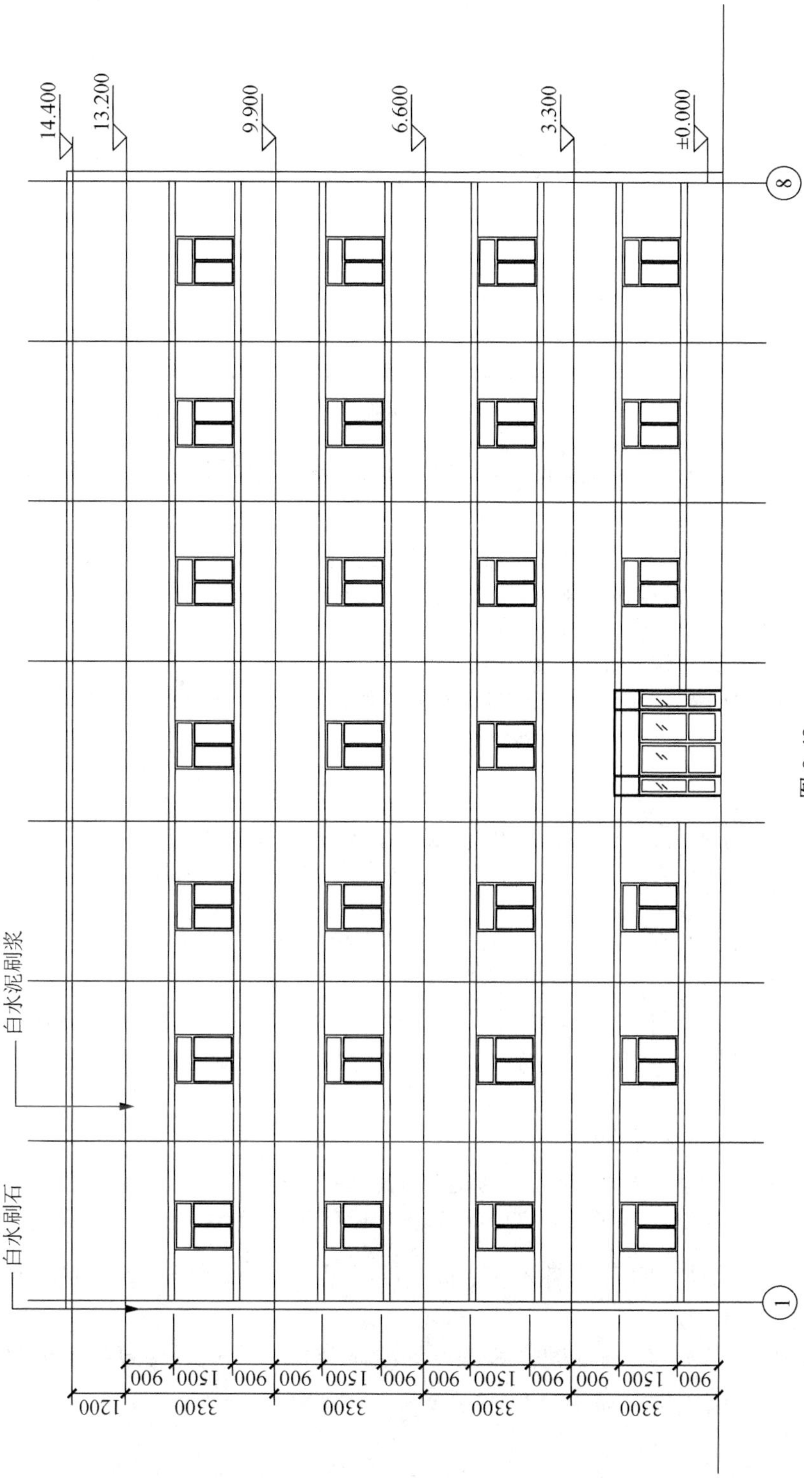
14.400
13.200
9.900
6.600
3.300
±0.000
8
1
白水泥刷浆
白水刷石
900
1500
900
3300
1200

图 9-49

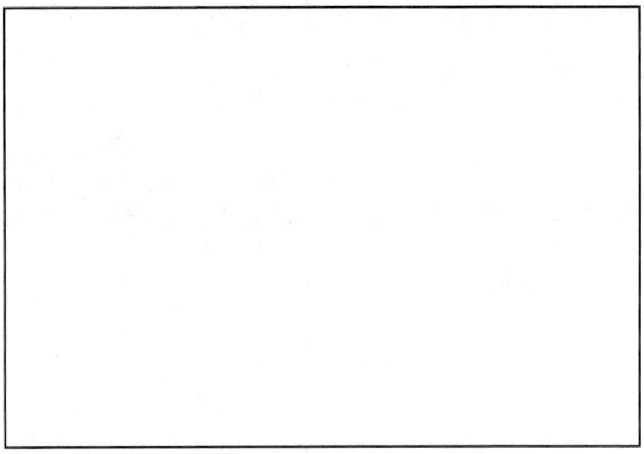

图 9-50

（2）绘制图框线。利用复制、修剪加粗等命令来修改图框。命令行提示如下：

```
命令: O OFFSET
当前设置: 删除源=否  图层=源  OFFSETGAPTYPE=0
指定偏移距离或[通过(T)/删除(E)/图层(L)]<通过>: 2500
选择要偏移的对象，或[退出(E)/放弃(U)]<退出>:
指定要偏移的那一侧上的点，或[退出(E)/多个(M)/放弃(U)]<退出>:
选择要偏移的对象，或[退出(E)/放弃(U)]<退出>:
命令:
命令:  OFFSET
当前设置: 删除源=否  图层=源  OFFSETGAPTYPE=0
指定偏移距离或[通过(T)/删除(E)/图层(L)]<2500>: 500
指定要偏移的那一侧上的点，或[退出(E)/多个(M)/放弃(U)]<退出>:
选择要偏移的对象，或[退出(E)/放弃(U)]<退出>:
指定要偏移的那一侧上的点，或[退出(E)/多个(M)/放弃(U)]<退出>:
选择要偏移的对象，或[退出(E)/放弃(U)]<退出>:
指定要偏移的那一侧上的点，或[退出(E)/多个(M)/放弃(U)]<退出>:
命令: TR TRIM
当前设置:投影=UCS，边=无
选择剪切边…
选择对象或<全部选择>:
选择要修剪的对象，或按住 Shift 键选择要延伸的对象，或
[栏选(F)/窗交(C)/投影(P)/边(E)/删除(R)/放弃(U)]:
```

首先将最左边直线向右偏移 2500mm，右边和上下的直线向内偏 500mm。得到如图 9-51 和图 9-52 所示的图形。

（3）绘制标题栏。绘制标题栏和图框的绘制类似，都是运用直线、偏移、裁剪命令。得到如图 9-53 所示的图框，命令行提示如下：

```
命令: rec RECTANGLE
指定第一个角点或[倒角(C)/标高(E)/圆角(F)/厚度(T)/宽度(W)]:
指定另一个角点或[面积(A)/尺寸(D)/旋转(R)]: d
指定矩形的长度<10>: 18000
指定矩形的宽度<10>: 4000
指定另一个角点或[面积(A)/尺寸(D)/旋转(R)]:
命令: _line
```

图 9-51

图 9-52

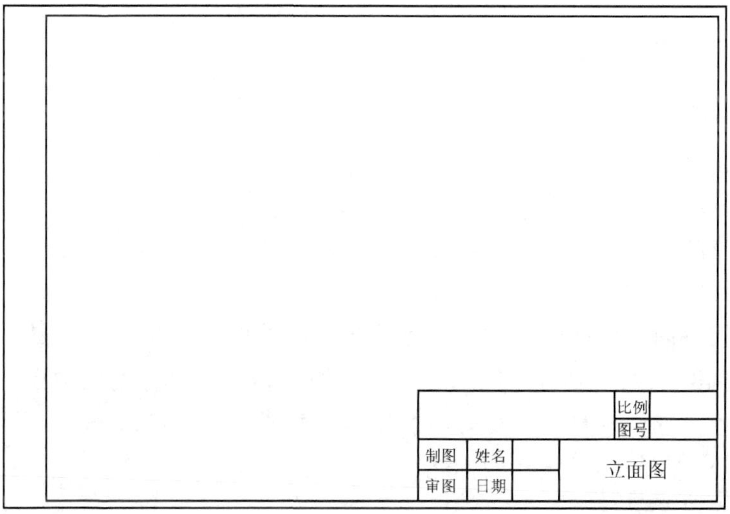

图 9-53

指定第一个点:<对象捕捉 关><打开对象捕捉>
指定下一点或[放弃(U)]:
命令: DIV DIVIDE
选择要定数等分的对象:
输入线段数目或[块(B)]: 3
命令: CO COPY 找到 3 个
当前设置: 复制模式=多个
指定基点或[位移(D)/模式(O)]<位移>:
指定第二个点或[阵列(A)]<使用第一个点作为位移>:
指定第二个点或[阵列(A)/退出(E)/放弃(U)]<退出>:
命令: S41_DHWZ
请给出单行文字位置<退出>:
命令: MATCHPROP
选择源对象:
当前活动设置: 颜色 图层 线型 线型比例 线宽 透明度 厚度 打印样式 标注 文字 图案填充 多段线 视口 表格 材质 阴影显示 多重引线
选择目标对象或[设置(S)]:

9.3 绘制建筑剖面图

9.3.1 概述

剖面图又称剖切图，是通过对有关的图形按照一定剖切方向所展示的内部构造图例，剖面图是假想用一个剖切平面纵向将物体剖开，移去介于观察者和剖切平面之间的部分，对剩余的部分向投影面所做的正投影图。剖面图一般用于工程的施工图和机械零部件的设计，补充和完善设计文件，是工程施工图和机械零部件设计中的详细设计，用于指导工程施工作业和机械加工。剖面图可细分为全剖面图、半剖面图、转折剖面图、局部剖面图。

9.3.2 剖面图的绘制内容及要求

1. 剖面图的绘制内容

（1）图名、比例。

（2）必要的轴线以及各自的编号。

（3）被剖切到的梁、板、平台、阳台、地面以及地下室图形。

（4）被剖切到的门窗图形。

（5）剖切到的室内外地面、楼地面、屋顶层、内外墙及门窗等的位置、形状及其图例。

（6）未剖切到的可见部分，如室内的装饰、和剖切平面平行的门窗图形、楼梯段、栏杆的扶手等和室外可见的雨水管、水漏等以及底层的勒脚和各层的踢脚。

（7）高程以及必需的局部尺寸的标注。

（8）详图的索引符号。

（9）某些用料注释。

（10）必要的文字说明。

2. 剖面图的绘制要求

（1）图名和比例：建筑剖面图的图名必须与底层平面图中剖切符号的编号一致。建筑剖面图的比例与平面图、立面图一致，采用 1∶50、1∶100、1∶200 等较小比例绘制。

（2）所绘制的建筑剖面图与建筑平面图、建筑立面图之间应符合投影关系。

（3）图线：凡是剖到的墙、板、梁等构件的轮廓线用粗实线表示，没有剖到的其他构件的投影线用细实线表示。

（4）图例:由于比例较小，剖面图中的门窗等构配件应采用国家标准规定的图例表示。

（5）尺寸标注与其他标注:剖面图中应标出必要的尺寸。

（6）详图索引符号。

9.3.3　绘图实例

1. 设置绘图环境

设置绘图环境与之前平面图和立面图的一致，在此不再赘述。打开之前所绘的平面图，由于该建筑是一栋 5 层学生宿舍，所以只需要绘制标准层的剖面，再对首层和顶层修改，最后叠加在一起即可得到整栋楼的剖面图。在中间楼梯处进行剖切如图 9-54 所示，绘制剖面图。

2. 绘制辅助线

（1）单击图层工具栏，单击图层特性管理器新建一个“辅助线”图层，设置其参数与轴线一致，并将其置为当前图层。

（2）将平面图进行旋转，旋转 90°，如图 9-55 所示，命令行提示如下：

```
命令: ro ROTATE
UCS 当前的正角方向:  ANGDIR=逆时针  ANGBASE=0
选择对象: 找到 1 个
选择对象:
指定基点:
指定旋转角度，或[复制(C)/参照(R)]<90>:
```

（3）绘制定位辅助线。由于该宿舍楼的层高为 3300mm，所以将辅助线的间隔画为 3300mm，将图层调到“辅助线”图层上，使用直线命令将轴线引出来。对其进行修改得到如图 9-56 所示的图形。

3. 绘制地坪线和轮廓线

（1）新建一个图层，命名为“地坪线”，在 1 号辅助线上绘制地坪线，如图 9-57 所示。

（2）绘制轮廓线，将图层调到墙体图层，再使用直线、偏移、裁剪命令，绘制好大概的墙体轮廓。绘制一层标准层的轮廓线，首层剖面图和顶层剖面图可以通过复制修改得到。绘制的图形如图 9-58 所示。

4. 设置楼梯

根据平面图的踏步尺寸绘制剖面图的楼梯，平面图的踏步高为 150mm，宽为 300mm。使用多段线命令沿着辅助线进行绘制，再在楼层中间绘制一条辅助线，绘得的图形如图 9-59 所示。

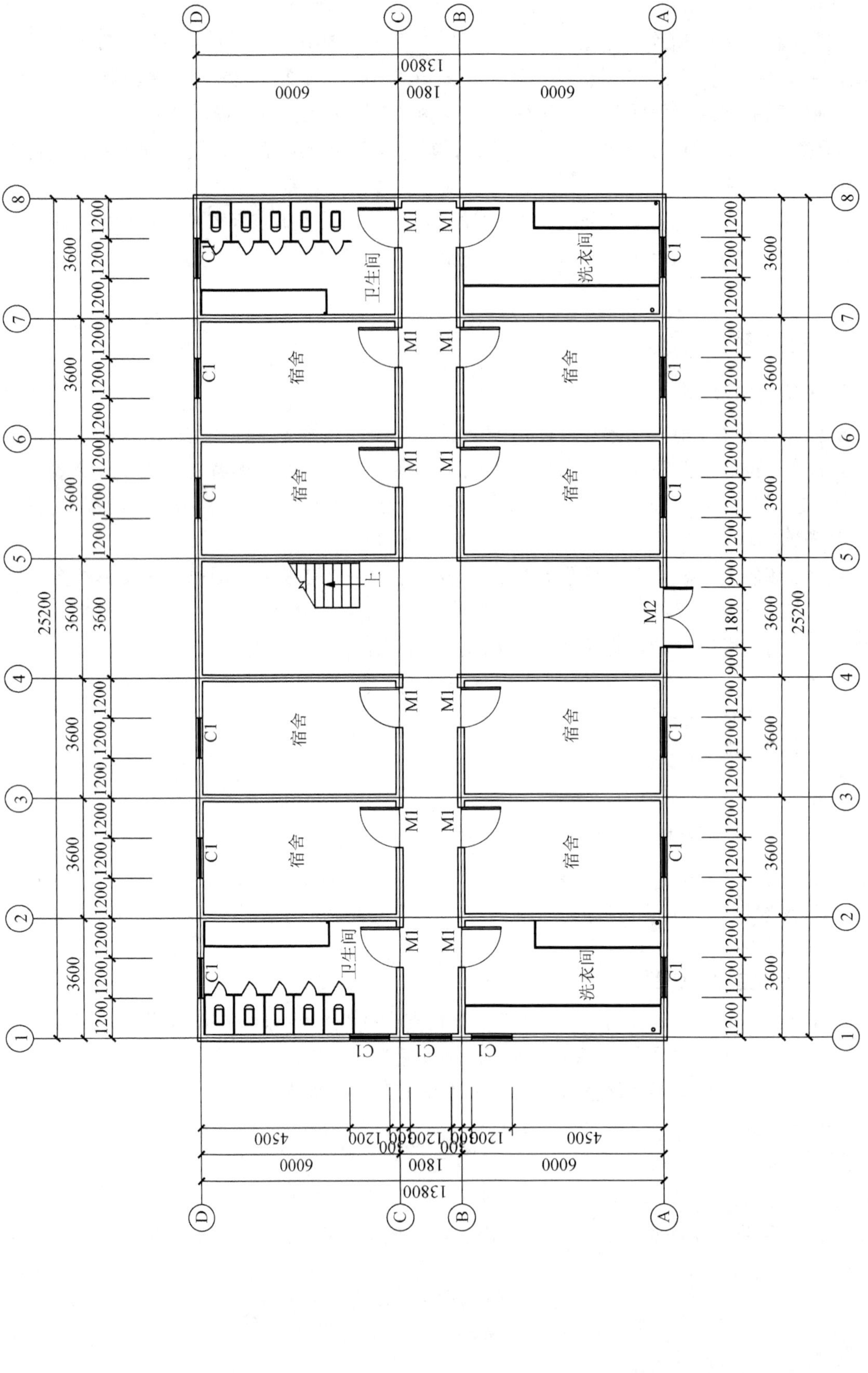

A
B
C
D
1
2
3
4
5
6
7
8
13800
6000
1800
4500
1200
600
300
25200
3600
900
宿舍
卫生间
洗衣间
上
M1
M2
C1

图 9-54

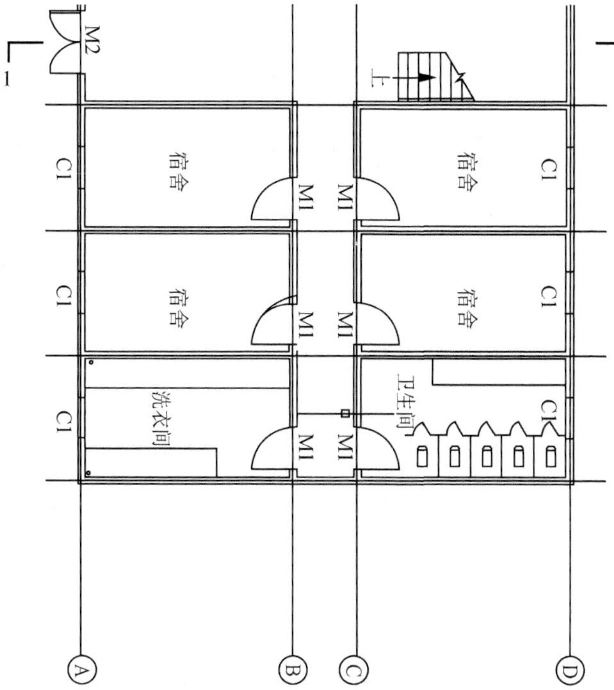
M2
1
1
上
宿舍
宿舍
宿舍
宿舍
C1
C1
C1
C1
C1
C1
M1
M1
M1
M1
M1
M1
洗衣间
卫生间
A
B
C
D

图 9-55

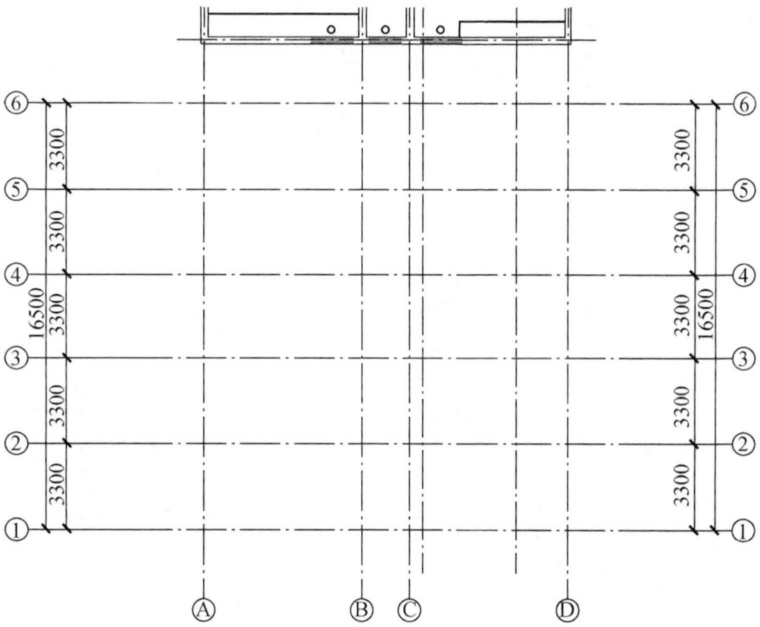
6
5
4
3
2
1
3300
3300
3300
3300
3300
16500
A
B
C
D

图 9-56

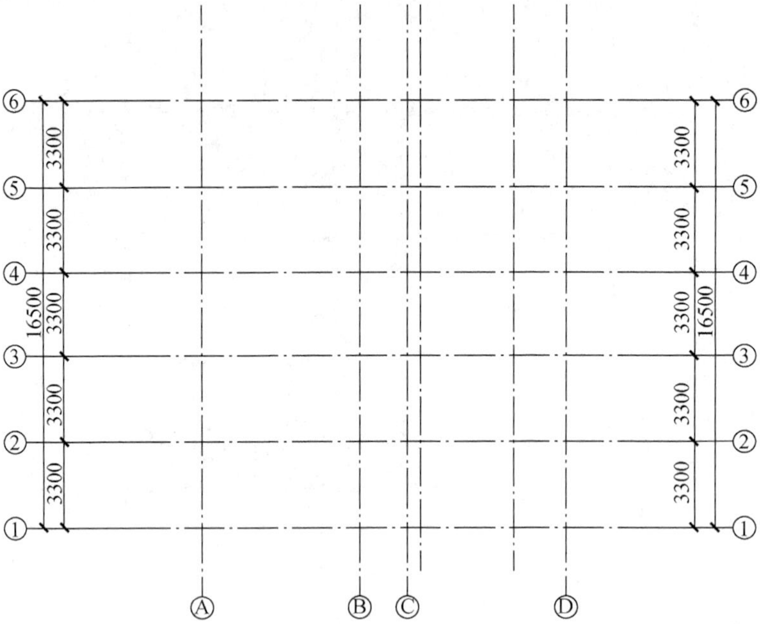

图 9-57

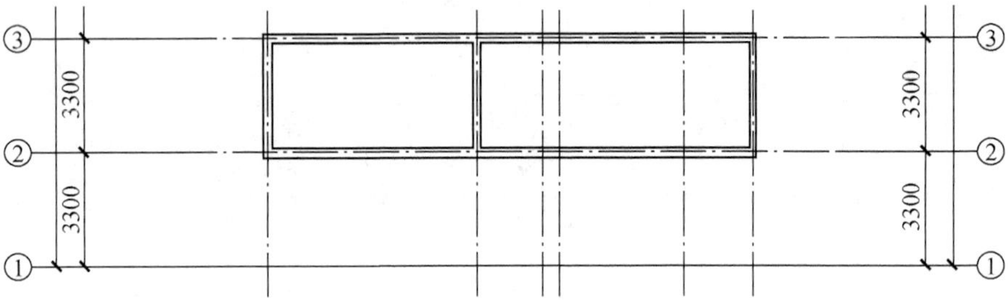

图 9-58

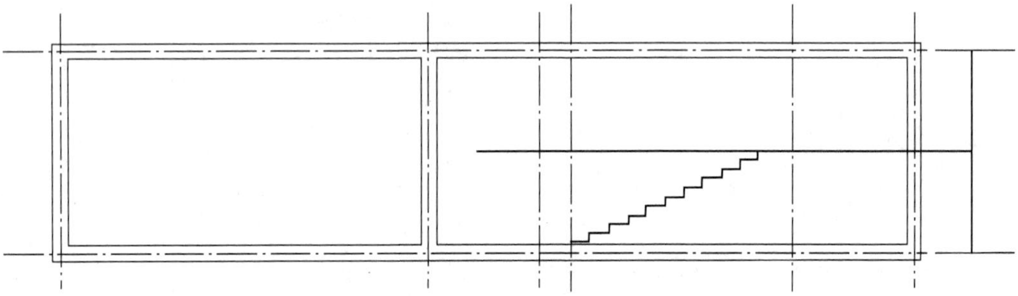

图 9-59

再使用镜像命令将上面半个楼梯绘制出来，如图 9-60 所示。

最后绘制出楼梯的其他轮廓线，并对其进行修改。

（1）使用直线命令绘制出一条斜直线，再使用偏移命令，将这条斜直线向右偏移 100mm。将轴线 2 向下偏移 2 次形成平台板厚度和平台梁高度，分别偏移 100mm，250mm。然后将轴线 2，3 之间的辅助线向下偏移 2 次，分别偏移 100mm，350mm。最后将楼梯的 2 条竖直辅助线向外偏移 200mm，形成楼梯平台的突出线，最后所绘的图形如图 9-61 所示。

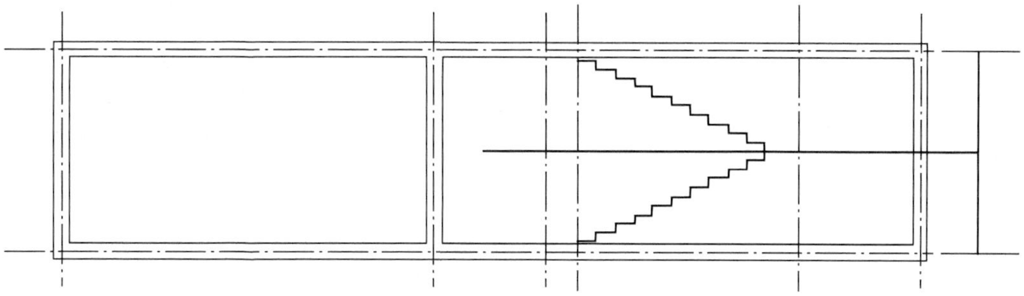

图 9-60

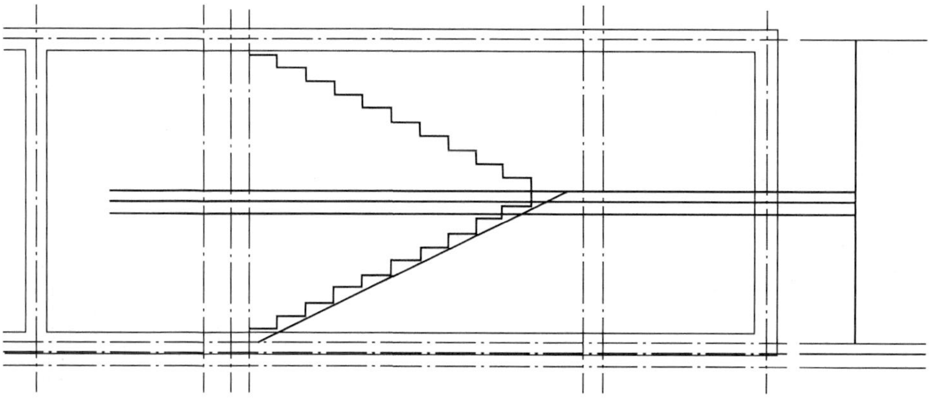

图 9-61

（2）使用裁剪、删除等命令对其进行修改，得到如图 9-62 所示的图形。

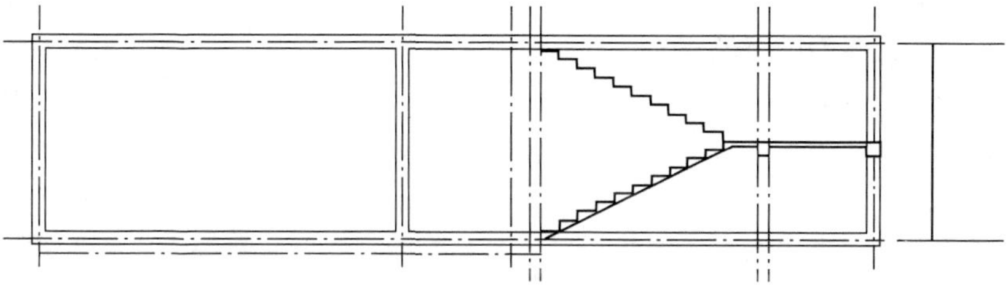

图 9-62

（3）将所画的楼梯进行加粗，选定楼梯，再按快捷键 Ctrl+1，在特性栏里面进行线宽的修改，若修改后线条没有变化，说明线宽被隐藏，这时可以单击界面左下角的隐藏/显示线宽（+）来显示线宽。再将楼梯的踏步线、平台线向上复制 20，形成抹灰层，最后所绘的图形如图 9-63 所示。

（4）对楼梯进行填充，然后复制标准层的楼梯比对其进行修改，完成整个楼梯的剖面图。

完善标准层的楼梯，对其进行填充，得到如图 9-64 所示的图形。

再将该层的楼梯复制到其他层上，得到如图 9-65 所示的图形。

最后在楼梯上添加栏杆，所得的楼梯剖面图如图 9-66 所示。

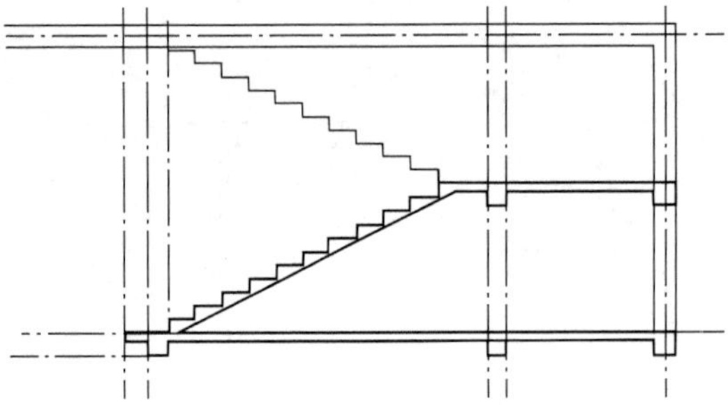

图 9-63

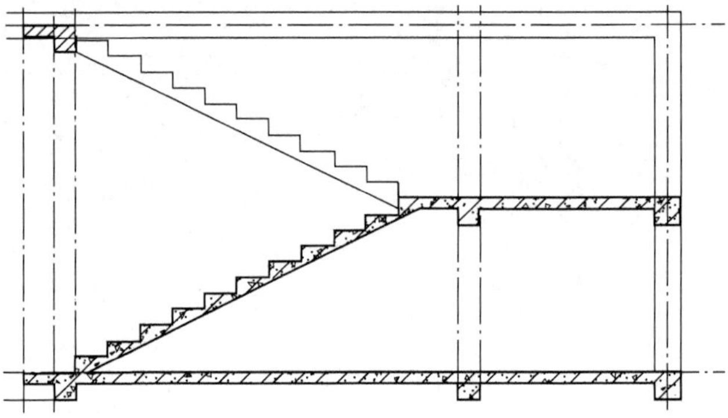

图 9-64

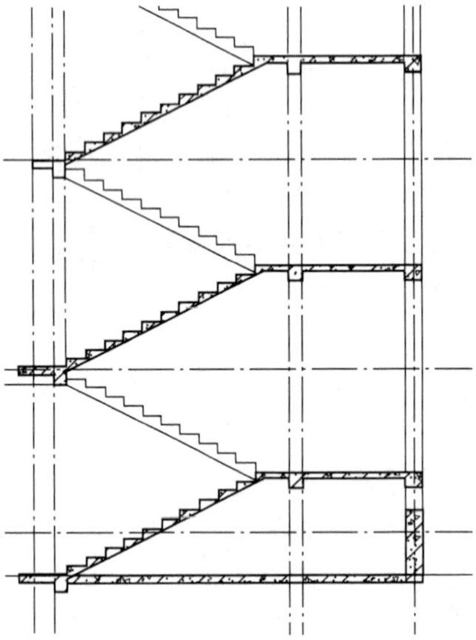

图 9-65

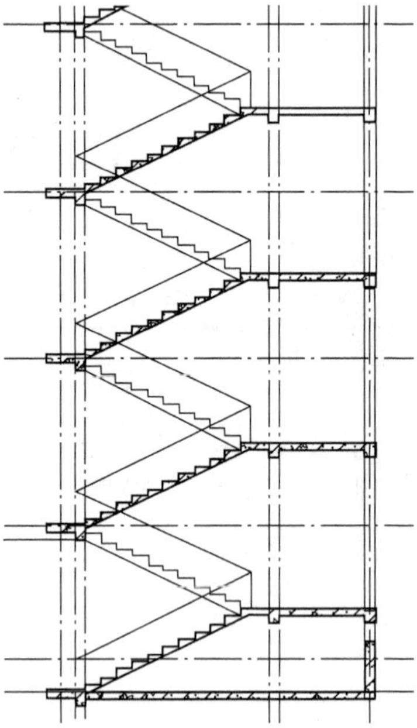

图 9-66

5. 绘制阳台

阳台的绘制同样使用直线命令进行绘制，再使用剪切和删除等命令进行修改。例如，在图 9-67 的局部剖面图上绘制阳台，得到如图 9-68 所示的阳台。

6. 绘制门窗

使用直线命令进行门窗的绘制，并用剪切、删除等命令对其进行修改。先用直线命令将门窗所在的墙体画出来。再绘制门窗洞，最后加入门窗如图 9-69 所示。

7. 绘制过梁

过梁设置在门窗的顶部和楼梯的下面。常见的过梁有槽字形、L 形和矩形截面。使用直线、填充命令来绘制过梁，可以充分利用“块”的功能来使过梁的绘制更加方便快捷。绘制阳台上的过梁如图 9-70 所示。

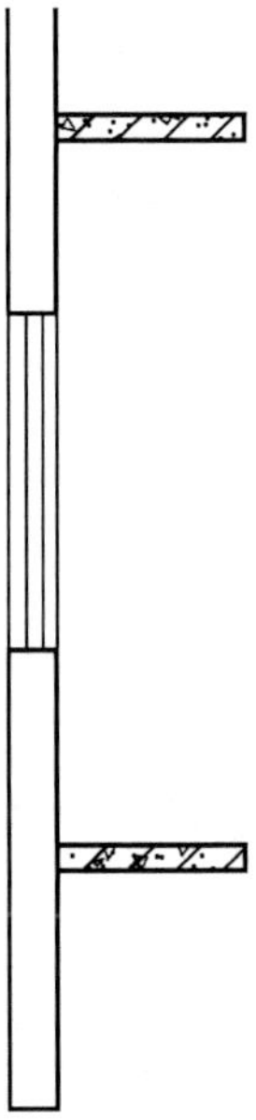
图 9-67

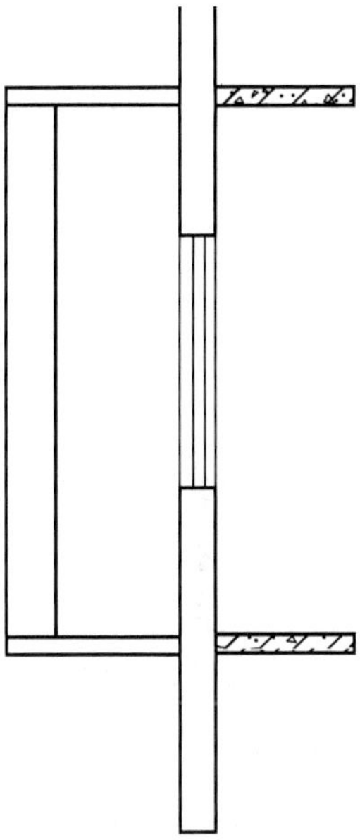
图 9-68

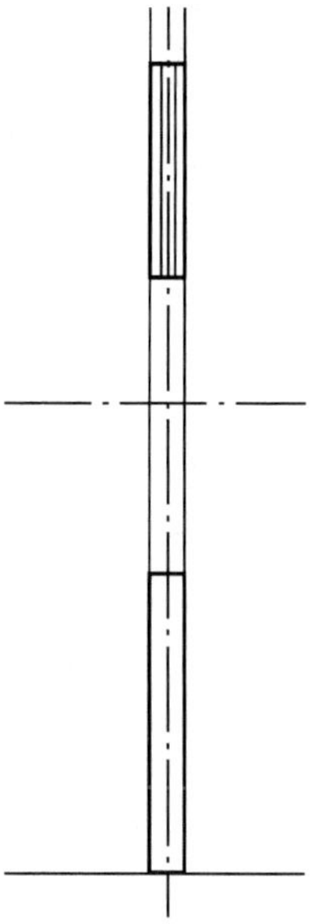
图 9-69

8. **图形装饰**

剖面图中有许多装饰的构造，对于这些构造也需要表达出来，如雨篷、配电箱等。雨篷的绘制如图 9-71 所示，配电箱的绘制如图 9-72 所示。

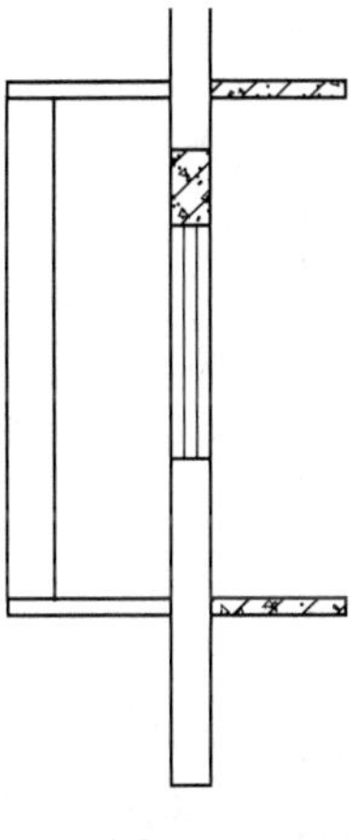
图 9-70

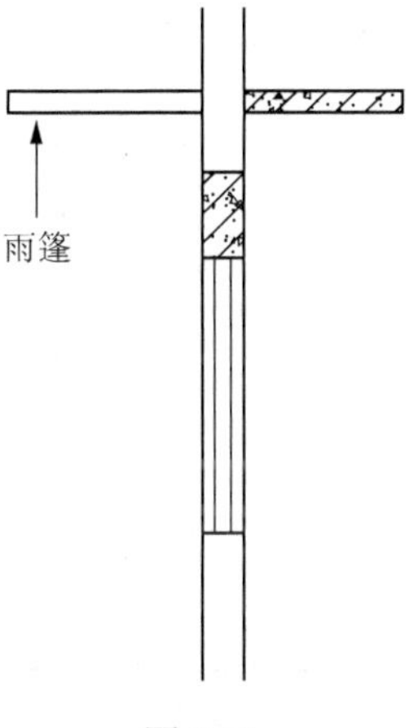

图 9-71

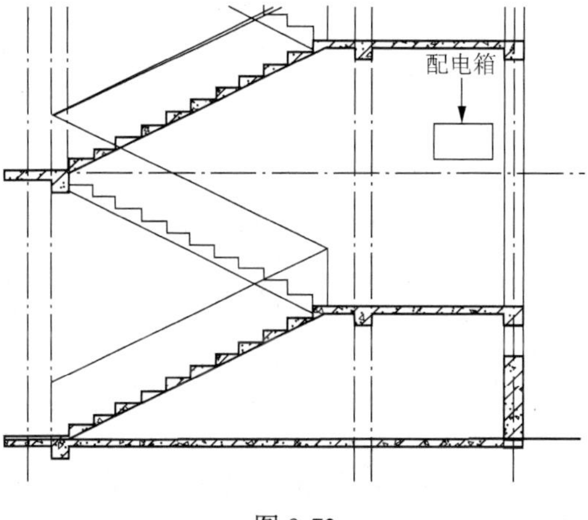

图 9-72

9. **标注尺寸和标高**

尺寸和标高标注同平面图一致，用尺寸标注命令来标注，使用直线命令来画标高符号，用单行文字命令来书写标高。最后绘制的图形如图 9-73 所示。

10. **添加图框和标题**

图框和标题的添加同平面图图框和标题的添加一致，在此不再赘述。

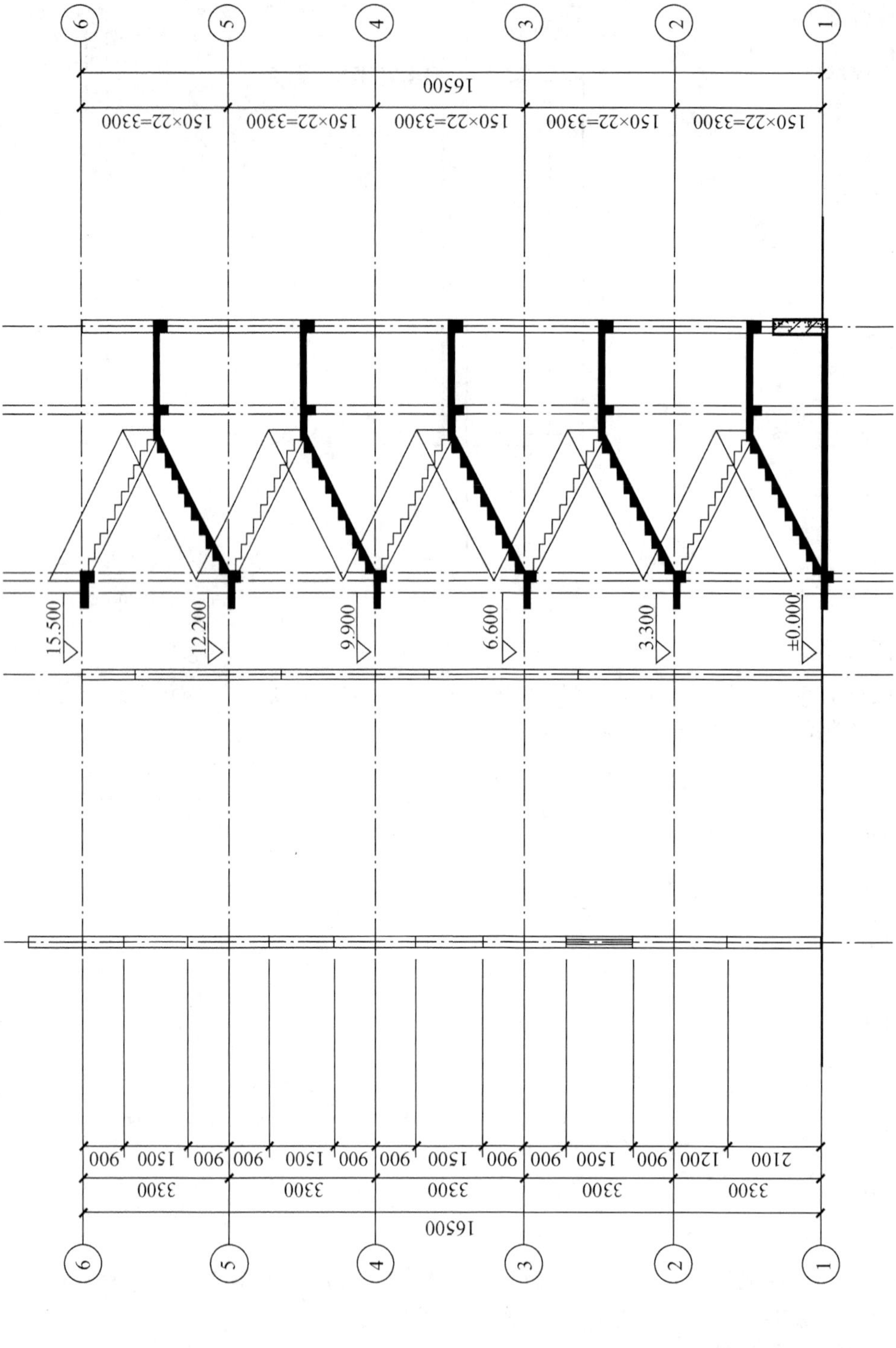
6
5
4
3
2
1
16500
150×22=3300
15.500
12.200
9.900
6.600
3.300
±0.000
900
1500
1200
2100
3300

图 9-73

参 考 文 献

邓美荣，巩宁平，陕缙军. 建筑 CAD2008 中文版. 2009，北京：机械工业出版社.
张云杰，张艳明. AutoCAD 210 基础教程. 2010. 北京：清华大学出版社.